1日仕事が5分で終わる!

Excel 最速時短術

日経PC21 編
グエル 鈴木眞里子 著

日経BP

- 本書の解説は、ウィンドウズ10上で動作するエクセル（Microsoft 365/Office 365で提供されている2020年8月時点の最新版）に基づいています。ウィンドウズやエクセルのバージョンにより、画面や機能が異なる場合もありますが、基本的な操作方法は共通です。
- 各セクション見出しに付いている「5分時短」などの表記は、1日に数種類の作業をエクセルで実施すると想定した場合の、1日における短縮時間の目安です。作業の内容やデータの量によって短縮時間は違ってきます。

はじめに

表計算ソフトの「Excel」(以降、エクセル)が、仕事に必要不可欠なソフトであることに異論はないでしょう。表の作成はもちろん、計算やデータの整理、分析、グラフ化、印刷まで、エクセルを使わない日はないくらい、ビジネスの現場で大活躍しています。

それだけに、「エクセルの使い方を知りたい」「エクセルで仕事を効率化したい」という声は大きく、"ビジネスパーソンのパソコン誌"として創刊した「日経PC21」でも、エクセルの解説記事は人気のコンテンツとなりました。20万部を超える最高部数を記録したのも、エクセルの実践的な活用法を紹介した号です。日経PC21では創刊から20年以上にわたり、エクセルの機能や実用テクニックを研究・解説し続けています。

そんな日経PC21のエクセルに関する知見を、「時短」という切り口で1冊にまとめたのが本書です。執筆は、日経PC21に数多くの記事を寄稿している鈴木眞里子さん。「Word最速時短術」「Outlook最速時短術」という大好評シリーズも手掛けたOfficeソフトの達人です。

1日仕事が5分で終わる! ——神業ではなく、誰にでも可能

エクセルを使えるようになると、仕事のスピードは劇的に速くなります。本書の表紙には「1日仕事が5分で終わる!」というキャッチコピーがありますが、これはウソではありません。しかも、「神業」のようなものではなく、やり方さえ覚えれば「誰にでも可能」です。

例えば、エクセルで予定表や進行表を作る人は多いと思います。1列目に「1月1日(金)」「1月2日(土)」「1月3日(日)」…と日付を並べる作業を考えてみてください(次ページ**図1**)。これをすべて手入力していった場合、どのくらい時間と手間がかかると思いますか。1つの日付を5〜6秒で入力できたとしても、30日分

で約3分。3カ月分なら約10分、1年分なら約40分かかる計算になります。集中力が続かず、入力ミスもするでしょうから、実際にはもっともっと時間がかかるでしょう。数十分間もこの入力作業を続けるなど、考えるだけで恐ろしくなります。

一方、エクセルの「フィル」機能を知っていれば、この入力作業は30秒もかからずに終わります。「ユーザー定義の表示形式」に関する知識があれば、曜日の表示も全自動。10年分でも100年分でも入力の手間は変わらず、30秒ほどで作業を完了できるはずです。

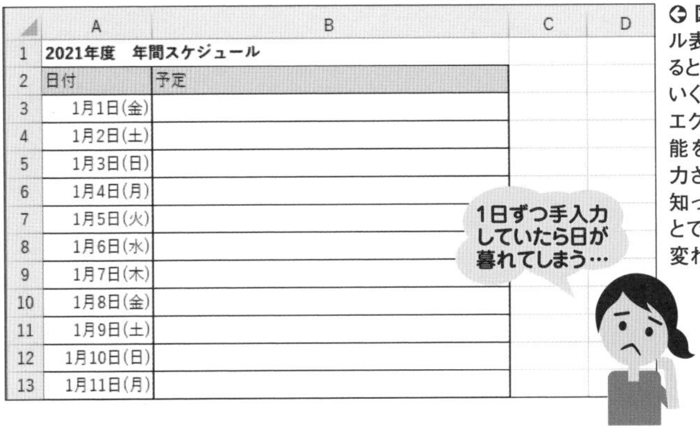

	A	B	C	D
1	2021年度　年間スケジュール			
2	日付	予定		
3	1月1日(金)			
4	1月2日(土)			
5	1月3日(日)			
6	1月4日(月)			
7	1月5日(火)			
8	1月6日(水)			
9	1月7日(木)			
10	1月8日(金)			
11	1月9日(土)			
12	1月10日(日)			
13	1月11日(月)			

図1 年間のスケジュール表に日付と曜日を入力するとき、1日ずつ手入力していくのは現実的ではない。エクセルでは、「フィル」機能を使って一気に自動入力させるのが常識。これを知っているのと知らないのとでは、作業時間が大きく変わってしまう

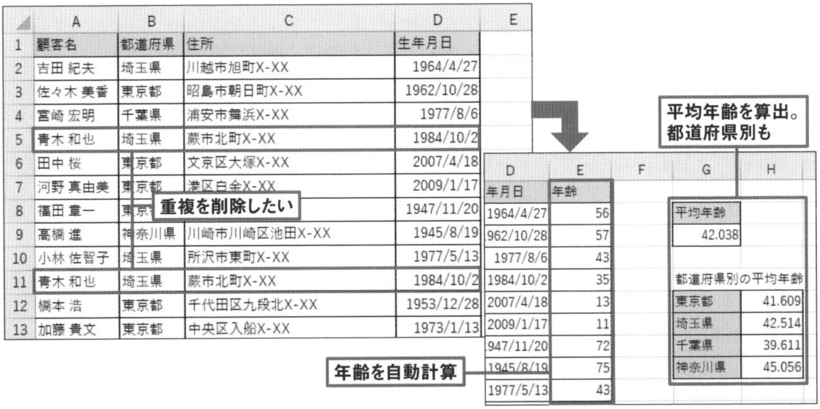

	A	B	C	D	E
1	顧客名	都道府県	住所	生年月日	
2	吉田 紀夫	埼玉県	川越市旭町X-XX	1964/4/27	
3	佐々木 美香	東京都	昭島市朝日町X-XX	1962/10/28	
4	宮崎 宏明	千葉県	浦安市舞浜X-XX	1977/8/6	
5	青木 和也	埼玉県	蕨市北町X-XX	1984/10/2	
6	田中 桜	東京都	文京区大塚X-XX	2007/4/18	
7	河野 真由美	東京都	港区白金X-XX	2009/1/17	
8	福田 章一	東京		1947/11/20	
9	高橋 進	神奈川県	川崎市川崎区池田X-XX	1945/8/19	
10	小林 佐智子	埼玉県	所沢市東町X-XX	1977/5/13	
11	青木 和也	埼玉県	蕨市北町X-XX	1984/10/2	
12	橋本 浩	東京都	千代田区九段北X-XX	1953/12/28	
13	加藤 貴文	東京都	中央区入船X-XX	1973/1/13	

D	E	F	G	H
年月日	年齢			
1964/4/27	56		平均年齢	
962/10/28	57		42.038	
1977/8/6	43			
1984/10/2	35		都道府県別の平均年齢	
2007/4/18	13		東京都	41.609
2009/1/17	11		埼玉県	42.514
947/11/20	72		千葉県	39.611
1945/8/19	75		神奈川県	45.056
1977/5/13	43			

図2 顧客名簿にある重複データを削除したうえで、生年月日を基に平均年齢を調べたい ——。こんな作業もエクセルなら数分で完了する。重複データの削除には専用の機能が用意されているし、年齢や平均の算出も「関数」を使えば一発。「都道府県別に平均年齢を調べる」といった属性分析も簡単にできる

また、「顧客名簿にある重複データを削除したうえで、顧客の平均年齢を集計してほしい」などと頼まれたら、どうすればよいでしょう（**図2**）。仮に1000人の顧客がいたら、1000人分のデータを目視で確認して重複を見つけ出すのはほぼ不可能です。さらに、名簿に生年月日しか登録されていないとき、今日時点の年齢を1人ずつ計算した後、それらを電卓で集計して平均を求めるというのは、現実的ではありません。それこそ、丸1日かけても終わらないと思います。

しかし、こんな作業もエクセルの機能をフル活用すれば、5分で終わります。重複の削除も、年齢の計算も、平均の算出も、すべて自動でできるからです。

つまり、「エクセルで何ができるのか」と「その操作手順」さえ知っていれば、誰でも最速で仕事を終わらせることができるのです。そんな実用ノウハウが、本書にはたくさん詰まっています。ぜひ手元に置いて日々の業務に役立てていただければ幸いです。

日経PC21編集長　田村規雄

サンプルファイルのダウンロード

解説に使用しているエクセルのサンプルファイルを、以下のURLからダウンロードできます。

https://nkbp.jp/2Eed9Dg

Contents ●目次

第2章 二度手間を防ぐ最速コピペ術

第3章 数式&便利機能で集計作業を効率化

Excel

第1章

ラクして高速化！入力の時短ワザ

多くの場合、エクセル仕事は表の作成やデータの入力から始まる。そこで、入力を素早く効率的にこなせることが時短には不可欠だ。目的のセルへスムーズに移動できることはもちろん、エクセルが備える自動入力や自動表示の機能を使いこなし、無駄なくラクに表を作成できるようになろう。

▶入力するセルを素早く選択する
▶同じ内容や規則的に変わるデータは自動で入力
▶入力候補のリストから選んで省力化
▶単位は入力せずに「表示形式」で自動表示 ほか

基本を再確認 入力の基本単位 セルのデータと表示のカラクリ

本書では「基本を再確認」コーナーで、エクセル活用に必要な基礎知識や基本操作を解説する。まずは入力の基本単位となる「セル」の仕組みを確認しておこう。

エクセルでは、縦横の枠線で区切られた「ワークシート」に文字や数値などのデータや数式を入力していく。1つひとつのマス目を「セル」と呼び、縦の並びを「列」、横の並びを「行」と呼ぶ。列にはアルファベット、行には番号が振られていて、左上隅のセルは「A1セル」のように列名と行番号でその座標を表す（**図1**）。ワークシートは104万8576行×1万6384列という、とてつもない広さがある。通常は、左上のA1セルから入力を始めるが、途中のセルから入力してもかまわない。

新しいブックを開くと、標準では1枚のワークシートしか表示されないが、必要に応じて追加できる（**図2**）。エクセルではファイルを「ブック」と呼ぶが、複数のワークシートを1冊にまとめたイメージだ。例えば、1月から12月までの帳簿を月ごとのワークシートに分けて記入し、1年分を1つのブックとして保存するといった使い方ができる。

エクセルは入力されたデータの形式を区別する

セルにデータを入力するとき意識しておきたいのが、「エクセルは入力されたデータの形式を区別する」ということ。具体的には、主に「文字列」と「数値」を別の種類のデータとして扱う点に注意したい。標準では、文字列を入力すると左揃え、数値や日付を入力すると右揃えに配置されることからも、エクセルがこれらを区別していることがわかる（**図3**）。

セルに「009」や「9.00」と入力して確定した途端、「9」としか表示されずに戸惑ったことはあるだろう（**図4**）。これは「009」という入力内容をエクセルが「数値」と認識した結果、数値の“標準の表示形式”を適用し、「9」という通常の表示に直してしまうことが原因だ。エクセルは「009」も「9.00」も同じ数値の「9」だと考え、同じ表示を適用する。こうしたデータ形式にまつわるエクセルの挙動を知っていれば、入力と表示が異なったときも慌てずに済む。

さらにこの表示の仕組みを活用することで、数値の表示を自在に操れるようになる（**図5**）。それがセルの「表示形式」だ。「￥」や「mm」といった単位の表示を表示形式にまかせれば、いちいち入力する必要がなくなるし、そのまま数値として計算可能になる。実は日付や時刻もエクセルの中では数値として管理されているので、表示形式を使ってさまざまな表記に変更が可能だ。入力と表示のカラクリを知ることは、エクセルの威力を発揮させるために必須の基礎知識といえる。

●セル、列、行、ワークシート

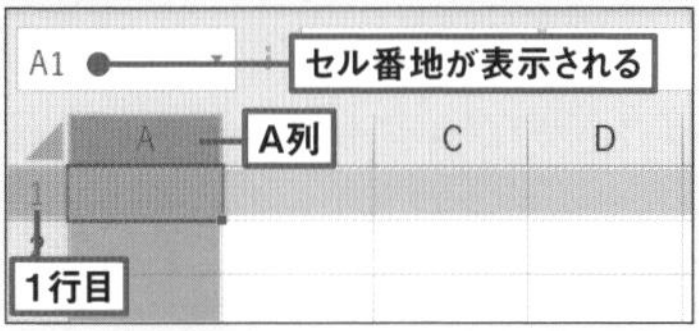

図1 セルの縦の並びを列、横の並びを行と呼ぶ。A列1行目のセルは「A1セル」という番地で呼ばれる。入力対象となる「アクティブセル」の番地は、ワークシート左上の「名前ボックス」に表示される

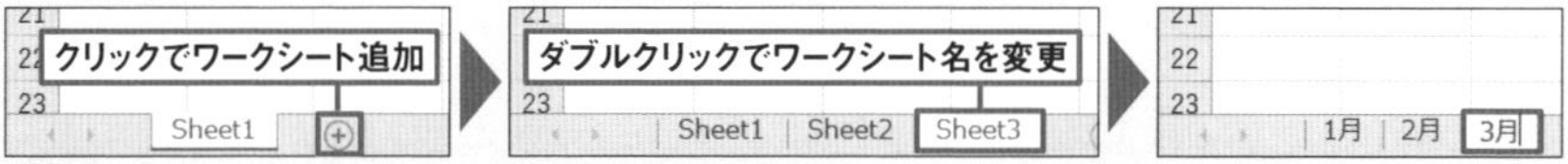

図2 ワークシートは「＋」のアイコンをクリックすると追加でき、シート見出しをダブルクリックするとシート名を書き換えることができる

●エクセルは文字列と数値を区別する

図3 セルに文字列や数値を入力すると、エクセルは自動でデータ形式を認識する。標準では文字列は左揃え、数値や日付は右揃えになる

●数値と認識すると、標準の表示形式で表示

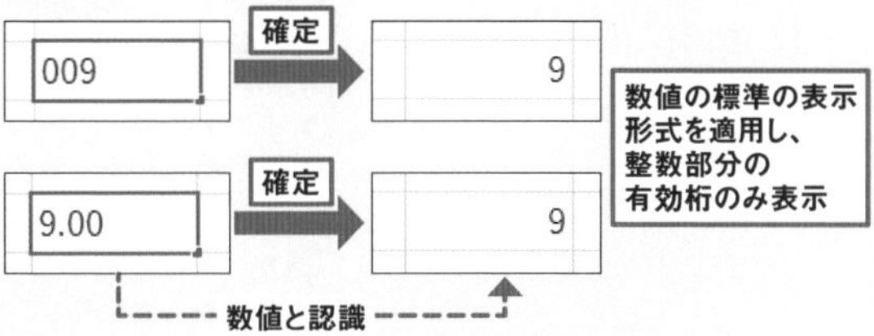

図4 「009」も「9.00」も、数値としては「9」と同じ。そのため、エクセルは「数値」と認識した途端、標準の表示形式を適用して「9」とだけセルに表示する。この仕組みを理解すれば、「入力した通りに表示されない!」といった混乱も生じない

●表示形式を自在に操り、入力を省力化

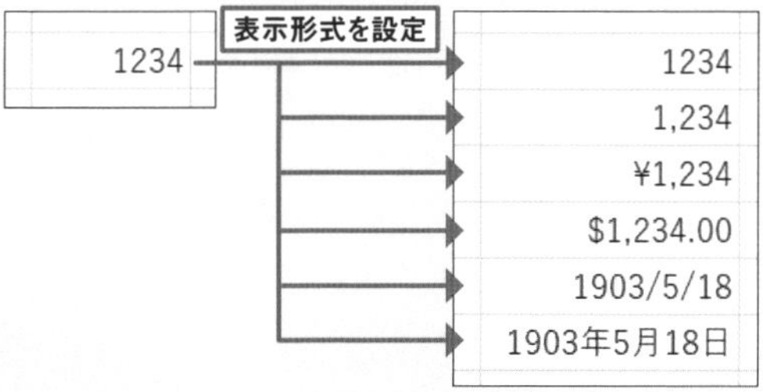

図5 「表示形式」を使えば、設定を変えるだけで、同じ数値をさまざまな形で表示させられるのが利点。単位記号などを手入力する必要はないし、変更も自在。さらに、日付も実は数値で管理されており、表示形式によって表示の仕方を自由に変えられる

Section 01

5分時短

入力の効率を上げる第一歩 アクティブセル瞬間移動術

「Ctrl」+「↓」など

文字の入力や表示の設定は、セルを選んでから行うのがエクセルの基本。選択中のセルは「アクティブセル」と呼ばれ、太い緑色の線で囲まれる。アクティブセルを素早く移動できれば、作業効率は着実にアップする。

キー操作でA1セルから終端セルまで素早くジャンプ

セルの選択といえば基本はクリックだが、入力中はマウスに持ち直すより、キーボードに手を置いたまま操作できるショートカットキーが便利だ（**図1**）。「Tab」（または「→」）キーで右、「Enter」（または「↓」）キーで下に移動するだけでなく、表の最後のセルに移動するなど、たくさんのショートカットキーが用意されている（**図2**、**図3**）。

基準のセルからキー操作でジャンプ

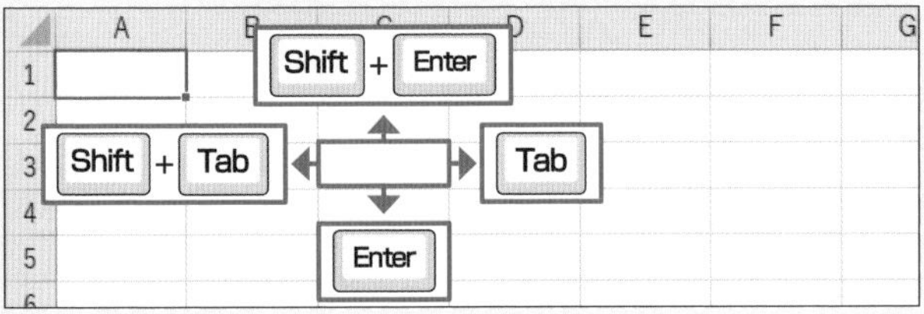

図1 アクティブセルの右へは「Tab」キー、下へは「Enter」キーで移動できる。「Shift」キーを同時に押すと逆方向へ移動する。上下左右の矢印キーでもセルの移動は可能だ

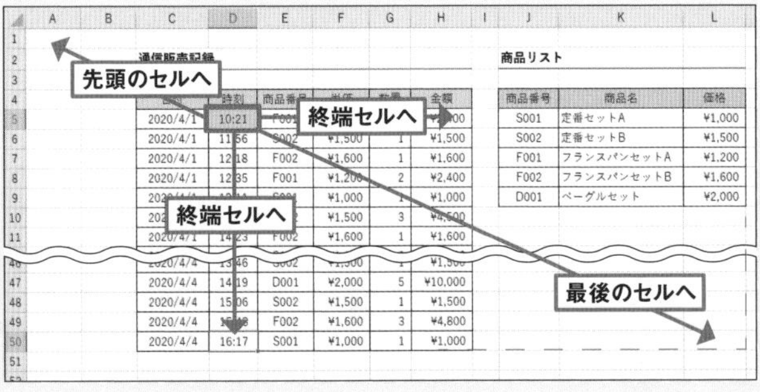

図2 上下左右の各方向にある終端セルや、ワークシートの先頭または末尾のセルなどは、ショートカットキーで簡単に選択できる。なお、「終端セル」とは、その方向に連続してデータが入力されているとき、空白セルの手前にある最後のセルのこと

ここでいう「終端セル」とは、特定の方向に連続してデータが入力されている最後のセル、またはワークシートの端のセルのこと。空白セルが続いている場合は、最初に見つかった入力済みのセルのことだ。例えば、**図4**のような表でC4セルをアクティブにして、「Ctrl」キーと「↓」キーを同時に押すと、C列の最下行のセル、すなわちC30セルに移動できる。

「Ctrl」+「End」キーなどでジャンプできる「最後のセル」とは、ワークシート上で何らかの編集が行われたすべてのセル領域の、右下端のセルのこと。図2の例では左側の表の右下端のH50セル　ではなく、右側の表の範囲まで含めた領域の右下端に当たるL50セルになる。

ただし、マウスを持っているときには、ショートカットキーよりクリックのほうが速い。終端セルへの移動は、セルの下側の枠線上をダブルクリックすればOKだ（**図5**）。

➡アクティブセルを移動するショートカットキー

キー操作	機能
Ctrl + ↑ → ↓ ←	その方向の終端セル
Home	アクティブな行のA列のセル
Ctrl + Home	最初のセル（A1セル）
Ctrl + End	最後（右下端）のセル
End → Enter	アクティブな行の最後の列のセル

図3 アクティブセルを移動するショートカットキー。なお、「Shift」キーを押しながらこれらのキーを押すと、現在のアクティブセルとジャンプ先のセルを始点と終点とする四角形のセル範囲が選択される

➡マウスでも終端セルまで簡単に移動

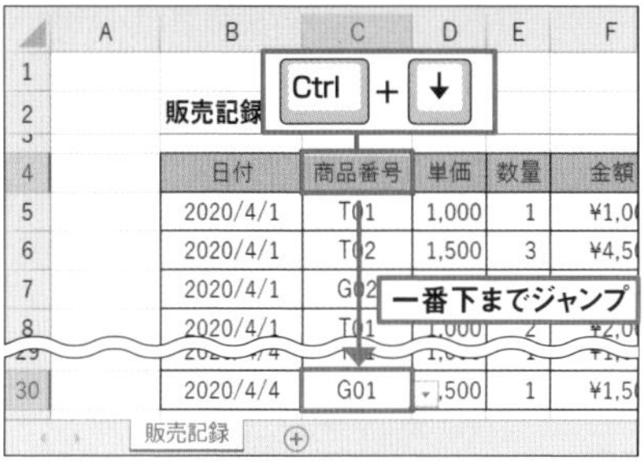

図4 C4セルをアクティブにした状態で、下方向の終端セルに移動する例を紹介しよう。この位置で「Ctrl」キーを押しながら「↓」キーを押すと、この表のC列の最下行のセルが選択される。「End」キーを押してから「↓」キーを押しても同じ結果になる

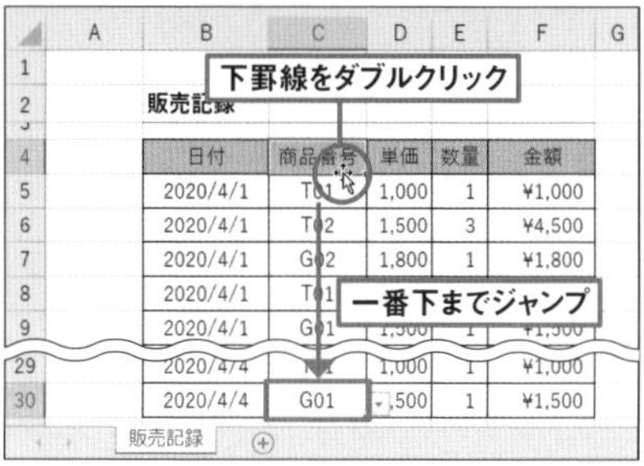

図5 セルを選択し、マウスポインターを枠線上に移動すると、ポインターの形が変わる。表の一番下のセルに移動したいなら、セルの下の枠線をダブルクリックすると、一番下のセルまで一気に移動することができる

Section 02

右方向へ入力していくなら「Tab」キーで確定&移動

3分時短

「Tab」→「Enter」

表を作成するとき、あるいは既存の表にデータを入れていくとき、行単位で右方向にデータを入力する機会は多い。こんなときに使いたいのが「Tab」キーだ。セルの入力データを確定する際、「Enter」キーではなく「Tab」キーを押すと、入力が確定されると同時に右隣のセルに移動する（**図1**）。これなら次の項目をすぐさま入力でき効率が良い。

そして、右端まで入力できたら、最後は「Enter」キーで確定しよう。すると、次の行の左端（「Tab」キーを押し始めた列）までアクティブセルが戻る（**図2**）。そのため、次行の入力もスムーズに始められる。

なお、「Tab」キーを使わずに、マウスのクリックや矢印キーで右方向へ移動した場合、「Enter」キーを押しても真下のセルにしか移動できない。図1、図2のような移動の仕方をしたいときは、「Tab」「Tab」「Tab」…「Enter」というキー操作の流れを崩さないようにしよう。

➡「Tab」で右へ移動、最後は「Enter」で戻る

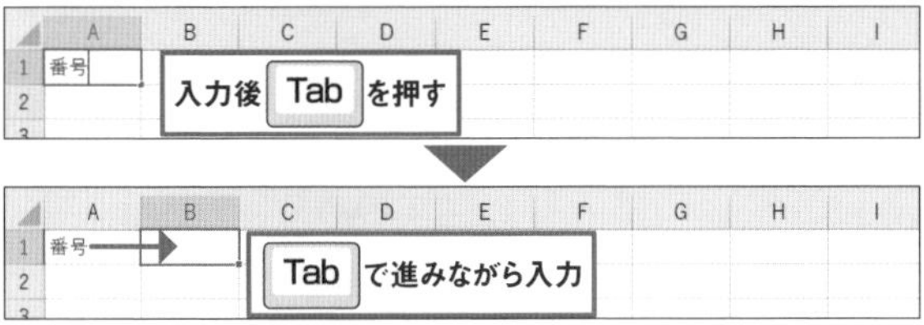

図1 文字入力後、「Tab」キーを押すと入力が確定され、アクティブセルは右隣に移動する

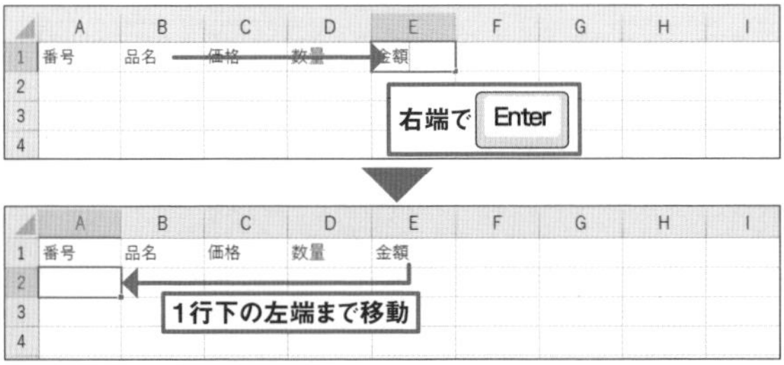

図2 「Tab」キーで右方向に移動しながら入力後、「Enter」キーを押せば次の行の先頭に移動できる

Section 03

1分時短

確定後にアクティブセルを移動しないキー操作

「Ctrl」+「Enter」

セルに文字を入力したら、「Enter」キーや「Tab」キーで確定と同時に次のセルに移動するのが基本だ(**図1**)。しかし、入力直後にセルの書式を設定したり、「オートフィル」機能(22ページ)を使うといった場合、アクティブセルが移動してしまうと、わざわざ元のセルを選択し直さなくてはならない。そんなときは「Ctrl」+「Enter」キーの出番だ。確定後にアクティブセルが移動せず、すぐ次の操作ができる(**図2**)。

なお、常に確定後に移動させたくないなら、オプションで、「Enter」キーを押してもアクティブセルを移動させない設定にできる(**図3**)。

➡確定後に移動しない「Ctrl」+「Enter」

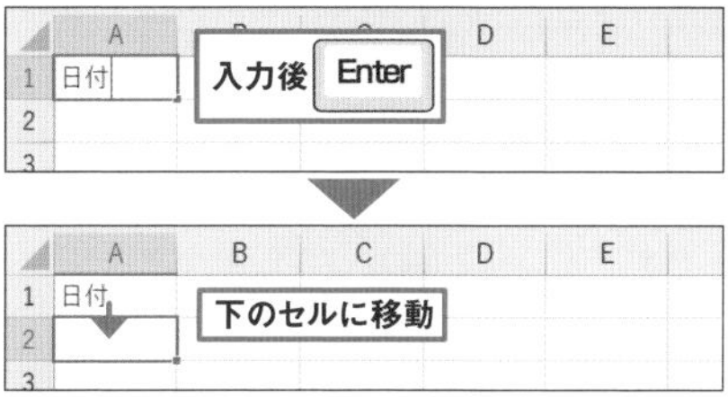

図1 「Enter」キーで入力を確定すると、アクティブセルが下のセルに移動する

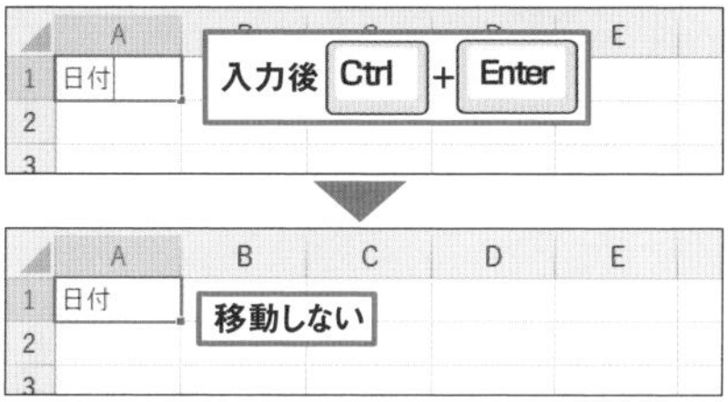

図2 「Ctrl」+「Enter」キーなら、確定のみでアクティブセルは移動しない

➡「Enter」で移動しないようにする設定

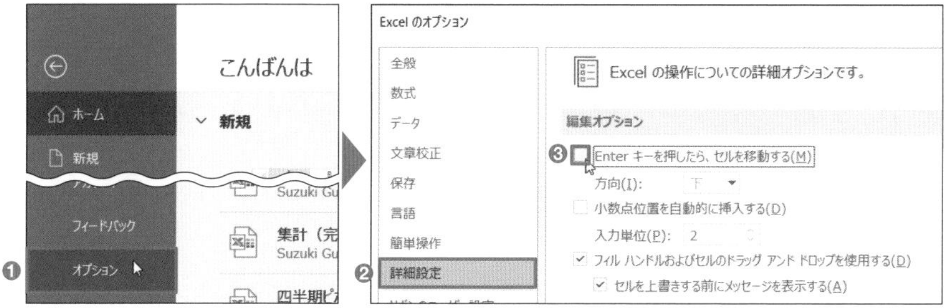

図3 「ファイル」タブをクリックすると開くメニューで「オプション」を選択し(❶)、「詳細設定」をクリック(❷)。「Enterキーを押したら、セルを移動する」をオフにする(❸)

Section 04

3分 時短

同じ列にある文字列は自動補完やリストで入力

オートコンプリート 「Alt」+「↓」

会社の支店名や製品名など、表では同じ文字列が繰り返し出てくることが多い。同じ列に入力済みの文字列を簡単に再入力する方法を2つ紹介しよう。

1つは、「オートコンプリート」(**図1**)。もう1つは、「リスト」だ(**図2**)。

文字列を入力したとき、列内に同じ文字列から始まる文字列があれば入力候補として表示するのがオートコンプリート(**図3**)。「Tab」キーや「Enter」キーを押せばそのまま入力できるという便利な機能だ。候補に表示された文字列が目的のものと違う場合は、そのまま入力を続けるか、「Delete」キーで消せばよい(**図4**)。何文字入力すれば候補が表示されるかは、同じ列にある文字列しだいだ。図1の場合は「な」で始まる文字列が1つしかないのですぐに入力候補が表示されるが、**図5**の場合は「た」で始まるセルが複数あるため2文字入力した時点で候補が表示される。

一方、同じ列内に入力したい文字列があれば、「Alt」+「↓」キーを押すとリストを表示できる(**図6**)。目的の文字列を「↓」キーで選択し、「Enter」キーで確定する。

同じ列の文字列を入力する2つの方法

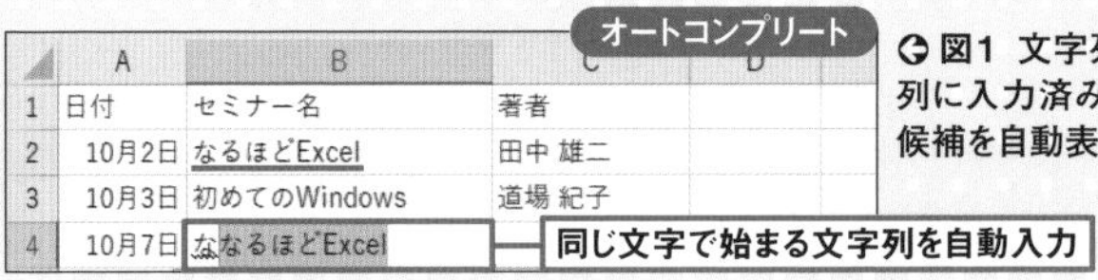

図1 文字列を入力し始めると、その列に入力済みで、同じ文字列で始まる候補を自動表示する

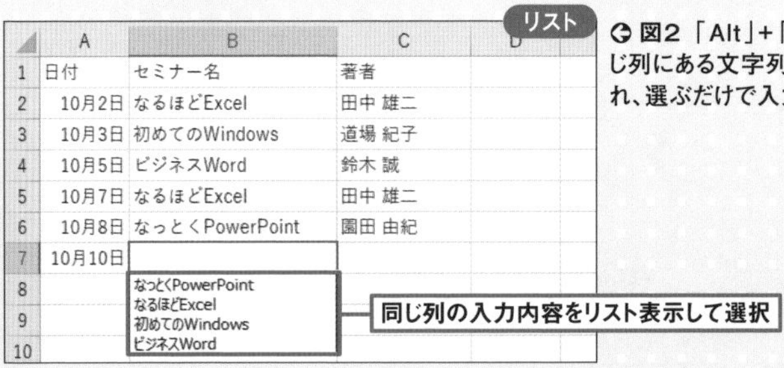

図2 「Alt」+「↓」キーを押すと、同じ列にある文字列がリストとして表示され、選ぶだけで入力できる

➡「オートコンプリート」を使って入力

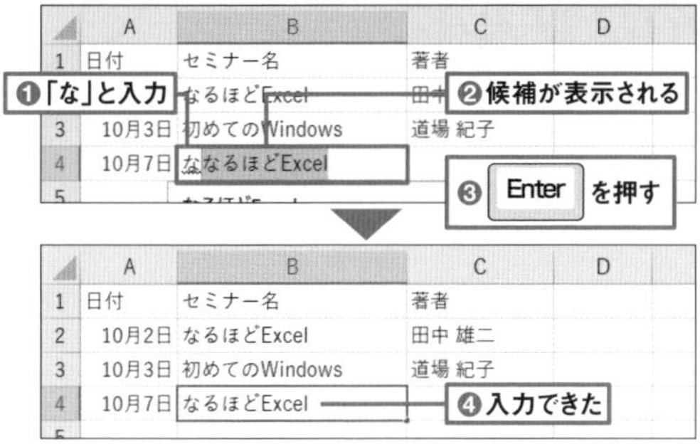

◆図3 B4セルに「な」と入力すると（❶）、同じ列にある「なるほどExcel」が候補として表示される（❷）。「Enter」キーを押すだけで入力できる（❸❹）。下方にある文字列も候補になるが、入力セルの前後にデータが連続して入力されていないと使えない。空白セルが間にあるとそこまでの文字列のみが候補となる

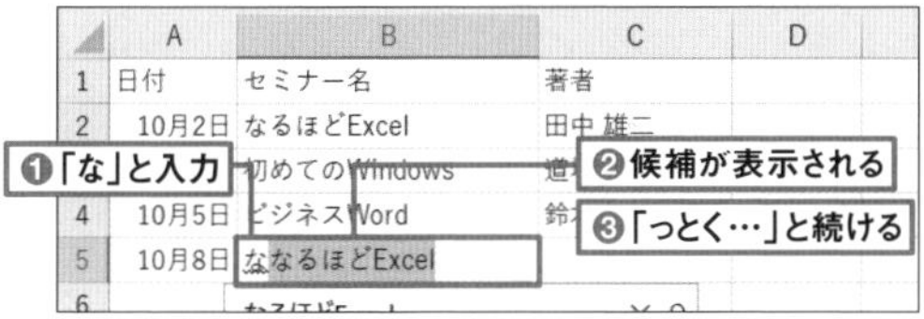

◆図4 B5セルには「なっとく」と入力したいのに、「な」と入力した時点で「なるほどExcel」が表示されてしまう（❶❷）。この場合は無視して入力を続けるか（❸）、「Delete」キーで候補を削除して入力すればよい

◆図5 C6セルに「た」と入力した場合、同じ列に「田中」と「田畑」があるため、「た」だけではどちらか判断できない。「たな」まで入力した時点で「田中 雄二」が候補として表示される

➡「リスト」を使って入力

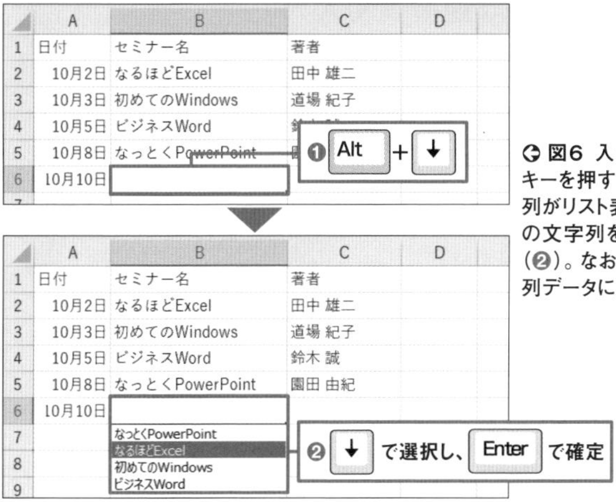

◆図6 入力するセルを選んで「Alt」+「↓」キーを押すと（❶）、その列に入力済みの文字列がリスト表示される。「↓」キーを押して目的の文字列を選択し、「Enter」キーで確定する（❷）。なお、オートコンプリートやリストは、文字列データに対してのみ利用できる

Section 05

3分 時短

下のセル、右のセルに同じデータを一発コピー

「Ctrl」+「R」 「Ctrl」+「D」

複数のセルに同じ文字列や数式が続くのはよくあること。内容が同じならそのつど入力しなくても簡単な操作でコピーや一括入力ができる（**図1**）。

右のセルには「Ctrl」+「R」キー、すぐ下のセルなら「Ctrl」+「D」キーでコピーする（**図2、図3**）。「R」は「Right」で右へ、「D」は「Down」で下へコピーと覚えよう。

この機能のよいところは、複数のセルにまとめてコピーできること。複数のセルにコピーする場合は、コピー元のセルを含めてセル範囲を選択し、「Ctrl」+「D」キー（右方向なら「Ctrl」+「R」キー）を押す（**図4**）。文字列だけでなく、セルの書式や数式もコピーできるのも、この機能の利点だ。数式をコピーした場合は、セルの位置に応じた計算結果がそれぞれのセルに表示される。前項で説明したオートコンプリートやリストでは、同じ文字列を入力できるが書式や数式はコピーできない。

同じデータが複数のセルに続く場合、セル範囲を指定してから一括入力する方法もある。セル範囲を選択後、データを入力してから「Ctrl」+「Enter」キーを押すだけだ（**図5**）。この場合もコピーではなく入力なので、書式は別途設定する。

同じ内容は効率良く入力

	A	B	C	D	E	F	G	H
1	売上日	店舗	受注	担当	単価(円)	数量	売上金額(円)	税込み
2	2020/4/1	丸の内	島崎 隆	島崎 隆	960	25	24,000	¥26,400
3	2020/4/1	丸の内	松陰寺 多恵	島崎 隆	1200	18	21,600	¥23,760
4	2020/4/1	丸の内	[illegible]	[illegible]介	1800	10	18,000	¥19,800
5	2020/4/1	丸の内	君島 聡	高田 伸介	1200	30	[illegible]	[illegible]
6	2020/4/1	丸の[illegible]	[illegible]	[illegible]田 伸介	960	30	[illegible]	[illegible]
7	2020/4/1	丸の内	曽根崎 孝也	島崎 隆	2500	10	25,000	¥27,500
8	2020/4/1	本社	沢田 幸太郎	高木 京香	1800	15	27,000	¥29,700
9	2020[illegible]	[illegible]	[illegible]	高木 京香	1200	25	30,000	¥33,000
10	2020/4/1	本社	神戸 武	高木 京香	1500	20	30,000	¥33,000
11	2020/4/1	大阪	坂田 敦教	山崎 正人	1800	10	18,000	¥19,800

↑図1 表の中で同じ文字列や数式が出てきたら、何度も入力する必要はない。コピーや一括入力の方法がわかれば、手間を省ける

➡「Ctrl」+「R」で右へ、「Ctrl」+「D」で下へコピー

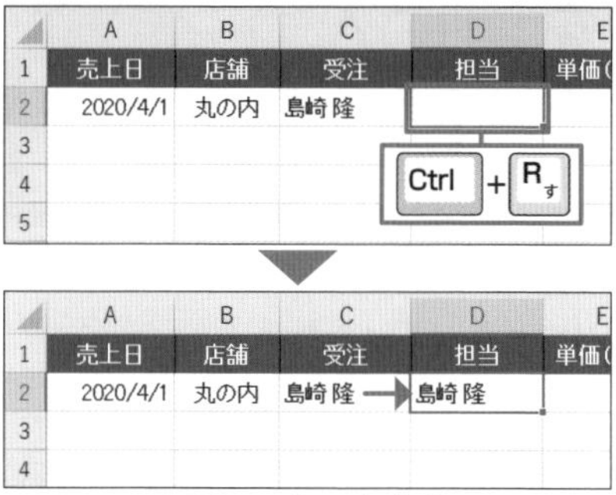

❻図2 セルを選択して「Ctrl」+「R」キーを押すと、左隣のセルの内容がコピーされる

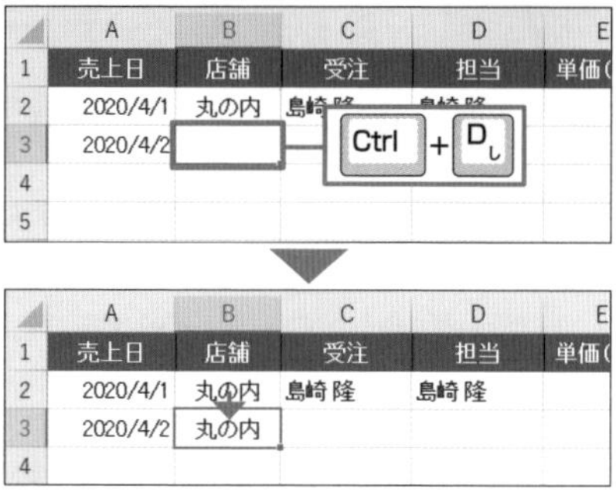

❻図3 セルを選択して「Ctrl」+「D」キーを押すと、上のセルの内容がコピーされる

➡数式も書式も複数のセルにまとめてコピー

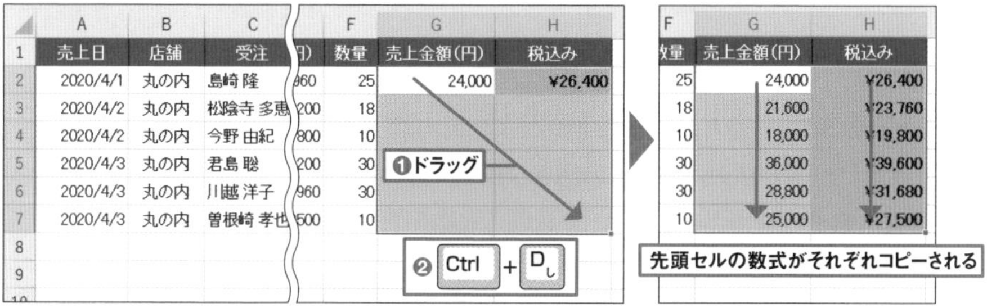

❻図4 下方向へコピーしたいときは、ドラッグなどで範囲選択して、「Ctrl」キーを押しながら「D」キーを押す

➡複数セルをまとめて選択、同じデータを一括入力

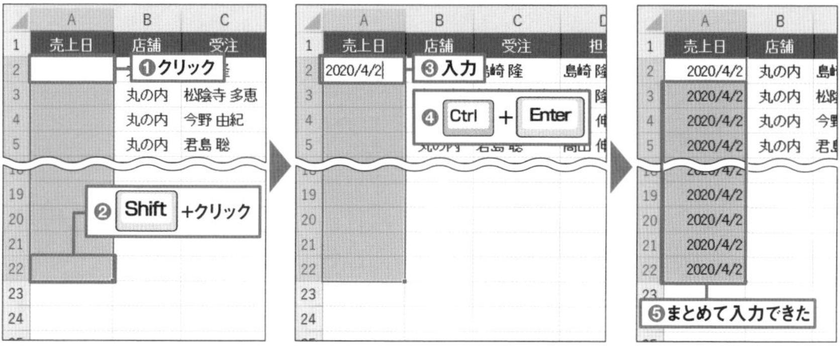

❻図5 同じ内容を入力したいセルをすべて選択(❶❷)。この状態のままキー入力をして「Ctrl」キーを押しながら「Enter」キーを押すと(❸❹)、すべての選択セルに一括入力できる(❺)

Section 06

30分 時短

連続するデータを楽に入力 必須スキルの「オートフィル」

オートフィル

ある範囲のセルに、同じデータをコピーしたり、連番などの連続するデータを入力するケースはよくある。そこで役に立つのが、ドラッグなどの簡単な操作で、同じデータや規則的に変化するデータを自動入力できる「オートフィル」機能だ（**図1**）。

エクセルで最初に「便利だ」と思った機能がオートフィル ――という人も少なくないほどよく知られた機能だが、オートフィルにはさまざまな使い方があることを知らない人が多い。ここからはオートフィルの基本的な使い方だけでなく、便利な小ワザや驚きの使い方を紹介していこう。

同じ操作でコピーも連番もOK

オートフィルの最も基本的な使い方は、入力済みのセルを選択し、右下隅に表示される「フィルハンドル」（緑色の小さな■）をドラッグすることだ。通常はこの操作で、書式や数式も含めたセルのコピーになる（**図2**）。

ただし、「C-01」や「東京2020」のように、数字を含む文字列の場合、オートフィルを行うと、「C-01、C-02、C-03…」のような連続データが入力される（**図3**）。同様に「1位」「第1四半期」なども連番になる。ここがオートフィルの便利なところであり、わかりづらいところでもある。

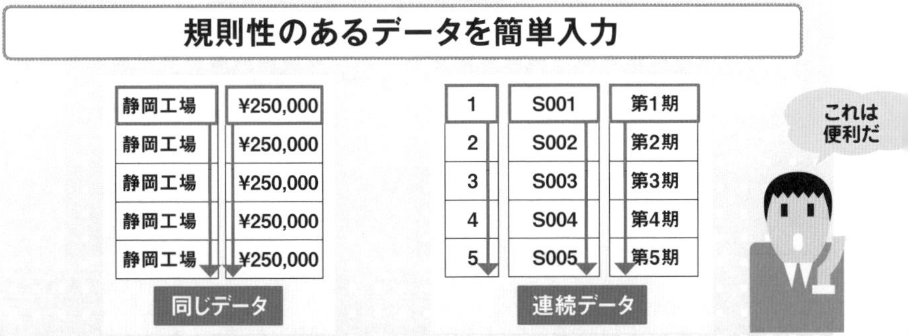

図1 基準のセルと同じデータや、規則的に変化する連続データを自動的に入力する「オートフィル」。同じデータか連続データかを選択することもできる

オートフィルは、コピーも連番の入力もできる賢い機能だ。コピー元になるセルが数値や文字列、数式であれば、そのままコピーになる。文字と数字の組み合わせなど、連番になる可能性の高いデータのみ、自動的に連続データが入力される。

複数のセルをまとめて選択して一気にオートフィルで入力することも可能だ（**図4**）。縦方向に使うことの多いオートフィルだが、フィルハンドルを横方向にドラッグしても同様の結果になる。

➡基準セルのデータをコピーする

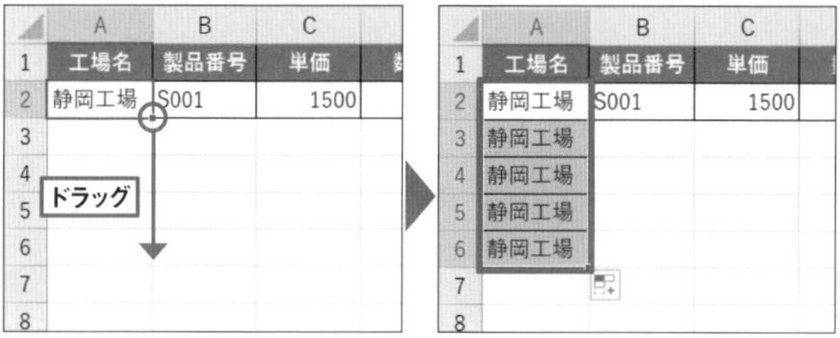

⬅ **図2** 文字列が入力されたセルをオートフィルすると、そのセルのデータをコピーできる。工場名が入力されたA2セルを選択し、そのフィルハンドル（右下に表示される■）をA6セルまでドラッグ。すると、A2セルの文字列や書式がA3～A6セルにコピーされる

➡文字＋数字なら連続データを入力

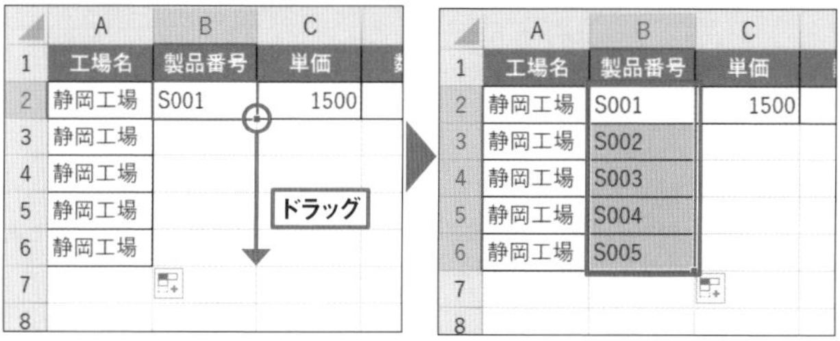

⬅ **図3** 「S001」や「第1期」のように文字列の中に数字が含まれているケースでは、数字部分だけが1ずつ増えていく連続データになる

➡複数セルもまとめてコピー

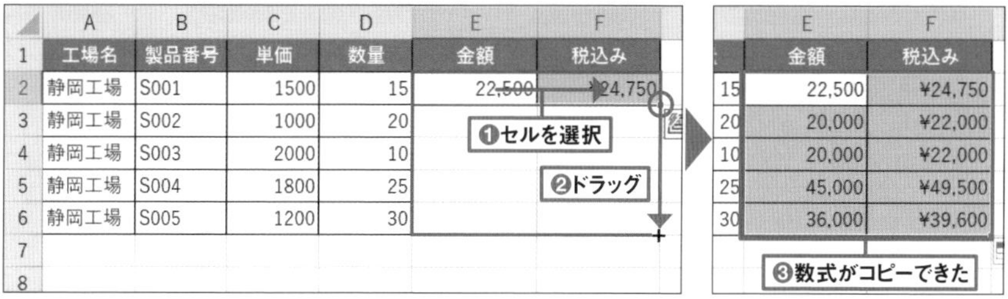

⬆ **図4** 複数のセルを選択し（❶）、フィルハンドルをドラッグする（❷）。最初に選択していたセルの内容をまとめてコピーできる（❸）。ここでは数式をコピーしたので、セルの位置に応じた計算結果が表示されている

「Ctrl」+ドラッグでサクッと連番に

コピーするつもりが連番になったときなど、意図しない結果になっても慌てることはない。オートフィル直後に表示される「スマートタグ」で切り替えが可能だ（**図5**）。

一方、「1」のような数値をオートフィルするとコピーになり、連番にするにはスマートタグで変更する必要がある（**図6**）。この手順が面倒なら、オートフィルをするときに「Ctrl」キーを押せば一発で連番になる（**図7**）。下方向または右方向へオートフィルした場合は1ずつ増え、上方向または左方向へオートフィルした場合は1ずつ減っていく。「Ctrl」キー＋オートフィルは、通常のオートフィルとは逆の結果になるので、「1位」のように連番になるデータも、「Ctrl」キー＋オートフィルだとコピーになる。

➡「スマートタグ」で連番からコピーに変更

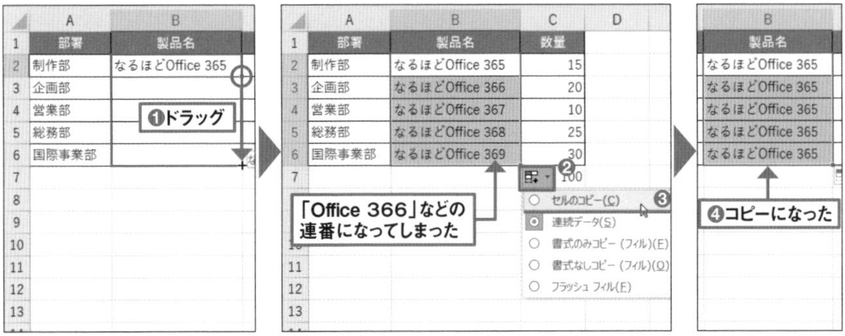

図5 「なるほどOffice 365」と入力したセルをオートフィルすると（❶）、「365」の部分が連番になってしまう。連番にしたくないときは、スマートタグから「セルのコピー」を選ぼう（❷〜❹）

➡連番は「Ctrl」＋ドラッグのほうが早い

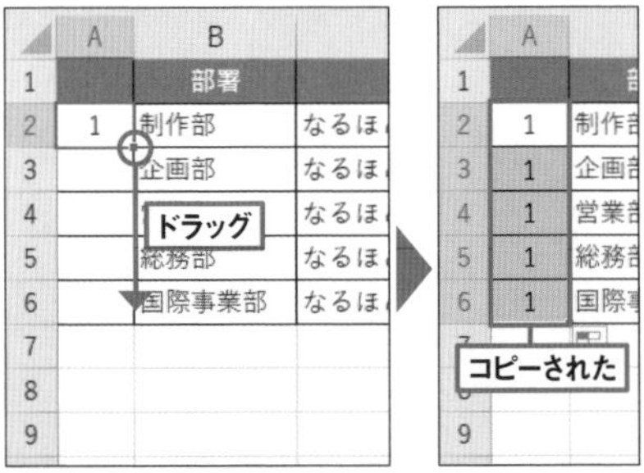

図6 数値は通常のオートフィルだとコピーされるだけなので、同じ番号が表示される

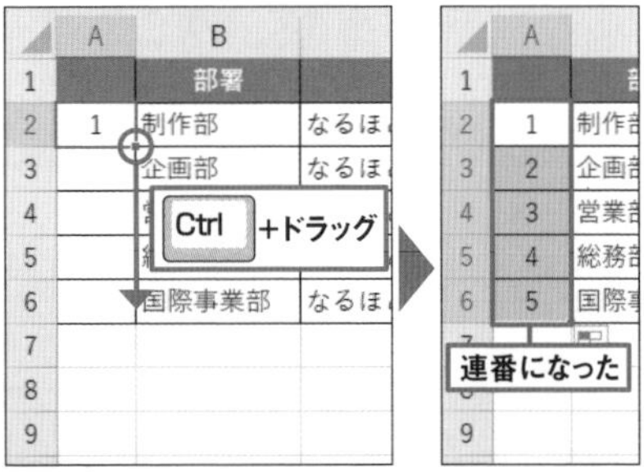

図7 「Ctrl」キーを押しながらオートフィルすると連番になる

ダブルクリックで表の端までオートフィル

便利なオートフィルだが、入力したいセル範囲が広いと、ドラッグ中にスクロールが必要になるなど、使いづらい点もある。そもそもドラッグが苦手という人は、意外に多いのだ。そこで試したいのが、ダブルクリックでのオートフィル。フィルハンドルをダブルクリックすることで、表の端まで入力できる（**図8**）。表が大きいときはドラッグよりずっと楽だが、この機能で自動入力できるのは、左右どちらかの列で入力済みの行まで。途切れているとそこでストップしてしまう（**図9**）。そのときは次のセルで再度ダブルクリックするか、ドラッグ操作で普通にオートフィルしよう。また、罫線などの書式が崩れたときは、スマートタグで「書式なしコピー（フィル）」を選ぶとよい。

➡表の端まで埋めるならドラッグよりダブルクリック

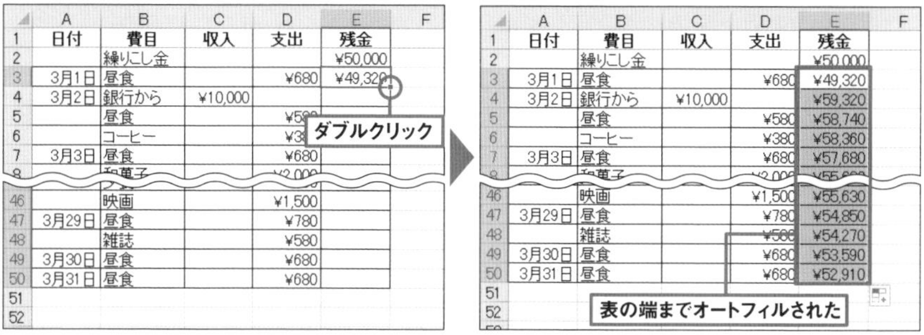

図8 フィルハンドルをダブルクリックすると、表の端まで一気にオートフィルできる

➡途切れた表はダブルクリックすると途中で止まってしまう

図9 表のデータが途切れていると、ダブルクリックでは最後までオートフィルできない。罫線が整っていても、文字や数値がないと表の下端だと見なされるからだ。このときはダブルクリックではなく、ドラッグして普通にオートフィルしよう

Section 07

5分
時短

「4ずつ増える数値」など規則的な繰り返しを自動入力

オートフィル

通常のオートフィルでは1ずつ増加・減少する連続データしか入力できないが、使い方によっては増減の量の指定や、「A、B、C、A、B、C…」のような規則的な繰り返しも入力可能だ。

1ずつではなく、指定した間隔で増減する連続データを自動入力するには、最初の2つのセルにデータを入力する。例えば、「2、6、10…」と4ずつ増える数値なら、最初の「2」と「6」を入力してオートフィルを行う（**図1**）。文字列を繰り返す場合は、繰り返したい文字列を入力したセルを選択してオートフィルを行えばよい（**図2**）。

➡増加量を指定して連続データを入力する

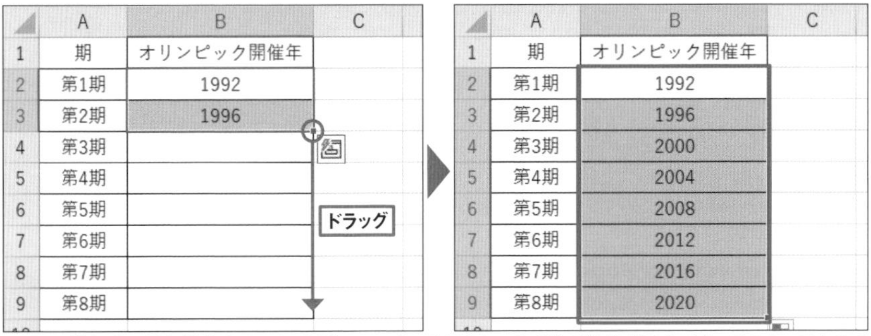

図1 増加する量を指定するには、先頭のセルと2番目のセルにそれぞれ数値を入力し、この2つのセルを選択してオートフィルを行う

➡同じ複数のデータを繰り返し入力する

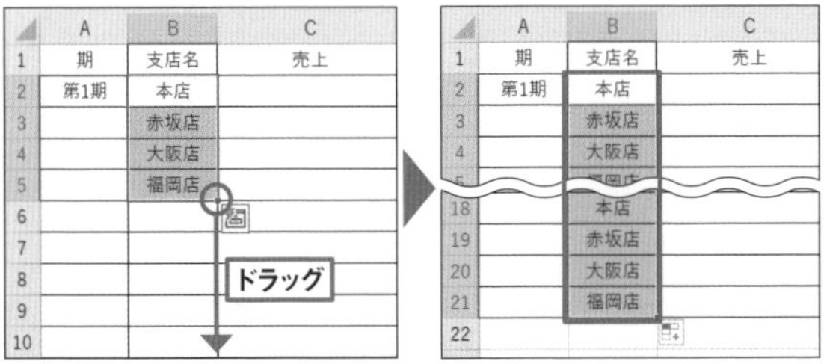

図2 数値を含まない文字列データの場合、2つ以上のセルを基準としてオートフィルの操作を行うと、それらのセルのデータを繰り返し入力できる。ここでは4つの支店名を繰り返し入力した

Section 08

5分 時短

平日のみ、月単位の日付はオートフィル&スマートタグで

オートフィル

オートフィルの対象が日付のときは、1日ずつ増えていく連続データになる。オートフィル後、スマートタグを使えば、週日単位、月単位、年単位などいろいろな増加方法を選べる（**図1**）。また、フィルハンドルをマウスの右ボタンでドラッグすれば、スマートタグの操作なしでメニューを表示でき、単位の指定が可能だ（**図2**）。

➡日付のスマートタグはバリエーションが豊富

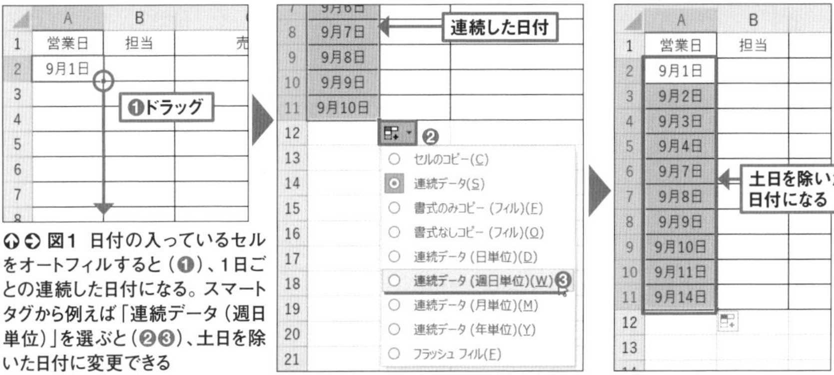

↑➡ **図1** 日付の入っているセルをオートフィルすると（①）、1日ごとの連続した日付になる。スマートタグから例えば「連続データ（週日単位）」を選ぶと（②③）、土日を除いた日付に変更できる

➡右ドラッグでひと手間省く

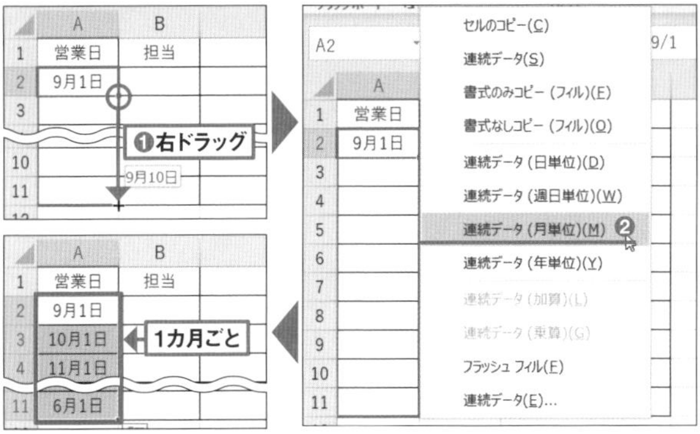

⬅ **図2** フィルハンドルをマウスの右ボタンでドラッグすると、スマートタグと同じメニューを自動表示してすぐ選べる。「日」ではなく「月」が1ずつ増えていく連続データにしたければ、フィルハンドルを右ボタンでドラッグし（①）、表示されるメニューから「連続データ（月単位）」を選べばよい（②）。このメニューからは、ほかにもさまざまなフィルの方法が選べる

Section 09

10分 時短

オートフィルで独自の文字列を繰り返し入力

オートフィル

オートフィルを使うと、数値だけでなく「月、火、水 …」や「睦月、如月、弥生 …」といった規則的に変わる文字列を自動入力できる（**図1**）。ただし、何でもかんでも入力できるということではない。連番として入力できるかどうかは、「ユーザー設定リスト」に登録されているかどうかで決まる（**図2**）。「ユーザー設定」という名の通り、このリストにはユーザーが独自の組み合わせをリストとして追加登録することもできる。ここでは、この機能を利用する方法を紹介しよう。

まず、「ファイル」タブをクリックして、「オプション」をクリック（**図3**）。表示される「Excelのオプション」画面で「詳細設定」をクリックし、「ユーザー設定リストの編集」をクリックする（**図4**）。「ユーザー設定リスト」画面の左側には、あらかじめ登録されているユーザー設定リストが一覧表示されている。図2のように、ここに登録されたリストであれば、オートフィルで自動入力ができる。

曜日も干支もオートフィル

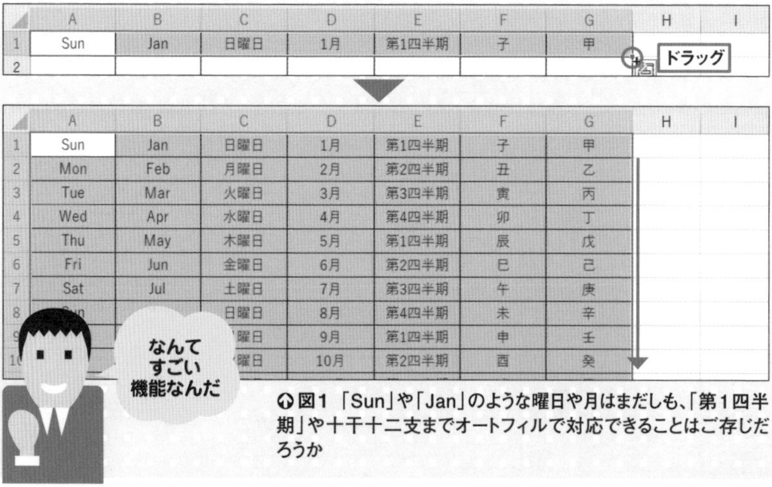

↑図1 「Sun」や「Jan」のような曜日や月はまだしも、「第1四半期」や十干十二支までオートフィルで対応できることはご存じだろうか

➡繰り返す文字列がオートフィルで入力できる理由

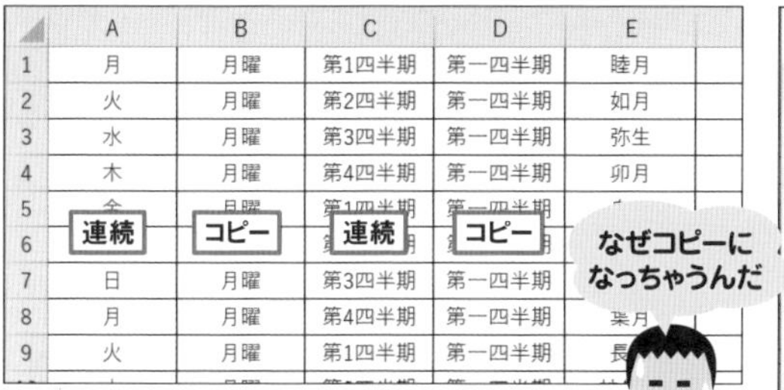

↑図2「月、火…」や「第1四半期、第2四半期…」は入力できるのに、「月曜、火曜…」や「第一四半期、第二四半期…」はコピーになる。その違いは「ユーザー設定リスト」にある

➡独自のリストを追加する

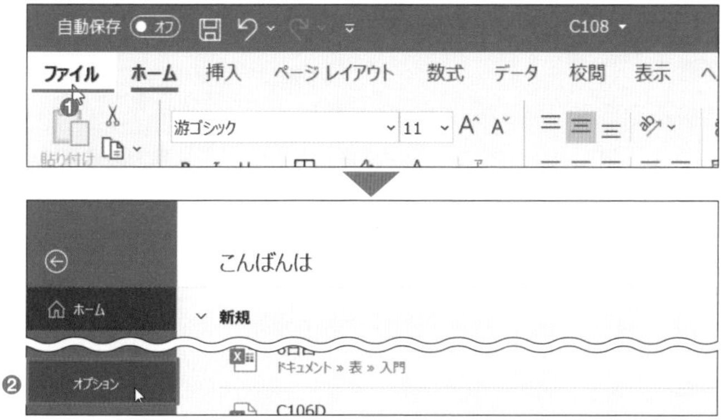

←図3 ユーザーが独自のリストを追加するには、「ファイル」タブをクリックし（❶）、「オプション」をクリックする（❷）

←図4 「Excelのオプション」画面で「詳細設定」をクリックし（❶）、下のほうにある「ユーザー設定リストの編集」をクリックする（❷）。これで、「ユーザー設定リスト」画面が表示される

新たなリストを登録するには「新しいリスト」を選び、右側の「リストの項目」欄に、改行で区切って入力していく（**図5**）。登録できたかどうか、オートフィルで確かめてみよう（**図6**）。

登録したい文字列が多い場合は、ユーザー設定リストで手入力するのも手間がかかる。エクセルで入力済みの表があるなら、「リストの項目」として登録したいセル範囲を指定すると、簡単で間違いがない。

登録したい項目を入力したエクセルファイルを開き、セル範囲を選択する（**図7**）。ユーザー設定リストを表示させると、選択中のセル範囲が「リストの取り込み元範囲」として表示される（**図8**）。「新しいリスト」が選択されていることを確認して「インポート」を押すと、取り込み元範囲の内容がユーザー設定リストに登録され、「リストの項目」にも表示される（**図9**）。これで登録は完了だ。

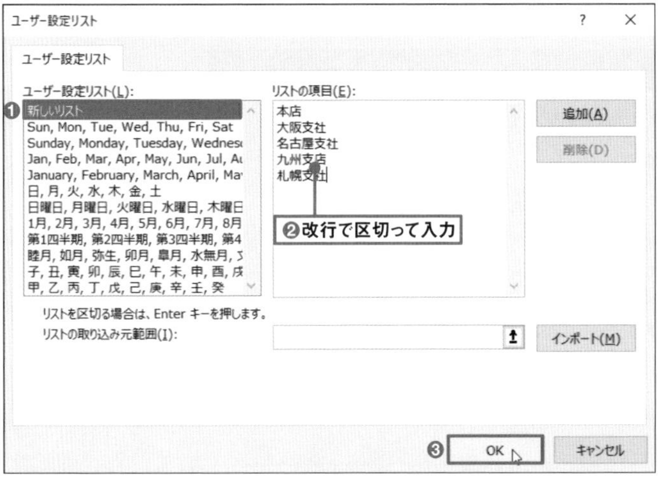

図5 「新しいリスト」を選択し（❶）、リストの項目」欄に登録したい項目を改行で区切って入力し（❷）、「OK」を押す（❸）。複数のリストを連続して登録する場合は、「OK」ではなく「追加」をクリックすれば、次のリストを入力できる

➡登録した内容で自動入力する

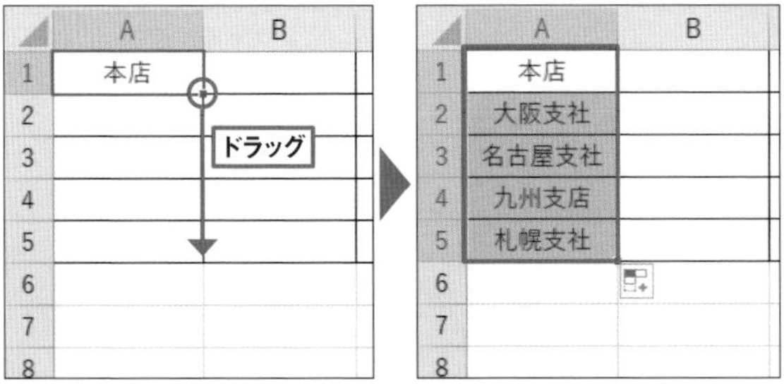

図6 ユーザー設定リストに登録した内容は、オートフィルの操作で連続データとして自動的に入力できる。ここではA1セルに「本店」と入力し、A2～A5セルにオートフィルした。これで、図5で登録した「大阪支社「名古屋支社」…と続く一連の文字列が自動入力される

➡入力済みのセルから独自リストに登録

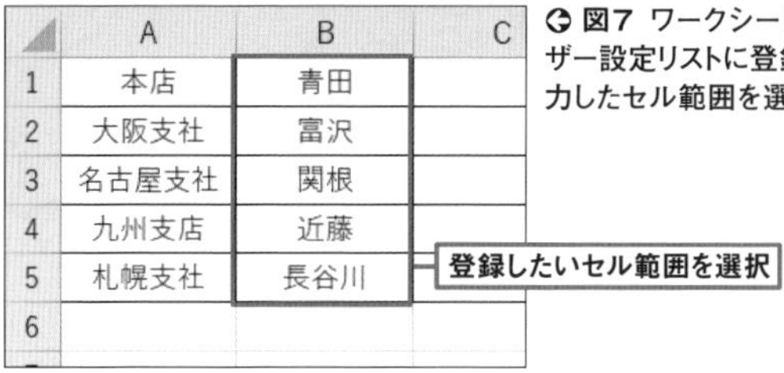

図7 ワークシート上に入力済みのリストを、ユーザー設定リストに登録することもできる。それには、入力したセル範囲を選択する

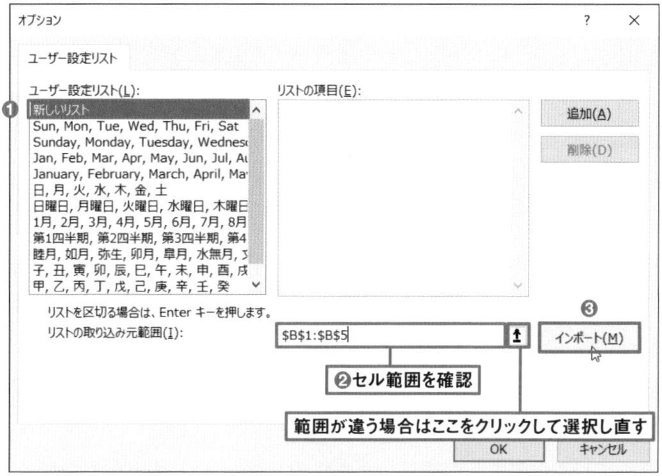

図8 図3、図4の手順でユーザー設定リストを表示させる。「新しいリスト」を選択し（❶）、図7で選択していた範囲が表示されていることを確認してから「インポート」を押す（❷❸）

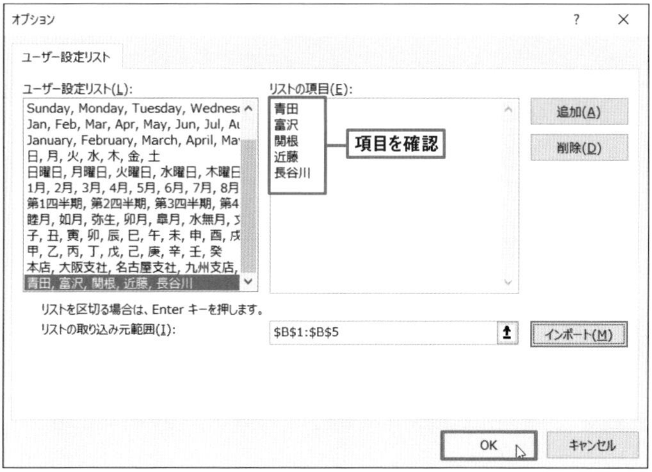

図9 「リストの項目」にインポートしたデータが表示される。これで登録は完了だ。「OK」を押してダイアログボックスを閉じる

Section 10

10分 時短

乗算や停止値を指定して連続データを入力

フィル

ドラッグするだけでコピーや連番が入力できるオートフィルは便利だが、オートフィルではできないこともある。例えば、乗算や割り算。「30になったら停止」といった指定もできない。もっと自在に自動入力したければ、覚えておきたいのが「フィル」機能だ。フィル機能は条件を指定して、セルに自動入力する機能。さまざまな条件を指定できる（**図1**）。フィル機能を使えば、「3倍ずつ増加」「平日3日置き」といった規則や、停止値の指定もできる（**図2**）。「3倍ずつ増加」して「30で止める」場合は、「フィル」の「連続データの作成」を選び、「乗算」「増分値」「停止値」を指定する（**図3**）。「平日3日置き」なら、「日付」と「週日」を選んで「増分値」を「3」に指定すればよい。「増分値」にマイナスの値を指定して減算することもできる。なお「範囲」の指定は、縦に入力するなら「列」、横に入力するなら「行」とする。

フィル機能を使うと、「2つのセルの値を等間隔に割り振る」ことも可能だ。例えば、タスクの達成目標を立てるなら、現状のパーセンテージを最初のセルに入力し、達成目標日を「100％」とすれば、その間、どれくらいの達成率で進めればよいかがわかる（**図4**、**図5**）。この機能ではさまざまな連続データを作成できるので、オートフィルでできないからと諦めず、試してみてほしい。

複雑な連続データも自動入力

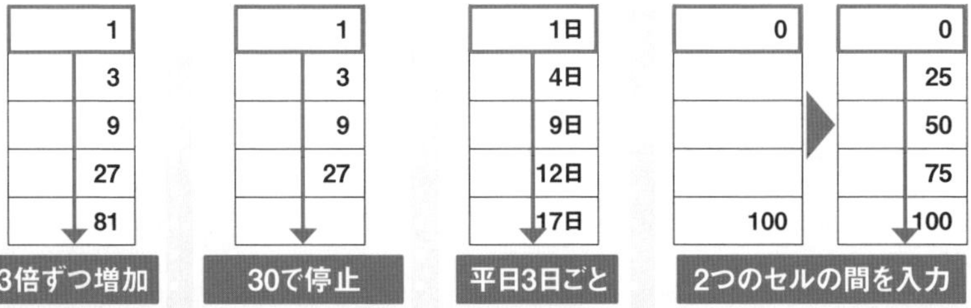

↑図1　乗算や停止値など、オートフィルではできない複雑な連続データでも、「フィル」機能を使えば自動入力できる

➡3倍ずつ増加して30で止める

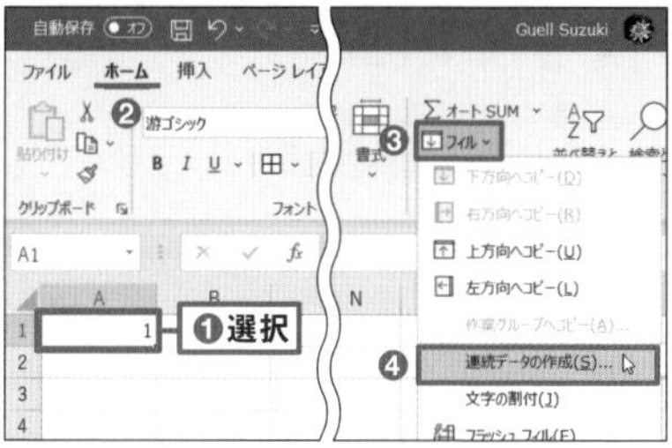

🡅 図2 起点となるセルに最初の数字を入力して選択する（❶）。「ホーム」タブの「フィル」をクリックし（❷❸）、「連続データの作成」を選ぶ（❹）

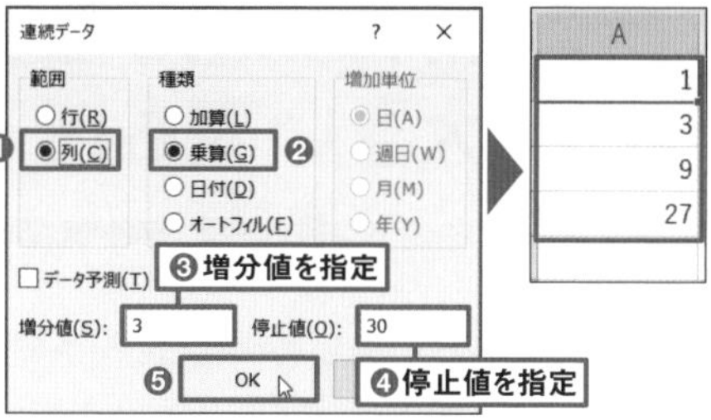

🡅 図3 「範囲」を「列」（❶）、「種類」を「乗算」に指定（❷）。「増分値」を「3」（❸）、「停止値」を「30」に指定し（❹）、「OK」をクリックする（❺）

➡2つのセルの間を等間隔で埋める数値を自動入力する

🡄 図4 最初と最後のセルの値が確定していて、間のセルに等分の値を割り振る。先頭のB2セルと末尾のB6セルだけに数値を入力した状態でB2～B6セルを選択し（❶）、「ホーム」タブの「フィル」から「連続データの作成」を選ぶ（❷～❹）

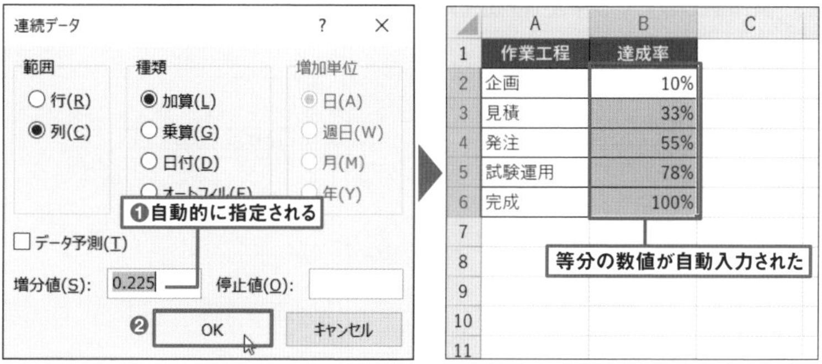

🡅 図5 表示される「連続データ」画面の「増分値」欄には、先頭と末尾のセルの値から計算された数値が自動的に入力されているので（❶）、そのまま「OK」をクリックする（❷）。選択範囲の先頭と末尾のセルの値の間を等間隔で埋める数値が、自動的に入力される

Section 11

5分 時短

常に見出しを表示すれば大きい表も迷子にならない

ウィンドウ枠の固定

表の最初の行や最初の列には、行や列の見出しが入力されているものだ。1画面に入りきれない大きな表は、スクロールすると1行目や1列目が隠れてしまい、入力中や閲覧中に「ここ、何の項目だっけ?」といったことになりかねない（**図1**）。スクロールして再確認しながら入力するのは時間の無駄。見出しの行や列を画面に固定すれば、問題解決だ。

先頭行に列見出しが入力されているなら、「表示」タブで「ウィンドウ枠の固定」→「先頭行の固定」と選べば、スクロールしても1行目が表示されるようになる（**図2**）。

図1の名簿は横方向にもスクロールが必要な大きな表だ。こうした表では、先頭行だけでなく先頭列にある名前も固定しておくと、スクロールしても誰のデータがわかりやすい。1行目とB列までを固定するには、C2セルを選択してから、「表示」タブで「ウィンドウ枠の固定」→「ウィンドウ枠の固定」を選択する（**図3**）。これで1行目だけでなく、A列とB列も固定される（**図4**）。

固定を解除したいときには、「ウィンドウ枠の固定」メニューから「ウィンドウ枠固定の解除」を選択すればよい（**図5**）。

先頭の行や列を固定して常に見出しを表示

	A	B	C	D	E	F	G	
10	蔦	幹彦	2組	男	○	○	○	03-33
11	島田	裕子	1組	女	○	○	○	03-35
12	細田	邦彦	2組	男				03-37
13								

	A	B	C	D	E	F	G	
1	姓	名	クラス	性別	説明会	アンケート	懇親会	
10	蔦	幹彦	2組	男	○	○	○	03-33
11	島田	裕子	1組	女	○	○	○	03-35
12	細田	邦彦	2組	男				042-3
13	篠原	義男	1組	男		○		048-0
14								

↑**図1** 通常はスクロールすると見えなくなってしまう見出しの行や列。固定することで、スクロールしても入力や確認がしやすくなる

➡先頭行を固定

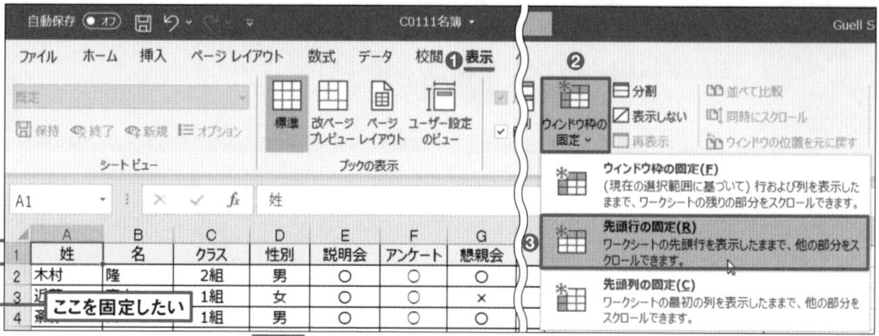

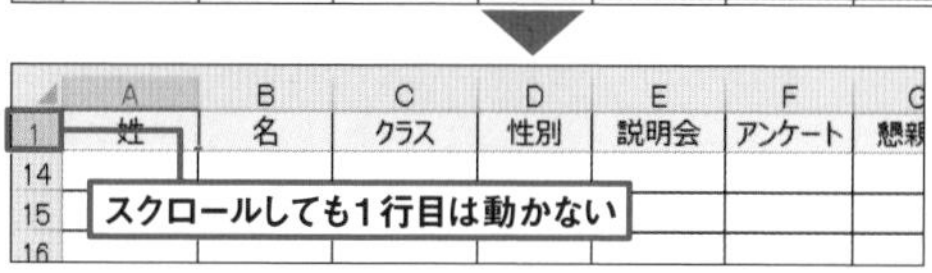

↑←図2 1行目（先頭行）に列見出しが入力されているので固定したい。「表示」タブの「ウィンドウ枠の固定」から「先頭行の固定」を選択する（❶～❸）。スクロールして、1行目が固定されていることを確認する

➡1行目とB列までを固定

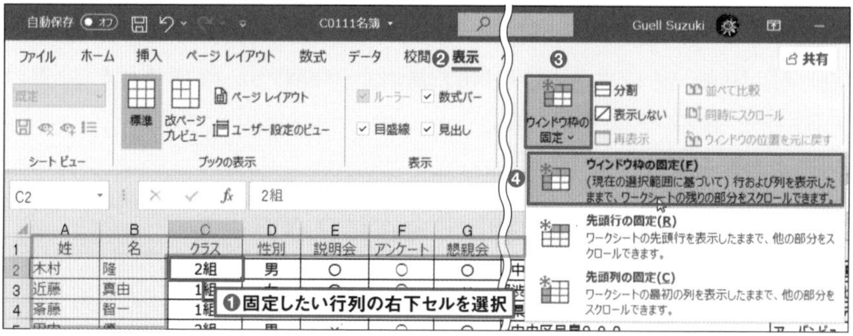

↑図3 1行目とA列、B列を固定したいので、C2セルを選択する（❶）。「表示」タブで「ウィンドウ枠の固定」から「ウィンドウ枠の固定」を選択する（❷～❹）

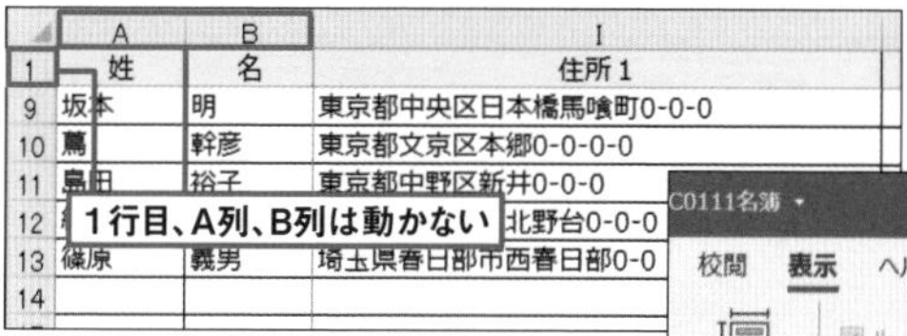

←図4 スクロールしても、1行目とA列、B列は動かない

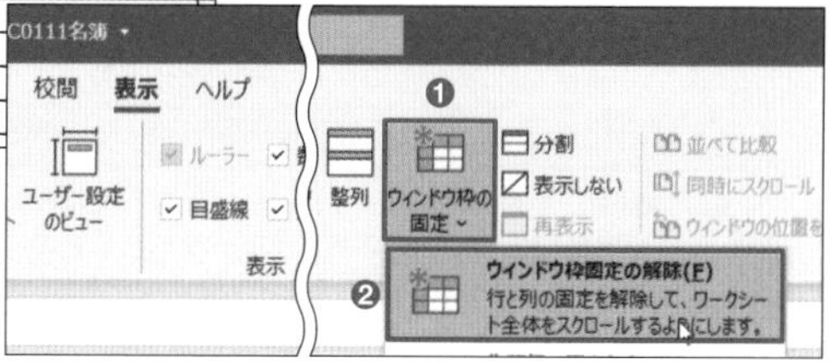

→図5 固定を解除する場合は、「ウィンドウ枠の固定」から「ウィンドウ枠固定の解除」を選択する（❶❷）

Section 12

広い表は画面分割でサクサク移動&選択

5分 時短

ウィンドウ枠の分割

エクセルで巨大な表を扱うと、見たいデータを探して上下左右にスクロールしたり、広い範囲を選択したりするのに苦労する。見出しを表示するだけなら、前項で紹介した「ウィンドウ枠の固定」で事足りるが、広い表を自在に表示するためには、シートを上下左右に分割する画面分割を使うのがお勧めだ（**図1**、**図2**）。縦横のスクロールバーもそれぞれ分割され、個別にスクロールできるので、表の離れた場所を同時に見渡せる。分割位置はドラッグ操作で自由に変更が可能（**図3**）。分割線はダブルクリックするか、再度「分割」ボタンをクリックすることで解除できる。

画面分割で覚えておきたいのが、巨大なセル範囲の選択方法。普通にドラッグすると画面がずるずるとスクロールして大変なことになる。そんなときは「Shift」+クリックのワザを使おう（**図4**）。これは通常のシートでも使えるが、画面分割中は特に重宝する。「Shift」+クリックは、「先に選択した場所から今回クリックする場所までを選択する」というパソコンの基本操作だ。

画面を4分割して自在にスクロール

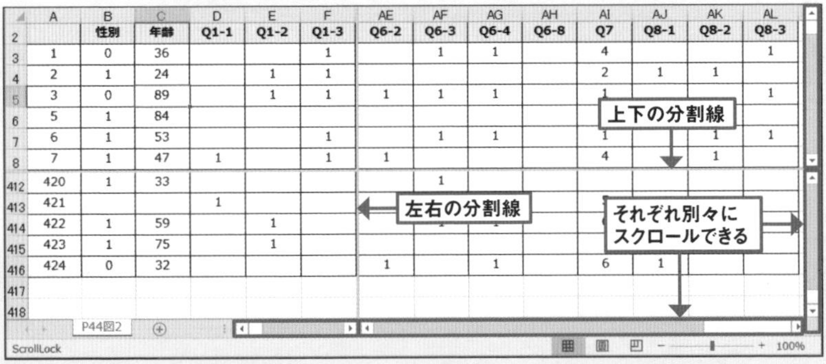

図1 縦横のスクロールバーもそれぞれ分割され、個別にスクロールできる。図では右側の横スクロールバーで表の右端、下側の縦スクロールバーで表の下端を表示した。なお、スクロールバーの三角ボタンを押すと、表の端の外側までスクロールできる

➡画面を4つに分割

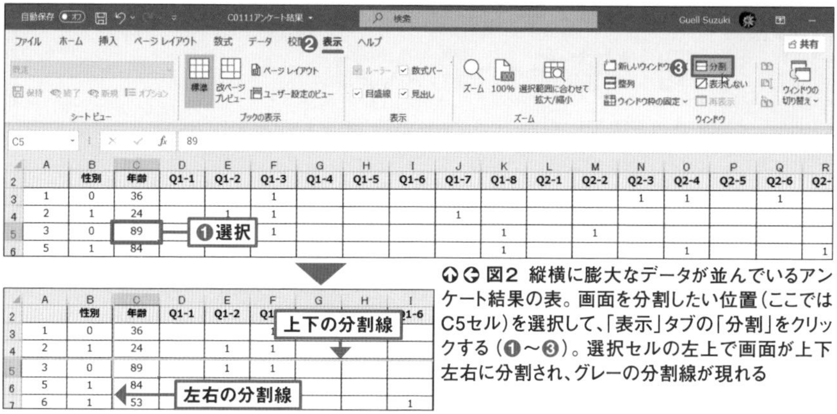

⇧⇦ 図2 縦横に膨大なデータが並んでいるアンケート結果の表。画面を分割したい位置（ここではC5セル）を選択して、「表示」タブの「分割」をクリックする（❶〜❸）。選択セルの左上で画面が上下左右に分割され、グレーの分割線が現れる

➡分割線はドラッグで移動、ダブルクリックで解除

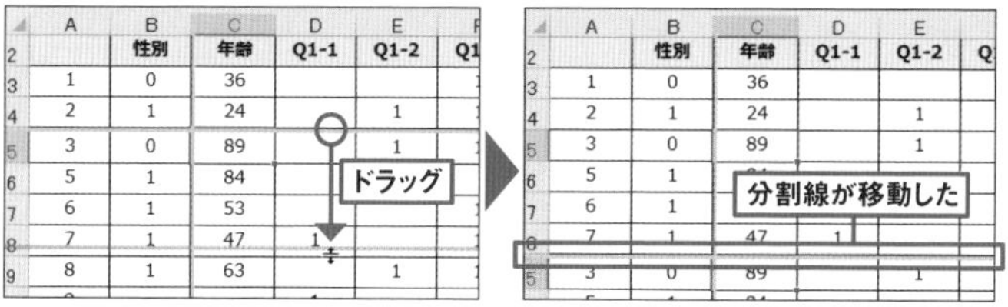

⇦ 図3 分割線をドラッグして分割位置を変更できる。また、ダブルクリックすると分割線が消え、分割が解除される

➡範囲選択は「Shift」+クリック

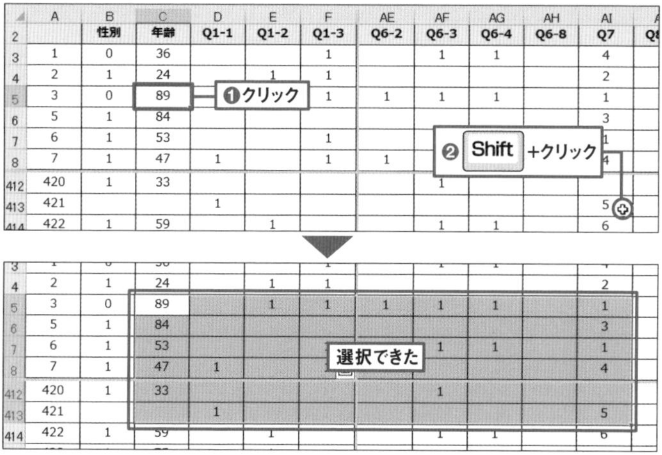

⇦ 図4 C5〜AI413セルという広範囲を選択したい。当該セル範囲の左上と右下が見えるように分割画面をスクロールしたら、左上の分割画面で当該範囲の左上セルを選択（❶）。さらに右下の分割画面で、「Shift」キーを押しながら当該範囲の右下セルをクリックする（❷）。始点から終点までの範囲にあるセルがすべて選択できた

Section 13

3分 時短

表内の空白セルを全選択 同じ値を一発入力

条件を選択してジャンプ

表によっては、空白のセルが残っていると、誤解を招くこともある。間違っていたのか、わからないのか、調査中なのか、調査不能なのかなど、同じ空白でも、その意味はさまざまに受け取れる。「未回答」「回答待ち」といった言葉を入力することで、正しく伝わる表にしたい。とはいえ、飛び飛びの空白セルを手作業で選択するのは、大きな表なら手間がかかるし、抜けがあっては問題になる。ここでは、空白のセルを一括で選択し、同じ文字列を一気に入力する方法を紹介しよう（**図1**）。

空白セルを選択するために使うのが、「検索と選択」機能の「条件を選択してジャンプ」（**図2**）。条件の指定画面で「空白セル」を選べば、すべての空白セルが選択できる（**図3**）。ただし、表示上空白であっても、空白文字などが入力されているセルは選択されない（スペースや、関数式で指定した「""」など）。選択後は、そのまま文字を入力し、確定時に「Ctrl」+「Enter」キーを押せば操作完了だ（**図4、図5**）。

飛び飛びの空白セルを選択して入力

	A	B	C	D	E	F	G	H
4	斎藤	智一	1組	男	○	○	○	
5	田中	優	2組	男	×	○	○	
6	相川	玲子	2組	女	未回答	○	未回答	
7	久田	京香	2組	女	○	○	○	
8	鈴木	由紀夫	1組	男	○	○	○	
9	坂本	明	1組	男	×	○	×	
10	蔦	幹彦	2組	男	○	○	○	
11	島田	裕子	1組	女	○	○	○	
12	細田	邦彦	2組	男	未回答	未回答	未回答	
13	田中	勝	1組	男	未回答	○	未回答	
14	港	亜季	2組	女	○	○	○	
15	小栗	貞夫	1組	男	×	○	○	
16	東	正雄	1組	男	○	○	×	
17	本田	真知子	2組	女	未回答	○	未回答	
18	宮本	花	1組	女	○	○	○	
19	石川	美智子	1組	女	○	○	○	
20	本村	繁	2組	男	○	○	×	
21	渋谷	美知	2組	女	○	○	○	
22	内村	公平	2組	男	未回答	未回答	未回答	

図1 表の中に飛び飛びにある空白セル。残さず選択して文字を一発で入力することができる

➡選択機能で空白セルを全選択

⇧ 図2 表内のすべての空欄に「未回答」と入力したい。空欄を埋めたいセル範囲を選択し（❶）、「ホーム」タブの「検索と選択」メニューにある「条件を選択してジャンプ」をクリック（❷〜❹）

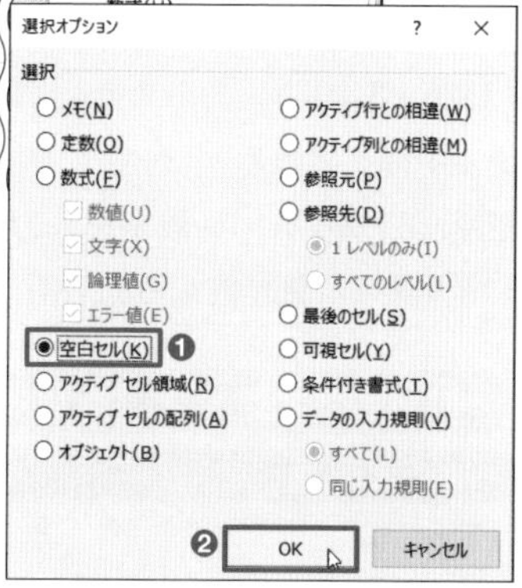

⇨ 図3 「空白セル」を選んで「OK」を押す（❶❷）

➡同じ文字を一括して入力

⇦ 図4 選択範囲内で、何も入力されていないセルだけが一括で選択された（❶）。そのまま「未回答」と入力し、「Ctrl」+「Enter」キーを押す（❷）

❷「未回答」と入力して Ctrl + Enter

⇨ 図5 選択中の空白セルすべてに「未回答」と入力される。なお、「Ctrl」+「Enter」キーは、選択したセルに一括入力するためのキー操作だ（21ページ）

Section 14

日本語と英数字は列ごとに自動切り替え

5分時短

データの入力規則

入力するだけの単純な作業にも、時短を図れる余地がある。例えば住所録なら、氏名や住所の列は日本語、郵便番号やメールアドレスは半角英数字といった具合に、列ごとに入力する文字種が決まっている。そこで、「入力規則」を使って列ごとに「IME」(日本語入力システム)のオン／オフを自動切り替えすることで、IMEを切り替える手間を省ける。全角で入力するセル範囲では日本語入力を「オン」にする(**図1**、**図2**)。一方、半角英数字を入力するセル範囲では「オフ (英語モード)」を選べばよい。当該セルを選択すると、IMEが自動で切り替わる(**図3**)。

➡IMEのオン／オフを自動切り替え

図1 IMEを自動でオンにしたいセル範囲を選択し、「データ」タブの「データの入力規則」から「データの入力規則」をクリック(❶～❹)

図2 「日本語入力」タブの中にあるメニューから「オン」を選び、「OK」ボタンを押す(❶～❹)

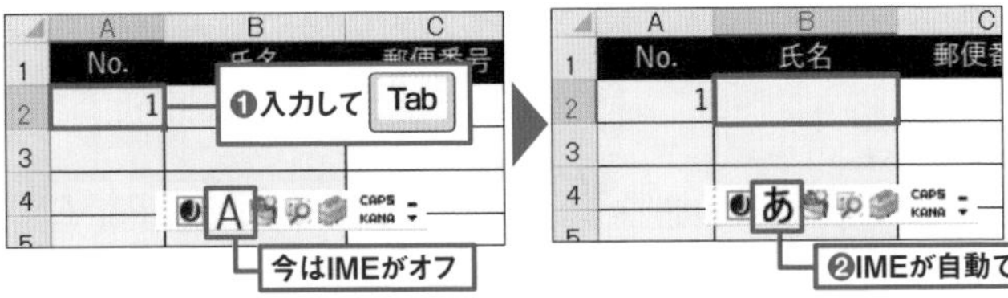

図3 設定を行ったセルを選ぶとIMEが自動でオンに切り替わり、すぐに日本語を入力できる(❶❷)

Section 15

選択肢を「リスト」から選べば簡単&表記ゆれなし

5分時短

データの入力規則

「合格」「不合格」や「初級」「中級」「上級」など、あらかじめ入力するデータの選択肢が決まっているなら、入力規則の「リスト」機能を活用しよう（**図1、図2**）。登録した文字列が選択肢のメニューとして表示され、選択するだけで入力できる。入力ミスや想定外のデータが入力されることを防ぐ効果も期待できる。

➡セルを選ぶと入力候補をリストで表示

図1 セル範囲を選択し（❶）、「データ」タブで「データの入力規則」から「データの入力規則」を選択（❷〜❹）。「データの入力規則」画面を開く

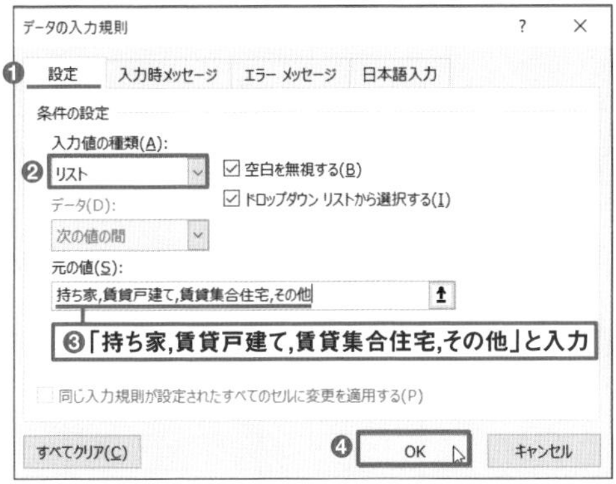

図2 「設定」タブにある「入力値の種類」欄で「リスト」を選び、「元の値」欄に半角カンマで区切って選択肢を入力して「OK」を押す（❶〜❹）。設定を行ったセルを選ぶと、右側に「▼」ボタンが表示されるようになる（❺）。このボタンをクリックするか、「Alt」+「↓」キーを押すと、リストから選んで入力できる（❻）

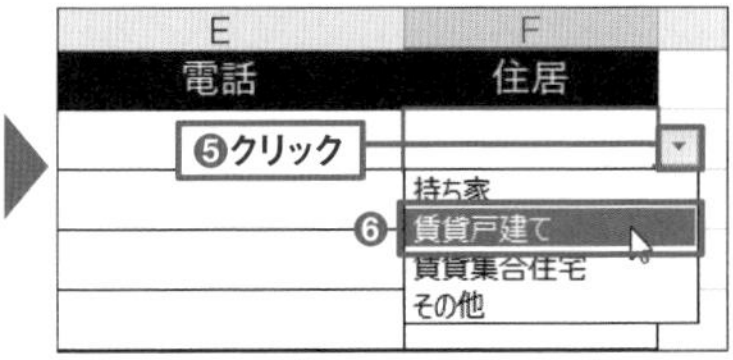

Section 16

5分 時短

「009」や「1-3」と表示する3つの方法を使い分け

表示形式

12ページで説明したように、数値は数値データとして扱われ、「009」と入力しても「9」としか表示されない（**図1**）。また、「1-3」という入力の形式をエクセルは「日付」と認識するため、標準では「1月3日」と表示されてしまう。「009」や「1-3」のように入力したまま表示する方法がわからないと、入力時に迷ったり、後から入力し直したりと、余計な時間がかかってしまう。

入力したまま表示するだけなら、「'」(半角アポストロフィー)を付けて「'009」や「'1-3」と入力するのが最も速い（**図2**）。先頭に「'」を付けることで、数値でなく文字列として入力できる。数字が文字列として保存されると、右揃えから左揃えに配置が変わる。セルの左上にはエラーを示す緑色の三角形が表示されるが、「ここは文字だよ」と示しているだけで、三角形は印刷されないので気にしなくてよい。

対象のセルが複数ある場合は、入力前にセルの表示形式を「文字列」に変更しておくと、数字が変身するのを避けられる（**図3**）。

注意したいのは、上記2つの方法ではデータが「文字列」形式になるので、計算に使えないセルになってしまうこと。計算に使える「数値」の形式で「009」と表示するには、数値としての表示形式を変更する。それには「セルの書式設定」画面を開き、「分類」に「ユーザー定義」を選び、数字を3桁で表示する「000」形式を指定する（**図4**、**図5**）。これで入力すれば、「009」のまま表示できる。「ユーザー定義」の表示形式については48ページで詳しく説明する。

入力した通りに表示されない数値をコントロール

図1 「009」と入力しても、「9」になってしまう。文字列データにすれば入力した通りに表示されるが、計算には使えない

変身するのは困るけど、文字列にするのももちょっと…

	A	B	C
1	入力した文字	変身した文字	文字列として入力
2	009	9	009
3	1/3	1月3日	1/3
4	1-3	1月3日	1-3
5	20-3-15	2020/3/15	20-3-15
6	35-6	Jun-35	35-6
7	(10)	-10	(10)

エクセルの標準ではこうなる　文字列ならそのまま

➡アポストロフィーを付けて文字列データで保存

図2 まずはセルに半角の「'」（アポストロフィー）を入力（❶）。続けて「009」などと入力する（❷）。その都度問題を解決するときに向くやり方だ

➡たくさん入力するなら「文字列」形式にしてから入力

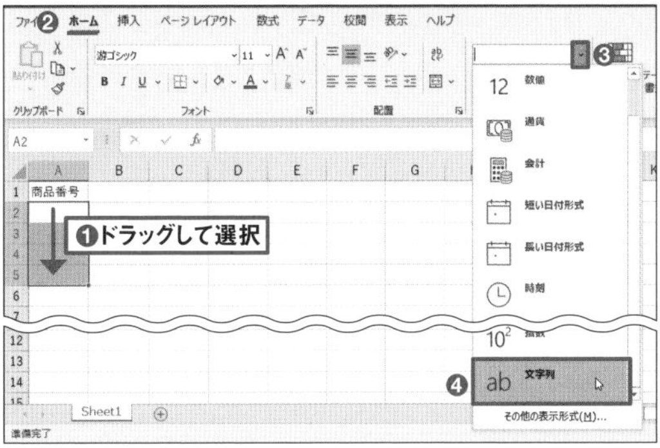

図3 入力箇所がたくさんある場合は、表示形式を変更したほうが楽。入力前にセル範囲を選択し、「数値の書式」（表示形式）の「▼」メニューから「文字列」を選ぶ（❶～❹）。その後に入力した文字列は勝手に変わらない（❺）

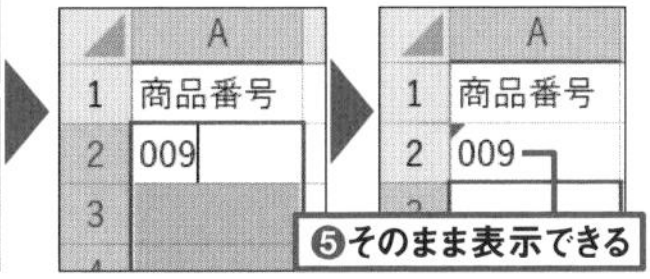

➡数値データのまま、「009」と表示

図4 入力するセルを選択し、「ホーム」タブの「数値」グループ右下にあるボタン（ダイアログボックス起動ツール）を押す（❶～❸）。「Ctrl」＋「1」というショートカットキーを押してもよい

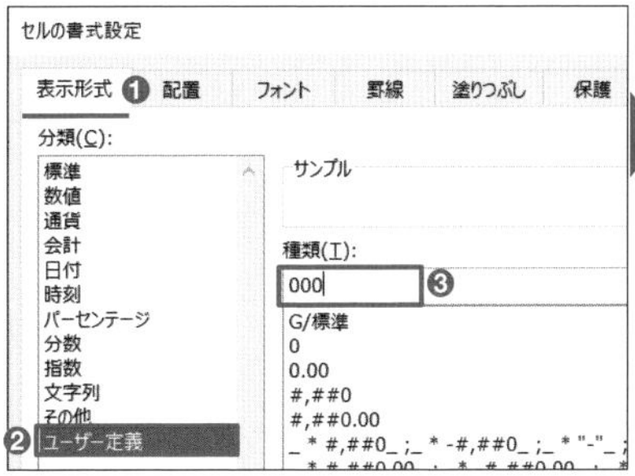

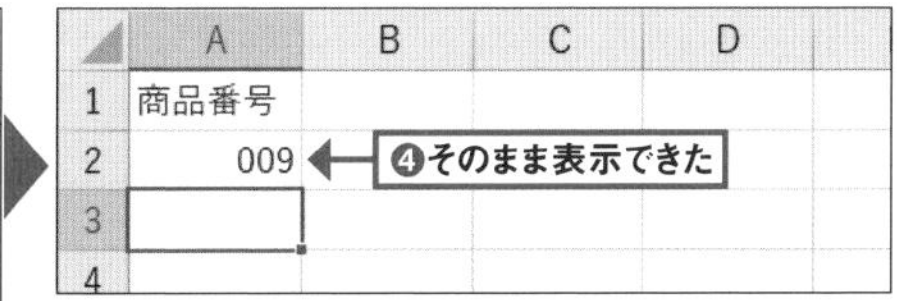

図5 「セルの書式設定」画面の「表示形式」タブが開いたら（❶）、「分類」で「ユーザー定義」を選択し、「種類」欄に「000」と入力して（❷❸）、右下の「OK」を押す。すると数値のままなので右揃えで表示される（❹）

Section 17

「¥」「$」「%」などの単位記号や通貨の表示を簡単に設定

10分 時短

表示形式

「¥」「$」「%」といった単位や、桁区切りの「,」(カンマ)は、表の入力で頻繁に使われる記号だ。エクセルでは、単位は入力せず、表示の設定で自動表示させるのが基本。よく使う記号を簡単に表示できるよう、「ホーム」タブの「数値」グループには、「通貨表示形式」ボタンや「桁区切りスタイル」ボタンなどが用意されている(**図1**)。

「通貨表示形式」ボタンをクリックすると、通貨のスタイルが適用され、「¥」とカンマが自動表示される(**図2**)。「通貨表示形式」ボタン右側の「▼」をクリックすれば、「$」や「€」も選択可能だ。「$」や「€」の場合、通貨記号とカンマに加えて、小数点以下2桁までの表示に変わる。通貨記号を付けずにカンマだけ表示するなら、「桁区切りスタイル」ボタンを押せばよい。

「%」も同様に「パーセントスタイル」ボタンをクリックすることで「%」付きの表示になる(**図3**)。「1」をパーセントスタイルにすると、「100%」と表示される。

パーセント表示にすると、小数点以下の数値が四捨五入され、整数で表示される。小数点以下の数値を何桁まで表示するかは、「小数点以下の表示桁数を増やす」「小数点以下の表示桁数を減らす」ボタンで調整する。このボタンは、複数のセルを選択して実行すると、小数点以下の桁数を揃えることもできる。

「数値」グループのボタンで簡単書式設定

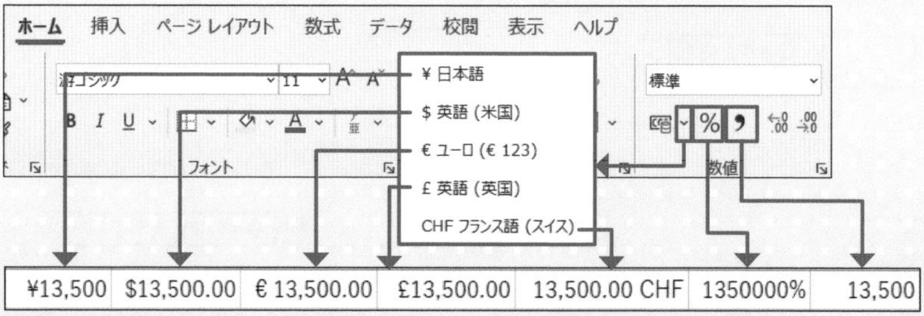

図1 「13500」と入力したセルを選び、「ホーム」タブの「数値」グループにあるボタンを選択した例。単位が付くだけでなく、「$」や「€」などは小数点以下2桁まで表示される

➡「¥」と桁区切りのカンマはボタンで表示切り替え

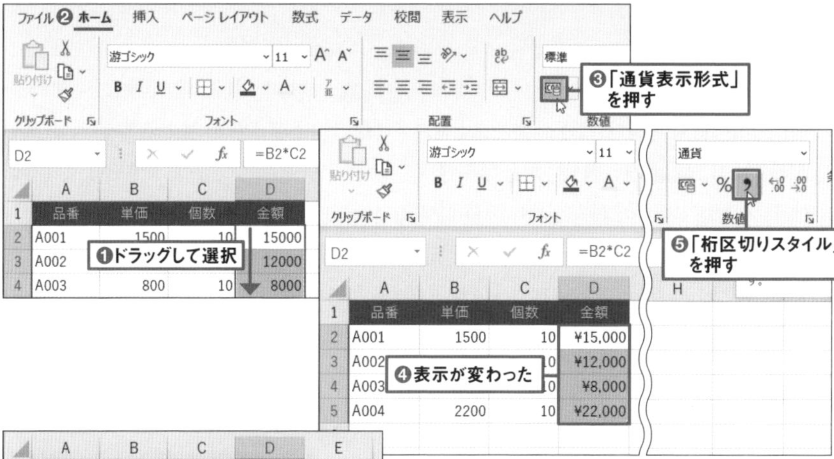

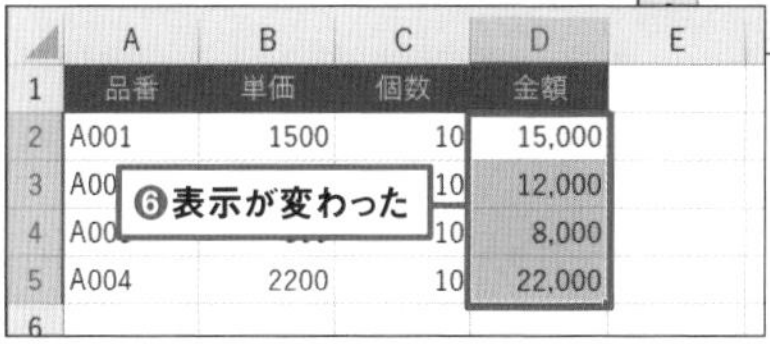

⬆⬅図2 セル範囲を選択して「ホーム」タブにある「通貨表示形式」ボタンを押し、数値を通貨表示に変える（❶～❹）。「桁区切りスタイル」ボタンを押すと、「¥」が消え、桁区切り表示に変わる（❺❻）

➡%表示は小数点以下の桁数も指定

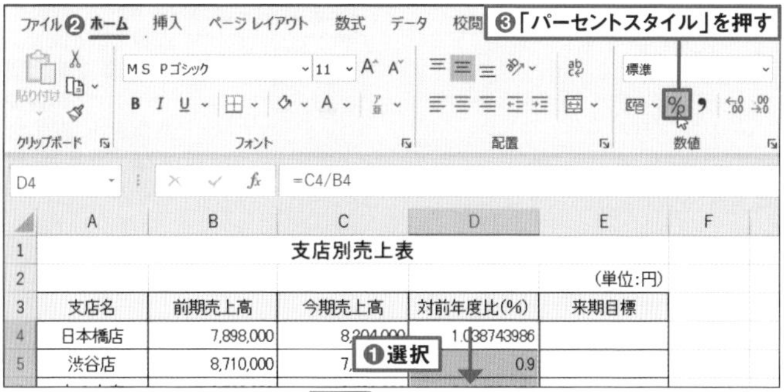

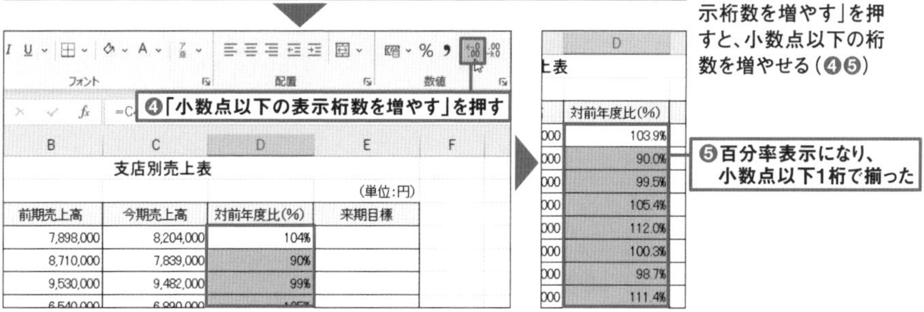

⬅図3 D列には前期に対する今期の比率を求める数式を入力してある。これをパーセンテージの表示に変えてみよう。当該セル範囲を選択し、「ホーム」タブの「パーセントスタイル」ボタンを押す（❶～❸）。百分率表示になり、後ろに「%」が付く。さらに「ホーム」タブの「小数点以下の表示桁数を増やす」を押すと、小数点以下の桁数を増やせる（❹❺）

「円」はダメでも「¥」や「%」は入力OK

単位は入力しないというのがエクセルのルールだが、例外もある。

「¥1,000」と入力する場合、入力後に「通貨表示形式」ボタンを押すより、初めから「¥1000」と入力するほうが楽なこともある（**図4**）。「¥」を入力することで、エクセルが自動的に数値の「通貨」だと判断する。数値データなので計算にも使える。カンマは手入力してもかまわないが、通貨形式なので自動的に表示される。

「$」も入力してよい記号だ。「$1」と入力すると、「$1.00」のように、数値のまま小数点以下2桁の表示に変わる。「%」も同様だ。「35%」を「0.35」と入力して「パーセントスタイル」ボタンをクリックするより、「35%」と入力したほうが速い。エクセル内部では数値の「パーセンテージ」として分類され、「0.35」として保存される。

このように、エクセルに登録された記号であれば、入力しても数値のまま保存することができる。「2020年8月30日」や「3時50分」といった入力も可能だ。しかし、「円」や「人」などの単位はエクセルに登録されていないので、手入力すると文字列データとして保存されてしまうので注意しよう（対処法は次項を参照）。

➡「¥」を最初に入力すれば自動的に通貨表示形式に変わる

図4 「¥」を付けて数値を入力すると、確定と同時に通貨として認識される（❶）。桁区切りのカンマが自動表示され、表示形式は「通貨」に変わる（❷）

「通貨」や「数値」を選ぶと、右側の罫線との間にアキを作れる

「¥1,000」と表示する方法はほかにもある。数値は右揃えで表示されるため、数値と罫線の間隔が近い。「ちょっとアキが欲しい」という場合は、「ホーム」タブにある数値の書式を表すボックスの「▼」ボタンを押し、メニューから「通貨」を選択してみよう（**図5**）。「¥」とカンマが表示され、数値の右にアキができる（**図6**）。

この「数値の書式」（表示形式）メニューは、「通貨」「数値」「日付」などの表示形式を選択するためのもの。「通貨」や「数値」を選ぶと、数値の右に半角スペースが入る。「通貨表示形式」ボタンでは「-123」が「¥-201」になるが、「数値の書式」リストの「通貨」では「（¥201）」になるなど、ボタンとメニューでは表示が異なる。「通貨表示形式」などのボタンは、厳密には表示形式ではなくスタイルを変更する機能だ。

「%」の場合、「パーセントスタイル」ボタンを押しても、「数値の書式」メニューから「パーセンテージ」を選択しても、表示は変わらない。日付の場合、「数値の書式」メニューを使うことで、「2020/10/25」といった「短い日付形式」か「2020年10月25日」といった「長い日付形式」かを選択できる。

➡数字の右側にアキができる「通貨」形式

図5 対象のセル範囲を選択し、「ホーム」タブの「数値の書式」から「通貨」を選ぶ（❶〜❹）

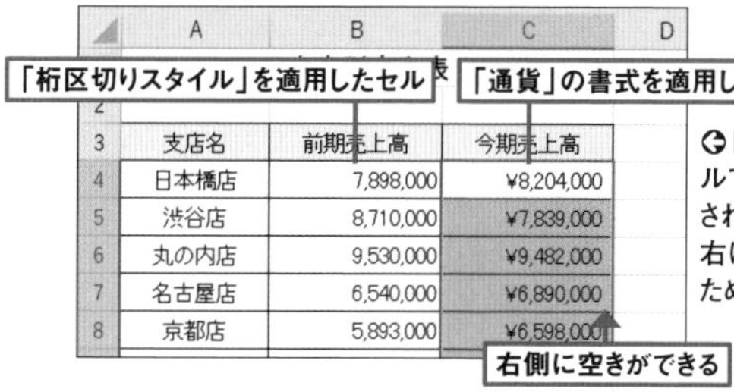

図6 「通貨」の表示形式を設定したセルでは、数値の前に通貨記号「¥」が表示され、3桁ごとに「,」が入る。また、数値の右にスペースが空いて罫線と少し離れるため、見やすくなる

Section 18

10分 時短

「円」「百万円」「人」…単位の表示形式を徹底攻略！

表示形式

数値に「円」や「人」などの単位を付けてセルに入力すると、データは「文字列」となり、計算したりグラフ化したりできなくなる（**図1**）。「1000円」と表示させつつ計算にも使いたい――。そんな悩みも、「表示形式」の上級ワザで解決できる。

前項で「¥」記号などを付けた「通貨表示形式」を紹介したが、これはエクセルがもともと備えている表示形式の1つだ。一方、「円」や「人」という単位を付けた表示形式はエクセルがあらかじめ備えていないため、数値のまま自動表示させることができない。だがエクセルには、ユーザーが独自の表示形式を追加する機能がある。自分で表示形式を作れば、数値のまま「1000円」と表示せることも可能だ。

「ユーザー定義」でオリジナルの表示形式を作成

オリジナルの表示形式を作成する手順を具体的に見ていこう。まずは「1000」を「1000円」と表示させてみる。

セルを選択し、「セルの書式設定」画面を開いたら、「分類」で「ユーザー定義」を選択する（**図2、図3**）。「1,000円」と表示したいなら、「種類」に「#,##0"円"」と入力すればよい。「1,000円」がセルの右端に寄りすぎるなら、最後に「_)」（半角のアンダーバーと閉じカッコ）を入力する（**図4**）。

「円」付きで計算するとエラーに

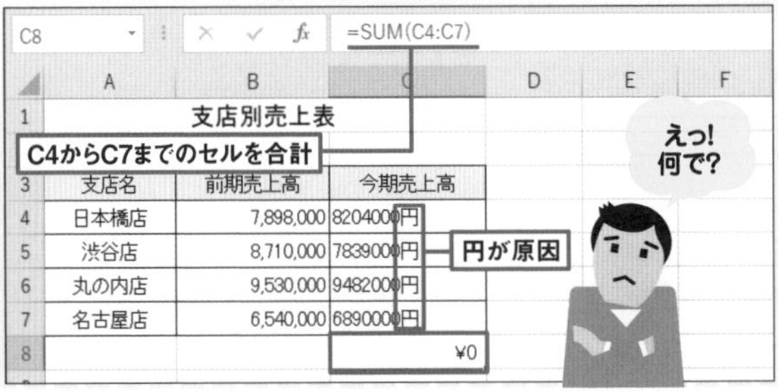

図1 「円」付きで金額を表示して合計を計算したい。だが、金額を「円」付きで入力すると、合計の計算結果が「0」になってしまう。これは「円」付きのデータが「文字列」のため。計算式によってはエラーにもなる

➡「円」の表示は「ユーザー定義」で解決

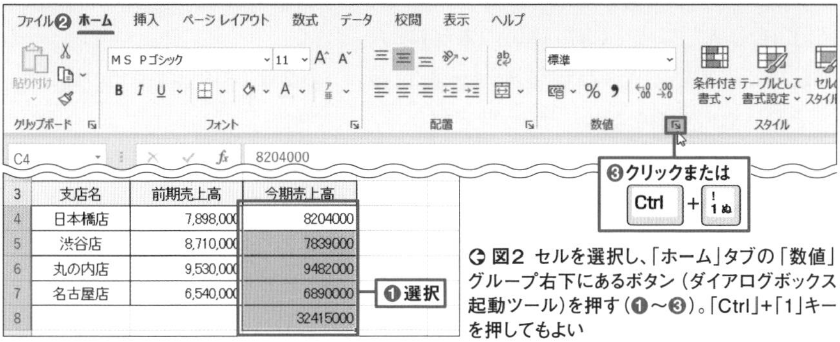

⊖ 図2 セルを選択し、「ホーム」タブの「数値」グループ右下にあるボタン（ダイアログボックス起動ツール）を押す（❶～❸）。「Ctrl」+「1」キーを押してもよい

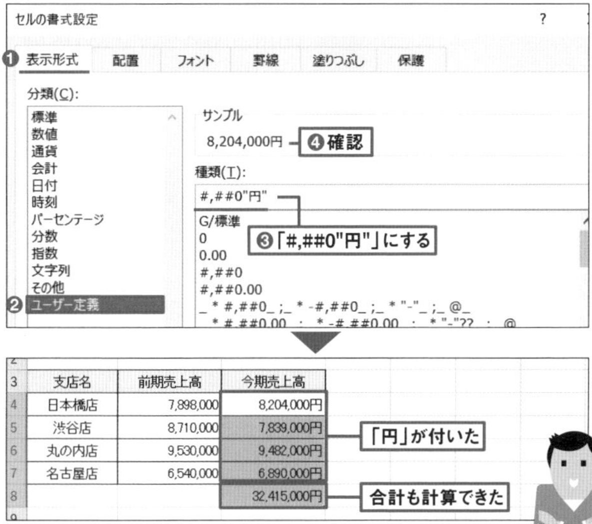

⊖ 図3 「表示形式」タブで「ユーザー定義」を選び、「種類」欄を「#,##0"円"」にする（❶～❸）。「"」は半角のダブルクォーテーション（この指定方法の詳細は後述）。「サンプル」欄を確認して（❹）、右下の「OK」を押す

➡「円」と罫線の間にアキを作るなら

⊖⊕ 図4 図3の書式設定画面を再度開き、「種類」の末尾に半角で「_)」を追記すると、金額の後に「)」と同じ文字幅の空きができる（末尾の「)」はほかの半角文字でもよい）

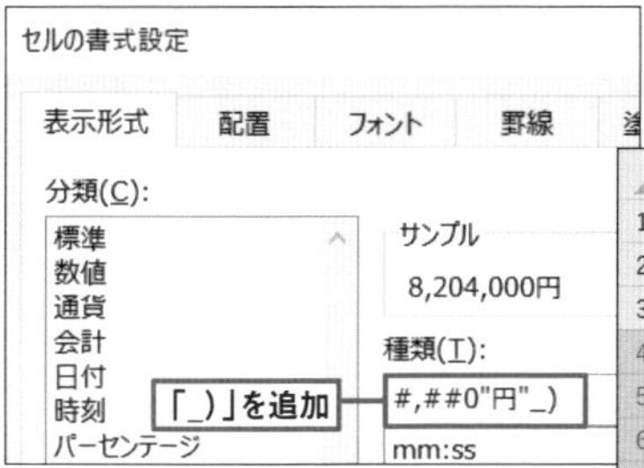

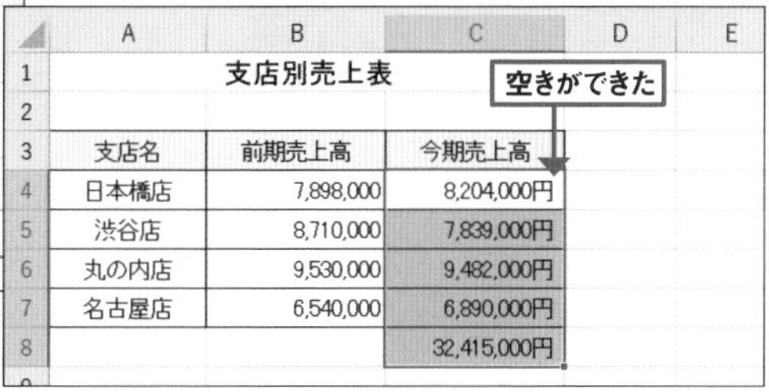

図3で指定した「#,##0」は、数値をカンマ区切りで表示する書式記号だ（**図5**）。「"円"」のように半角のダブルクォーテーションでくくった文字列はそのまま表示される。「"円"」を「"人"」に変えれば、数値の末尾に「人」と付く。

最後に追加した半角のアンダーバーは、直後にある文字（ここでは半角の閉じカッコ）と同じ幅の空白を空けるという指定だ。

こうした書式記号を入力するときは、あらかじめセルの表示形式を似たようなものに変更してから修正するとよい。通常のセルは「G／標準」という書式記号なので、丸ごと書き換える羽目になってしまう（**図6**）。事前に「桁区切りスタイル」にしてから「セルの書式設定」画面を開けば、「#,##0」の部分を流用できる。

ユーザー定義を使いこなせば、数値の見た目を自由自在に変えられる。例えば、「#"万"###0"円"」と指定すれば「12800」を「1万2800円」と表示できる（**図7**、**図8**）。ただし、「万」は常に表示されるので「8200」が「万8200円」となるので注意（**図9**）。「定価19,800円（税込み）」と表示するなら、「"定価"#,##0"円（税込み）"」というユーザー定義を作成すればよい。マイナス記号の代わりに「▲」を表示したいときは、マイナス記号の部分を「"▲"」に置き換える（**図10**）。

#,##0"円"_)

❶ ❷ ❸ ❹ ❺

❶各桁の数値を表す。その桁以上に値がない場合は表示しない
❷3桁ごとに区切りのカンマを表示
❸各桁の数値を表す。その桁以上に値がない場合は0を表示
❹囲んだ文字列をそのまま表示
❺後ろに続く文字の横幅分だけ空ける

図5「表示形式」の「ユーザー定義」では、各種の書式記号を使ってセルの表示方法を指定する

➡似たような表示形式を利用して効率良くユーザー定義を作成

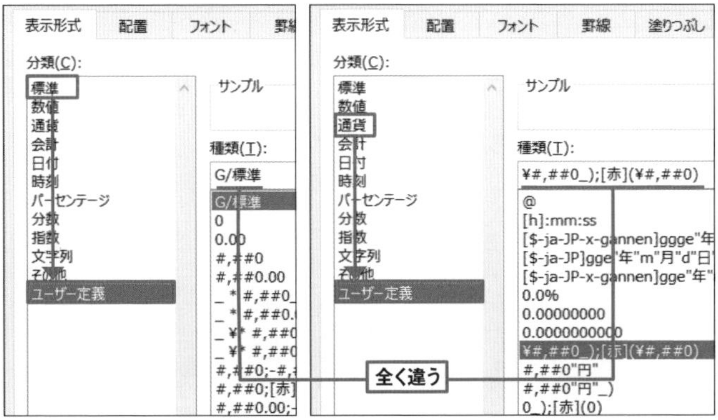

図6 左は「標準」、右は「通貨」を選択後、「セルの書式設定」画面を開き、「ユーザー定義」を選んだ画面。表示される書式記号が全く違う

➡「1万5000円」と表示させても計算できる

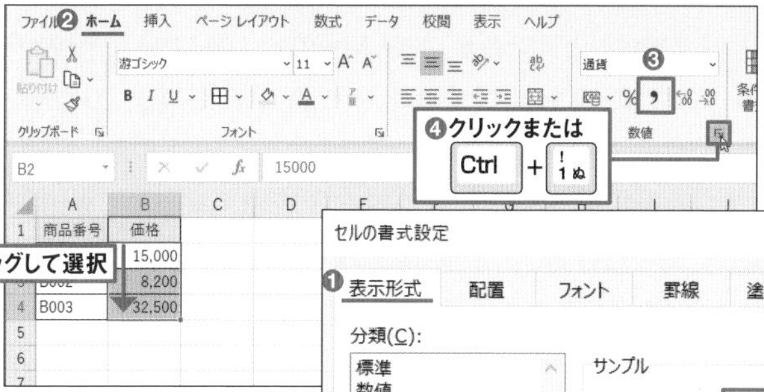

◆ 図7 セル範囲を選択し、まずは「桁区切りスタイル」の表示に切り替える（❶〜❸）。「Ctrl」+「1」キーなどで「セルの書式設定」画面を開く（❹）

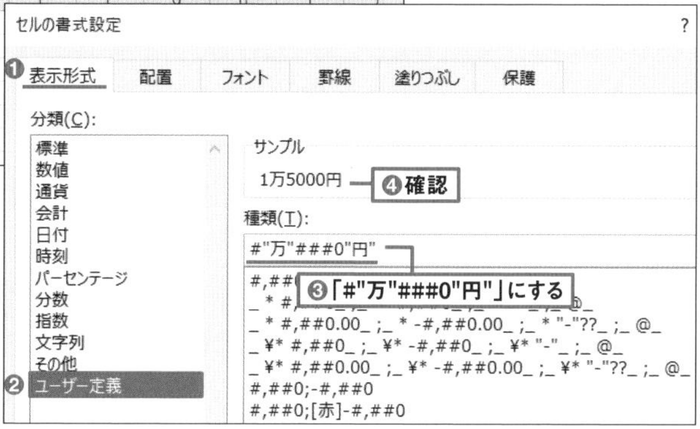

◆ 図8 「表示形式」タブで「ユーザー定義」を選び、「種類」欄を編集して「#"万"###0"円"」にする（❶〜❸）。「サンプル」欄が「万」付きになったら、「OK」を押して閉じる（❹）

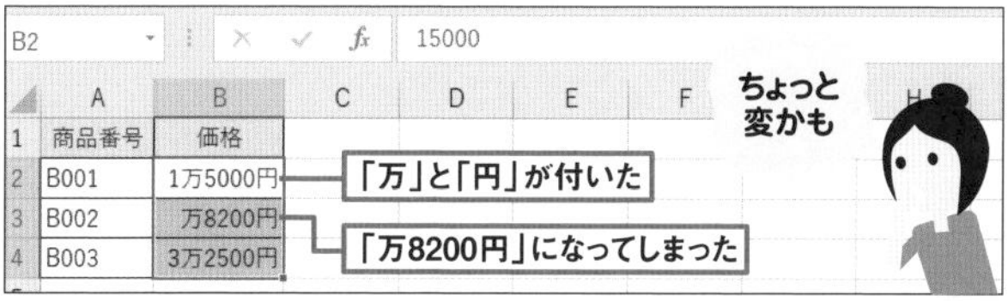

◆ 図9 設定した表示形式にはいろいろと制約があるので、それらを理解したうえで利用しよう。図8の指定の場合、1万未満の値、例えば「8200」は「万8200円」になってしまうので、書式の変更が必要だ

➡マイナスの数値を赤や「▲」付きで

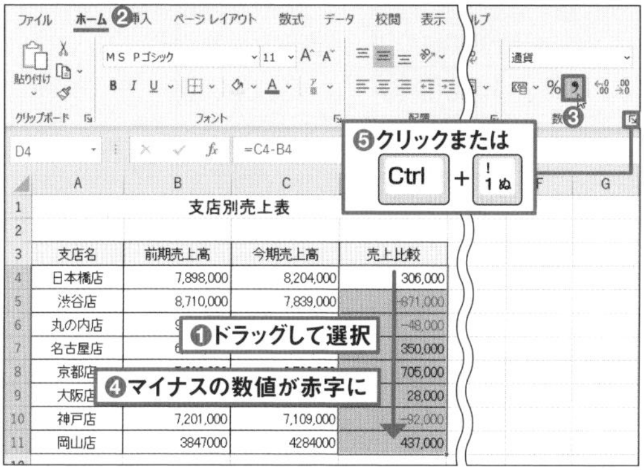

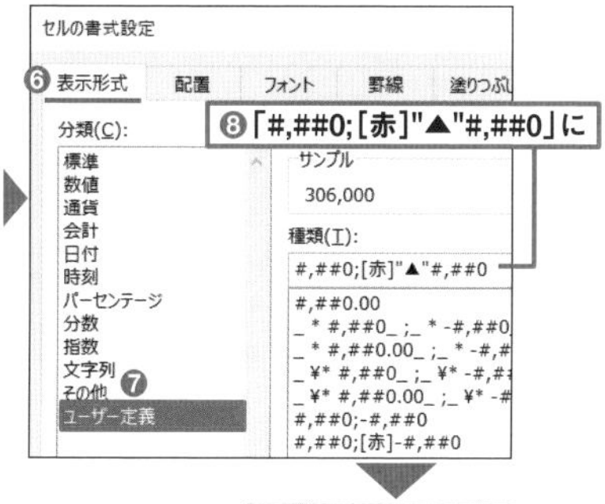

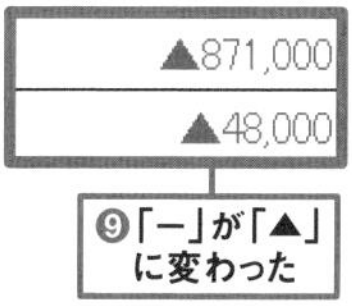

◆ 図10 セル範囲を選択し、「ホーム」タブにある「桁区切りスタイル」を押すと、マイナスの数値が赤字になる（❶〜❹）。「セルの書式設定」を開き、「ユーザー定義」の「種類」欄にある「[赤]-#,##0」の部分を「[赤]"▲"#,##0」に書き換える（❺〜❽）。設定画面を閉じるとマイナスの数値が「▲」付きで表示される（❾）

「百万円」単位の表示も可能

桁数の多い金額は、そのままではひと目でわかりづらいものだ（**図11**）。部門の予算や実績の概算を示す表などでは、百万円単位に丸めて百万の位以上だけを表示することがよくある。これも「ユーザー定義」で可能だ（**図12**）。

「数値」の書式が設定されたセルを選択し、「セルの書式設定」画面の「表示形式」タブを開き、「分類」欄で「ユーザー定義」を選択（**図13、図14**）。すると「種類」欄に、現在の「数値」の表示形式に相当する書式記号「#,##0_);[赤](#,##0)」が表示される。その2カ所にある「0」の後に、3桁ごとの区切りを示す半角カンマを、それぞれ2つずつ追加する。これで、十万単位以下の数字が四捨五入され、見た目が百万分の1の値（つまり百万単位）になる（**図15**）。

図14で使用している書式記号の意味は**図16**の通り。半角セミコロンは、正の数と負の数の書式を区切る記号。「正の場合;負の場合;0の場合;文字列の場合」と4パートに区切ってそれぞれの書式を指定できる。負の数にならないなら、セミコロン以降は不要ということだ。「[赤]」は文字色を赤にする指定で、ほかに「緑」「青」「黄」「紫」「水」「黒」「白」などが使える。

桁数の多い数字は単位を変えてわかりやすく

➲ **図11** 各社の売上高、営業利益を表にまとめた。売上高と営業利益は桁が大きく、また後半はほとんど「0」なので、値の大きさがひと目でわかりにくい

Before

いくらなんでもこれはわかりにくい

	A	B	
1	社名	売上高	営業利益
2	A社	12830000000	3850000000
3	B社	38591000000	4802300000
4	C社	8374000000	1203800000
5	D社	6359000000	-472000000

➲ **図12** 表示形式を使えば、後半の「0」を省いて百万円単位の表示にすることも可能だ

After

百万円単位ですっきり！

	A	B	
1	社名	売上高（百万円）	営業利益（百万円）
2	A社	12,830	3,850
3	B社	38,591	4,802
4	C社	8,374	1,204
5	D社	6,359	(472)

➡百万円単位で表示する書式設定

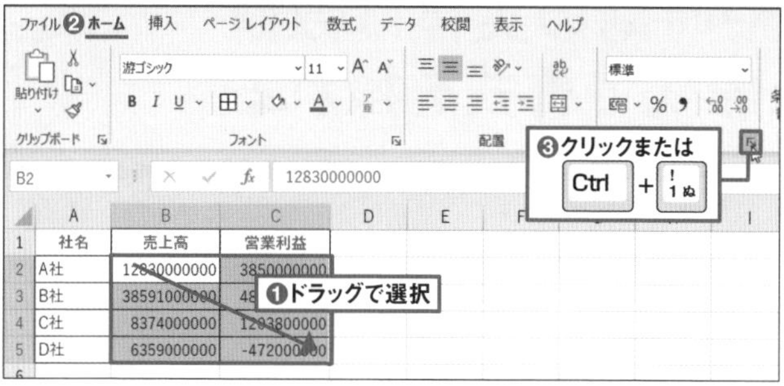

図13 売上高と営業利益のセル範囲を選択し、「ホーム」タブの「数値」グループ右下にあるボタン（ダイアログボックス起動ツール）を押す（❶〜❸）。「Ctrl」+「1」キーを押してもよい

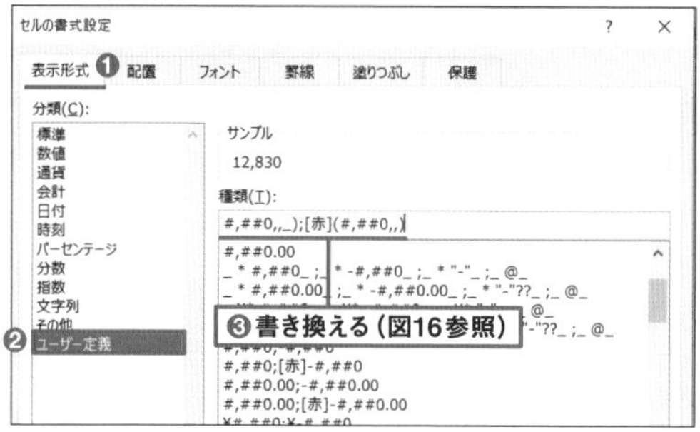

図14「セルの書式設定」画面の「表示形式」タブが開く（❶）。「分類」欄を「ユーザー定義」に変更（❷）。「種類」欄を図16のように書き換えて（❸）、右下の「OK」を押す

	A	B	C
1	社名	売上高	営業利益
2	A社	12,830	3,850
3	B社	38,591	4,802
4	C社	8,374	1,204
5	D社	6,359	(472)

図15 売上高と営業利益が、表示上は百万分の1になった。実際の値はそのままで見た目を変えただけだ。見出しも「（百万円）」と追記しておこう

#,##0,,_);[赤](#,##0,,)

❶# ❷, ❸0 ❹,, ❺_) ❻; ❼[赤] ❽(#,##0,,)

❶各桁の数値を表す。その桁以上に値がない場合は表示しない
❷3桁ごとに区切りのカンマを表示
❸各桁の数値を表す。その桁以上に値がない場合は0を表示
❹カンマ1つごとに整数部の下3桁を四捨五入して省略
❺「_」に続く文字の横幅分だけ空ける
❻「正の場合;負の場合」という書式の区切り
❼半角の角カッコでくくって文字色を指定
❽数値の前後をカッコで囲む

図16「表示形式」の「ユーザー定義」では、あらかじめ機能が決められている各種の書式記号を使って、セルの表示方法を指定できる。「,」は、3桁ごとの区切りとして使用するほか、末尾に付けると1つにつき整数部の下3桁を四捨五入して省略する。2つ続けると下6桁を省略して百万単位の表示にできる

Section 19

日付や時刻の実体は数値 表示形式で書式を操れる

表示形式

数値の表示が自在になったところで、日付や時刻についても表示のカラクリを理解していこう。

セルに日付を入力すると、「9月21日」や「2020/9/21」のように日付の書式で表示されるが、エクセルの内部で日付は1900年1月1日を「1」とする「シリアル値」として保存されている。シリアル値は1日で「1」増えるので、1時間はその24分の1、分はそのさらに60分の1となる。試しに、日付と時刻が入っているセルの表示形式を「標準」に変えてみよう。すると、シリアル値が表示される（**図1、図2**）。

日付や時刻はシリアル値で保存されている

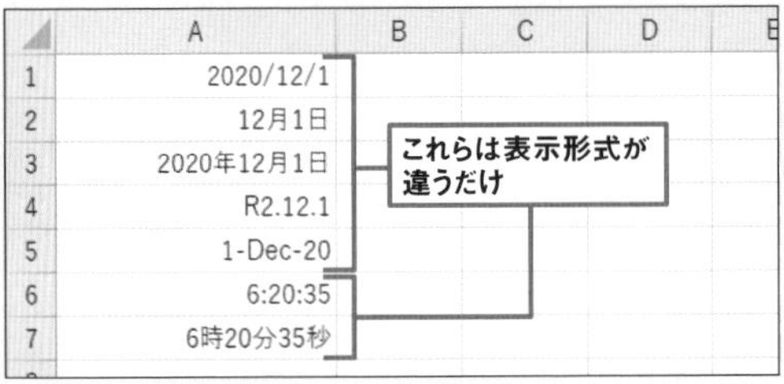

図1 日付や時刻は、いろいろな形式で表示できる。自分でオリジナルの表示形式を定義することも可能だ。日付データの仕組みを理解しておくと、さまざまな応用も利く

図2 日付データの実体は1900年1月1日を「1」とする数値で、「シリアル値」と呼ばれる。日付の入っているセルの表示形式を「標準」に変えると、シリアル値がわかる（❶～❺）

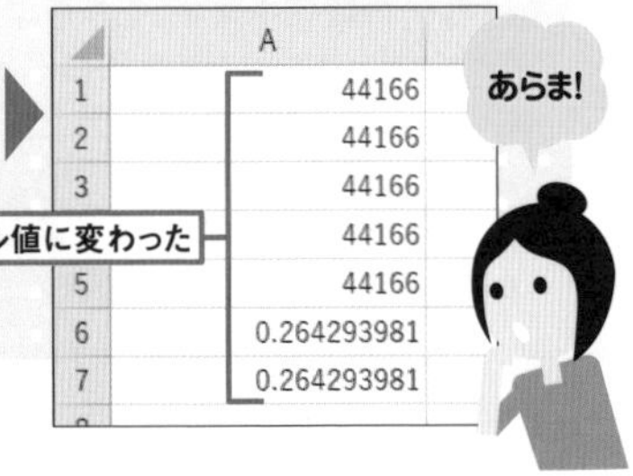

このシリアル値の仕組みがあるおかげで、「1900年1月15日の400日後は何日?」は「=15+400」で簡単に計算でき、結果を日付に変換して「1901年2月18日」と表示することができる。年をまたいでも問題なく計算可能だ。

日付を入力する場合、「12月29日」のように年を省くと、入力時の年が自動補完される。年末に、来年の日付を入力する場合など、年を省くと年数を間違ってしまうので注意しよう(**図3**)。

「12月29日」は、「12/29」や「12-29」のような形式で入力してもよい。「8時52分」なら「8:52」や「8:52:00」と入力しても時刻として扱われる。ただし、午後の場合は24時間制で入力するか、「8:52 PM」のように午後であることがわかるように入力しなくてはならない。「2020年12月29日(火)」や「1時間」「30分」など、エクセルが認識できない形式で入力すると、文字列として扱われてしまう。入力後は、数値と同じように表示形式を変更することで自在な表示に変えられるので、「12/29」や「8:52」のような簡単な形式で入力しておけば問題ない。

➡「年」を入力しないと、入力時の年になる

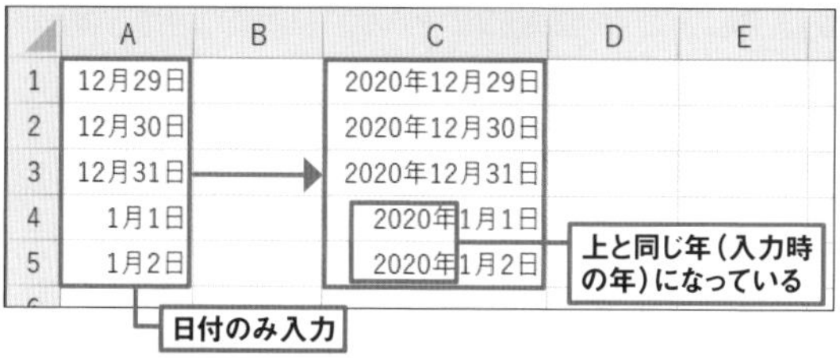

図3 日付は「12/29」のように年を省略して入力することができる。その場合、入力時の年の日付としてシリアル値が保存されるので、年の変わり目などは注意が必要だ。なお、図の例でもオートフィルで入力すれば自動で翌年の1月になる

➡「数値の書式」メニューで日付や時刻の書式に

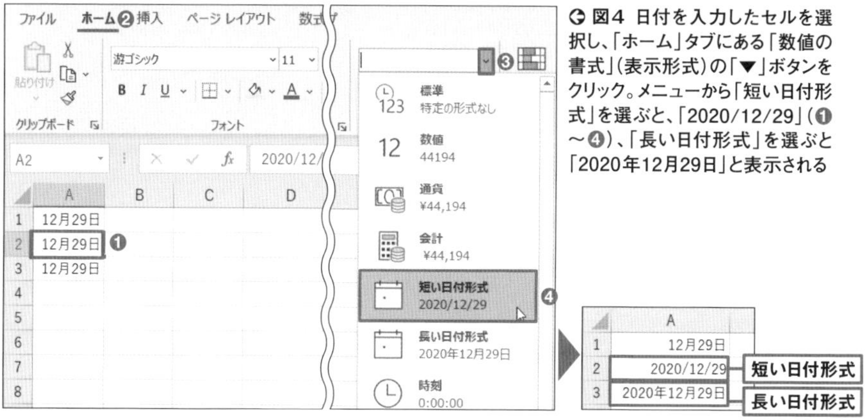

図4 日付を入力したセルを選択し、「ホーム」タブにある「数値の書式」(表示形式)の「▼」ボタンをクリック。メニューから「短い日付形式」を選ぶと、「2020/12/29」(❶〜❹)、「長い日付形式」を選ぶと「2020年12月29日」と表示される

日付の表示形式を思い通りに設定

「12/29」を「2020年12月29日」と表示したり、計算結果の数値を時刻の表示に変えたりするときには、「ホーム」タブの「数値の書式」（表示形式）のメニューから選択すると楽だ（前ページ**図4**）。日付は「2020/10/25」といった「短い日付形式」か「2020年10月25日」といった「長い日付形式」かを選べる。

「数値の書式」メニューにない表示形式は、「セルの書式設定」画面の「表示形式」タブにある「日付」で選択する。「和暦」で「令和2年12月29日」と表示したり、「2020/12/29 8:52 PM」などと時刻入りで表示することが可能だ（**図5、図6**）。

目的の表示形式が図8の一覧にない場合は自分で定義することも可能。「2016年12月28日（水）」といった曜日入り表記がその典型だ。セルの書式設定画面で「ユーザー定義」を選び、エクセルのルールに従って作った書式記号を入力する（**図7～図9**）。漢字1文字の曜日は半角の「aaa」で表す。「年」などの文字列を追加したいときは半角のダブルクォーテーションでくくる。

➡日付の表示形式から和暦を選択

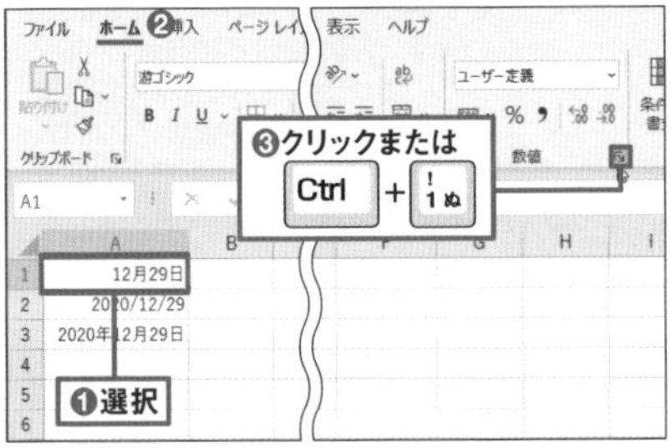

↑→図5 表示を変えたいセルを選択し、「ホーム」タブの「数値」グループ右下にあるボタン（ダイアログボックス起動ツール）をクリック（❶～❸）。「セルの書式設定」画面が開いたら、「表示形式」タブで「日付」を選ぶと、さまざまな表示形式を選択できる（❹❺）。ここでは和暦の表示形式にしてみた（❻❼）

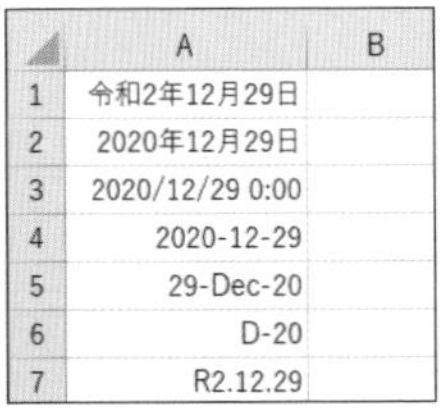

←図6 「日付」の表示形式で選べる表示の例。和暦とグレゴリオ暦の表示があり、さまざまな表示が可能だ

➡「ユーザー定義」で曜日まで表示

⬅ 図7 セル範囲を選択し、「ホーム」タブの「数値」グループ右下にあるボタン（ダイアログボックス起動ツール）をクリックする（❶〜❸）

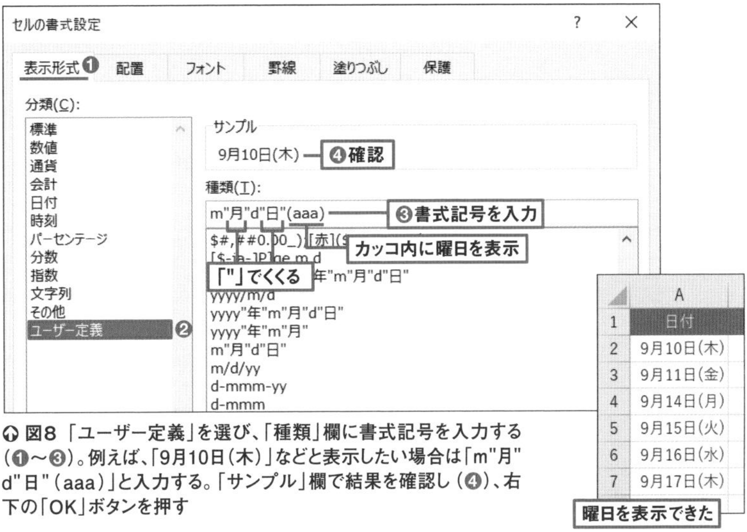

⬆ 図8 「ユーザー定義」を選び、「種類」欄に書式記号を入力する（❶〜❸）。例えば、「9月10日（木）」などと表示したい場合は「m"月"d"日"（aaa）」と入力する。「サンプル」欄で結果を確認し（❹）、右下の「OK」ボタンを押す

➡年、月、日、曜日を表す書式記号

書式記号	表示例
yy/mm/dd	20/12/29
ggge"年"m"月"	令和2年12月
ge.m.d	R2.12.29
e"年"m"月"d"日"	2年12月29日
m"月"d"日"aaaa	12月29日火曜日
m/d(aaa)	12/29(火)
dddd,mmmm,d	Tuesday,December,29
ddd mmm d	Tue Dec 29
[DBNum1]ggge"年"	令和二年
[DBNum1]m"月"d"日"	一二月二九日

⬅ 図9 日付の表示を指定する書式記号の例。書式記号はすべて半角で入力する。「2020/12/29」を例に、表示結果を示した。「年」や「月」など特定の文字列を追加するには半角ダブルクォーテーションでくくる。カッコなどの半角記号はそのまま入力すればよい

時刻の表示形式を思い通りに設定

時刻の場合も日付と同様、表示形式しだいでさまざまな表示が可能。表示形式の設定方法も、数字や日付と同じ手順だ。

ただし、通常の時刻表示では「24時」を超えると「0時」に戻ってしまう。そのため、勤務時間の計算など、24時間以上を表示する場合は時刻を表す「h」を「[h]」に変更する必要があるなど、表示形式の設定が正しい表示の鍵を握ることもある。

24時間以上の時間を表示する設定の方法は**図10～図12**の通りだ。

➡24時間以上を表示する表示形式

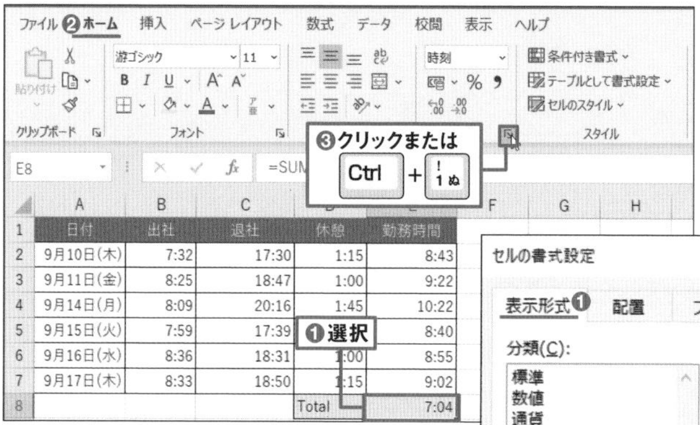

⊖図10 合計時間を表示するE8セルを選択し、「ホーム」タブの「数値」グループ右下にあるボタン（ダイアログボックス起動ツール）を押す（❶～❸）

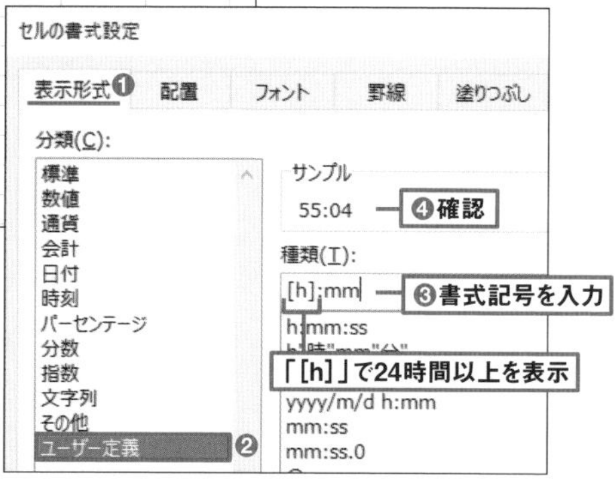

⊖図11 「ユーザー定義」を選び、「種類」欄に書式記号を入力（❶～❸）。24時間以上に表示するには「[h]:mm」とする。「サンプル」欄で結果を確認し（❹）、右下の「OK」ボタンを押す

➡時刻と時間を表す書式記号

	書式記号	表示例
時刻	hh:mm:ss	11:05:07
	h:m:s	11:5:7
	h:mm AM/PM	11:05 AM
	h"時"m"分"s"秒"	11時5分7秒
時間	[h]:mm	48:23
	[h]:"時間"mm"分"	48時間23分
	[m]"分"	2903分
	[s]"秒"	174218秒

⊖図12 時刻と時間の書式記号と表示例。かな・漢字以外の書式記号はすべて半角で入力する。図11では「[h]:mm」の書式記号を入力したので、24時間を超える時間を表示できた

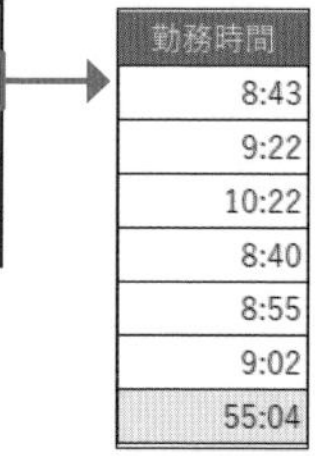

Excel

第2章

二度手間を防ぐ 最速コピペ術

既存の表から必要な部分をコピーして別の表を作ったり、ウェブやPDFから数値をコピーして表に取り込んだり……。コピー&ペースト（コピペ）は、日常的に行う操作の代表格だ。無駄なくスピーディーにこなせれば、大幅な時短につながる。ポイントは範囲選択の方法と貼り付けの形式だ。

▶セル範囲を素早く選択するテクニック
▶見える範囲はドラッグ、それ以外はキーで選択
▶オプション利用で値の貼り付けや行列の入れ替え
▶挿入、入れ替えもドラッグで簡単に ほか

基本を再確認

コピペの手際は“範囲選択”の仕方で決まる

この章では入力済みのデータをコピー・&ペーストすることで作業を効率化する方法を説明する。セルをコピーするためには、まずそのセルを選択する必要がある。コピーだけでなく、書式設定や計算など、さまざまな操作は「選択したセル」に対して行うので、対象となるセルを簡単に選択する方法から話を始めよう。

セルの範囲選択はドラッグが一番とは限らない

セルの範囲を選択する最もよく知られた方法はドラッグだ。ドラッグを開始したセルから、マウスのボタンを離したセルまでが選択できる(**図1**)。マウスに手を置いているなら、最も簡単な方法といえる。

ただし、どんな場合でもドラッグが最適かといえば、そうではない。例えば、スクロールが必要な広範囲の選択。ドラッグでズルズルとスクロールしながら選択していくと、途中で行きすぎたり、選択が解除されてしまったりすることがある。

範囲選択の基本はドラッグと「Shift」+矢印キー

図1 ドラッグすると、その範囲のセルが選択できる

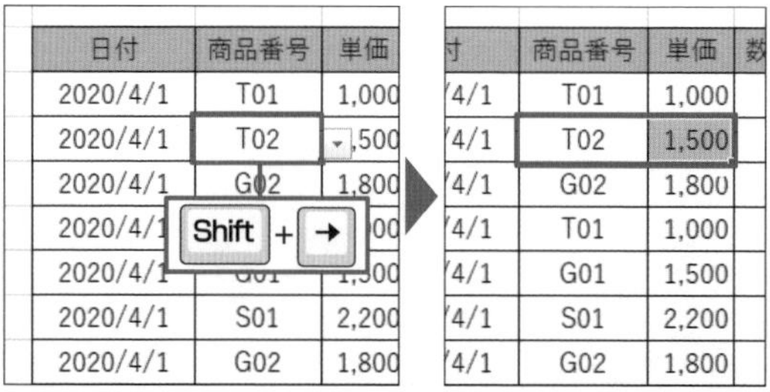

図2 「Shift」キーを押しながら移動することで、セル範囲を選択できる。「Shift」キーを押しながら「→」キーを押せば、アクティブセルと、その右隣のセルを選択できる。選択範囲を広げるときに便利なキー操作だ

ポイントは「Shift」キーと「Ctrl」キーの使い方

セルを範囲選択する際、ポイントになるのは「Shift」キーの活用だ。「Shift」キーを押しながらアクティブセルを移動すると、アクティブセルを起点に、移動先のセルまでの範囲を選択できる（**図2**）。キー操作だけでなく、「Shift」キーを押しながらセルをクリックすると、アクティブセルを起点にクリックしたセルまでの範囲を選択できる（**図3**）。ドラッグでは面倒な広範囲の選択も、「Shift」+クリックなら簡単だ。

また、選択したいセルが飛び飛びにあるなら、最初のセルを選択後、「Ctrl」キーを押しながら選択したいセルを次々にクリックしていけばよい（**図4**）。

ほかにもセルを選択する方法があるので、状況や操作に合わせて、効率の良い方法を選べると、操作のスピードアップに役立つ。

➡「Shift」+クリックで広範囲も楽に選択

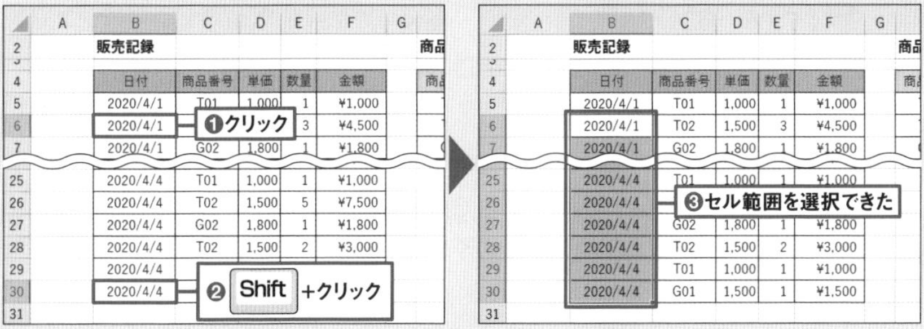

図3 選択したい最初のセル（ここではB6セル）をクリックし（❶）、最後のセル（B30セル）を「Shift」キーを押しながらクリックする（❷）。するとB6～B30セルまでの範囲を選択できる（❸）

➡「Ctrl」+クリックで飛び飛びに選択

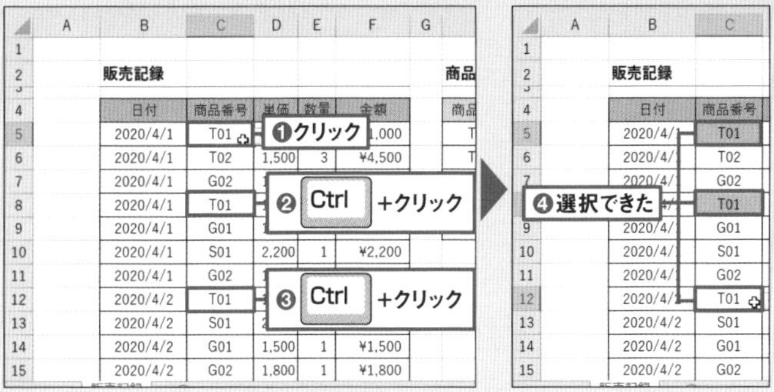

図4 最初のセルをクリックし、以降は「Ctrl」キーを押しながら選択したいセルをクリックしていくと、離れたセルも同時選択できる（❶～❹）。選択を間違えたら、もう一度「Ctrl」+クリックすると解除できる

Section 01

行・列・全体を素早く選択 マウスもキーも賢く活用

5分時短

全セル選択　「Ctrl」+「Shift」+「↓」など

作成した表で、特定の行や列だけをコピーする、あるいは表全体を移動するといったことはよくある。大きい表では、ドラッグで選択するのも面倒だ。そこで、行や列、表全体を選択するテクニックを紹介しよう（**図1**）。

ワークシートの行や列は、行番号や列名のクリックで簡単に選択できる（**図2**）。複数行を選択するなら行番号をドラッグすればよい。ワークシート左上隅にある「全セル選択」ボタンをクリックすれば、ワークシート全体を選択するのも簡単だ。

アクティブセルがある行は「Shift」+スペースキー、列は「Ctrl」+スペースキーを押すと選択できる（**図3**）。ただし、「Shift」+スペースキーは半角英数モードでないと使用できないこともあり、同じ結果になる図2の操作のほうが時短になりそうだ。

便利なのは、第1章で紹介したアクティブセルを移動する時短操作と「Shift」キーとの組み合わせだ。例えば、セルの下の枠線をダブルクリックすると表の終端セルまで移動できるが、「Shift」キーと合わせて、枠線を「Shift」+ダブルクリックすれば、アクティブセルから終端セルまでを選択できる（**図4、図5**）。

表内の行や列を瞬時に選択

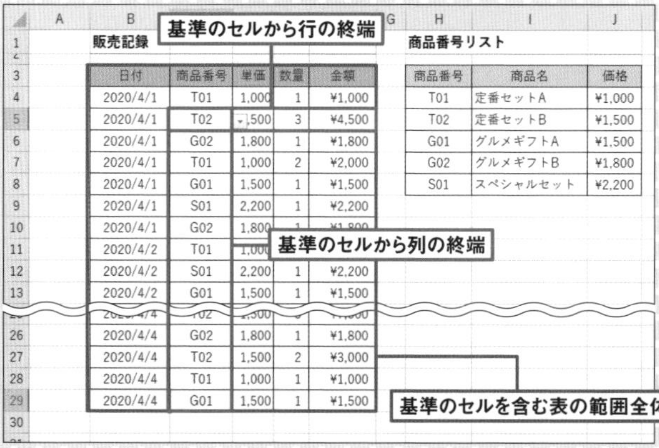

図1 連続してデータが入力されている表の中で、「ここから最後まで」を選択する方法や、四角形のセル範囲（アクティブセル領域）をショートカットキーで簡単に選択する方法を紹介しよう

➡ワークシートの行・列・全体をクリックで選択

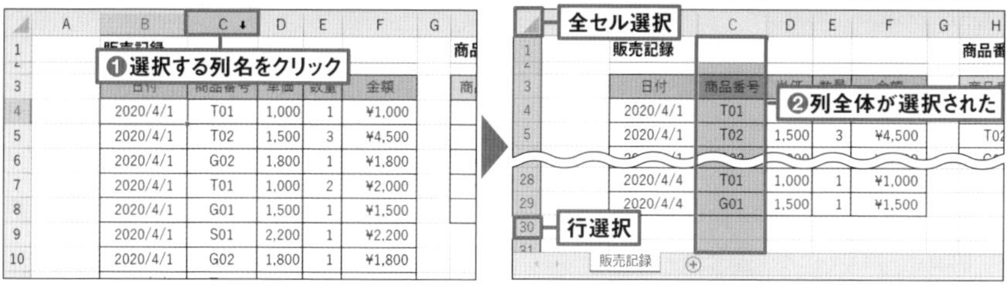

図2 C列を選択するなら、「C」の列名をクリック（❶❷）。ポインターが小さな黒い矢印になったところでクリックするのがコツだ。同様に、行番号のクリックで行全体を選択でき、左上の角にある「全セル選択」ボタンをクリックすればワークシート全体を選択できる。行番号や列名のドラッグで広範囲のセル選択も可能だ

➡アクティブセルを含む行・列を選択

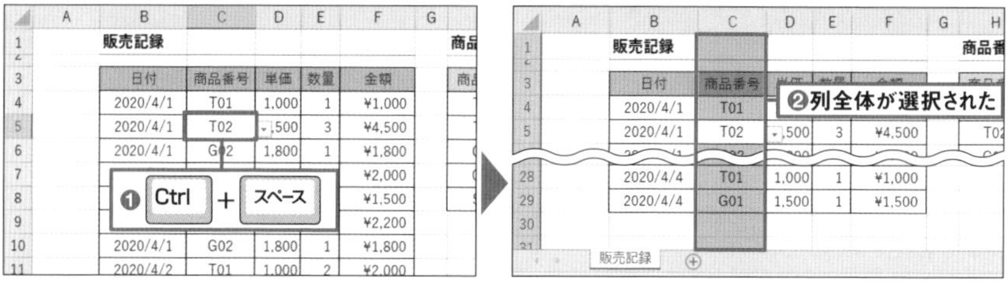

図3 C5セルを選択し、「Ctrl」キーを押しながらスペースキーを押すと、C5セルを含むC列全体が選択される（❶❷）。一方、半角英数モードにして「Shift」キーを押しながらスペースキーを押すと行全体が選択される

➡表内の行・列を選択

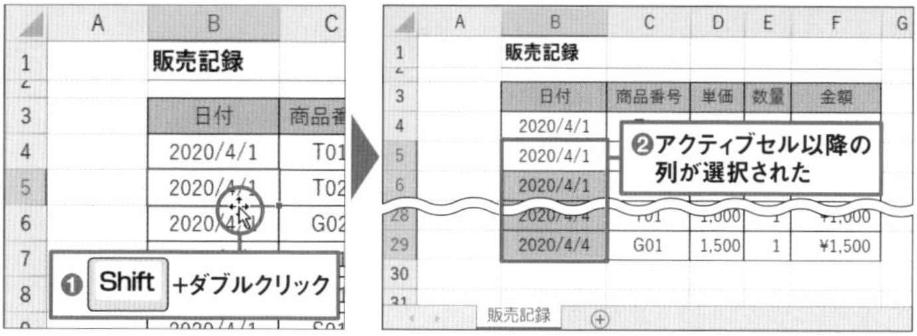

図4 B5セルを選択し、「Shift」キーを押しながらセルの下枠線をダブルクリック（❶）。すると、B5セルから列の終端（ここではB29セル）までが選択される（❷）

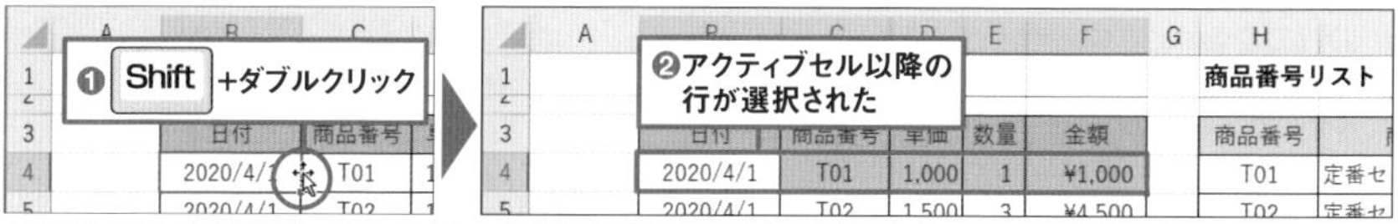

図5 B4セルを選択し、「Shift」キーを押しながらセルの右枠線をダブルクリック（❶）。すると、B4セルから行の終端（ここではF4セル）までが選択される（❷）

広い表全体を選択するなら、ドラッグより「Ctrl」+「＊」キー（テンキーの「＊」）が便利だ（**図6**）。このキーでは、アクティブセルを含み、連続してデータが入力されている「アクティブセル領域」を一発で選択できる。テンキーがない場合は「Ctrl」+「Shift」+「:」キーを同時に押してもよい。また、アクティブセル領域は「Ctrl」+「A」キーで選択することも可能だ（**図7**）。

どちらも同じ結果のようだが、「Ctrl」+「＊」キーの場合はアクティブセル（選択範囲の中で白いセル）が領域の左上端のセルに移動するという違いがある。また、「Ctrl」+「A」キーは再度押すとワークシート全体を選択することもできる。

➡表全体を選択

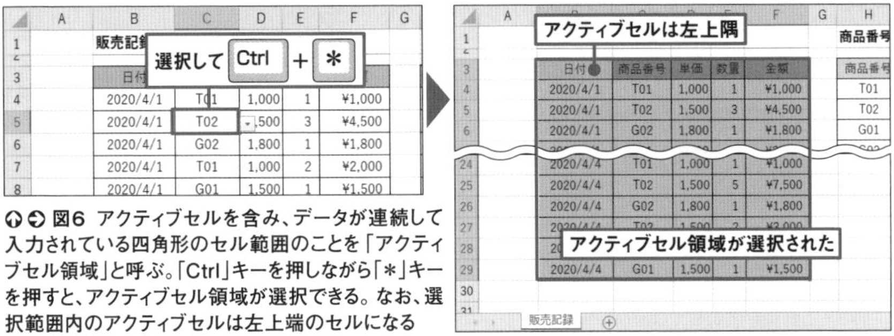

図6 アクティブセルを含み、データが連続して入力されている四角形のセル範囲のことを「アクティブセル領域」と呼ぶ。「Ctrl」キーを押しながら「＊」キーを押すと、アクティブセル領域が選択できる。なお、選択範囲内のアクティブセルは左上端のセルになる

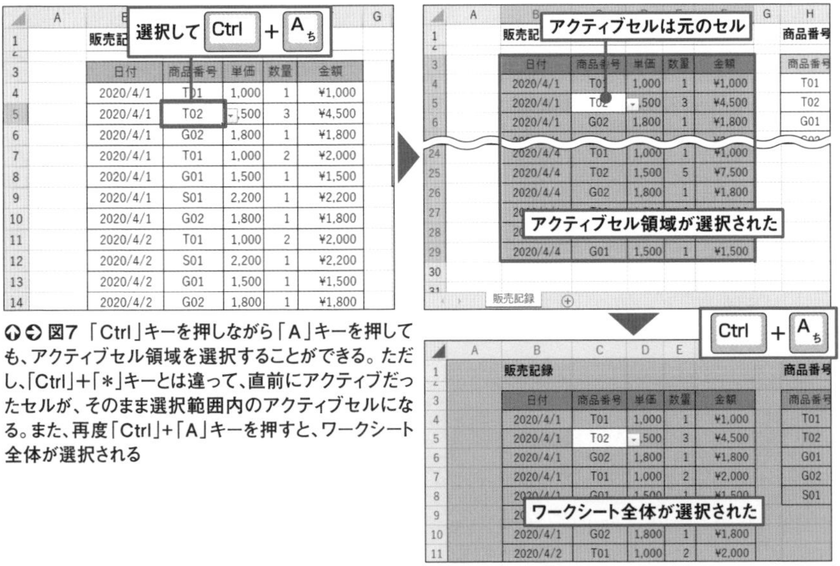

図7 「Ctrl」キーを押しながら「A」キーを押しても、アクティブセル領域を選択することができる。ただし、「Ctrl」+「＊」キーとは違って、直前にアクティブだったセルが、そのまま選択範囲内のアクティブセルになる。また、再度「Ctrl」+「A」キーを押すと、ワークシート全体が選択される

選択範囲を広げるときにも「Shift」キー

いったん選択した範囲が、広すぎたり、狭すぎたりといったこともある。再度範囲選択をやり直せば済む話だが、「1行少なかった」「1列多かった」という場合は、ショートカットキーでも解決できる。1行少なかった場合は、「Shift」+「↓」キーで選択範囲を1行分広げることができる（**図8**）。「Shift」+「↑」キーで1行減らしたり、「Shift」+「→」キーで1列広げたりもできる。セルを範囲選択するための主なショートカットキーを**図9**にまとめたので活用してほしい。

➡「Shift」キーで選択中の範囲を広げる・狭める

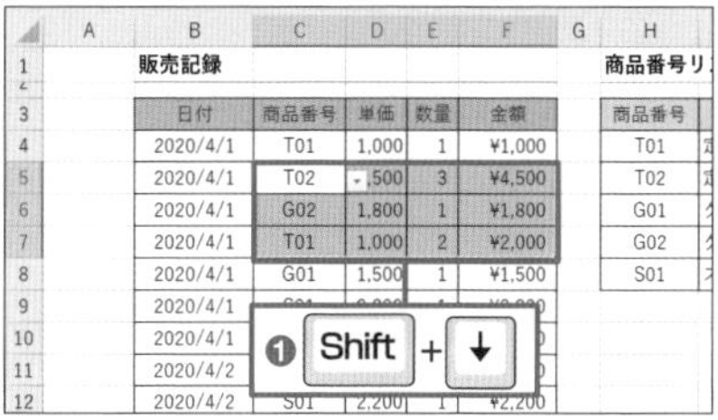

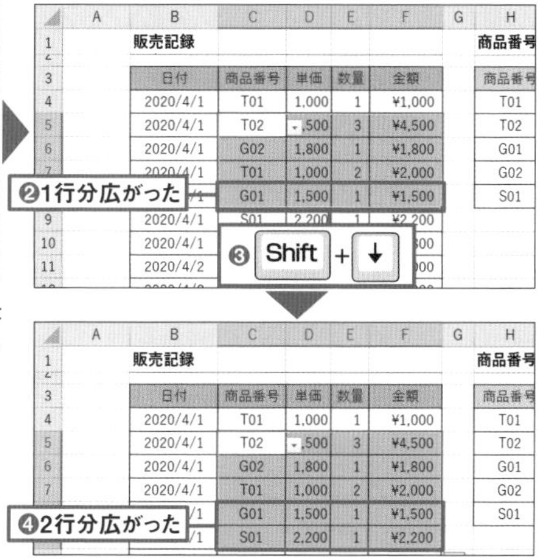

⬆➡ 図8 範囲を選択していて、「もう1行増やしたい」と思ったら、「Shift」+「↓」キーを押す（❶❷）。再度同じキーを押せば、もう1行分増やせる（❸❹）

➡セル範囲を選択するショートカットキー

キー操作	機能
Ctrl + Shift + ↓	アクティブセルから列の終端
Ctrl + Shift + →	アクティブセルから行の終端
Ctrl + スペース	アクティブ列全体
Shift + スペース（半角英数モードで利用可能）	アクティブ行全体
Ctrl + ＊／Ctrl + Shift + ：	アクティブセル領域
Ctrl + A ち	アクティブセル領域／シート全体
Shift + ↓（広げる方向の矢印キー）	選択中のセル範囲を広げる

⬅ 図9 基準のセルを含む特定のセル範囲を選択できるショートカットキーには、左のようなものがある

3分 時短

Section 02

見える範囲の移動／コピーはドラッグが簡単

「Ctrl」+ドラッグ

セルを移動するなら、選択後に外枠をドラッグするのが一番簡単だ（**図1**）。移動するセル範囲を選択し、その外枠にマウスポインターを合わせる。枠線上であれば、上下左右、どちら側でもよい。そのままドラッグすると、移動先の目安になる四角形が表示されるので、移動先に合ったところでマウスのボタンを離す。「Ctrl」キーを押しながらドラッグすれば、移動ではなくコピーもできる（**図2**）。

なお、ドラッグ先のセルにデータがある場合は、移動／コピーしたデータで上書きされる。

➡外枠のドラッグで移動

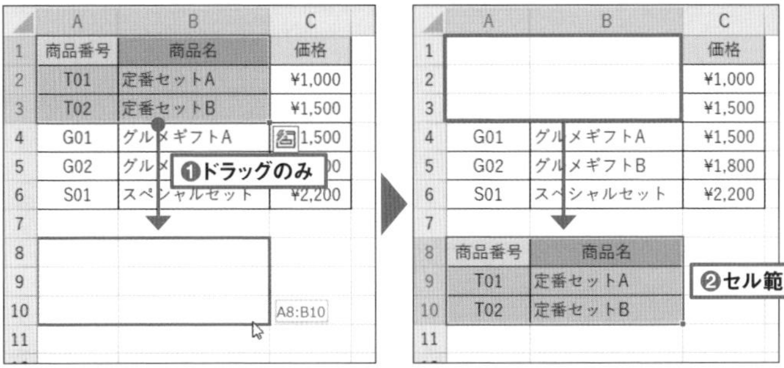

❂ 図1 「Shift」キーを押さずに選択範囲の外枠をドラッグした場合は、セルが移動する（❶❷）。元のセル範囲は空白となり、移動先にデータがある場合は上書きされる

➡外枠の「Ctrl」+ドラッグでコピー

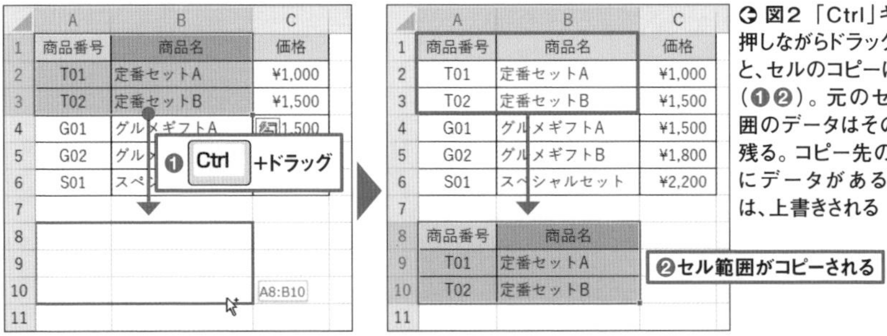

❂ 図2 「Ctrl」キーを押しながらドラッグすると、セルのコピーになる（❶❷）。元のセル範囲のデータはそのまま残る。コピー先のセルにデータがある場合は、上書きされる

Section 03

3分 時短

離れた場所への移動や複数回のコピーはキー操作で

「Ctrl」+「X」 「Ctrl」+「C」 「Ctrl」+「V」

大きい表の場合や、別のワークシートへの移動やコピーは、ドラッグで操作しづらい。そんなときは、「Ctrl」+「X」キーでいったん切り取り、「Ctrl」+「V」キーで貼り付ける（**図1**）。コピーする場合は「Ctrl」+「C」キーでコピーし、「Ctrl」+「V」キーで貼り付ける（**図2**）。「ホーム」タブにある「コピー」「切り取り」「貼り付け」ボタンのショートカットキーだが、ボタンよりも素早く操作できる。またコピー時には何度でも貼り付けられるので、複数回コピーする場合は特に効率的だ。

➡「Ctrl」+「X」→「Ctrl」+「V」で移動

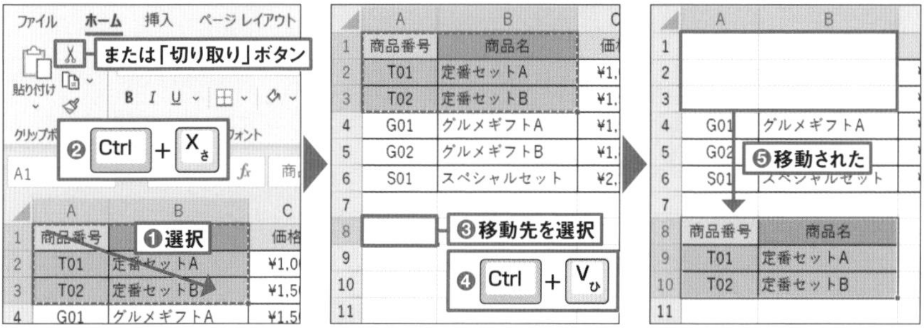

図1 選択した範囲を「Ctrl」+「X」キーで切り取り、「Ctrl」+「V」キーで貼り付けると、セルの移動になる

➡「Ctrl」+「C」→「Ctrl」+「V」でコピー

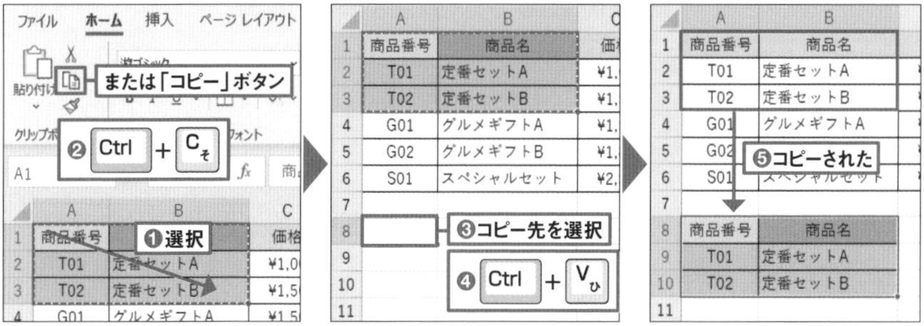

図2 選択した範囲を「Ctrl」+「C」キーでコピーし、「Ctrl」+「V」キーで貼り付けると、セルのコピーになる

Section 04

貼り付けのオプションで値だけコピーや行列入れ替えも

5分時短

貼り付けのオプション

セルには、文字列や数値といったデータだけでなく、セルの書式、表示形式、数式など、さまざまな要素が含まれている。セルに保持されたデータを「値」と呼ぶが、セルのコピーや移動では、値だけでなく書式を含めて、元のセルと同じ要素がすべて貼り付けられるのが基本だ。

同じ表をコピーして使うだけなら問題ないが、一部のセルを別の表に転用するといった場合、元の表と貼り付け先の表で書式が異なると、貼り付けた後に書式を調整する手間がかかってしまう。そこでエクセルでは、貼り付ける時にオプションを選択することで、値、書式、表示形式など、流用したい項目だけを貼り付けることができる(**図1**)。データの再利用に欠かせない機能なのでぜひ使い方を覚えよう。

まず通常の貼り付け方だとどうなるか、見てみよう(**図2**)。貼り付け先に設定されている書式は無視され、コピー元の書式で貼り付けられる。これを防いで貼り付け先の書式に合わせる方法は3つある。

貼り付けた後で「しまった!」と思った場合は、「貼り付けのオプション」ボタンをクリックして、「値」を選ぶ(**図3**)。貼り付ける前に気付いたなら、通常の貼り付け方ではなく、オプションを指定して貼り付ける(**図4**)。図4のショートカットキーとして、「Alt」+「Ctrl」+「V」キーを押して、形式を選択する画面を表示する手もある(**図5**)。

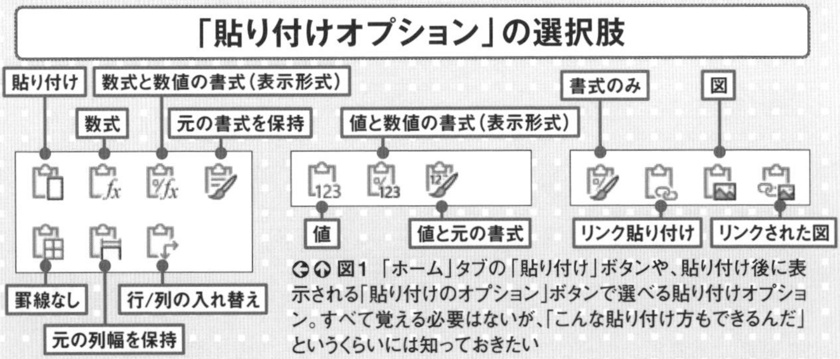

図1 「ホーム」タブの「貼り付け」ボタンや、貼り付け後に表示される「貼り付けのオプション」ボタンで選べる貼り付けオプション。すべて覚える必要はないが、「こんな貼り付け方もできるんだ」というくらいには知っておきたい

➡通常の貼り付け方では書式ごとセルの内容が貼り付けられる

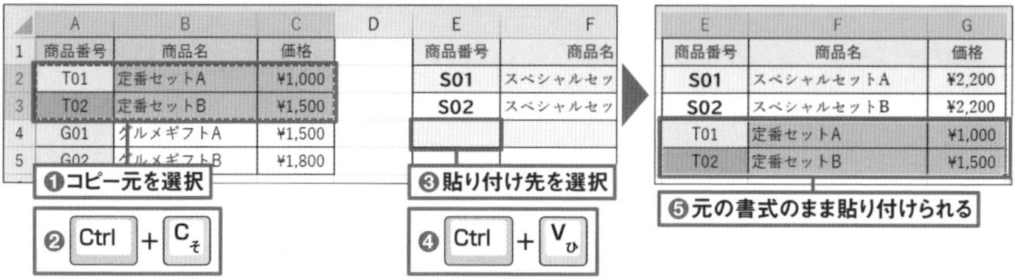

↑ 図2 セルのコピーでは、書式を含めてすべての要素が貼り付けられるため（❶～❺）、書式が異なる表に貼り付けると、貼り付けた後に書式を変更する手間がかかってしまう

➡貼り付けのオプションを選ぶ3つの方法

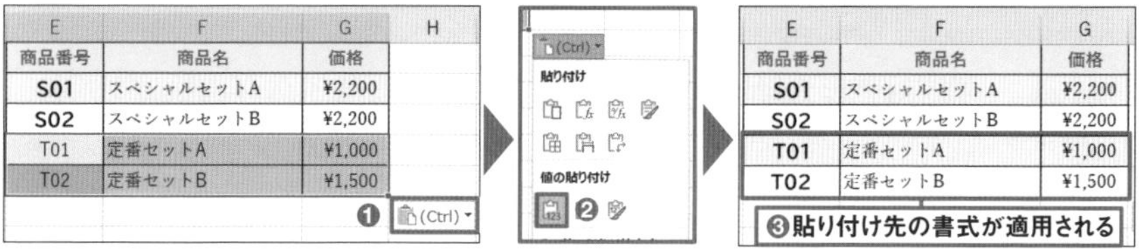

↑ 図3 図2で貼り付けた後に表示される「貼り付けのオプション」ボタンをクリックし（❶）、「値」を選択すると、元の書式が解除され、値だけを貼り付けられる（❷❸）。貼り付け先の書式に従った貼り付け方が可能だ

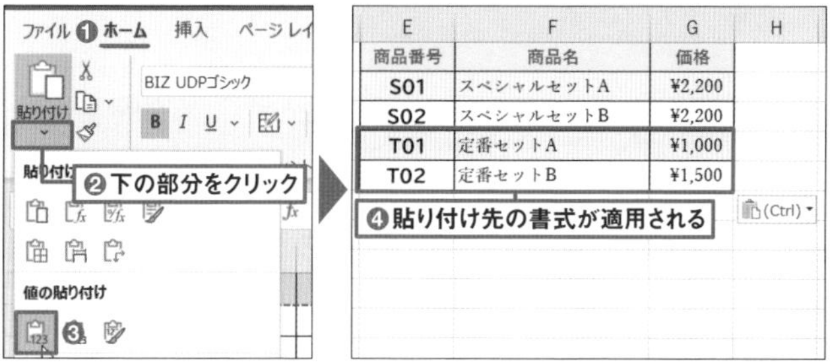

← 図4 コピーの操作をした後、「ホーム」タブの「貼り付け」ボタン下の「▼」をクリックしてオプションから「値」を選択（❶～❸）。すると、コピーした値のみが貼り付けられ、貼り付け先の書式が適用される（❹）

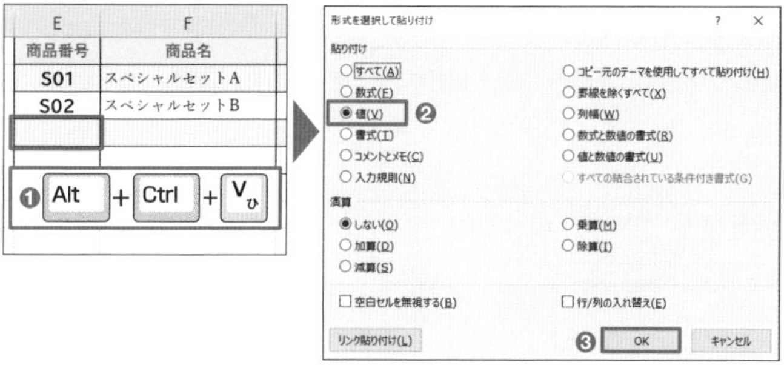

← 図5 コピーの操作をした後、「Alt」+「Ctrl」+「V」キーを押すと（❶）、「形式を選択して貼り付け」画面が表示され、オプションを選択できる（❷❸）

数式の結果だけを「値」として貼り付ける

貼り付けオプションの指定が必要なのは、書式が異なる場合だけではない。エクセルでは、「＝A1+B1」のようにセルを参照する数式が入ったセルをコピーすると、通常は数式そのものがコピーされる。“そのもの”といっても、数式の参照先は貼り付け先の位置によって相対的に変化するため（88ページ）、計算結果が変化したり、計算できなくなることがある（**図6**）。「数式の入ったセルを値を変えずにコピーしたい」という場合は、貼り付ける時に「値だけ」や「値と書式だけ」などを選び、計算結果の値だけを貼り付ける必要がある（**図7**）。

⇒数式のセルはコピーで使えなくなることがある

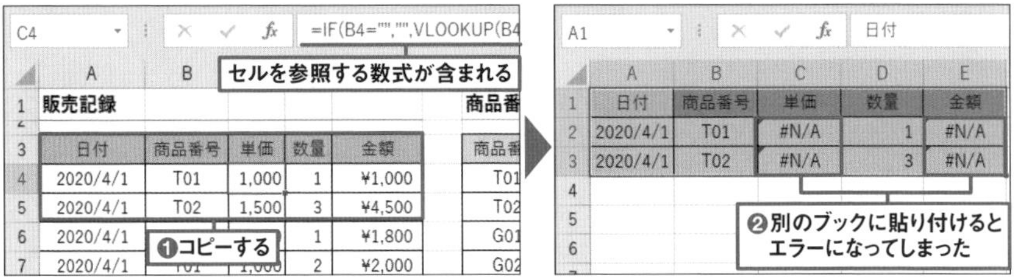

図6 セルの値を使って計算する数式が入力されたセルは、コピーした位置に応じて参照先が変わることで、正しく計算できなくなってしまう場合がある（❶❷）

⇒数式の入ったセルを「値と書式のみ」貼り付け

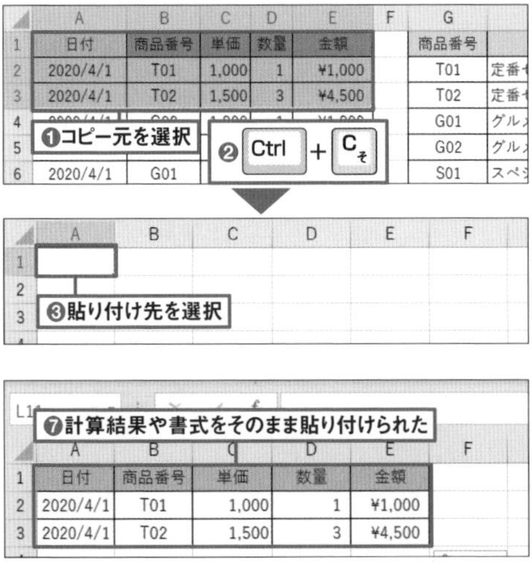

図7 数式を含んだセルをコピーして、表示されている結果のみを利用したい場合は、貼り付け時にオプションを開く（❶〜❺）。ここでは元の書式もそのまま使いたかったので、「値と元の書式」を選んで貼り付けた（❻❼）

貼り付け時に行列を入れ替え

1列目に商品番号、1行目に項目名を入力した「商品番号リスト」があるとしよう。この表の行と列を入れ替えて、1列目に項目名、1行目に商品番号を入れた表を作るとする。データは全く同じだが、行列を入れ替えるためにセルを手作業で1つずつコピペするくらいなら、入力し直したほうが早そうだ。

そんなときにも貼り付けオプションが役に立つ。元の表をいったんコピーし、貼り付け時にオプションから「行/列の入れ替え」を選択する（**図8、図9**）。これだけで転記作業は完了だ。

➡行と列を入れ替えて貼り付け

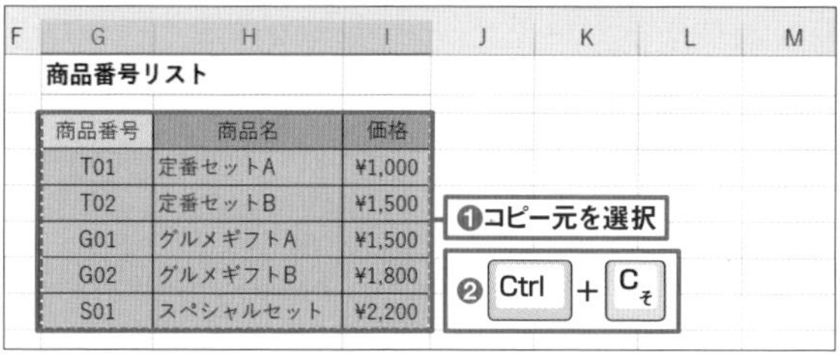

図8 行列を入れ替える元表をコピーする（❶❷）

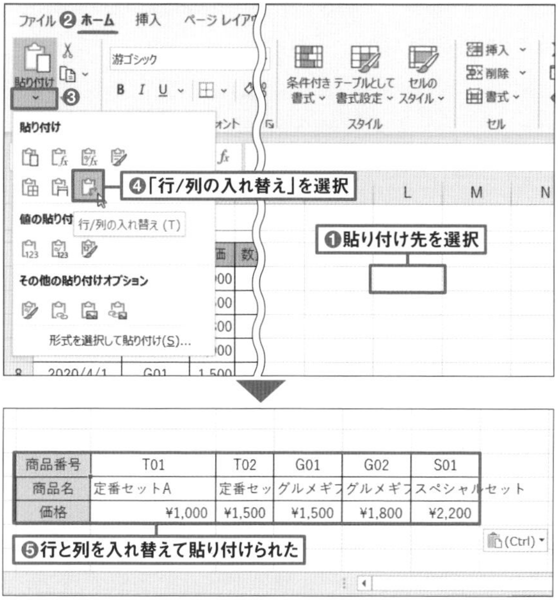

図9 貼り付け先のセルを選択（❶）。「ホーム」タブで「貼り付け」ボタンの下の「▼」をクリックし、「行/列の入れ替え」を選ぶ（❷～❹）。すると、行と列が入れ替わった表が貼り付けられる（❺）

Section 05

5分時短

ほかのアプリからも効率良くコピペできる便利機能

Officeクリップボード

あるブックから複数のデータを別のブックにコピーするとき、1つコピーしたらブックを切り替えて貼り付け、また元のブックに戻って1つコピーしたらブックを再び切り替えて貼り付け……と何度も繰り返すのは面倒だ。「複数のデータを続けてコピーして集めておき、ブックを切り替えた後、順番に貼り付けていきたい」といったときに利用したいのが、エクセルなどのOfficeソフトで利用できる「Officeクリップボード」だ。Officeクリップボードには、最大24個までコピーしたデータを保存することができる(**図1**)。エクセルに限らず、ほかのアプリケーションでコピーしたデータも保存できるので、ウェブページやPDFなど、必要なデータをコピーし、まとめてエクセルに貼り付けるときにも便利だ。

エクセルでは、「ホーム」タブの「クリップボード」グループ右下にあるボタン(ダイアログボックス起動ツール)をクリックすると、Officeクリップボードが起動する(**図2**)。その後、必要なデータを順次コピーする。クリップボードのデータは、選択して貼り付けることも、まとめて貼り付けることも可能だ(**図3**、**図4**)。

必要なデータをまとめてコピー

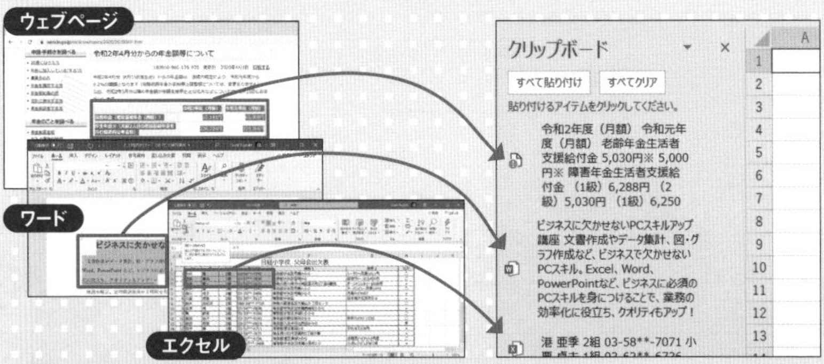

図1 Officeクリップボードを起動しておけば、その後コピーしたデータがクリップボードに順に入っていく。エクセルはもちろん、ウェブページなど、ほかのアプリケーションでコピーしてもかまわない

➡Officeクリップボードに必要なデータをコピーする

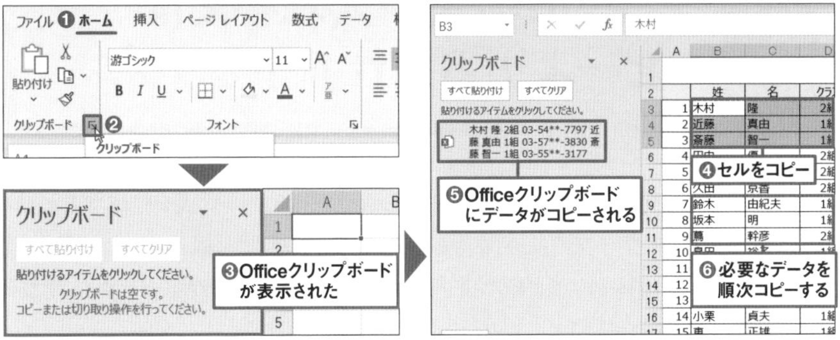

図2 あらかじめ「ホーム」タブの「クリップボード」グループ右下のボタン(ダイアログボックス起動ツール)をクリックする(❶❷)。Officeクリップボードが表示されたら、必要なデータを順次コピーする(❸～❻)

➡貼り付け位置を選択後、貼り付けるデータを選択

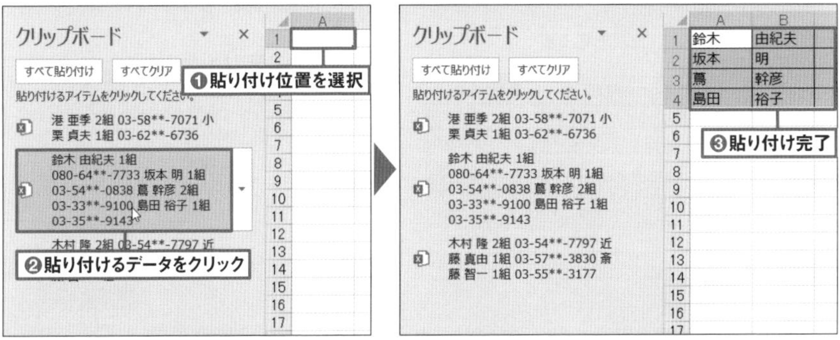

図3 貼り付ける位置を選択し、Officeクリップボードから貼り付けたいデータを選択する(❶❷)。これだけで貼り付けは完了(❸)。Officeクリップボードのデータはそのまま残るので、何度でも貼り付けられる

➡Officeクリップボード内のデータをまとめて貼り付け

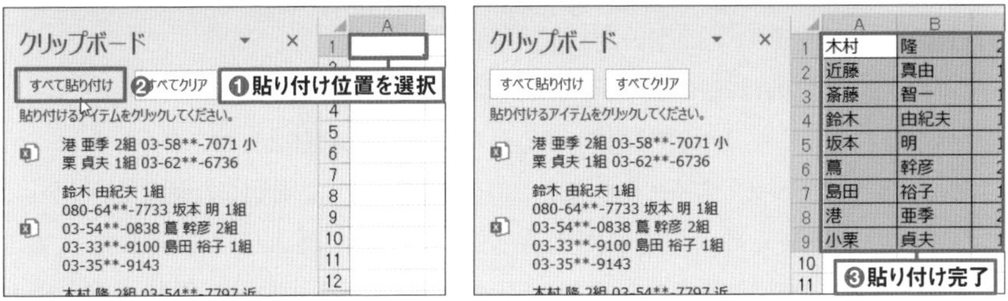

図4 貼り付ける位置を選択し、Officeクリップボードで「すべて貼り付け」を選択(❶❷)。コピーしたデータをまとめて貼り付けることができる(❸)

Section 06

5分
時短

データの挿入や入れ替えは コピーより「Shift」+ドラッグ

「Shift」+ドラッグ

「この項目のほうが上だよね」「いや、こっちが上だろう」——。表を作成するときには、試行錯誤を伴うデータの並べ替えが発生するものだ。どう操作すると一番効率が良いだろうか。地区別にまとめた支店ごとの売り上げデータの順番を入れ替えるケースで考えてみよう(**図1**)。

これを知らないと手間がかかる

	A	B	C	D
1	支店別売上表			
2				
3	支店名	前期売上高	今期売上高	
4	日本橋店	7,898,000	8,204,000	
5	渋谷店	8,710,000	7,839,000	
6	丸の内店	9,530,000	9,482,000	
7	名古屋店	6,540,000	6,890,000	
8	京都店	5,893,000	6,598,000	
9	大阪店	8,482,000	8,510,000	
10	神戸店	7,201,000	7,109,000	

図1 表内の7〜8行目を、4〜6行目と入れ替えたい。素早く入れ替えるには、ドラッグ操作が一番。コピペでも入れ替えは可能だが、必要な手順が大幅に増えてしまう

こういうこと
よくあるよな

エクセルに詳しくない初級者だと、まず思い付くのはコピペだろう。図1であれば、4〜6行目のブロックを「切り取り」して、どこか別の場所に「貼り付け」して退避。その後、7〜8行目のブロックを「切り取り」「貼り付け」で上に移動し、退避しておいた4〜6行目のブロックをその下の空いた行に移動する。

この方法でも目的は達せられるが、時短という観点からすれば無駄が多い。もっと素早く済ましたいなら、ドラッグ操作によるセル範囲の入れ替えをマスターしよう。

セルの枠線をドラッグすると移動できるのは、66ページで説明した通りだ。しかし、この方法では移動先のセル内容が上書きされてしまい、挿入にはならない。上書きではなく、ドラッグ先に挿入したいなら、「Shift」キーを組み合わせて操作するのがポイントだ。

「Shift」で現れる“H”形が「ここに移動・挿入」のサイン

移動するセルを選択して外枠にマウスポインターを合わせて、上下左右矢印の絵柄が現れたらドラッグを始める（**図2**）。マウスポインターの移動に従って四角い枠が移動するが、重要なのはここからだ。挿入したい位置までドラッグしたら、「Shift」キーを押す。すると、それまで四角形だった枠が平べったい“H”形に変わる。これが「この場所に移動・挿入されますよ」という目印。マウスのボタンを離して、思惑通りにセルが挿入されたのを確認してから「Shift」キーを離そう。

このような操作を「Shift」+ドラッグなどと呼ぶが、「Shift」キーを押し続ける必要はない。位置合わせをするときと、マウスのボタンを離すときに押していればよい。

➡「Shift」キーを押しながらドラッグしてセルを挿入

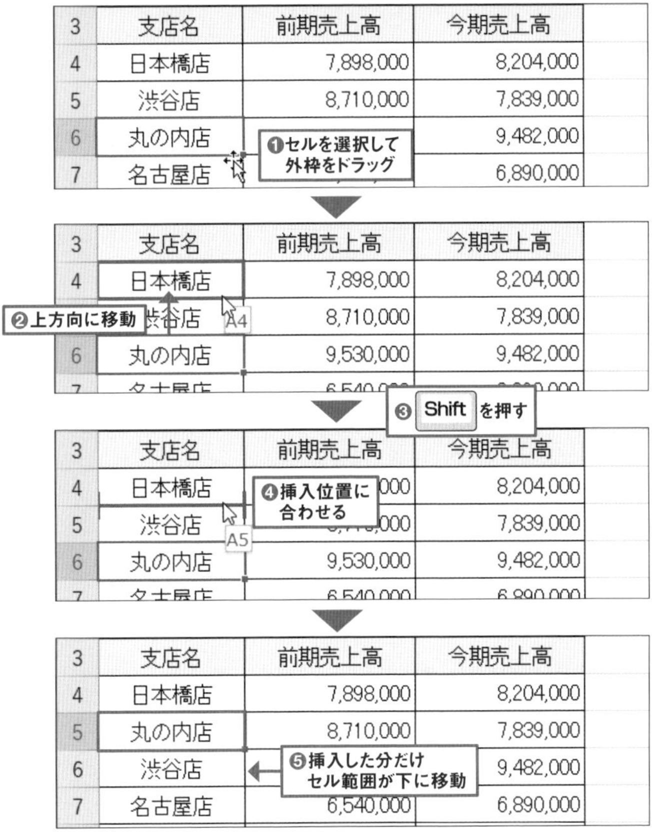

図2 「丸の内店」を「日本橋店」と「渋谷店」の間に移動したい。ポイントは「Shift」キーだ。まずは移動したいセルを選択し、その外枠をドラッグする（❶❷）。ドラッグ中に「Shift」キーを押すと、挿入先を示す“H”形が表示される（❸❹）。その位置をうまく調整してマウスのボタンを離せば（❺）、入れ替えが完了する

挿入操作を利用してセルを入れ替え

このように、ドラッグ操作と「Shift」キーを組み合わせることで、移動先のセルに上書きすることなく、挿入することができる。そして、この機能を利用すると、図1のようなセルの入れ替えも、簡単に行うことができる（**図3**）。横方向のセルの入れ替えも同様だ（**図4**）。入れ替えは「Shift」+ドラッグと覚えておこう。

「Shift」キーの操作が苦手なら、マウスの右ボタンによるドラッグという手もある（**図5**）。セルやセル範囲を選択し、その外枠を右ボタンでドラッグ。目的の場所でマウスボタンを離すとメニューが開くので、処理方法を選べばよい。図3のように移動・挿入するときは「下へシフトして移動」を選択する。

➡行単位で入れ替え

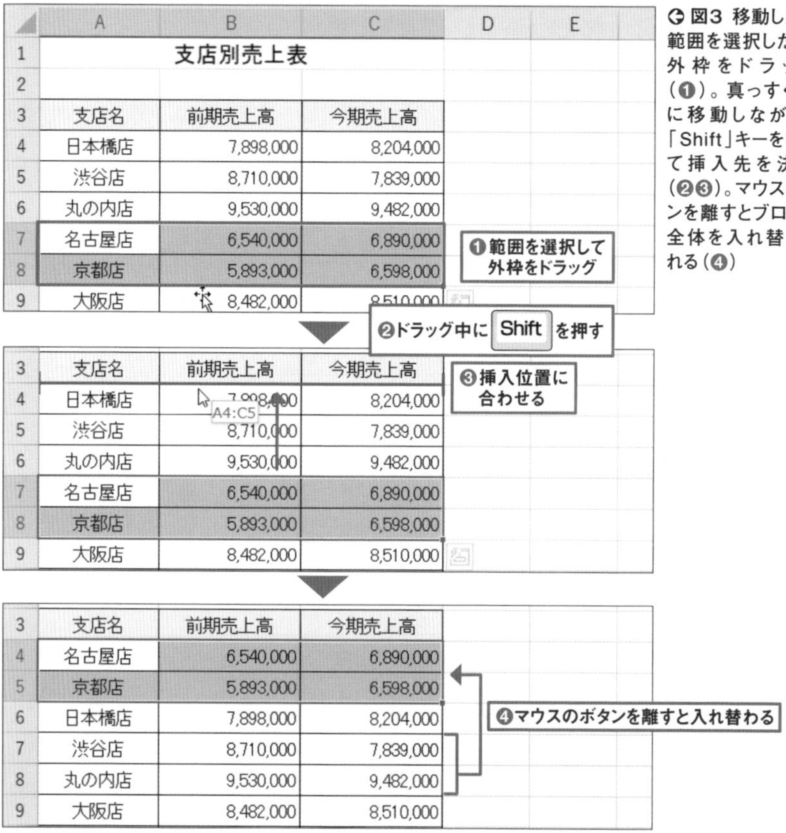

◀図3 移動したい範囲を選択したら、外枠をドラッグ（❶）。真っすぐ上に移動しながら、「Shift」キーを押して挿入先を決定（❷❸）。マウスボタンを離すとブロック全体を入れ替えられる（❹）

➡横方向も入れ替え可能

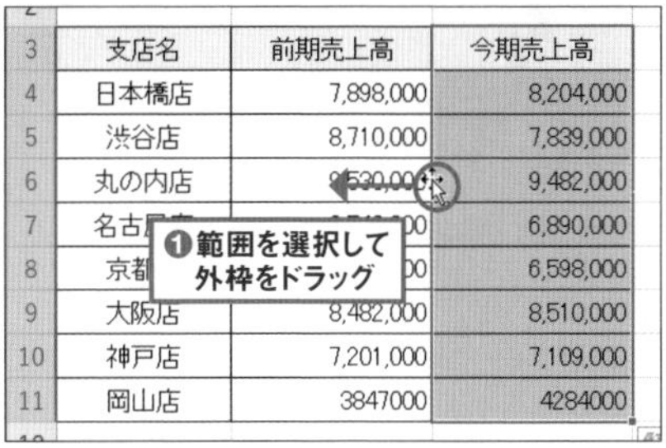

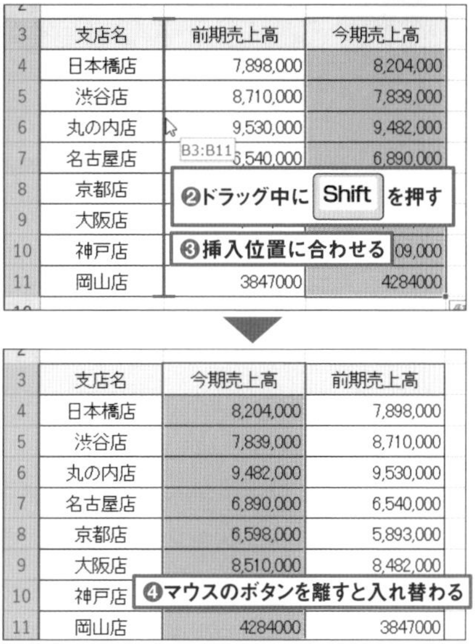

⬆⬅図4 左右を入れ替えるときも要領は同じ。選択範囲の外枠を真横にドラッグすれば、ブロック単位で移動・挿入できる（➊〜➍）

➡「Shift」+ドラッグが苦手なら右ドラッグ

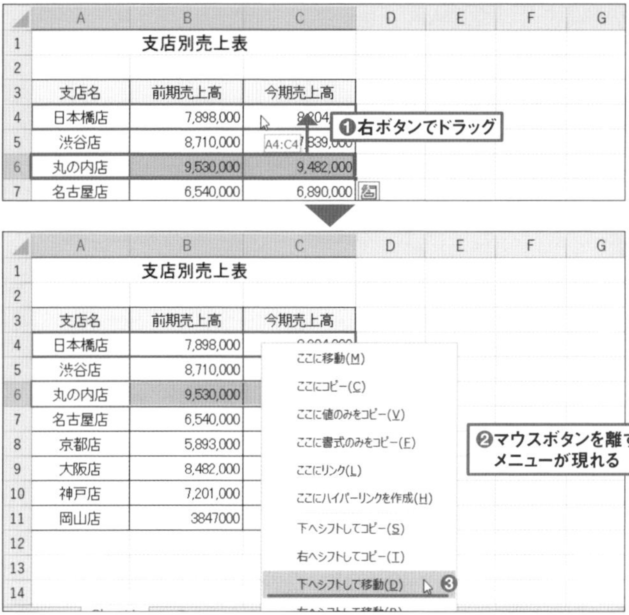

⬅図5 マウスの右ボタンでドラッグすると、ボタンを離した際に処理方法を選べる（➊➋）。挿入して順番を入れ替えるときは「下へシフトして移動」を選ぶ（➌）

Section 07

5分時短

大きさの異なる表を並べるなら「図」として貼り付け

貼り付けのオプション

作成済みの複数の表を1枚のワークシートにまとめたいときがある。しかし、表によって列の幅などは異なるものだ。エクセルでは列の途中から列幅を変えることができないため、2つの表を縦に並べようとすると、調整が難しい。そんなときは、どちらかの表を「図」(画像)として貼り付け、大きさを調整するとよい(**図1**)。

まず、並べたい表のどちらか一方をコピーする(**図2**)。続いて、貼り付け先のセルで、「貼り付け」のオプションから「リンクされた図」を選択する(**図3**)。すると、列幅などは無視して、表全体を1枚の図として貼り付けることができる。貼り付けた表は、四隅に表示されるハンドル(小さな丸)をドラッグすると拡大・縮小できるので、もう1枚の表に合わせて調整すればよい(**図4**)。

図として貼り付けるオプションには、「図」と「リンクされた図」の2種類がある。「図」を選択した場合は、内容の修正はできない。「リンクされた図」の場合、元の表を修正すれば、リンク先である貼り付けた図も修正される。

列幅が異なる表を1枚にまとめる

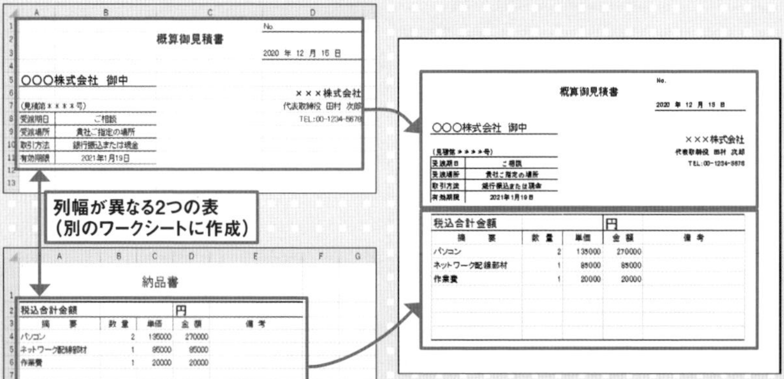

←↑ 図1 列幅が異なる表をコピーして貼り合わせるには、「図」として貼り付けるワザが有効だ

➡一方の表をコピーする

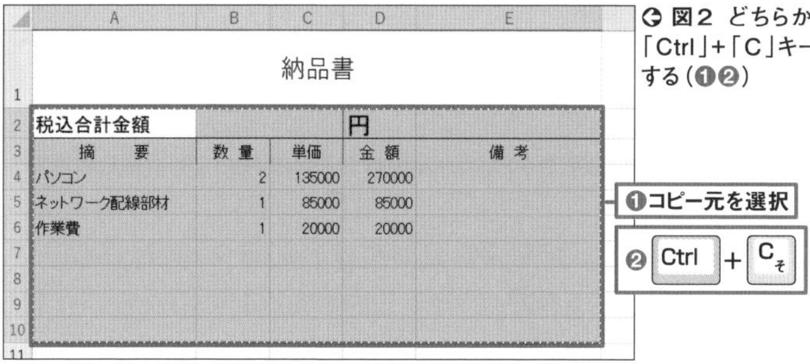

図2　どちらか一方の表を選択し、「Ctrl」+「C」キーを押すなどしてコピーする（❶❷）

➡図として貼り付ける

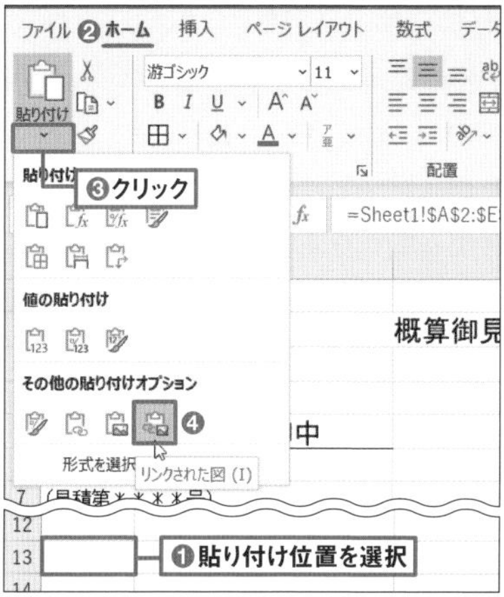

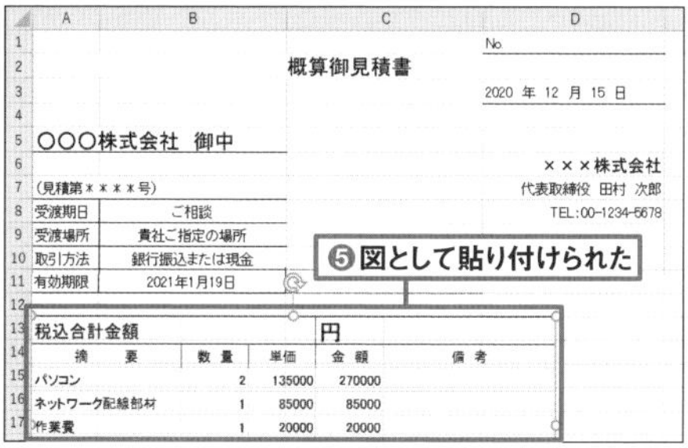

図3　貼り付け位置を選んだら、「ホーム」タブの「貼り付け」ボタン下の「▼」をクリックしてオプションから「リンクされた図」を選択（❶～❹）。すると、コピーしておいた表が図として貼り付けられる（❺）

➡図の大きさを調整する

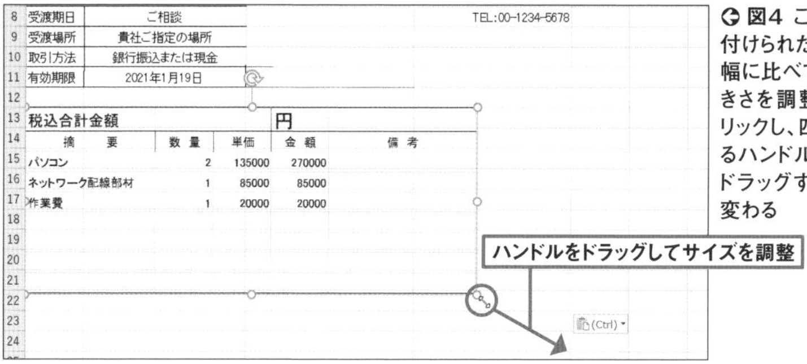

図4　この例では、貼り付けられた図が全体の横幅に比べて小さいので大きさを調整する。図をクリックし、四隅に表示されるハンドル（小さな丸）をドラッグすると、大きさが変わる

Section 08

複数シートに同じ表を作るなら コピーよりも「作業グループ」

10分 時短

作業グループ

新しいブック（ファイル）を開いたとき、初期設定では1枚のワークシートしか表示されないが、必要な枚数のワークシートを追加することができる（12ページ）。例えば、帳簿なら1カ月分を1枚のワークシートに記入し、1年分、12枚のワークシートをブックにまとめて管理するといった使い方ができる。

このように毎月作るワークシートは、同じ形式、同じ書式で作成されていることが多い（**図1**）。1枚目のワークシートを作ってから、2枚目以降のワークシートにコピーするのもよいが、作る前から「同じワークシートが12枚必要」などと決まっているなら、複数シートをまとめて作成する方法がある。

複数のワークシートの見出し（タブ）をまとめて選択すると、「作業グループ」ができる（**図2**、**図3**）。それ以降、作業グループを解除するまでの間、1枚目のワークシートに行った入力や書式設定などの作業は、すべて作業グループのワークシートにも反映される（**図4**、**図5**）。つまり、1枚目に作成した表が、そのまま2枚目以降のワークシートにも自動作成されるのだ。共通部分を作成後、作業グループを解除して、個々のデータを入力していけば、同じ形状の表を簡単に作れるということだ（**図6**）。

「作業グループ」で同じ形状の表を簡単作成

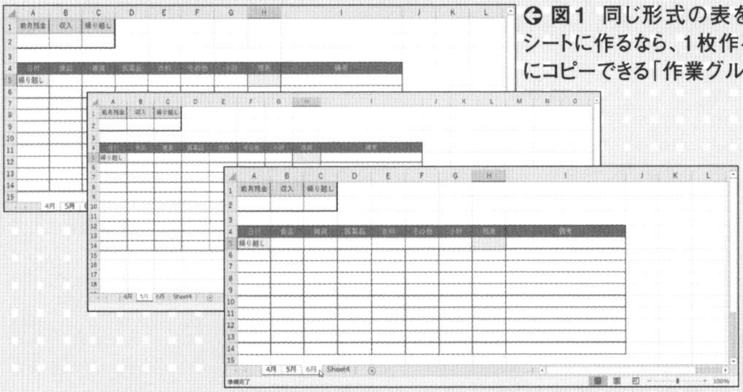

図1 同じ形式の表を複数のワークシートに作るなら、1枚作るだけで自動的にコピーできる「作業グループ」を使おう

➡複数のワークシートを作業グループにまとめる

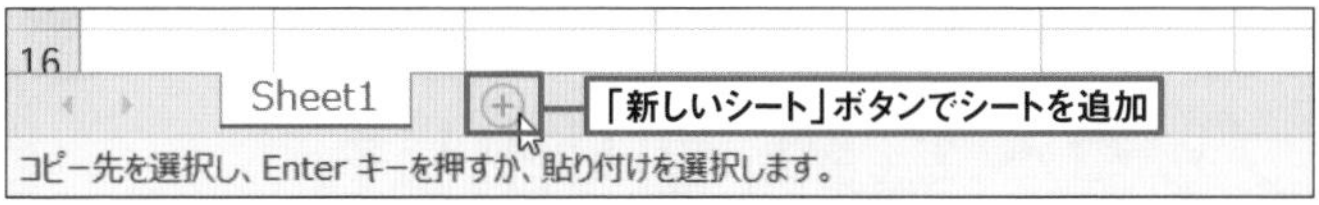

◀図2 必要な枚数のワークシートを作成する

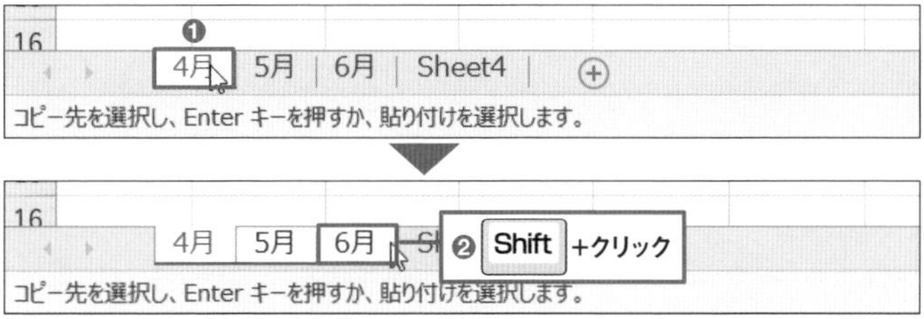

◀図3 同じ形式の表を作るワークシートを選択する。最初のシートをクリックし、最後のシートを「Shift」キーを押しながらクリックする（❶❷）

➡1枚目のワークシートに共通部分を作成

◀図4 シート見出しが白くなっているのがグループ化されたシート。作業グループの1枚目のシートに、すべてのシートに共通する内容を入力し、書式なども設定する

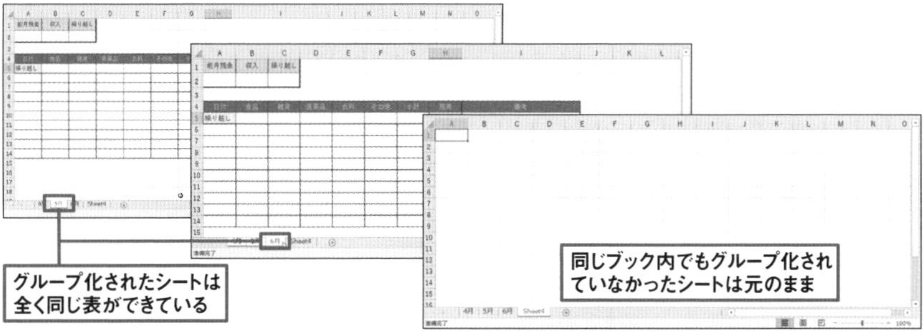

▲図5 グループ化されていた2枚目、3枚目のシートには同じ表が作成されている

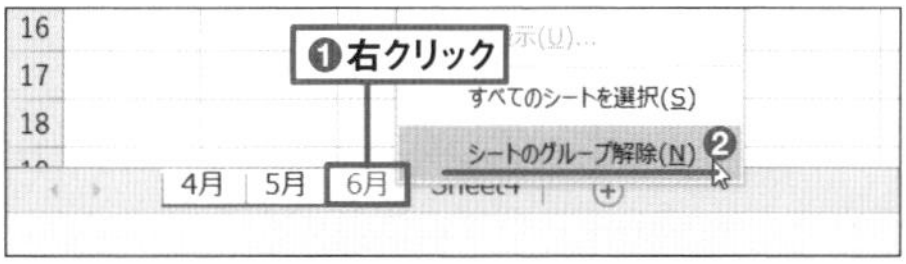

◀図6 作業を終えたら、シート名を右クリックして、「シートのグループ解除」を選択する（❶❷）。これで作業グループが解除される

Section 09

ワークシートを丸ごとコピー 別ブックへ集約、切り出しも

5分 時短

ワークシートの移動またはコピー

「別ブックに作成した7月分の売上表を、各月分の売上表をまとめたブックにコピーして集約したい」という場合、7月分のワークシートを丸ごとコピーするのが楽だ（**図1**）。

複数のワークシートがあるブックでは、ワークシートの見出しをドラッグするだけで、シートの順序を入れ替えることができる。ワークシートをコピーするなら、「Ctrl」キーを押しながらドラッグすればよい（**図2**）。

別のブックにコピーしたいときにも、シート見出しの「Ctrl」+ドラッグは使えるのだが、確実にコピーしたいならメニューを使うのがオススメ。それには、コピー元とコピー先のブックを開く（**図3**）。コピー元のワークシートのシート見出しを右クリックし、表示されたメニューから「移動またはコピー」を選択。貼り付け先のブックとワークシートの位置を指定すればよい（**図4**）。その際、「コピーを作成する」を選択すれば、元のワークシートはそのままで、貼り付け先のブックにワークシートをコピーできる。

一方、図4左の画面で「移動先ブック名」を「（新しいブック）」とすれば、ワークシートをコピーして新規のブックが作れる。「年間の売上表をまとめたブックから、5月分のワークシートだけを別ブックに切り出したい」といった際に活用しよう。

ワークシートを別のブックにコピー

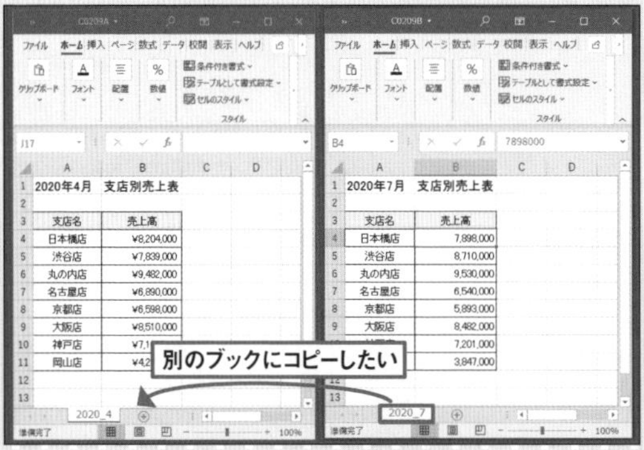

図1 ワークシートを丸ごとコピーするのは、難しくない。ドラッグ操作でもコピーはできるのだが、確実に操作するならシート見出しのメニューを使おう

➡ブック内でワークシートをコピーする

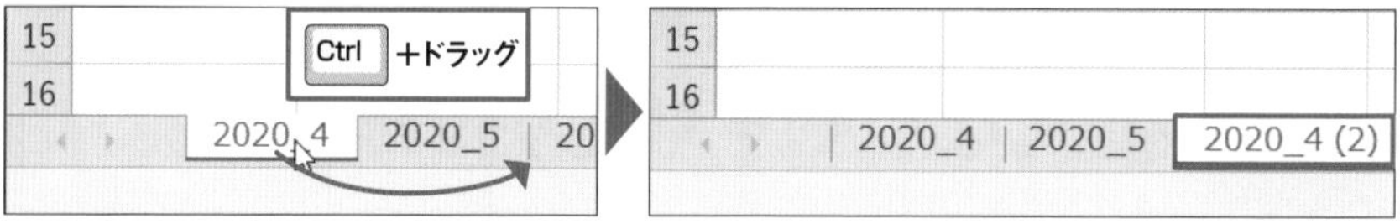

⮉図2 シート見出しを「Ctrl」キーを押しながらドラッグするだけで、ワークシートを丸ごとコピーできる

➡ワークシートを別のブックにコピーする

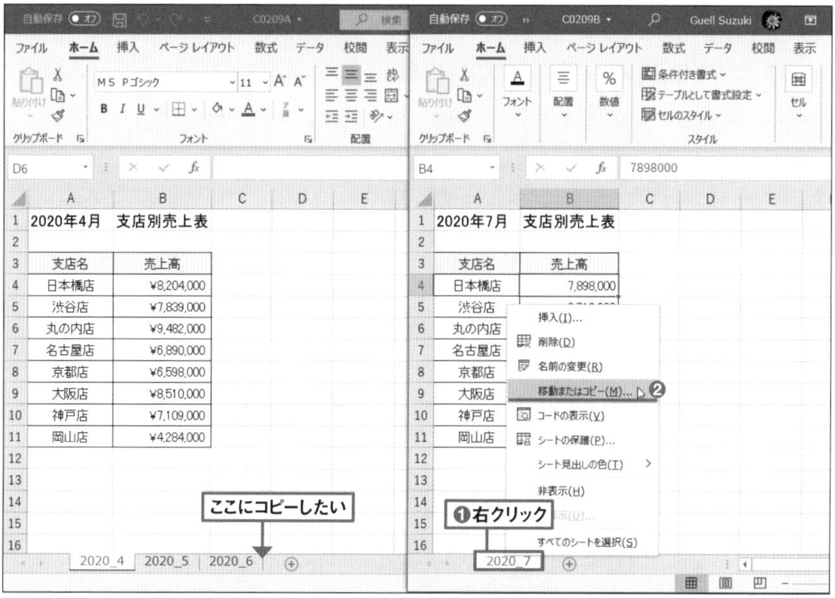

⮉図3 コピー元（右）とコピー先（左）のブックを開く。コピーしたいワークシートの見出しを右クリックし、「移動またはコピー」を選択する（❶❷）

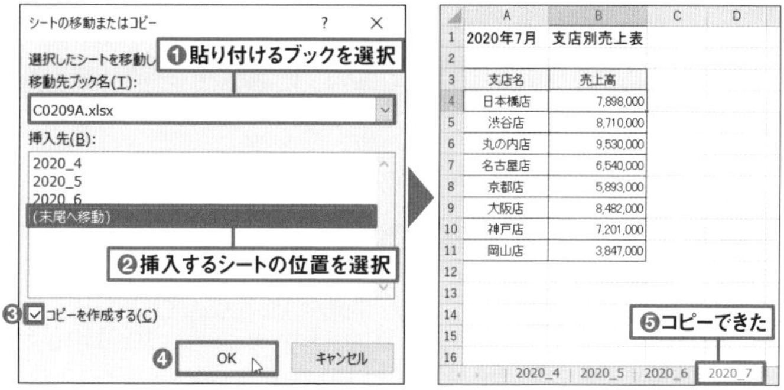

⮈図4 コピー先のブック、シートの位置を指定（❶❷）。「コピーを作成する」にチェックを付けて「OK」を押せば作業完了だ（❸～❺）

Section 10

1分 時短

セルを編集状態にすれば書式なしですぐ貼り付け可能

ウェブページなど、ほかのアプリから文字列をコピペすると元の書式のまま貼り付けられるが、「貼り付けのオプション」を選択すれば、書式などを排除して文字列のみを貼り付けることができる（**図1**、**図2**）。だが、いちいち書式を解除するのが面倒なら、セルをダブルクリックするか「F2」キーを押してセルを編集状態にしてから貼り付ければ、書式なしで貼り付けられる（**図3**）。

➡通常のコピペでは書式ごと貼り付けられる

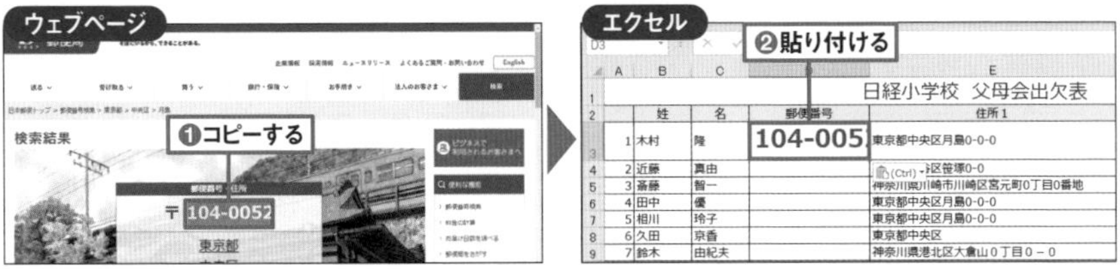

図1 ウェブページなどからコピーしたデータを普通に貼り付けると（❶❷）、元の書式が残ってしまう

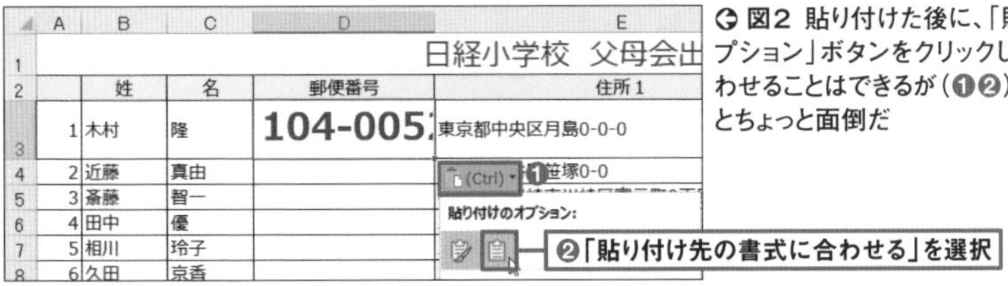

図2 貼り付けた後に、「貼り付けのオプション」ボタンをクリックして書式を合わせることはできるが（❶❷）、毎回となるとちょっと面倒だ

➡セルを編集状態にしてから貼り付ければ問題解決

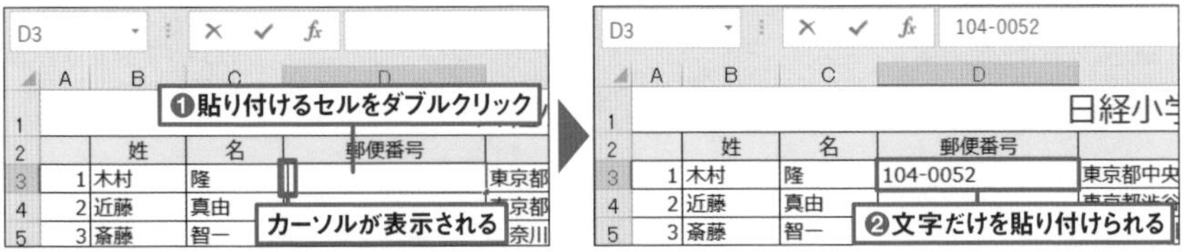

図3 貼り付けるセルをダブルクリックするか、セルを選択して「F2」キーを押して、カーソルが表示されたことを確認してから貼り付ければ、文字だけを貼り付けられる（❶❷）

第3章

数式&便利機能で集計作業を効率化

エクセルでは、数式を使ってセルの値同士を計算できる。まずはその基本作法をマスターしておきたい。また、合計や平均をワンタッチで求めたり、複数のワークシートやブックを1枚の集計表にまとめたりと、便利なボタンやメニューを賢く活用し、時短を進めたい。

Excel

- ▶数式と計算の基本をマスター
- ▶「オートSUM」ボタンなら合計も平均も簡単
- ▶小計欄や総計欄を全自動で作成
- ▶複数の表を統合し、項目別に集計する ほか

基本を再確認

電卓よりはるかに便利！ 計算に使う「数式」の基本

エクセルは「表計算ソフト」。表を作るだけでなく、入力したデータを“計算”できる点こそエクセルの本領だ。四則演算はもちろん、「関数」と呼ばれる特殊な数式を駆使して、通常ではできない分析やデータの抽出など、さまざまな作業を瞬時に行える。

エクセルに計算をさせるには、いくつかのルールを覚えておいたほうがよい。例えば、算数や数学における数式は「１２３＋４５＝」のように書くが、エクセルでは「=123+45」のようにイコールを先頭に入力する（**図1、図2**）。「=」によって、そのデータが数式だとエクセルが理解し、セルには数式ではなく計算結果の値が表示される。数値と演算子（+や−など）だけの単純な数式であれば全角で入力しても半角に自動変換されるが、関数などはすべて半角で入力しないと正確に動作しないことがあるので、普段から数式は半角で入力する癖を付けておくと間違いない（**図3**）。

確定後のセルには、計算結果の値のみが表示されるが、セルを選択すれば数式バーに数式が表示され、確認や修正もできる（**図4**）。また、セルをダブルクリックして編集状態にして、数式を確認・修正することも可能だ。

数式は「=」から入力する

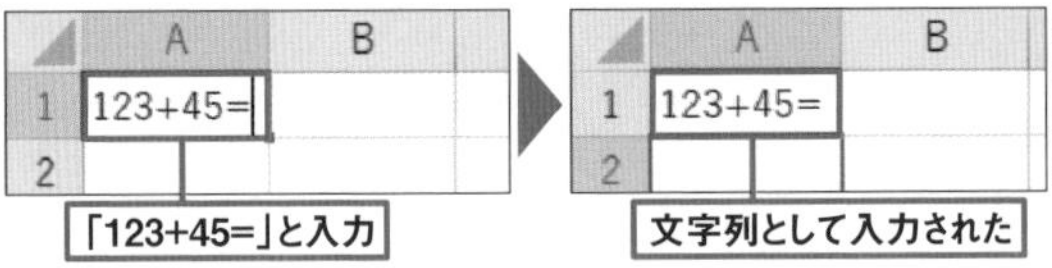

図1 通常の数式のように「=」を最後に入力すると、数式とは認識されず、文字列として扱われてしまう

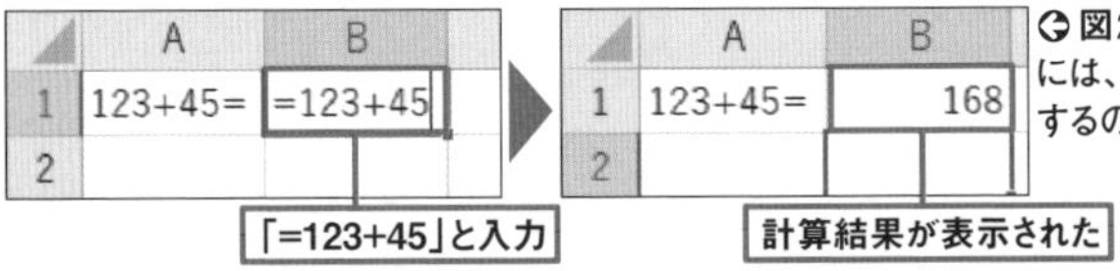

図2 エクセルに計算をさせるには、最初に半角の「＝」を入力するのが数式の合図だ

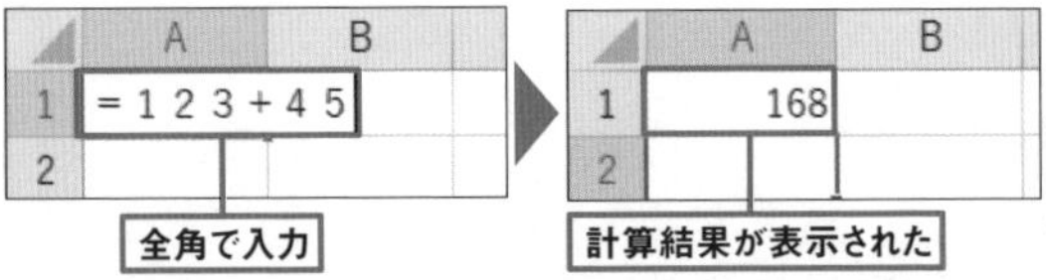

図3 単純な数式は全角で入力しても自動的に半角に変換されて計算できるが、数式によっては文字列と判断されることもあるので、半角入力が原則だ

注意したいのは、エクセルでは、「×」の代わりに「*」(アスタリスク)、「÷」の代わりに「/」(スラッシュ)を使うなど、計算に使う算術演算子が少し通常とは異なること(**図5**)。算術演算子には、優先順位があり、同じ数式の中に「=12+25*6」のように「+」と「*」があれば、「*」が優先される点は数学の数式と同じだ(**図6**)。「+」を先に計算したければ、「=(12+25)*6」のようにカッコでくくることで優先順位を上げられる。

●数式は「数式バー」かセルのダブルクリックで確認・編集が可能

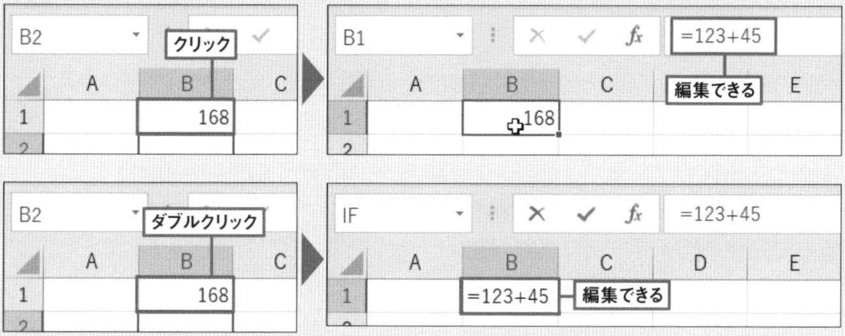

⬆図4 数式を入力したセルには計算結果のみが表示されるが、セルを選択すると「数式バー」で数式を確認したり、編集したりできる。セルをダブルクリックすればセル内での編集も可能だ

●エクセルの数式に使用できる算術演算子

演算子	意味	用例
+(プラス)	加算	=155+42
−(マイナス)	減算	=155−42
*(アスタリスク)	乗算。「×」の意味	=18*27
/(スラッシュ)	除算。「÷」の意味	=132/8
^(キャレット)	べき乗(累乗)	=3 ^ 2
%(パーセント)	パーセント指数	=A2*20%

⬅図5 エクセルの数式で使える演算子は、通常の数式と少し異なる。演算子もすべて半角で入力する

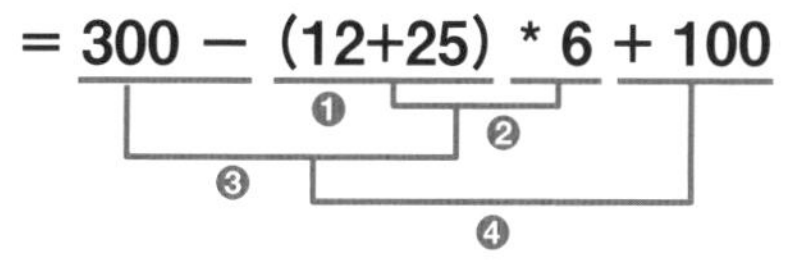

❶カッコでくくられた計算
❷「%」「*」「/」「^」で数式の先頭に近いもの
❸❹「+」「−」で数式の先頭に近いもの

⬅図6 数式の中に複数の演算子がある場合、優先順位に従って計算が行われる

Section 01

5分 時短

セルに入力された数値を参照して計算する

セル参照

エクセルで表を作る利点の1つは、セルに入力したデータを数式を用いて計算できることだ。例えば、「=B2*C2」のようにセル番地を数式に使うと、「B2セルの値とC2セルの値の積を求める」といった計算ができる（**図1**）。

「=B2*C2」のように数式にセル番地を使うことを「セル参照」と呼ぶ。セル番地は手入力してもよいが、番地を確認しながらの入力はミスのもと。数式の入力中、参照したいセルをクリックしたり、セル範囲をドラッグしたりすることで番地を自動入力できるので、そのほうが手早く確実だ（**図2**）。

図1の式であれば、「=25*1200」と入力しても手間は変わらないかもしれない。しかし、セル参照を使えば数値の入力ミスを防げるし、参照するセルの数値を修正したときも、自動的に再計算してくれる。さらに、セル参照を使った数式は、別のセルにコピーして使える。数式のコピーは、セル内容と同様に、ドラッグやダブルクリックによるオートフィル（22ページ）を使うと楽だ（**図3**）。

数式をコピーすると、参照するセル番地が自動的に書き換わり、その行や列に応じた正しい計算ができる。「D2」セルに入力した「=B2*C2」という数式を、1行下の「D3」セルにコピーすれば、「=B3*C3」に書き換わり、3行目の金額を計算できるという寸法だ（**図4**）。もちろん、横方向にも同様に数式をコピーすることができる。

セル参照を使った数式

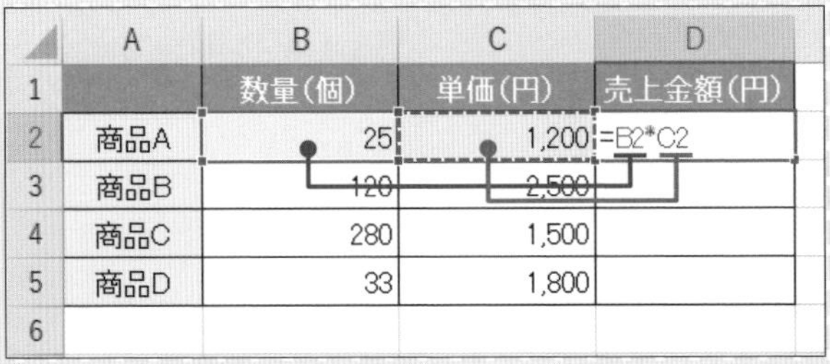

図1 数式にセル番地を入力すると、セルに入力されたデータを計算に利用できる

➡参照するセルをクリックで指定

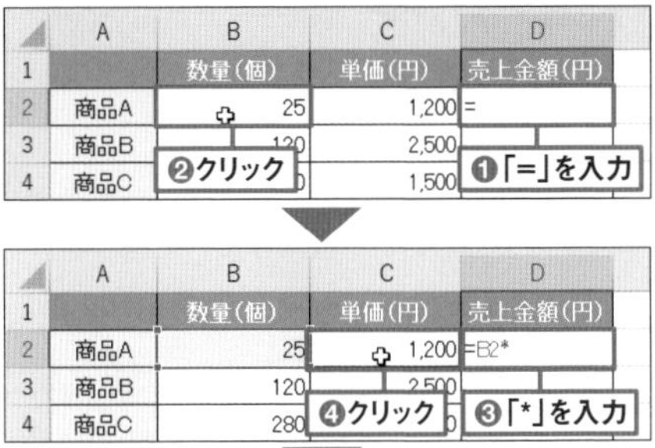

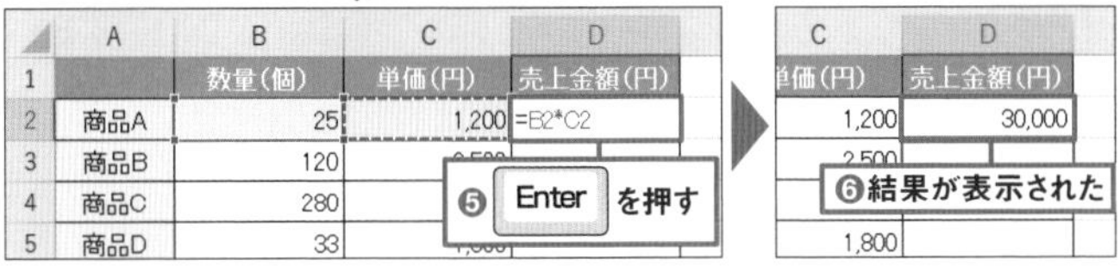

図2 数式を入力するセルを選択し、先頭に「=」を入力(❶)。参照するB2セルをクリックすると(❷)、「B2」と自動で入力される。掛け算の「*」(アスタリスク)を手入力したら(❸)、C2セルをクリック(❹)。「=B2*C2」と表示されたら、「Enter」キーを押して確定する(❺)。数式が消えて計算結果が表示されれば完了だ(❻)

➡ドラッグで数式を楽々オートフィル

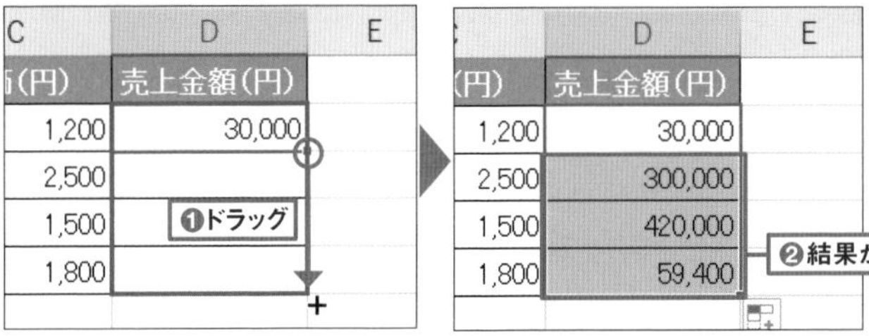

図3 数式を入力したD2セルのフィルハンドルをD5セルまでドラッグすれば、D3～D5セルにも数式がコピーでき、計算結果が表示される(❶❷)

➡コピーされた数式は位置関係に応じてセル番地が書き換わる

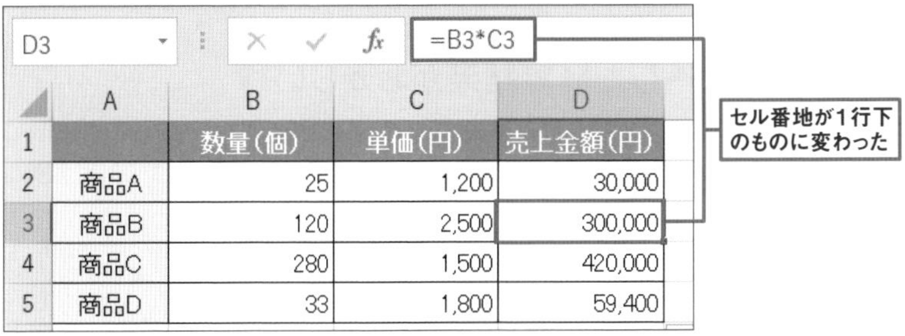

	A	B	C	D
1		数量(個)	単価(円)	売上金額(円)
2	商品A	25	1,200	30,000
3	商品B	120	2,500	300,000
4	商品C	280	1,500	420,000
5	商品D	33	1,800	59,400

図4 コピーされたセルをクリックして数式を確認すると、D2セルの「=B2*C2」の数式が、1行下のD3セルでは「=B3*C3」と自動的に書き換わり、正しく計算できていることがわかる。なお、ドラッグ操作によるオートフィルではなく、メニューやショートカットキーを使ってコピーしても同じ結果になる

Section 02

5分時短

コピーしても同じセルを参照する数式の作り方

絶対参照 相対参照 複合参照

前項では、数式をコピーするとセル参照が自動で書き換わると書いたが、数式によっては書き換わると困る場合もある。例えば**図1**。消費税込みの金額を計算するために、「=D2+D2*B7」(売上金額+売上金額×消費税率)という数式をE2セルに入力した。この数式をオートフィルで下方向にコピーすると、E3セルでは「=D3+D3*B8」のようにセル番地が書き換わる(**図2**)。下の行にコピーしたことで、消費税率「B7」のセル参照が「B8、B9、B10」とずれてしまい、正しく計算できなくなる(**図3**)。

セル参照を固定するには「$」記号を付ける

コピー先が1行下であればセル番地を1行分下にずらすというように、数式が参照するセルの相対的な位置を保つようにする参照方法を「相対参照」と呼ぶ。通常の数式で、セル番地が自動的にずれるのは、この相対参照になっているからだ。しかし、今回の数式ではコピー先でも「消費税率はB7セルを参照」する数式にしないと正しい計算ができない。

このようにセル番地を固定したいときは「絶対参照」を使う。やり方は簡単だ。数式を表示して、固定したいセル番地「B7」を選択したら「F4」キーを押す(**図4**)。すると「B7」が「$B$7」となる。この「$」記号が絶対参照の印で、その後ろにある列名や行番号はコピーしてもずれなくなる。

コピーした計算結果がおかしい!?

	A	B	C	D	E
1		数量(個)	単価(円)	売上金額(円)	税込み(円)
2	商品A	25	1,200	30,000	33,000
3	商品B	120	2,500	300,000	300,000
4	商品C	280	1,500	420,000	420,000
5	商品D	33	1,800	59,400	59,400
6					
7	消費税率	10%			
8					

「=D2+D2*B7」と入力して下へコピー

足したはずの消費税はどこ?

図1 売上金額に消費税分をプラスするようにE2セルに「=D2+D2*B7」という数式を入力してE3セル以降にコピーした。しかしコピー先では正しく計算できていない

➡コピーすると参照先が変わる「相対参照」

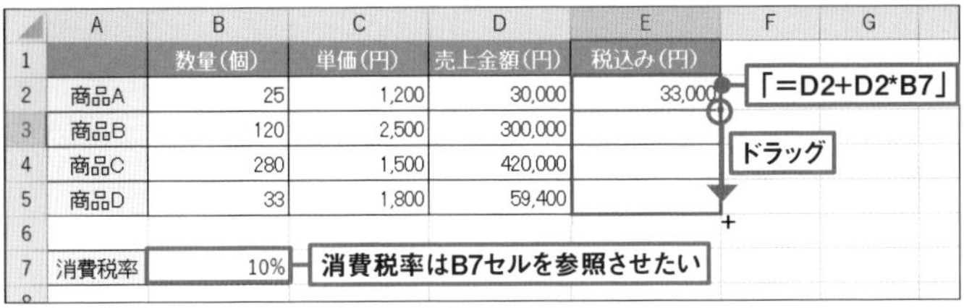

図2 E2セルの数式「=D2+D2*B7」をE3～E5セルにコピーする。だがその結果は、図1のように正しく計算できない

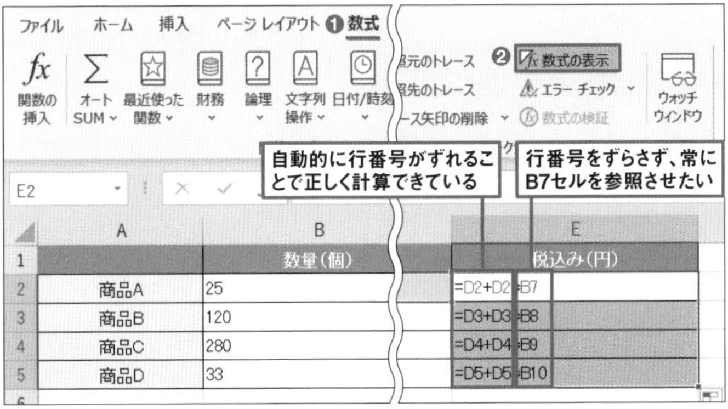

図3 「数式」タブにある「数式の表示」ボタンを押すとセルに数式を表示できる（❶❷）。C3セル以降で、消費税率を指定した「B7」の部分が「B8」「B9」「B10」とずれていることがわかる。これが正しく計算できない原因だ。なお、セルの表示を元に戻すには、もう一度「数式の表示」ボタンを押す

➡参照先を変えたくないなら「絶対参照」に

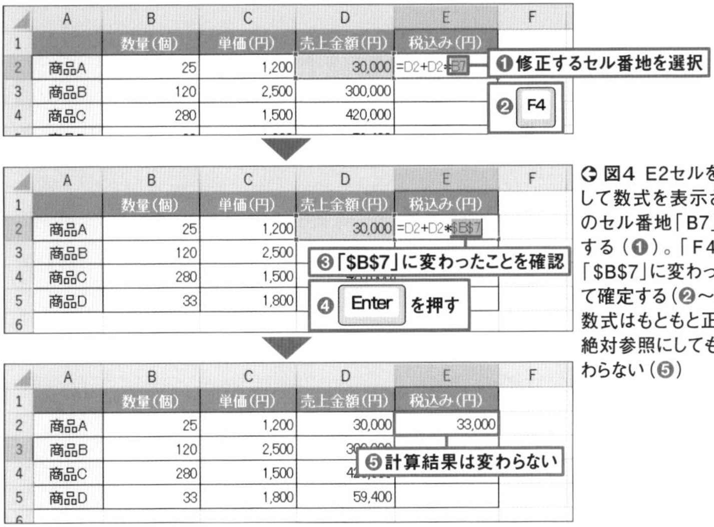

図4 E2セルをダブルクリックして数式を表示させ、消費税率のセル番地「B7」の部分を選択する（❶）。「F4」キーを押し、「$B$7」に変わったことを確認して確定する（❷～❹）。E2セルの数式はもともと正しかったので、絶対参照にしても計算結果は変わらない（❺）

「B7」を「$B$7」に修正できたら、E2セルの数式をE5までコピーする（**図5**）。これでコピー先の数式も同じB7セルを参照し、正しく計算できているはずだ（**図6**）。

➡絶対参照ならコピー後もセル番地が変わらない

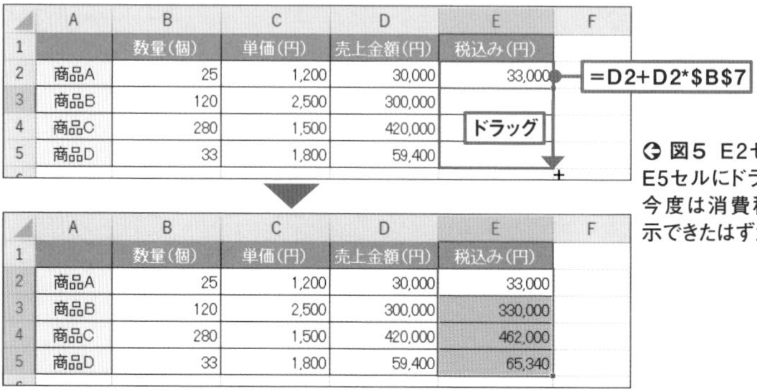

図5 E2セルの数式をE3～E5セルにドラッグでコピーする。今度は消費税込みの価格が表示できたはずだ

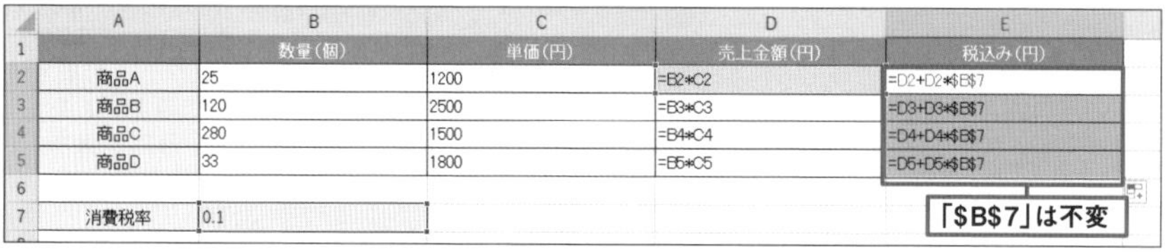

図6 図3と同様に数式を表示してみた。E3セル以降にコピーされた数式でも「$ B$ 7」の部分は変化していないので、消費税率を正しく参照して計算することができる

列または行、一方を固定にする「複合参照」

表によっては相対参照でも絶対参照でも、数式を正しくコピーできないことがある。「単価」が列方向、「個数」が行方向に並んだ表で、「単価×個数」を計算する例で考えてみよう。**図7**では、C2セルに「=B2*C1」という数式を入力すれば「単価×個数」が計算できる。しかし、この数式をB3以降のセルにコピーすると、計算結果がおかしくなる。横方向にコピーした場合でも、正しく計算できない（**図8**）。

この例で固定したいのは、B列（単価）と1行目（個数）だ。この場合「=$B$2*$C$1」のように行と列の両方を固定するのではなく、「=$B2*C$1」のように固定したい列と行だけに「$」を付ける「複合参照」にすることで、表全体で使える数式を作れる（**図9、図10**）。コピーした数式の計算結果がおかしいときには、参照方式が間違っていないか確認してみよう。

➡列と行、一方だけを固定する「複合参照」

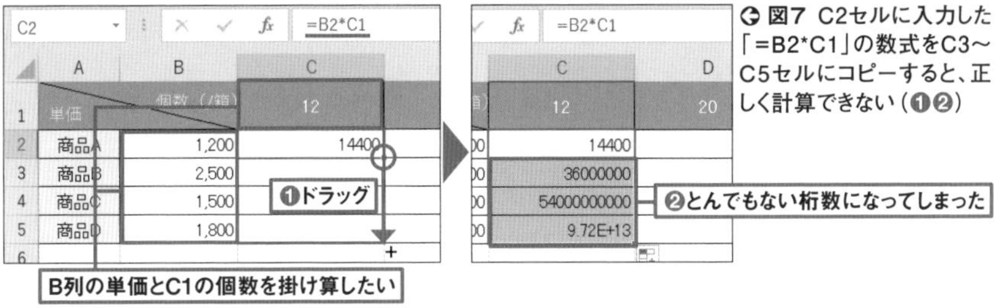

◐ 図7 C2セルに入力した「=B2*C1」の数式をC3〜C5セルにコピーすると、正しく計算できない（❶❷）

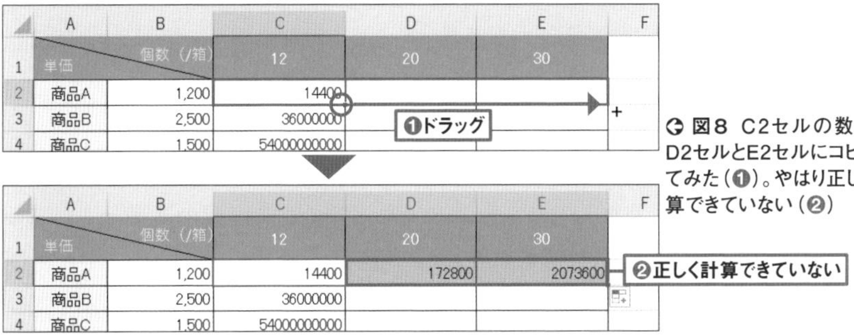

◐ 図8 C2セルの数式をD2セルとE2セルにコピーしてみた（❶）。やはり正しく計算できていない（❷）

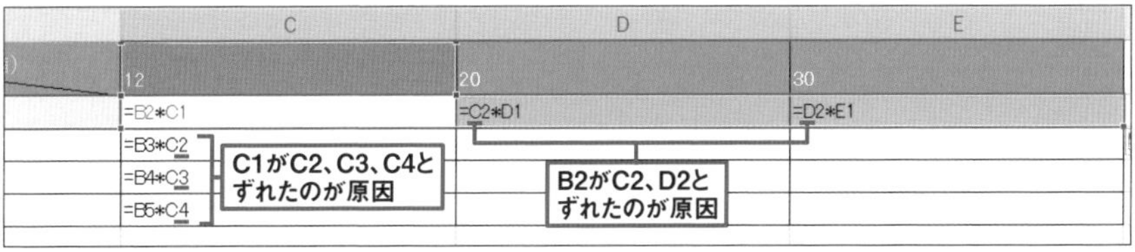

◐ 図9 図3と同様に数式を表示させてみた。C列の数式はC1セル（数量）がずれたこと、D2セルとE2セルではB2セル（単価）がずれたことが、結果が違った原因だ

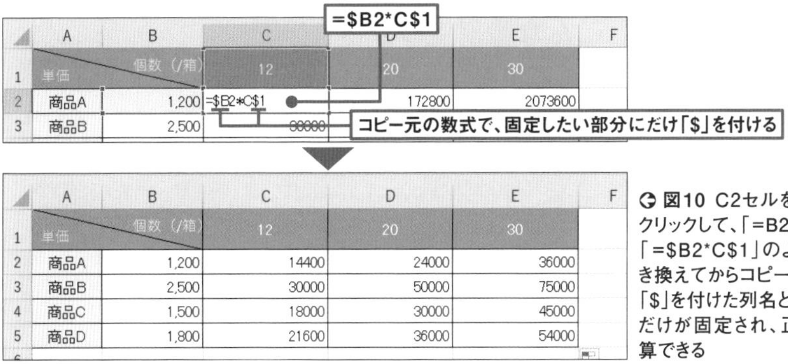

◐ 図10 C2セルをダブルクリックして、「=B2*C1」を「=$B2*C$1」のように書き換えてからコピーすると、「$」を付けた列名と行番号だけが固定され、正しく計算できる

Section 03

合計・平均・個数…よくある計算はボタンで一発

オートSUM

10分時短

集計表を作ると、必ずといっていいほど出てくるのが合計欄（**図1**）。「ここからここまでのセルを合計したい」というときは、セルを1つずつ選んで足し算する必要はない。「オートSUM《サム》」と呼ばれる「Σ」マークのボタンを押すだけで合計がパッと表示される。ほとんどの場合、セル範囲を指定する必要すらない。便利なボタンなので、すでに利用している人も多いとは思うが、改めて使いこなしのコツを解説しよう。

ボタン1つで集計できる理由

「オートSUM」ボタンをクリックすると、エクセルは自動的に周囲の数値セルを認識し、上または左に並んでいる数値を集計する（**図2**）。自動的に認識されたセル範囲が間違っている場合は、「オートSUM」ボタンを押した直後に正しいセル範囲を選び直せばよい（**図3**）。

「オートSUM」ボタンを使うと、セルには「=SUM（合計するセル範囲）」という数式が入力される。「オートSUM」は、セル範囲の合計を計算する「SUM」という関数を自動的に入力するためのボタンだ。関数については第4章で詳しく説明するが、ここでは「=A1+A2+A3+…」といった面倒な数式をボタン1つで済ませてくれる便利なボタンくらいに考えておけばよい。

こんな集計をワンタッチで

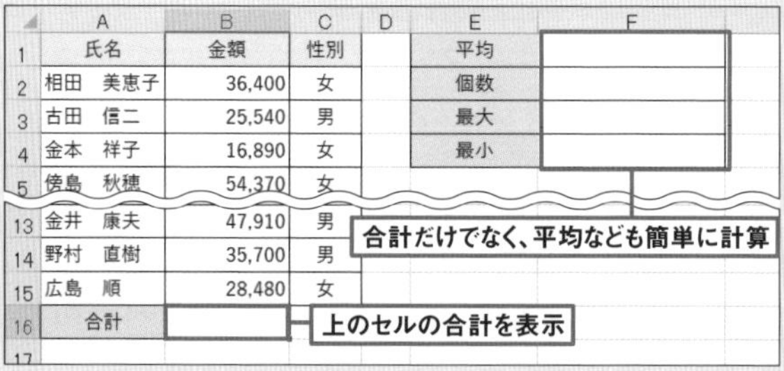

図1 同じ列や同じ行に並んだセルの数値を合計するとき、「オートSUM」ボタンを使えばワンタッチで集計できる。「オートSUM」ボタンは、平均やデータの個数なども簡単に計算できる便利なボタンだ

➡「オートSUM」ボタンを押すとセル範囲を自動で認識

❶合計を入力するセルをクリック
❷
❸
❹セル範囲（B2～B15）が選択され、合計する数式が入力される
❺ Enter で確定すると、合計が表示される

図2　合計を入力するセルを選択し、「ホーム」タブの「オートSUM」ボタンをクリック（❶～❸）。すると自動的に「=SUM（B2:B15）」という数式が入力される（❹）。「Enter」キーで確定すると、計算結果が表示される（❺）。なお、「数式」タブにある「オートSUM」ボタンでも同様の計算が可能なので、どちらを選んでもよい

➡「オートSUM」ボタンの集計範囲を修正

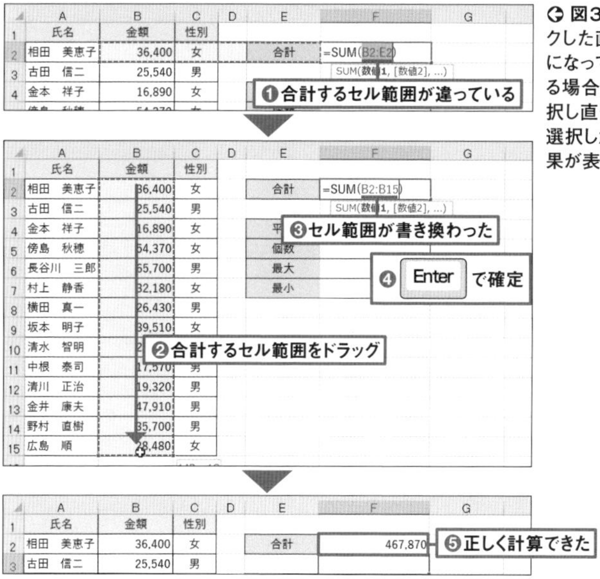
❶合計するセル範囲が違っている
❷合計するセル範囲をドラッグ
❸セル範囲が書き換わった
❹ Enter で確定
❺正しく計算できた

図3　「オートSUM」ボタンをクリックした直後は、セル範囲が選択状態になっている。セル範囲が間違っている場合は（❶）、正しいセル範囲を選択し直せばよい（❷）。正しい範囲を選択したところで確定すれば、計算結果が表示される（❸～❺）

連続する合計欄に、まとめて数式を入力

「オートSUM」ボタンで入力した数式は、オートフィルなどでコピーして使うこともできるが、合計欄が並んでいる表では、合計欄をまとめて選択してから「オートSUM」ボタンを押すとよい。同じ行、同じ列に並んだ集計欄はもちろん、行と列、両方にある合計欄をまとめて一気に集計することも可能だ（**図4**）。

合計を求めた後で、表にデータを追加した場合、合計のセルには注意を促す緑色のマークが表示される（**図5**）。セルを選択するとボタンが現れ、このボタンを押すと、範囲変更に応じて数式を修正することもできる。このボタンを使わずに、合計セルをダブルクリックして編集状態にし、表示される合計範囲の枠をドラッグして修正することも可能だ（**図6**）。

一方、表でよく使われる計算は、合計だけではない。複数のセルの「平均値」を計算する、アンケート集計で「データの個数」を数える、あるいは「最大値」と「最小値」を求めるといったこともよくある。そんな計算も、「オートSUM」ボタンを使えば簡単。「オートSUM」ボタンのメニューから「平均」や「数値の個数」などを選べばよく、集計範囲の選び方などは合計の場合と同じだ（**図7**）。

➡複数の合計欄で一気に「オートSUM」

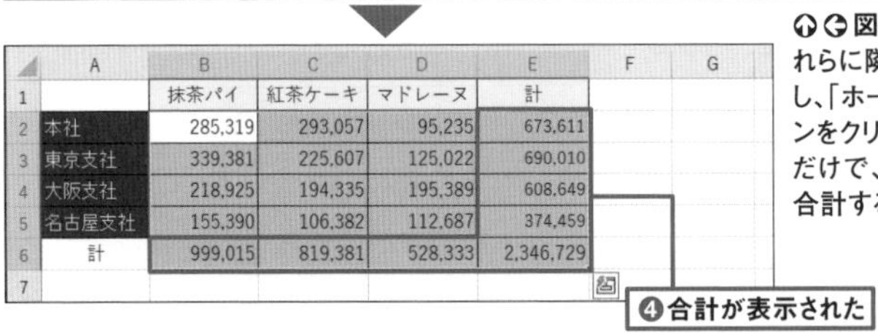

⬆⬅図4 合計対象のセル範囲と、それらに隣接する合計欄をすべて選択し、「ホーム」タブの「オートSUM」ボタンをクリックする（❶〜❸）。この操作だけで、空欄だった合計欄すべてに合計する数式を入力できる（❹）

➡行数が増減してもすぐに修正できる

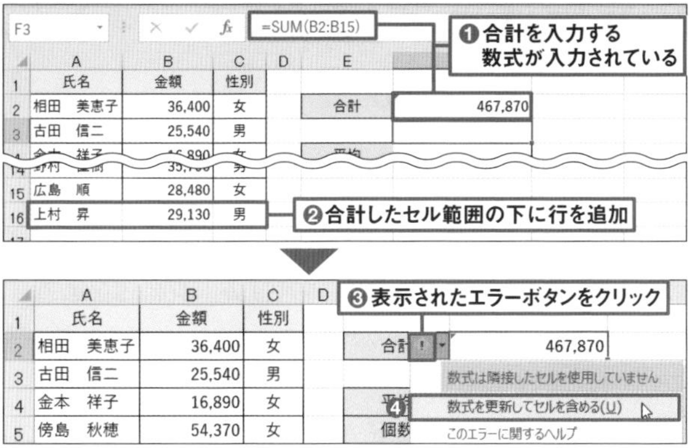

⬅ 図5 「オートSUM」ボタンでB2～B15セルを合計した後（❶）、その下のB16セルにデータを追加した場合（❷）。そのままでは合計対象にならない。しかし、このようなときエクセルは、合計セルに緑色の三角マークを表示して注意を促してくれる。合計セルを選択すると、エラーボタンが表示されるので、これをクリックして「数式を更新してセルを含める」を選ぶことで（❸❹）、追加したセルも合計対象に含めた数式に修正できる

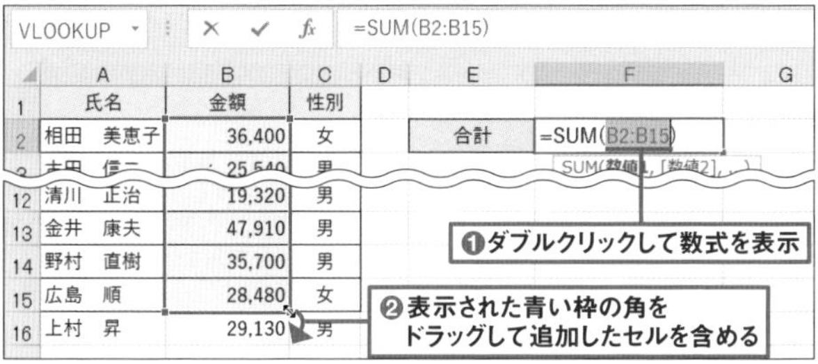

⬅ 図6 合計を求めたセルをダブルクリックして数式を表示させると（❶）、参照先のセル範囲を示す青い枠が表示されるので、追加したセルを含むようにドラッグして広げる（❷）。セル範囲を修正できたら「Enter」キーで確定する

➡「オートSUM」ボタンのメニューから平均や個数も選べる

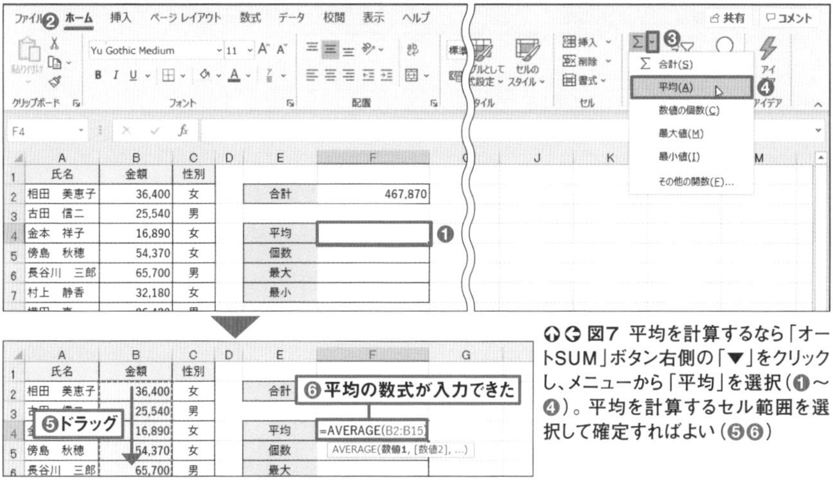

⬆⬅ 図7 平均を計算するなら「オートSUM」ボタン右側の「▼」をクリックし、メニューから「平均」を選択（❶～❹）。平均を計算するセル範囲を選択して確定すればよい（❺❻）

Section 04

範囲を選択するだけでも合計や平均を確認できる

3分時短

オートカルク

作業中に「ちょっと合計を見たい」とか、「この計算、合ってるのかな」と思ったときに使いたいのが、「オートカルク」機能だ。エクセルでは、集計するセル範囲を選択するだけで、合計、平均、データの個数が画面下のステータスバーに表示される（**図1**）。この数値を確認すれば、一目瞭然だ。

さらに、ステータスバーを右クリックすれば、最大値などを表示項目に追加することもできる（**図2**）。よく使う計算を登録しておくと便利だ。

➡「オートカルク」で合計や平均をチェック

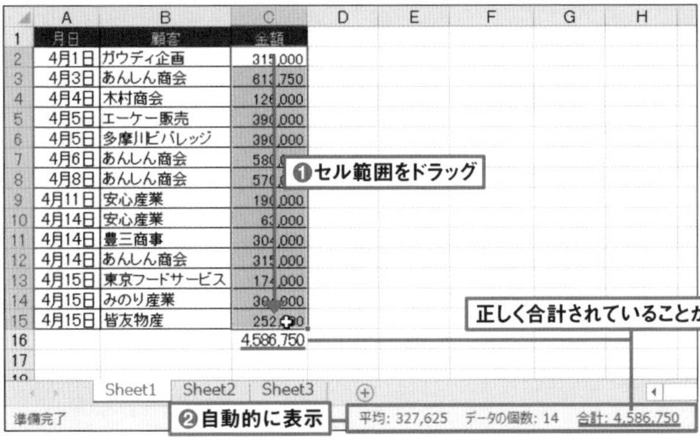

図1 集計するセル範囲をドラッグして選択するだけで、合計、平均、データの個数を確認できる（❶❷）

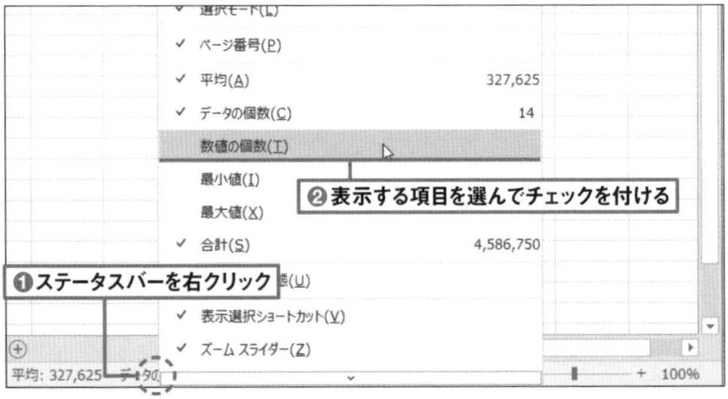

図2 ステータスバーを右クリックすると、オートカルクで表示する項目のオン／オフを切り替えられる（❶❷）

Section 05

5分 時短

合計欄や平均欄を「クイック分析」で簡単作成

クイック分析

合計や平均などは、セル範囲の一番下か右に表示させることが多い。「パパッと合計欄を付け足したい」というときに便利なのが「クイック分析」ボタンだ。

セル範囲を選択すると右下に表示されるスマートタグが「クイック分析」ボタン（**図1**）。これをクリックして「合計」などを選ぶと合計や平均を瞬時に表示でき、そのまま入力もできる（**図2**）。このボタンは、グラフ作成や条件付き書式の設定（212ページ）など、よく使うデータ分析機能を簡単に行える便利なボタンだ。

➡「クイック分析」で合計や平均を表示、入力

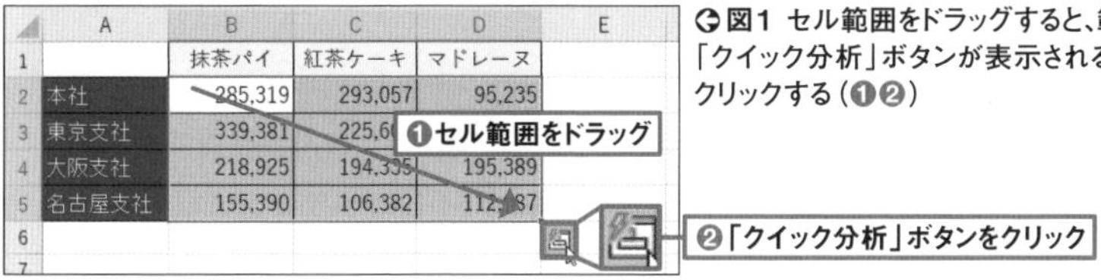

図1　セル範囲をドラッグすると、範囲の右下に「クイック分析」ボタンが表示されるので、これをクリックする（❶❷）

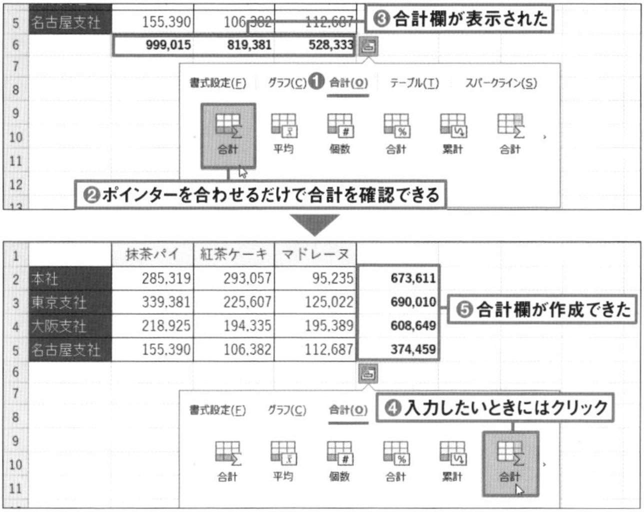

図2　「合計」タブをクリックする（❶）。表示されたボタンにポインターを合わせると、瞬時に合計などが表示される（❷❸）。ボタンをクリックすればそのまま合計欄などを入力できる（❹❺）。見るだけで終えるなら、ボタン以外の部分をクリックすればよい

Section 06

5分 時短

小計欄・合計欄を一瞬で作る2つの方法

小計

集計表では、合計だけでなく小計も必要なことが多い（**図1**）。小計欄と合計欄の行を手作業で挿入し、集計するセルごとに数式を入力しているのなら、時短への近道が2つある。

小計欄と合計欄が作成済みの場合は、「オートSUM」ボタンで小計と合計を一括計算する。最初の小計欄を選択後、「Ctrl」キーを押しながらほかの小計欄と合計欄を選択するのがポイントだ（**図2**）。セルがすべて選択できたら、「オートSUM」ボタンを押す。こうしてセル範囲を選択してから「オートSUM」ボタンを押すと、それぞれの位置に応じた対象範囲を判断し、小計と合計を表示してくれる（**図3**）。

一方、図1のように集計欄がない表の場合はどうだろう。この場合も、わざわざ行を挿入して集計欄を作る必要はない。表の構造をエクセルが認識して小計欄と総計欄を自動作成し、それぞれの集計結果を表示してくれる「小計」機能を使おう。

それにはまず、表を選択し、「データ」タブで「小計」を選択する（**図4**）。ここでは部

小計欄、合計欄を自動で作成

	A	B	C	D	E	F
1	担当部署	支店	4月	5月	6月	
2	1課	東京本社	315,000	368,250	245,500	
3	1課	新宿店	390,000	290,000	245,500	
4	1課	新橋店	390,000	438,000	348,000	
5	1課	立川店	570,000	413,600	434,000	
6	1課	横浜店	304,000	620,000	491,000	
7	1課	宇都宮店	304,000	49,100	252,000	
8	1課	水戸店	155,000	220,500	390,00	
9	2課	大阪支社	196,400	130,000	725,000	
10	2課	京都店	252,000	278,000	760,000	
11	2課	神戸店	293,800	686,300	950,000	
12	2課	名古屋店	613,750	208,000	380,000	
13	2課	福岡店	63,000	491,000	186,300	
14	2課	長崎店	315,000	228,000	364,00	
15	3課	北海道支社	483,908	58,000	126,000	
16	3課	仙台店	315,000	157,500	372,000	
17	3課	盛岡店	174,000	189,000	228,000	
18	3課	秋田店	252,000	570,000	312,00	
19						

図1 この売上表に、部署ごとの小計欄と、全体の合計欄を作りたい。方法は、2つある

➡「オートSUM」ボタンで小計・合計

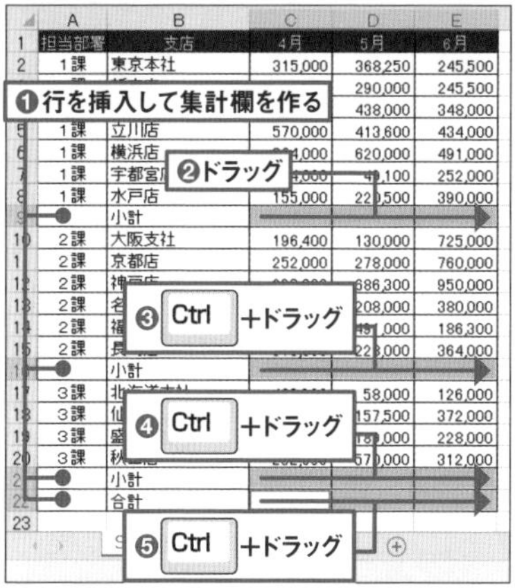

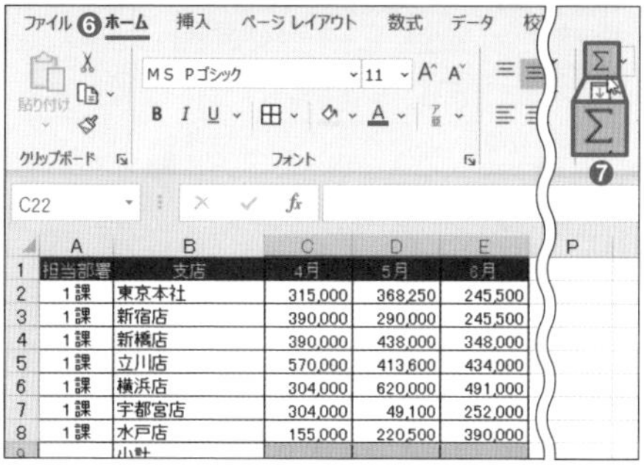

⬅⬆ 図2 部署ごとの小計欄と、表の最後に合計欄を作る（❶）。最初の小計欄をドラッグで選択後、ほかの小計欄と合計欄を「Ctrl」キーを押しながらドラッグする（❷～❺）。「ホーム」タブの「オートSUM」ボタンをクリックする（❻❼）

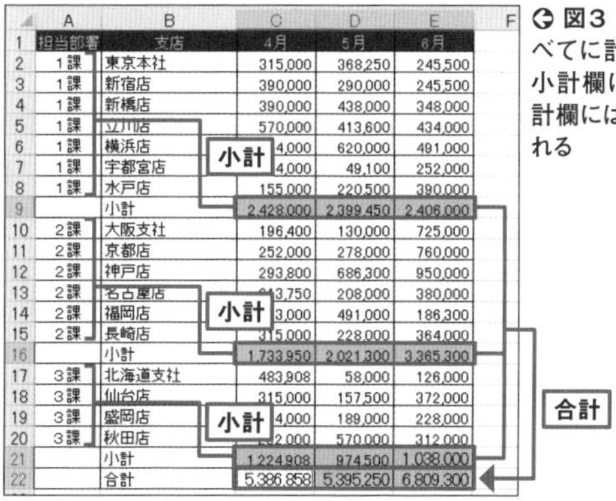

⬅ 図3 選択していた集計欄すべてに計算結果が表示される。小計欄には部署ごとの合計、合計欄には小計欄の合計が表示される

➡「小計」機能で集計欄を自動作成

⬅ 図4 図1の表のまま集計欄を作らず、表内のどこかを選択する（❶）。「データ」タブの「小計」を選択（❷❸）

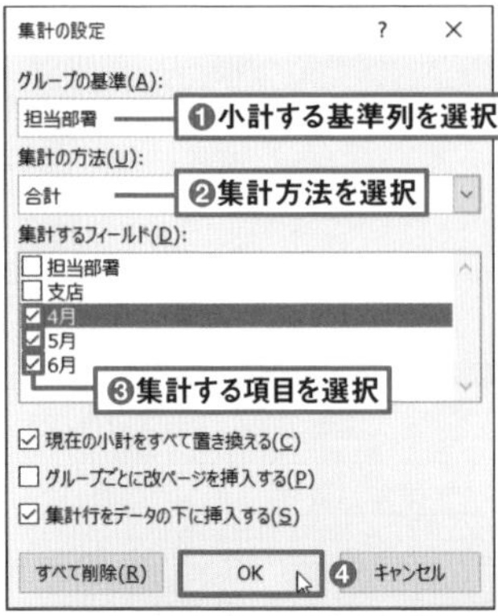

	A	B	C	D	E
1	担当部署	支店	4月	5月	6月
2	1課	東京本社	315,000	368,250	245,500
3	1課	新宿店	390,000	290,000	245,500
4	1課	新橋店	390,000	438,000	348,000
5	1課	立川店	570,000	413,600	434,000
6	1課	横浜店	304,000	620,000	491,000
7	1課	宇都宮店	304,000	49,100	252,000
8	1課	水戸店	155,000	220,500	390,000
9	1課 集計		2,428,000	2,399,450	2,406,000
10	2課	大阪支社	196,400	130,000	725,000
11	2課	京都店	252,000	278,000	760,000
12	2課	神戸店	293,800	686,300	950,000
13	2課	名古屋店	613,750	208,000	380,000
14	2課	福岡店	63,000	491,000	186,300
15	2課	長崎店	315,000	228,000	364,000
16	2課 集計		1,733,950	2,021,300	3,365,300
17	3課	北海道支社	483,908	58,000	126,000
18	3課	仙台店	315,000	157,500	372,000
19	3課	盛岡店	174,000	189,000	228,000
20	3課	秋田店	252,000	570,000	312,000
21	3課 集計		1,224,908	974,500	1,038,000
22	総計		5,386,858	5,395,250	6,809,300
23					

↑→ 図5 部署ごとに小計を出すので「グループの基準」を「担当部署」の列に設定(❶)。集計方法は「合計」を選び、すべての月を選択する(❷～❹)。自動的に集計欄が作成され、結果が表示される(右)

署の列を基準に小計するので「グループの基準」は「担当部署」の列を選択する(**図5**)。「集計の方法」は「合計」を選択しているが、平均や個数なども選択可能だ。月別の小計が必要なので「集計するフィールド」にはすべての月を選択する。これで部署ごとに金額の小計欄が表示され、最後に総計欄が作成される。

アウトライン機能で集計欄だけの表示に切り替え

「小計」機能を使うと、シートの左上に「1」「2」「3」という「レベル番号」が表示される(**図6**)。表全体が小計と総計の行ごとにグループ化されたという表示だ。レベル番号をクリックすることで、「1」なら総計のみ、「2」なら小計と総計、「3」なら全セルの表示に切り替えられる。集計欄だけを表示させれば、広い表の分析にも便利だ。

グループ化は、不要な行を一時的に非表示にしているだけなので、「小計欄と総計欄だけの表を作りたい」といった場合、レベル「2」にして単純にコピーしても、集計欄以外の行が一緒にコピーされてしまう。集計欄だけをコピーしたいなら、レベル番号の「2」を選んだ後、「ホーム」タブにある「検索と選択」の「条件を選択してジャンプ」を使って「可視セル」のみを選択する(**図7、図8**)。これで表示しているセルのみ選択できるので、コピーして別のワークシートなどに貼り付ければよい。

集計欄が不要になった場合は、表のどこかを選択し、再び図5左の画面を開いて「すべて削除」をクリックすると、集計前の表に戻る。

➡小計欄、総計欄のみ表示

	A	B	C	D	E
1	担当部署	支店	4月	5月	6月
22	総計		5,386,858	5,395,250	6,809,300

	A	B	C	D	E
1	担当部署	支店	4月	5月	6月
9	1課 集計		2,428,000	2,399,450	2,406,000
16	2課 集計		1,733,950	2,021,300	3,365,300
21	3課 集計		1,224,908	974,500	1,038,000
22	総計		5,386,858	5,395,250	6,809,300

	A	B	C	D	E
1	担当部署	支店	4月	5月	6月
2	1課	東京本社	315,000	368,250	245,500
3	1課	新宿店	390,000	290,000	245,500
4	1課	新橋店	390,000	438,000	348,000
5	1課	立川店	570,000	413,600	434,000
6	1課	横浜店	304,000	620,000	491,000
7	1課	宇都宮店	304,000	49,100	252,000
8	1課	水戸店	155,000	220,500	390,000
9	1課 集計		2,428,000	2,399,450	2,406,000
10	2課	大阪支社	196,400	130,000	725,000

◀図6「小計」機能を使うと、シート左上にアウトラインのレベル番号が表示される。「1」で総計のみ、「2」で小計と総計、「3」で全体を表示することができる。「＋」「－」ボタンでも表示／非表示を切り替えられる

➡小計欄、総計欄のみコピー

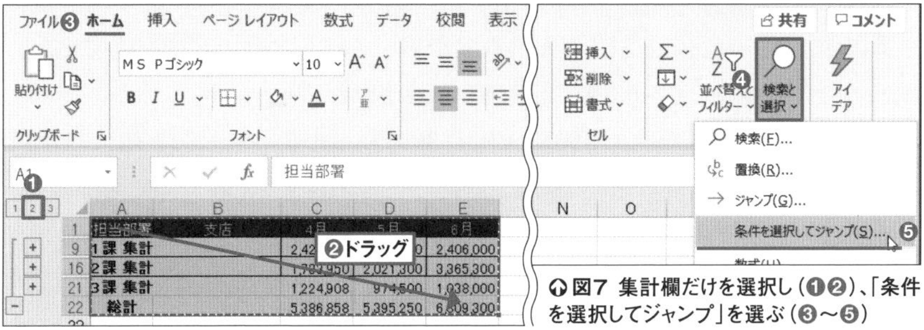

▲図7 集計欄だけを選択し（❶❷）、「条件を選択してジャンプ」を選ぶ（❸～❺）

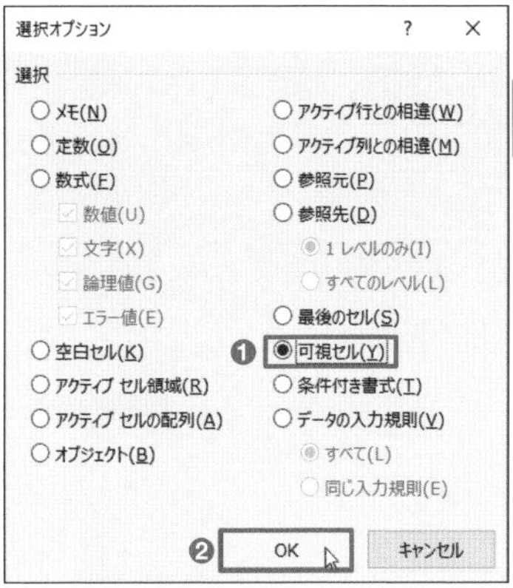

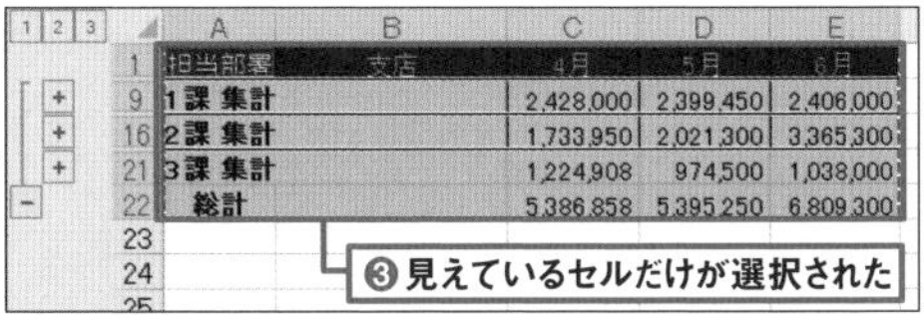

	A	B	C	D	E
1	担当部署	支店	4月	5月	6月
9	1課 集計		2,428,000	2,399,450	2,406,000
16	2課 集計		1,733,950	2,021,300	3,365,300
21	3課 集計		1,224,908	974,500	1,038,000
22	総計		5,386,858	5,395,250	6,809,300

◀▲図8「選択オプション」画面で「可視セル」を選び、「OK」をクリックする（❶❷）。これで、表示されているセルのみを選択できる（❸）。この状態でコピーすれば、集計欄のみを別のセルにコピーすることができる。なお、可視セルのみの選択は、「Alt」キーを押しながら「;」（セミコロン）キーを押すことでも可能だ

Section 07

3分時短

スピル機能（配列数式）でセル範囲をまとめて計算

スピル　配列数式

エクセルでは「数量」の列と「単価」の列が並んでいて、「数量×単価」で「金額」列を計算するといった、行単位の計算が多い（**図1**）。「数量×単価」の数式をオートフィルなどでコピーするだけでもだいぶ時短になる。しかし、96ページで説明したように、「オートSUM」で合計する際は、選択した範囲のセルすべてにまとめて数式を入力できる。「数量×単価」という同じ形式の数式なら、合計のようにまとめて入力できないだろうか。それを可能にするのが、同じ規則の数式をまとめて入力する「スピル」と呼ばれる機能だ。

図1であれば、「金額」の最初のセルを選択してから「=」を入力（**図2**）。「数量」が入力されたセル範囲をドラッグで選択し、「*」を入力する。そして「単価」のセル範囲を選択すると、「=B2:B6*C2:C6」という数式が表示される。これで数式を確定すると、D2セルだけでなくD3～D6セルにも金額が表示される。

スピル機能は、Microsoft 365やOffice 365のエクセル（バージョン1911以降）とエクセル2019以降で搭載された機能。以前のバージョンでは、最初に金額欄のセルを範囲選択し、同じ数式を入力後、確定時に「Ctrl」+「Shift」+「Enter」キーを押す（**図3**）。こちらは「配列数式」と呼ばれる機能だ。なお、スピル機能で入力した数式を以前のバージョンで開くと、配列数式に自動変換される。

この数式、まとめて入力できない？

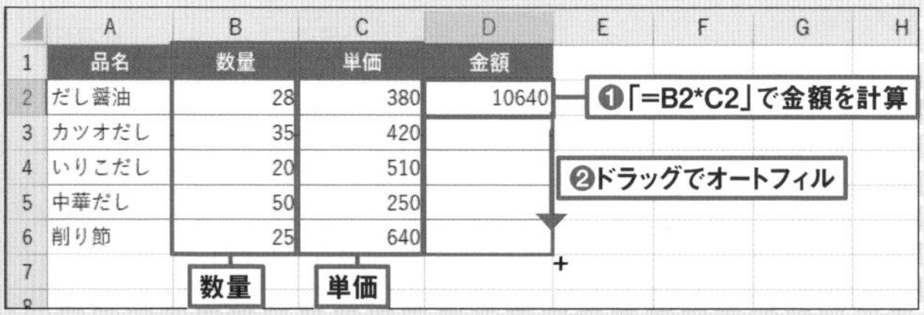

	A	B	C	D	E	F	G	H
1	品名	数量	単価	金額				
2	だし醤油	28	380	10640				
3	カツオだし	35	420					
4	いりこだし	20	510					
5	中華だし	50	250					
6	削り節	25	640					
7								

↑図1　「数量×単価」を計算するには、D2セルに「=B2*C2」と数式を入力して、ほかのセルにドラッグなどでコピーするのが普通の方法だ。これを「オートSUM」のように、まとめて入力することはできないだろうか（❶❷）

➡「数量」×「単価」の数式をまとめて入力

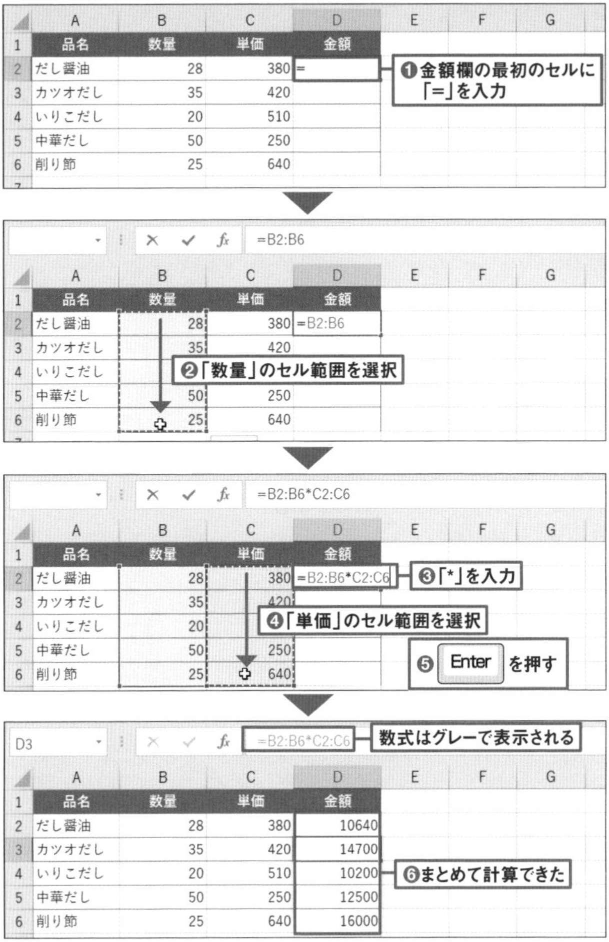

◀ 図2 「金額」の最初のD2セルを選択して「=」を入力したら（❶）、「数量」のB2～B6セルを選択（❷）。「*」を入力後、「単価」のC2～C6セルを選択する（❸❹）。「=B2:B6*C2:C6」という数式がD2セルに入力されたら、最後に「Enter」キーを押すと、D6セルまでまとめて数式を入力できる（❺❻）

➡スピル機能が使えないときには「Ctrl」+「Shift」+「Enter」

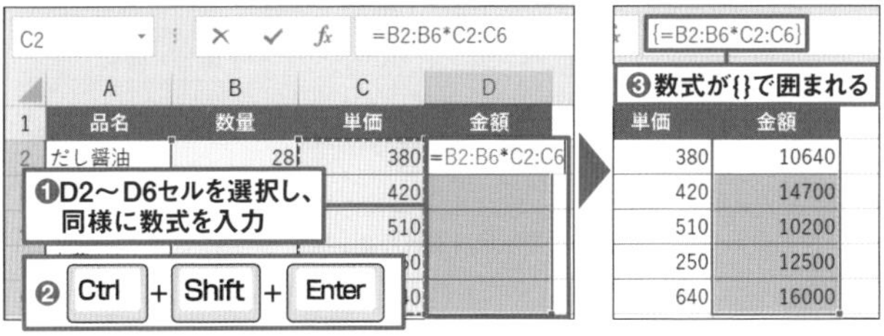

◀ 図3 図2で「Enter」キーを押しても数式がコピーされない場合、操作をやり直す。最初にD2～D6セルを選択し、同様に数式を入力したら「Ctrl」+「Shift」+「Enter」キーを押す（❶❷）。配列数式を示す「{}」で数式がくくられる（❸）

行×列も複合参照を使わず一発で入力

スピル機能の真骨頂はここからだ。図1のように、行単位で同じ計算をするような表では、スピル機能など使わず、数式をコピーしても手間はさほど変わらない。しかし、「単価」が行見出し、「個数」が列見出しとして並んでいて、両者を掛け合わす場合はどうだろう（**図4**）。92〜93ページで説明したように、この例で数式をコピーして使うには、複合参照を使う必要がある。相対参照が使えない数式のコピーは、正直面倒臭い。そこでスピル機能の出番だ。

実際にやってみよう。数式を入力する最初のセル（ここではB3セル）を選んだら、「単価」の列と「個数」の行を掛け算する数式を入力し、「Enter」キーを押すだけ（**図5**）。複合参照を使った数式のコピーより、格段に楽なことがわかるだろう。

この場合も、「Enter」キーでコピーできない場合は、最初にB3〜G7セルを選択してから、「単価」の列と「個数」の行を掛け算する数式を入力する。「Ctrl」+「Shift」+「Enter」キーを押して確定すれば、同様の結果になる。

なお、スピル機能や配列数式で入力したセルは、個別に削除したり、並べ替えたりすることができないといった制約がある（**図6**）。例えば、スピル機能で計算したセルを削除しようとしても、消せない。また、行単位、列単位の並べ替えはできるが、セル単位の移動などはできない。最初のセル（図5であればB3セル）を削除すると、スピル機能で表示させたセルがすべて空白に戻る。

配列数式を使用した場合も、一部のセルを削除、変更、移動することはできない。修正するときはすべてのセルを選んで削除してからやり直そう。

この数式もまとめて入力したい

図4 この表で「単価×個数」を計算するには、B3セルに「=A3*B2」と数式を入力して、ほかのセルにコピーする方法が考えられるが、複合参照にするなど手順が煩雑だ。スピル機能でまとめて入力してみよう

➡複合参照を使わずに「行×列」を計算

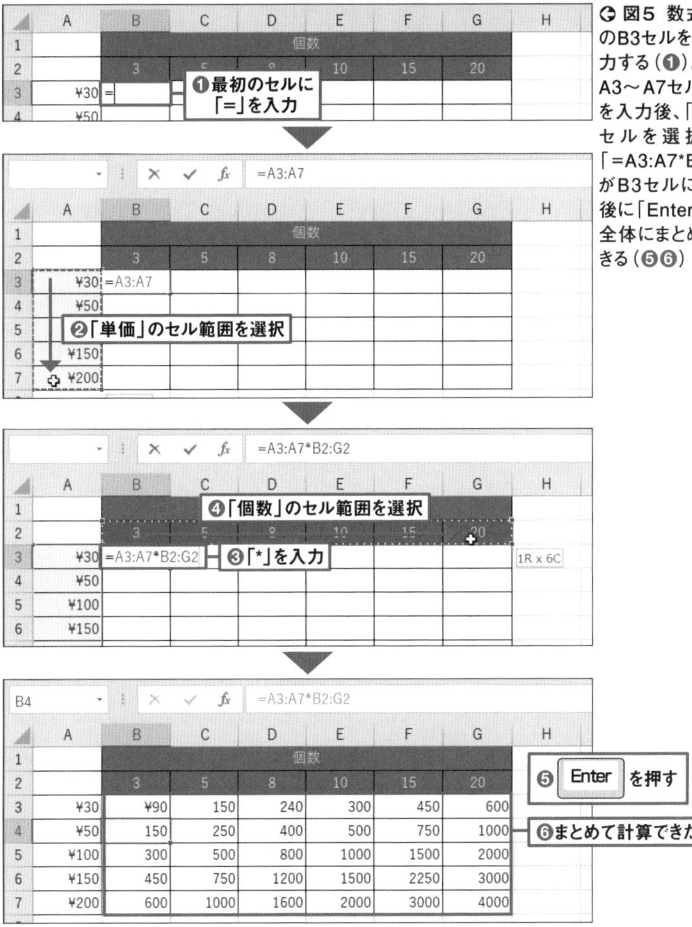
❶最初のセルに「=」を入力
=A3:A7
❷「単価」のセル範囲を選択
=A3:A7*B2:G2
❹「個数」のセル範囲を選択
❸「*」を入力
❺ Enter を押す
❻まとめて計算できた

◯ 図5 数式を入力する最初のB3セルを選択して「=」を入力する（❶）。続いて「単価」のA3～A7セルを選択（❷）。「*」を入力後、「個数」のB2～G2セルを選択する（❸❹）。「=A3:A7*B2:G2」という数式がB3セルに入力されたら、最後に「Enter」キーを押すと、表全体にまとめて数式を入力できる（❺❻）

➡スピル機能や配列数式は一部の修正は不可

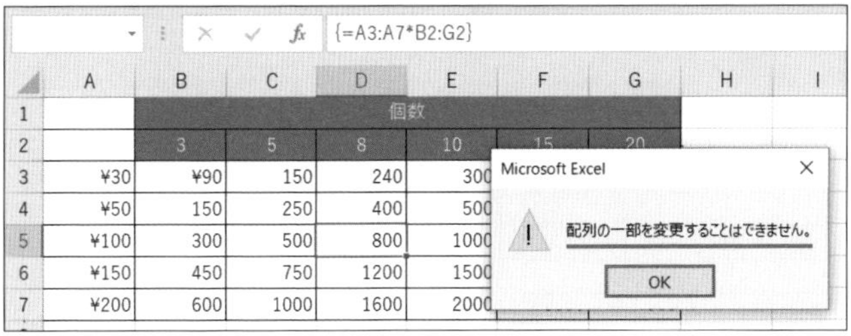
{=A3:A7*B2:G2}
Microsoft Excel
配列の一部を変更することはできません。
OK

◯ 図6 スピル機能で表示させた計算結果は、一部のセルだけ変更しようとしても、エクセルが受け付けないか、エラーが表示される。配列数式の場合は図のようなエラーメッセージが表示される

Section 08

複数シートの集計は「串刺し演算」でワンタッチ

5分時短

串刺し演算

月ごとや期ごとの売上表のように、同じ形式で作成する表は多い。月別の売り上げを1年分まとめて集計表を作るといった場合、月別の売上表をめくりながら値を書き写す必要はない。同じ形式の表が1つのブックにまとまっているなら、「オートSUM」を使って簡単に集計表を自動作成できる。重なっているワークシートで、同じ位置にあるセルの値を集計することを「串刺し演算」などと呼ぶ（**図1**）。

まず、集計結果を表示する表の枠組みを作る。集計結果を表示させたいセルをすべて選択したら、「オートSUM」ボタンをクリック（**図2**）。集計したいワークシートを「Shift」キーを使ってすべて選択し、集計の起点となるセル（1枚目のワークシートで集計するセル範囲の左上隅のセル）を選択する（**図3**）。最後に再度「オートSUM」ボタンを押すのがポイントだ。

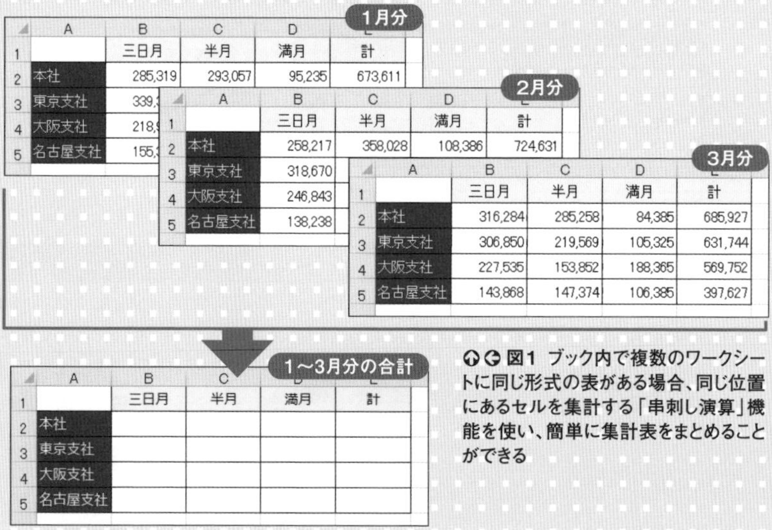

⇧⇦ **図1** ブック内で複数のワークシートに同じ形式の表がある場合、同じ位置にあるセルを集計する「串刺し演算」機能を使い、簡単に集計表をまとめることができる

➡串刺し演算で集計表を自動作成

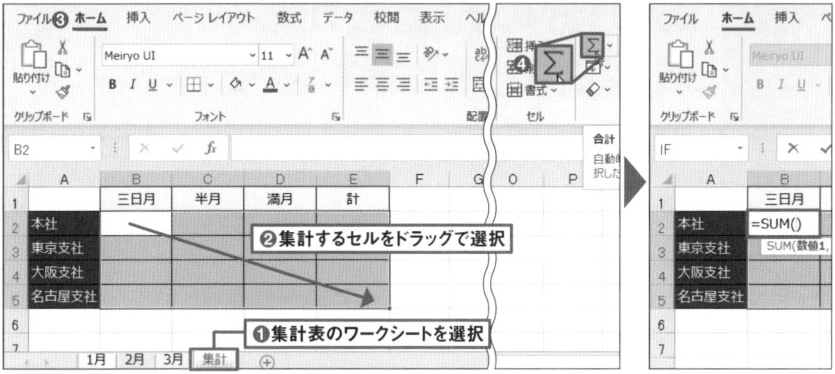
❸
❹
❷集計するセルをドラッグで選択
❶集計表のワークシートを選択

⬆図2 集計用のワークシートでセル範囲を選択する（❶❷）。「オートSUM」ボタンをクリックする（❸❹）

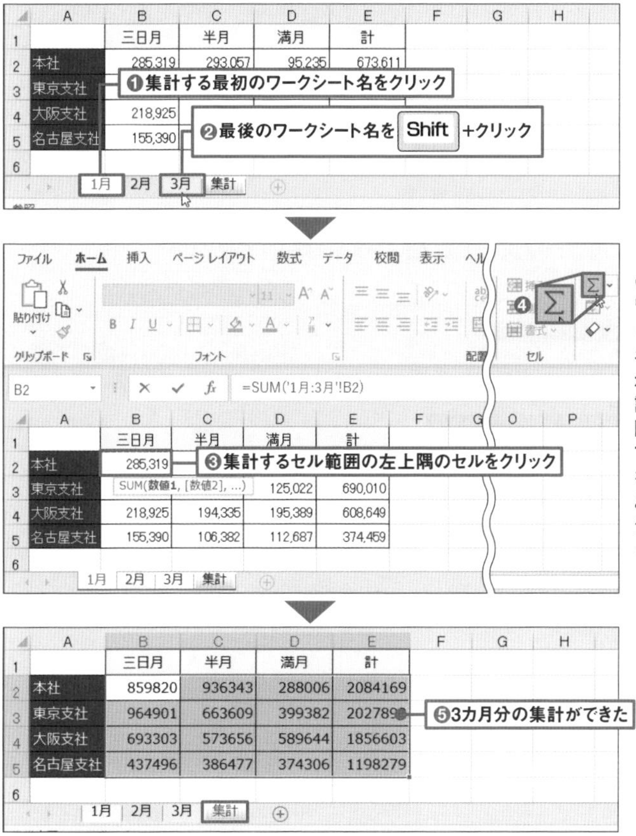
❶集計する最初のワークシート名をクリック
❷最後のワークシート名を Shift +クリック
❹
❸集計するセル範囲の左上隅のセルをクリック
❺3カ月分の集計ができた

⬅図3 集計する最初のワークシート名をクリックし（❶）、最後のワークシート名を「Shift」キーを押しながらクリックする（❷）。集計するセル範囲の左上隅にあるセルをクリックして、「オートSUM」ボタンをクリックしよう（❸❹）。これで集計用のワークシートに結果が表示される（❺）

Section 09

20分 時短

3カ月分の売上表から顧客別の売上集計表を作る

統合

別々のワークシートやブックに分かれた売上表を、顧客別や担当者別に集計したいとき、表をコピーして1枚にまとめたり、顧客別に並べ替えたりする必要はない。「統合」機能を使えば、ブックも項目数も異なる表を丸ごと集計範囲に指定して、顧客別でも商品別でも、目的に合わせた集計表を作れる（**図1**）。

最初に、どこを起点に集計表を作るかを選択し、「統合」機能の設定を始める（**図2**）。統合するセル範囲を順に指定していくのだが、ここでは顧客別の集計表を作るので、顧客名を入力したセル範囲が左端になるように範囲を指定する。今回は同じブック内のワークシートを選択しているが、別のブックでもかまわない。売上表を開き、顧客の列（C列）と集計したい金額の列（D列）を選択し、範囲として追加する（**図3**）。同様に2枚目の売上表も範囲として追加する（**図4**）。

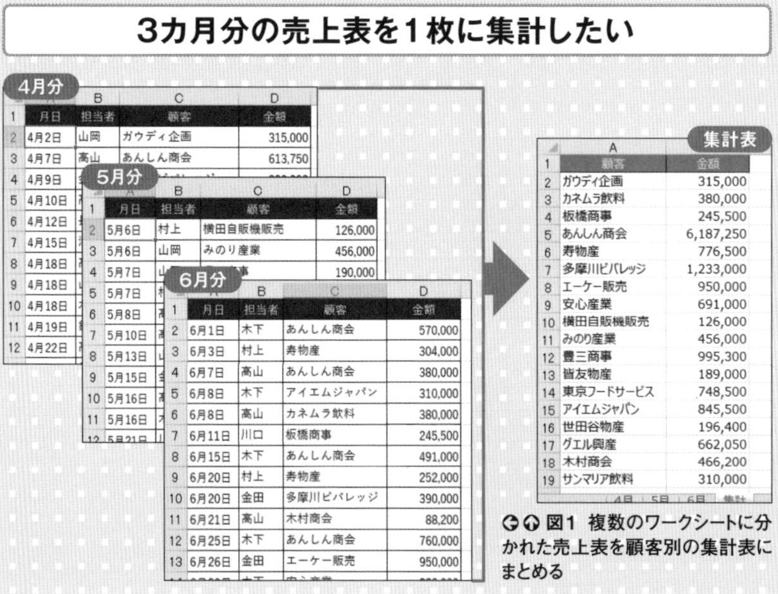

図1 複数のワークシートに分かれた売上表を顧客別の集計表にまとめる

➡「統合」する範囲を選択する

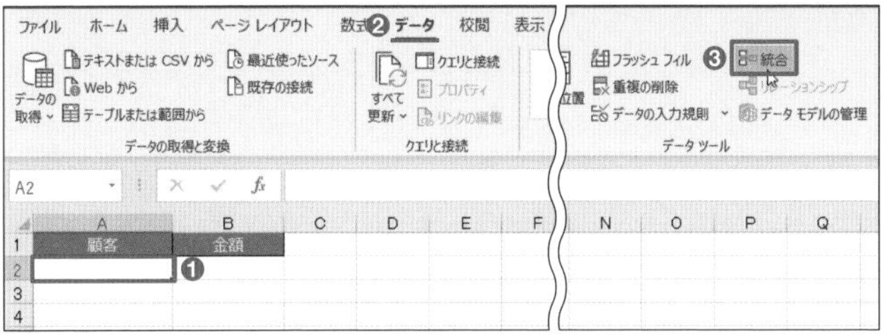

◐図2 集計表の起点となるセル（ここではA2セル）を選択し、「データ」タブで「統合」をクリックする（❶～❸）

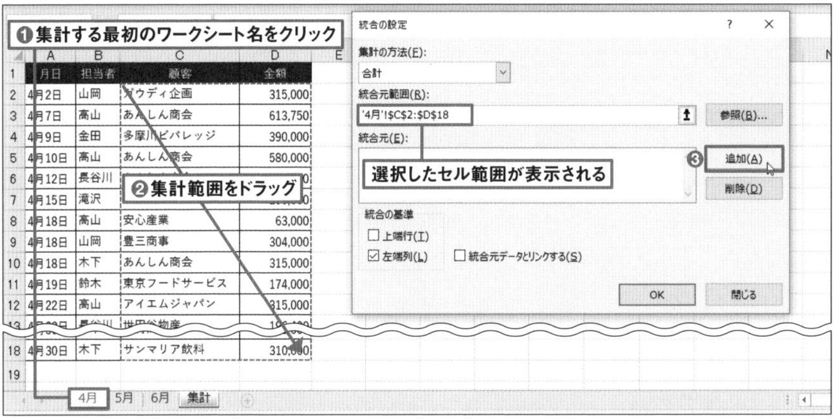

◐図3 集計の元になる表を表示させ（❶）、集計範囲をドラッグで選択する（❷）。顧客別に集計表を作るなら、顧客の列が左端になるように選択すると作りやすい。設定画面に選択範囲が表示されたら、「追加」をクリックすると「統合元」として設定できる（❸）

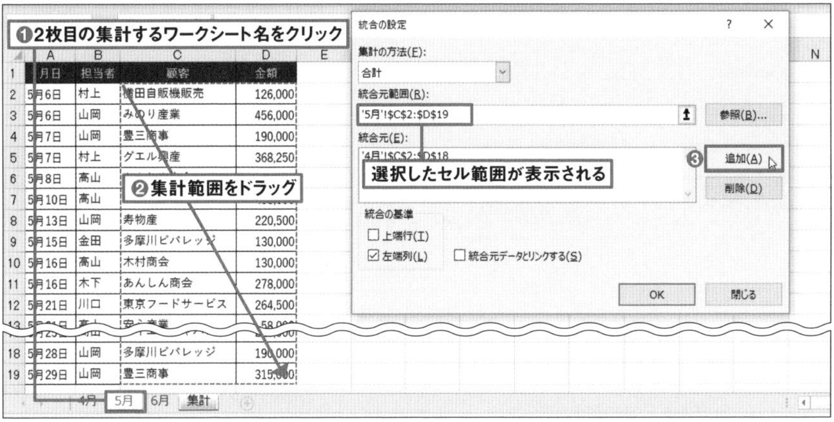

◐図4 2枚目の表を表示させ、図3と同様にセル範囲を選択し、「追加」をクリックする（❶～❸）

集計対象にする表のセル範囲をすべて追加する（**図5**）。ここでは3枚分だが、もっと多くてもかまわない。

集計するセル範囲の指定が済んだら、「統合の設定」画面に戻り、セル範囲を確認する（**図6**）。ポイントは「統合の基準」だ。この例では、顧客別の集計表を作るので、顧客を入力した列を左端として元表のセル範囲を指定した。そこで、「左端列」にチェックを付けて、統合を実行する。これで、図2で選択したセルを起点（左上）とする集計表が自動作成される。

➡集計表にまとめる

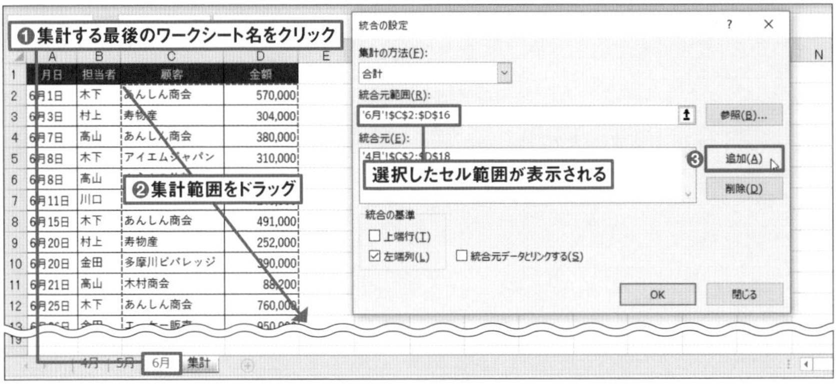

図5 最後の表まで、同様に集計範囲を追加していく（❶～❸）

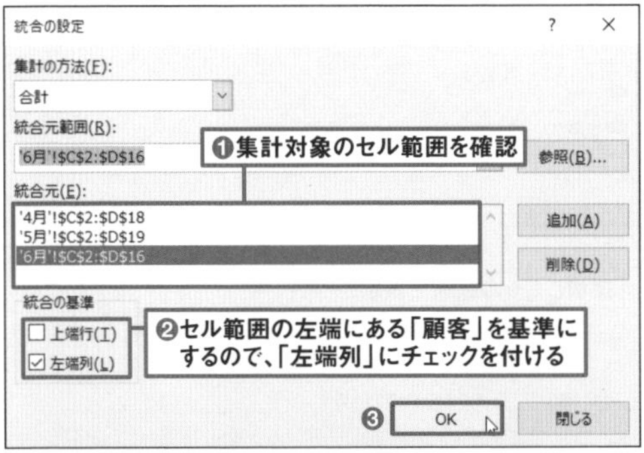

図6 集計したい表のセル範囲をすべて選択できたことを確認する（❶）。「統合の基準」には、集計したい項目を入力した列や行を選択する。ここでは「顧客」ごとに集計したいので、「左端列」を選択して「OK」を押す（❷❸）。これで図2で指定したセルを起点として集計表が自動作成される（右）

Excel

第4章

面倒な計算や判定は「関数」におまかせ

ハードルが高いといわれる「関数」は、計算やデータ処理を時短するための魔法の数式でもある。ここでは、関数の基礎知識だけでなく、関数を使えばいかに簡単に集計作業ができるかを紹介する。「関数は難しくて」と敬遠する前に、「関数で何ができるか」を知れば、きっと使いたくなるはずだ。

- ▶関数の基本と使い方
- ▶計算結果を指定した桁数に丸める
- ▶条件を満たすかを調べて判定結果を表示
- ▶条件に合うセルだけ合計する、平均を出す ほか

基本を再確認

使ってみれば超カンタン「関数」という名の魔法

エクセルの「関数」は、あらかじめ決められた計算や処理を自動実行してくれる特殊な数式だ。SUM《サム》関数なら「セル範囲を合計する」、AVERAGE《アベレージ》関数なら「セル範囲の平均値を求める」など、関数によってさまざまな機能を備えている。関数と聞いただけで「難しそう」と感じるかもしれないが、スイッチにどんな名前が付いていたとしても、押すだけで簡単に仕事が片付くなら、押さない手はない。

例えば、「オートSUM」ボタン。押しただけで合計を出してくれる便利なスイッチであることは、初心者でもおわかりだろう。「オートSUM」ボタンは、SUM関数を誰でも簡単に使えるようにしたボタンだ。平均、数値の個数、最大値、最小値という、「オートSUM」ボタンのメニューから選べる集計方法は、それぞれAVERAGE、COUNT《カウント》、MAX《マックス》、MIN《ミン》という関数を利用している（**図1**）。つまり、「オートSUM」ボタンを使っている人は、すでに5つの関数が使えるということだ。

エクセルには500個近い関数が用意されているが、めったに使わない関数もあるので、本書では業務でよく利用される関数だけを厳選して紹介していく。「こんな計算ができるのか」と知っているだけでも役に立つので、目を通してほしい。

「オートSUM」ボタンで入力できる関数

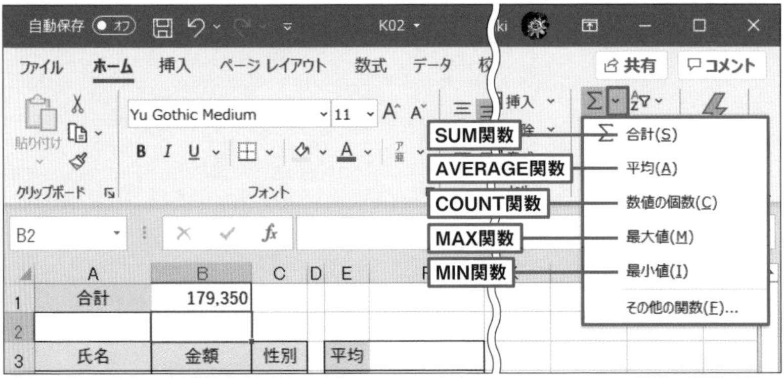

図1 「ホーム」タブと「数式」タブにある「オートSUM」ボタンは、メニューから5種類の関数を選ぶことができ、対象のセル範囲も自動で認識してくれる

知っておきたい関数の仕組み

「オートSUM」ボタンで入力されたSUM関数を例に、関数の書式を見ていこう。「オートSUM」ボタンを押すと、「=SUM()」と入力される(**図2**)。関数は数式の1つなので、ほかの数式と同様、「=」で始まる。「SUM」は合計を計算する関数だ。関数の後には、「何を合計するか」をカッコ内に入力する。関数の計算対象となる「何を」は「引数《ひきすう》」と呼ばれる。SUM関数では「B2:B10」のようなセル範囲がよく引数に使われるが、「B3, C3, D3」のように複数のセルをカンマで区切って指定したり、数式や関数が引数になることもある。これが、関数の基本の書式だ。関数名や引数は大文字でも小文字でもかまわないが、すべて半角で入力する。

引数の指定方法は関数によって異なり、それが「関数は難しい」といわれる原因の1つにもなっている。しかし、関数や引数の書式を丸暗記する必要はない。エクセルは、入力時にヒントやヘルプを表示する機能が充実しているので覚えていなくても入力できる。丸暗記する時間があるなら、「どんな関数があって、どういうときにどれを使うべきか」をしっかり把握することが"関数エキスパート"への近道だ。

関数の基本的な書式(SUMの例)

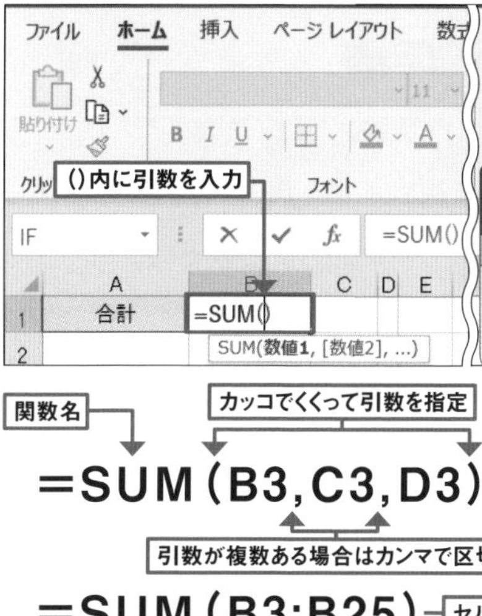

図2 関数は「=」に続けて関数名を入力する。関数名の後ろにカッコでくくって引数(ひきすう)を列挙する。これはすべての関数に共通の基本ルールだ

SUM《サム》 【合計】 数学/三角関数

=SUM(数値1,数値2,…)

指定した引数の合計を求める。引数「数値」には、合計する数値、セル、セル範囲などを指定する。引数は最大で255個まで指定できる

第4章 面倒な計算や判定は「関数」におまかせ

レベルに応じて選びたい関数の入力方法

関数は数式なので、「SUM」などの関数名をキーボードから手入力してもよい。だが、引数などを間違いなく入力したいなら、エクセルが用意した4つの方法を利用するのが賢い方法だ（**図3**）。正しく入力できればどの方法を選んでもかまわない。

初心者に最も優しいルートは、「オートSUM」ボタンだろう。114ページで説明したように、メニューを使えば5つの関数を入力できる。どの関数も引数としてセル範囲（複数も可）を指定すればよい。ただし、この方法が使える関数は限られる。

第2のルートは、「数式」タブの「関数ライブラリ」欄にあるボタン。「数式」タブに並んだ分類名のボタンをクリックすると、その分類に属する関数のメニューが表示される（**図4**）。目的の関数を選ぶと「関数の引数」画面が開く。引数ごとに入力欄が設けられており、関数の機能や引数の役割も記載されているのでわかりやすい（**図5**）。このルートは、「関数名やその役割はわかるが、引数の指定方法がよくわからない」という場合に適している。

一方、目的に合う関数が何なのか、その関数がどの分類なのかがわからないという場合は、次に説明する第3のルートを使おう。

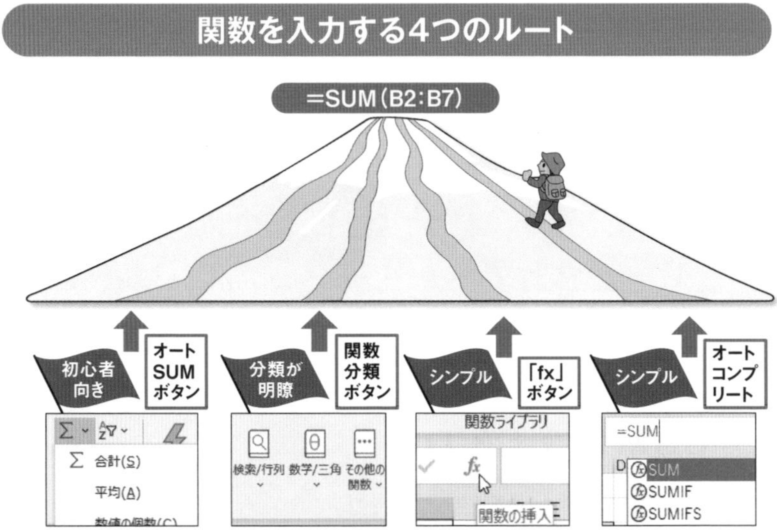

図3 関数の手入力を省く機能はいろいろある。関数の入力を登山に例えると、「オートSUM」ボタンと関数分類ボタン、「fx（関数の挿入）」ボタン、オートコンプリートの4つが主要な登山ルートだ

●関数分類ボタンでメニューから関数を選択

⇧ 図4 「数式」タブの「関数ライブラリ」には関数の分類ボタンがずらりと並ぶ（❶❷）。「その他の関数」の「統計」から「AVERAGE」を選んでみよう（❸〜❺）。関数名にポインターを合わせると説明も表示される

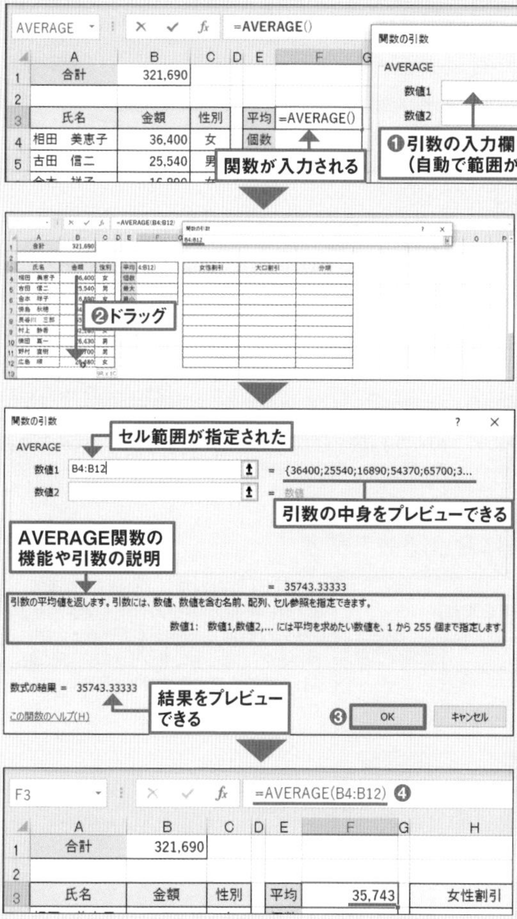

⇧⇦ 図5 選択セルに「＝AVERAGE()」と入力され、「関数の引数」画面が開いて「数値1」欄が選択状態になる（❶）。これはAVERAGE関数の第1引数だ。引数を指定するには、計算対象のセルやセル範囲をクリックやドラッグで選択する（❷）。自動的に「関数の引数」画面に戻るので、説明や結果を確認して「OK」を押そう（❸）。選択セルにAVERAGE関数が入力され、計算結果が表示される（❹）

AVERAGE《アベレージ》【平均】 統計関数

=AVERAGE(数値1, 数値2, …)

引数に含まれる数値の平均を求める。引数「数値」にセル範囲を指定した場合は、範囲内の数値の平均が計算される。0は計算対象となるが、空白セルや文字列は無視する

「fx」ボタンなら関数の検索もできる

第3のルートは、「fx（関数の挿入）」ボタン（**図6**）。これを押すと「関数の挿入」画面が開く。目的の関数や分類がわかっているなら、「関数の分類」を指定して目的の関数を選ぶ（**図7**）。このルートの利点は、「関数の検索」を使って、目的に合う関数を検索できることだ（**図8**）。関数名をクリックすると、その下に説明が表示されるので、「こんな関数ないかな」と探すときに利用できる。関数を選ぶと「関数の引数」画面が開くのは、第2のルートと同じだ。

●「関数の挿入」ボタンで関数を指定

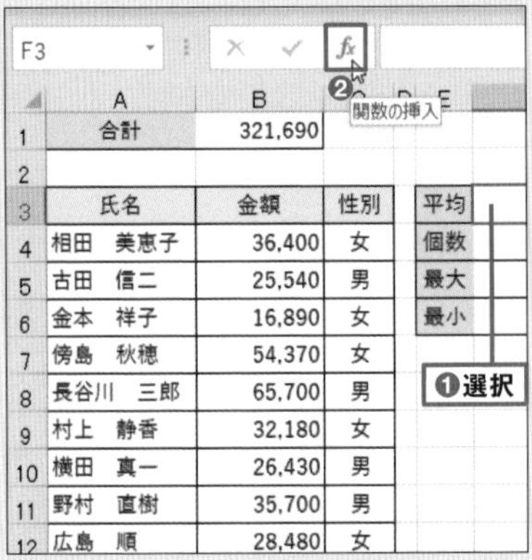

図6 セルを選択して、数式バーの左にある「fx（関数の挿入）」ボタンをクリックする（❶❷）。114ページ図1の「オートSUM」ボタンのメニューから「その他の関数」を選んでもよい

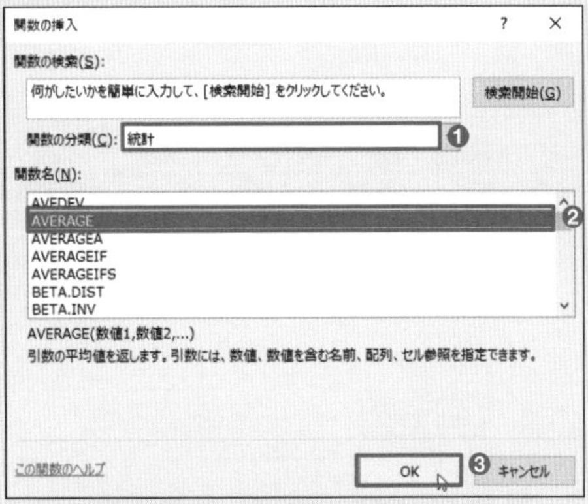

図7 「関数の挿入」画面が開く。「関数の分類」を指定すると（❶）、下に該当する関数が一覧表示されるので、目的のものを選択（❷）。「OK」を押す（❸）と関数式が入力され、前ページ図5と同じ引数の指定画面が開く

●「関数の挿入」画面で目的に合う関数を探す

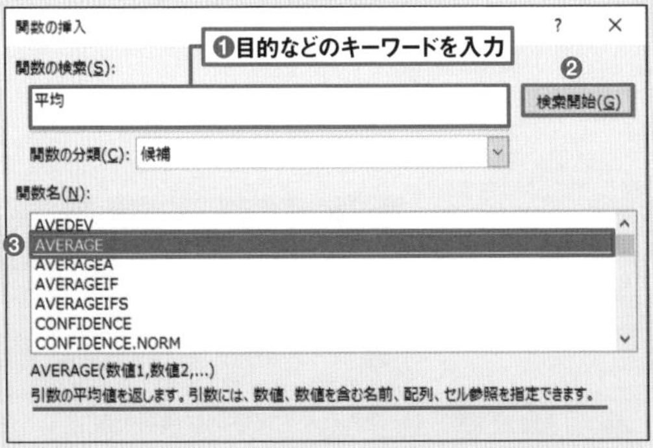

図8 「関数の挿入」画面で「関数の検索」欄にキーワードを入力し、「検索開始」をクリック（❶❷）。候補が表示されるので、「これかな?」と思うものをクリックし、下に表示される説明を見て決定する（❸）

手入力する場合も頼れるアンチョコがある

最後のルートは、「オートコンプリート」を使う方法だ。使う関数がわかるなら、手入力するのも悪くない。AVERAGE関数なら、「=」に続けて「A」または「a」を入力すると、オートコンプリート機能によって、「A」で始まる関数がリストアップされる(**図9**)。目的の関数があればダブルクリックするか、上下矢印キーで選択して「Tab」キーを押すと入力できる。一覧中の関数名をクリックすると、簡単な説明も表示される。

関数を選ぶと「=AVERAGE(」と表示される(**図10**)。注目は、関数名の下に表示されている書式だ。このアンチョコを見ながら、順に引数を入力していけばよい。アンチョコの関数名はリンクになっており、クリックすると画面右側のヘルプ画面で関数の解説が開く(**図11**)。最後の閉じカッコは入力しなくても確定時に自動補完される。

●手入力にはオートコンプリートとアンチョコを活用

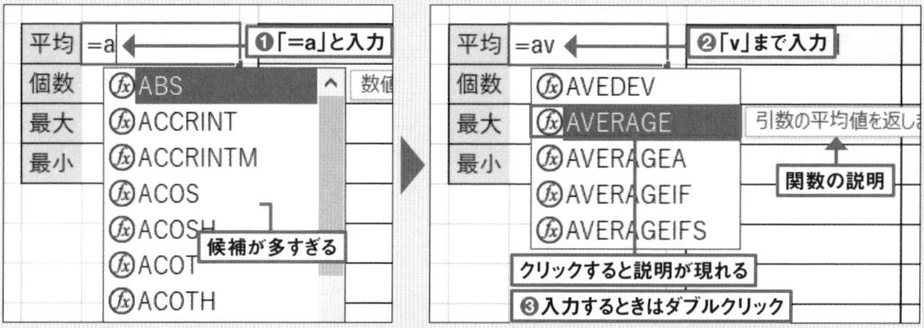

図9 関数の入力セルをクリックし、半角で「=a」と入力すると(❶)、「A」で始まる関数一覧が現れる。候補が多すぎるなら「=av」まで入力すれば(❷)、「AV」で始まる関数に絞り込める。関数名をクリックすると選択され、右側に解説が現れる。ダブルクリックするか(❸)、選択して「Tab」キーを押せば入力できる

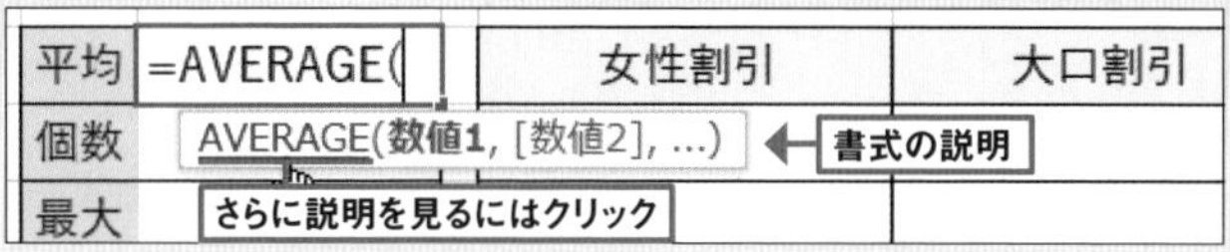

図10 選択セルに「=AVERAGE(」と自動入力される。セルの下には関数の書式が表示される

図11 図10の書式の関数名はリンクになっている。クリックするとヘルプ画面が開き、当該関数のヘルプが表示される

Section 01

5分 時短

データの個数はCOUNTで自動集計

COUNT　COUNTA

テストを行えば、受験者ごとの得点が記入された成績表ができる。この表を基に、受験者数を調べたければ、COUNT関数にまかせよう。

COUNT関数は「オートSUM」ボタンからも入力できるが、「fx」ボタンなどを使って入力してもかまわない。点数などが入力されたセルを引数として指定すれば、数値が入力されたセルの個数がわかる（**図1**）。「欠席」などの文字列や数式も含めて、データが入力されたセルを数えるならCOUNTA関数を使えばよい（**図2**）。

➡COUNT関数で数値、COUNTA関数でデータの数を数える

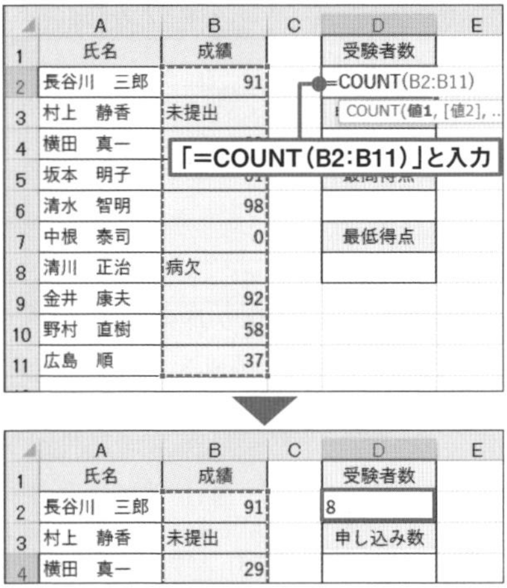

↻図1 COUNT関数でB2～B11セルにある数値の個数をカウントした。0もカウントされるが、空白セルや文字列は除外するので結果は「8」となる

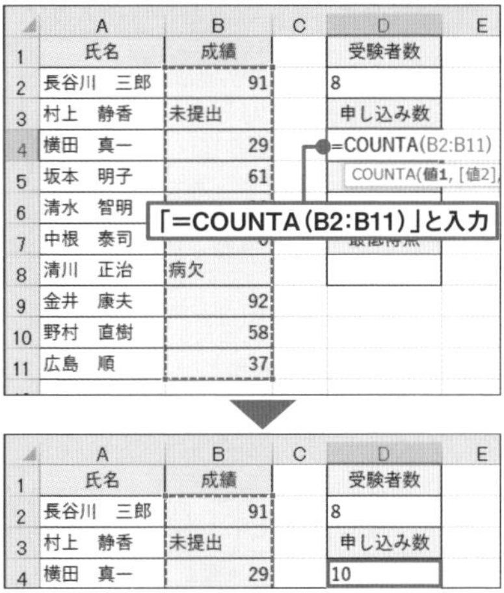

↻図2 COUNTA関数で図1と同様の範囲を集計した。文字列も含め、データが入力されているセルをすべてカウントするので結果は「10」となる

COUNT《カウント》【数値のセルを数える】　統計関数

=COUNT(値1, 値2, …)

引数に含まれるセルの中で、数値の入ったセルの個数を数える。0はカウントするが、空白セルや文字列はカウントしない

COUNTA《カウントエー》【入力されたセルを数える】　統計関数

=COUNTA(値1, 値2, …)

引数に含まれるセルの中で、数値、文字列、数式などのデータが入ったセルの個数を数える。空白セルはカウントしない

Section 02

5分 時短

金額の上限額、下限額をMAX、MINで簡単設定

MAX MIN

最大値を探すMAX関数や、最小値を探すMIN関数は、試験結果の集計などでよく使われる（**図1**）。単純な関数だが、MIN関数を利用すれば、「宿泊費を最大15000円補助」といった場合に、宿泊費と15000円のどちらか低いほうの金額を選ぶといった計算も簡単にできる（**図2**）。同様に、MAX関数なら「時給1000円で1日3000円を最低保障」といった計算に使える。

➡MAX関数で最大値、MIN関数で最小値を求める

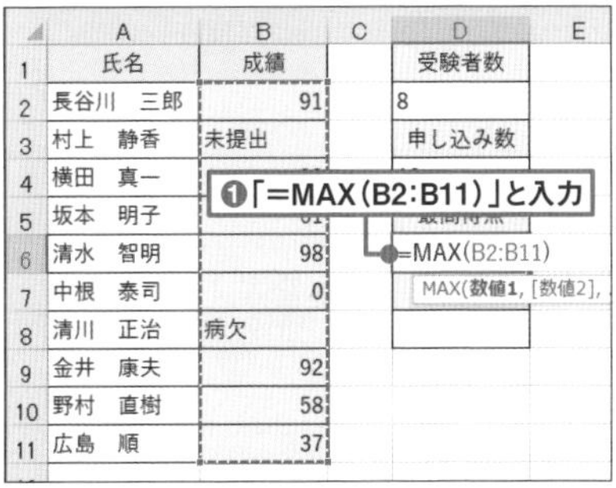

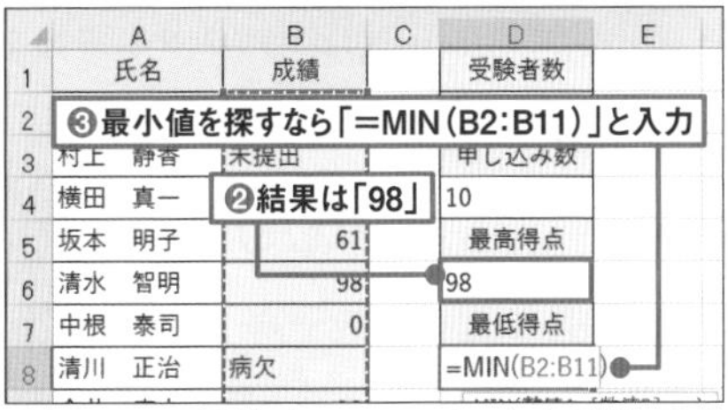

図1 MAX関数でB2～B11セルにある数値の最大値を探した（❶）。結果は「98」となる（❷）。最小値を探すなら、MAX関数をMIN関数に変えればよい（❸）

➡MIN関数で「最大15000円補助」を計算

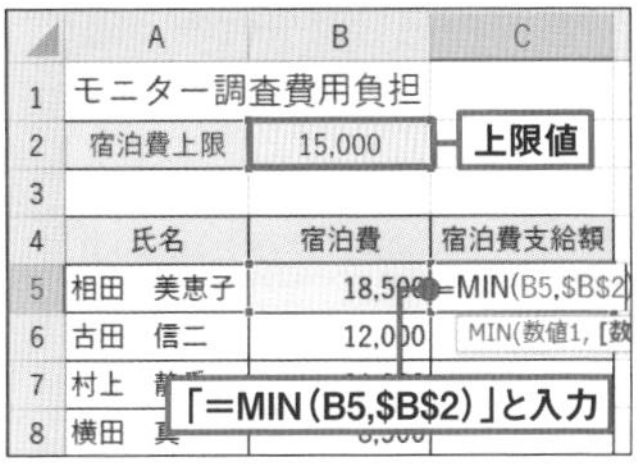

図2 最小値を調べるMIN関数を使えば、B5セルとB2セルの「どちらか小さいほうを調べる」こともできる。「最大15000円の宿泊費を補助」といった計算に使える

MAX《マックス》【最大値】 統計関数

=MAX(値1, 値2, …)

引数の数値の中で、最大の数値を調べる

MIN《ミン》【最小値】 統計関数

=MIN(値1, 値2, …)

引数の数値の中で、最小の数値を調べる

5分時短

Section 03

ROUND関数で端数を四捨五入／切り上げ／切り捨て

ROUND | ROUNDUP | ROUNDDOWN

集計した結果が合わない……。そんなことになれば、一からやり直しだ。割り算のように小数点以下の数値がある場合、疑うべきは「表示の正しさ」かもしれない。

エクセルは、小数点以下の数値を表示桁数によって自動的に四捨五入して表示する。表示が整数でも小数点以下に数値が隠れていることもあるのだ。だが、消費税の切り上げや切り捨てなど、小数点以下をどう処理するのかは、自由に指定できないと困る。そこで関数の出番だ。

ROUNDは指定した桁数で数値を四捨五入する関数。切り上げるROUNDUPと、切り捨てるROUNDDOWNの3種類を用途に応じて使い分ける（**図1**）。

ROUND関数は桁数がポイント

ROUND《ラウンド》 【四捨五入】 数学／三角関数

=ROUND(数値, 桁数)

「数値」には四捨五入する数値、「桁数」には四捨五入する小数点以下の桁数を指定する。0だと小数点以下第1位を四捨五入して整数にする。負の値だと一、十、百、…の位を四捨五入する

ROUNDUP《ラウンドアップ》 【切り上げ】 数学／三角関数

=ROUNDUP(数値, 桁数)

「数値」を、指定した「桁数」で切り上げる。桁数の指定方法はROUND関数と同じ

ROUNDDOWN《ラウンドダウン》 【切り捨て】 数学／三角関数

=ROUNDDOWN(数値, 桁数)

「数値」を、指定した「桁数」で切り捨てる。桁数の指定方法はROUND関数と同じ

	A	B	C	D	E	F
1	元の数値		桁数	四捨五入	切り上げ	切り捨て
2	3874.6434		-2	3900	3900	3800
3			-1	3870	3880	3870
4			0	3875	3875	3874
5			1	3874.6	3874.7	3874.6
6			2	3874.64	3874.65	3874.64
7				=ROUND($A$2,桁数)	=ROUNDUP($A$2,桁数)	=ROUNDDOWN($A$2,桁数)

図1 A2セルの数値をC列の桁数で四捨五入／切り上げ／切り捨てした。小数点以下第1位を処理して整数にするときは桁数を0にする。マイナス1だと一の位、マイナス2だと十の位が処理される

例えば、「販売単価は1円未満四捨五入」という場合、「=ROUND(セル番地,0)」のように指定する(**図2**)。最後の「0」は、小数点以下第1位を処理して整数にするという意味だ。「10円未満を四捨五入」なら「0」でなく「-1」にする。切り上げならROUNDUP関数、切り捨てならROUNDDOWN関数を使う。

表示する桁数は数値の「表示形式」を設定することでも変えられるが、表示形式は、その名の通り表示を変更するための書式にすぎない。ROUND関数などで処理した場合、指定した桁数で丸められて保存されるという違いがある(**図3**)。

➡ROUND関数で四捨五入して整数に

図2 E3セルに「=ROUND(D3,0)」と入力すると、D3セルの値の小数点以下が四捨五入される

➡小数点以下が処理されていることを確認

図3 四捨五入、切り捨て、切り上げで計算した(上)。「ホーム」タブの「小数点以下の表示桁数を増やす」ボタンで小数点以下第1位を表示させると、すべて「0」になっていることがわかる(下)

Section 04

10分 時短

条件しだいで異なる結果に“もしも”を判定するIF関数

IF

何十人、何百人もの試験結果を並べた一覧表で、「80点以上は合格」といった合否判定を目視でやっているなら、時間が無駄になるだけでなくミスも起きるだろう。「もしも80点以上なら合格」「もしも5万円以上なら1割引」といった、“もしも”の場合分けがしたいなら、IF関数の出番だ（**図1**）。

IF関数は、「80以上」という条件に合うか合わないかを判定し、「条件に合えば○、合わなければ×を表示する」といった指定ができる。といっても、関数も数式なので、日本語で「80点以上」などと指定することはできない。数式で条件を指定する際、必要になるのが比較演算子だ（**図2**）。「80点以上」は、数学なら「≧80」と書くところだが、エクセルでは「>=80」のように記述する。「等しくない」は「≠」ではなく「<>」だ。

「80点以上」という条件に合えば「合格」、合わなければ「不合格」と表示する場合、IF関数に続けて「80点以上」という条件を入力し、「真」（TRUE:正しい）なら「合格」、「偽」（FALSE:間違っている）なら「不合格」という数式を作る（**図3**）。数式で文字列を入力する場合は、「"」（半角ダブルクォーテーション）で囲むのが決まりだ。条件、真、偽という3つの項目を「,」（半角カンマ）で区切って指定する。

80点以上なら「合格」を関数で判定

	A	B	C	D
1	氏名	点数		合否
2	相田　美恵子	150		合格
3	古田　信二	94		合格
4	金本　祥子	88		合格
5	傍島　秋穂	93		合格
6	長谷川　三郎	175		合格
7	村上　静香	63		不合格
8	横田　真一	52		不合格
9	坂本　明子	139		合格
10	清水　智明	132		合格

図1 B列の点数が80以上であれば「合格」、80未満なら「不合格」にしたい。「もしも…なら」という分岐条件を指定して、その条件に合う場合と合わない場合で異なる結果にできるのがIF関数だ

80点以上
なら合格!
関数で
判定も
できるんだ

➡条件指定に利用する比較演算子

演算子	意味	用例	
=	等しい	A1=B1	A1の値とB1の値が等しい
<>	等しくない	A1<>B1	A1の値とB1の値が等しくない
>	(右の値)より大きい	A1>B1	A1の値がB1の値より大きい
<	(右の値)より小さい	A1<B1	A1の値がB1の値より小さい
>=	(右の値)以上	A1>=B1	A1の値がB1の値以上
<=	(右の値)以下	A1<=B1	A1の値がB1の値以下

図2 IF関数などで条件を指定する際に使える演算子。「<>」は「<」(小なり)と「>」(大なり)を続けて入力し、「>=」は「>」と「=」を続けて入力する

➡80点以上なら「合格」、80点未満は「不合格」を表示する数式

論理関数

IF《イフ》 【条件に応じて異なる結果を出す】

=IF(論理式, 真の場合, 偽の場合)

「論理式」に指定した条件に合う場合は「真の場合」、合わない場合は「偽の場合」に指定した内容を選ぶ。「論理式」には条件となる数式、「真の場合」には条件に合う場合の内容、「偽の場合」には条件に合わない場合の内容を指定する

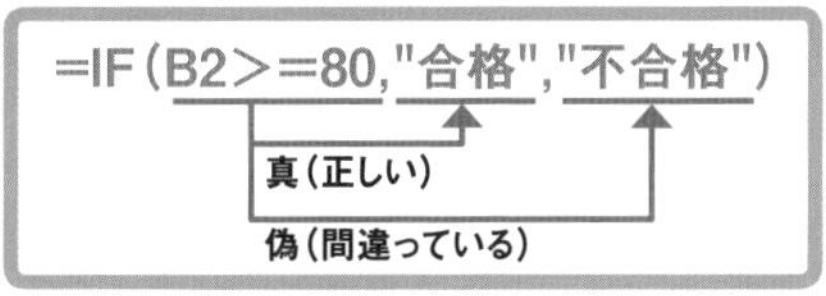

図3 IF関数では、最初に条件を指定する。「,」に続けて真の場合と偽の場合の値を指定する。文字列を表示させるときは「"」で囲む

➡IF関数は関数分類ボタンからの入力がわかりやすい

図4 IF関数を入力するセル(ここではD2セル)を選択する(❶)。「数式」タブの「論理」から「IF」を選択する(❷～❹)

IF関数のように引数が複雑な場合は、関数分類ボタンから入力することで、引数を指定するための画面を呼び出せる（前ページ**図4、図5**）。この画面を使うことで、説明を見ながら引数を指定したり、確定前に結果をプレビューしたりできるなど、便利なことが多い。入力した関数はオートフィルでコピーできる（**図6**）。

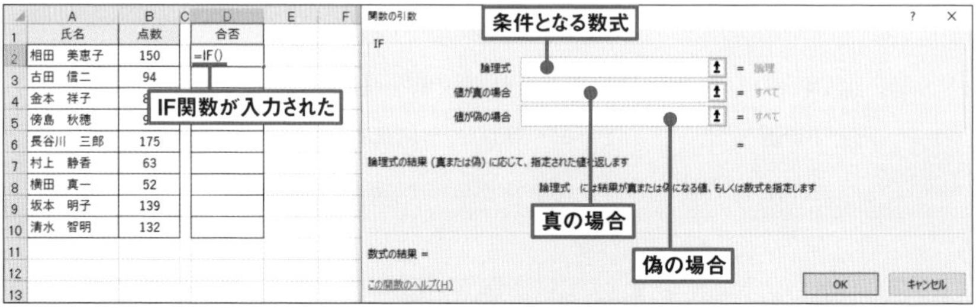

図5 IF関数が入力され、引数を指定するための「関数の引数」画面が表示される。この画面で「論理式」、「値が真の場合」、「値が偽の場合」の引数を入力することでIF関数を入力できる

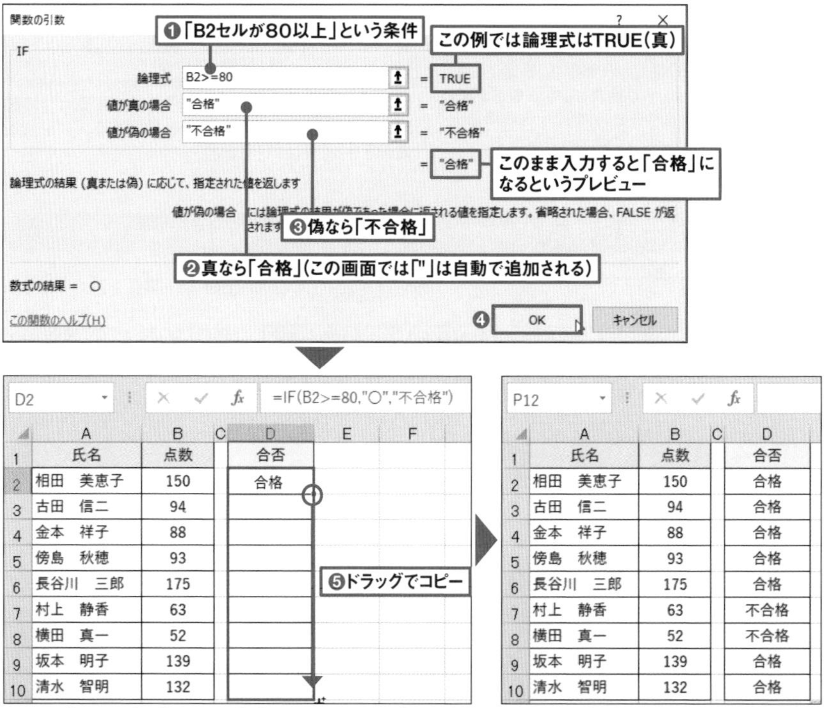

図6 「論理式」に「B2>=80」、「値が真の場合」に「合格」、「値が偽の場合」に「不合格」と入力（❶～❸）。文字列に必要な「"」は後から自動的に補完される。「OK」を押すと（❹）、B2セルは条件に合っているので「合格」が表示される。オートフィルでIF関数をコピーする（❺）

COLUMN セルや範囲に「名前」を付けてわかりやすく絶対参照

関数の引数でセル番地を入力する場合、通常は相対参照（90ページ）になる。関数をコピーしたときに同じセル番地を参照させたい場合は、絶対参照や複合参照を使って番地を固定しなくてはならない。

通常の数式でもちょっと面倒なこの作業。関数の引数で設定するのはよりわかりづらいことも多い。そこで利用したいのがセルに「名前」を付ける方法だ。

例えば、次の例では、「定価×消費税率」で消費税額を計算したい。消費税率を入力したB13セルをいつも参照させるには、「$B$13」のように絶対参照にする以外にも、「消費税」などの名前を付けるという手がある（下の左図）。名前を付ければ「=B3*消費税」というわかりやすい数式で計算でき、コピーしても消費税率の参照先がずれない（下の右図）。

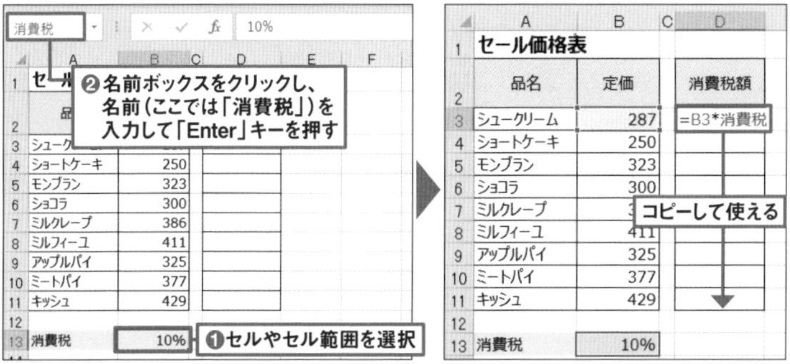

関数の引数としても名前は有効だ。「=SUM（C2:C15）」のように合計金額を計算するとき、C2～C15セルを範囲選択して「金額」という名前にしておけば、「=SUM（金額）」で金額を合計できる（右図）。

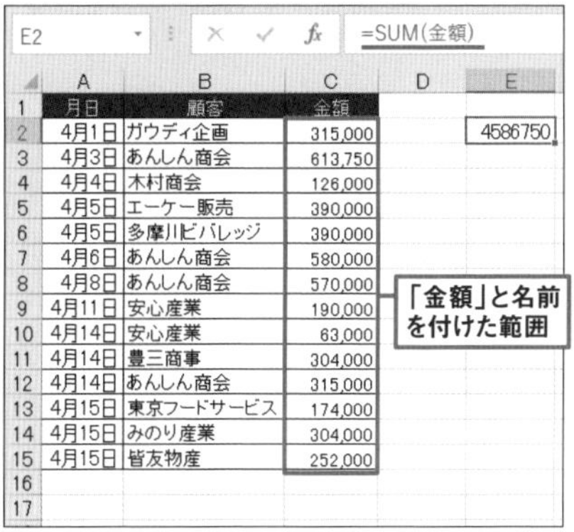

VLOOKUP関数（246ページ）など、引数が複雑になる関数では、特に利用したい機能だ。

Section 05

IF関数を“入れ子”にして「A」「B」「C」の3つに分岐

10分 時短

IF　IFS

条件に合うかどうかを判断して、「真」と「偽」に振り分けるIF関数は、判定に欠かせない関数だ。しかし、選択肢が2つならよいが、3つ以上ある場合はどうすればよいだろう。このとき役立つのが、関数の中に関数を“入れ子”にするワザだ。

例えば、「大人ならA」「シニアならB」「それ以外はC」という3つに分けるとする。まず「大人ならA」というIF関数を指定し、引数の「偽の場合」としてIF関数を入れ子にする（**図1**）。入れ子のIF関数では「シニアならB、それ以外はC」に振り分ける。

入れ子の引数は、手入力するとカンマやカッコが抜けるなど、ミスが起きやすい。慣れないうちは、125ページと同様に関数分類ボタンからIF関数を入力するとよいだろう。関数の分類からIF関数を選択し、引数の指定画面が表示されたら、まず「大人ならA」の指定をする（**図2**）。問題は「値が偽の場合」の入力方法だ。ここに「シニアならB」のIF関数を入力するには、「名前ボックス」の「▼」をクリックすると表示される「最近使った関数」を利用すると楽だ。新たに引数の指定画面が表示されたら、「シニアならB、それ以外はC」という引数を指定する（**図3**）。これで、入れ子のIF関数が入力できる。

IF関数で複数条件を入れ子にして指定

=IF(B2="大人","A",偽の場合)

もしB2が大人なら「A」

IF(B2="シニア","B","C")

もしB2がシニアなら「B」、それ以外は「C」

=IF(B2="大人","A",IF(B2="シニア","B","C"))

図1 IF関数で2つ以上の条件がある場合、引数の中に別のIF関数を入れて分岐を増やす。なお、引数の中で関数を使うときは、関数名の前に「=」は不要だ

➡IF関数に入れ子の引数を指定

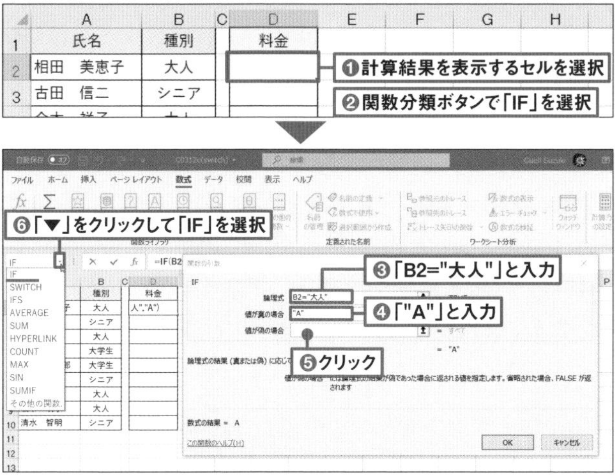

図2 125ページ図4を参考に、関数分類ボタンでIF関数を入力する（❶❷）。引数の指定画面が開いたら、「論理式」と「値が真の場合」を入力し、「値が偽の場合」の入力欄を選択する（❸〜❺）。ここでシート左上の「名前ボックス」から「IF」を選択するのがポイントだ（❻）

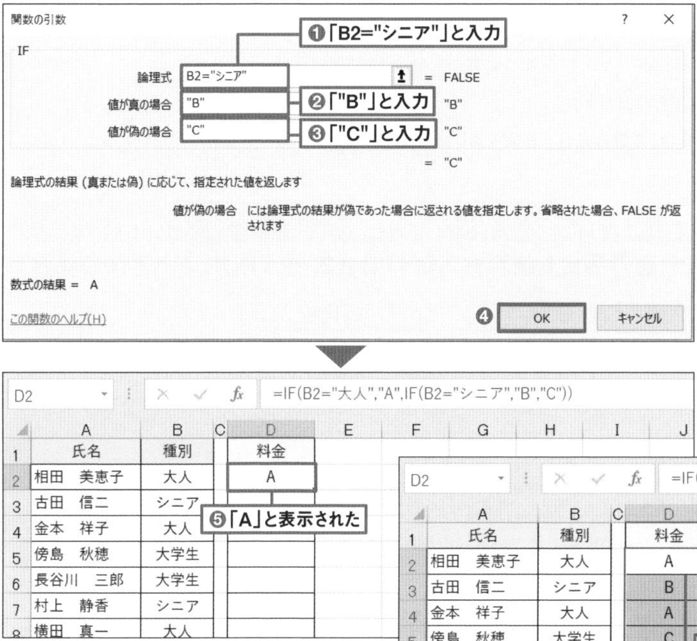

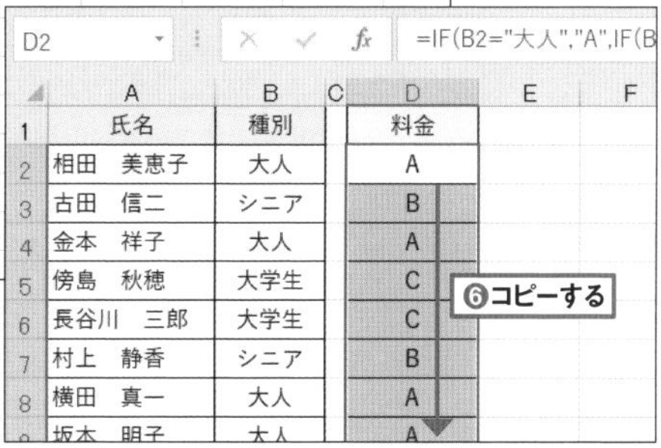

図3 入れ子の部分のIF関数を指定する（❶〜❹）。数式が入力され、B2セルは「大人」なのでD2セルには「A」が表示される（❺）。D3以降のセルにも数式をコピーして確かめよう（❻）

IF関数よりわかりやすいIFS関数

複数の条件を指定する場合、入れ子にするしかないIF関数は、数式が複雑になりがちだ（**図4**）。この例では条件が2つなので入れ子は1つで済むが、条件が増えれば入れ子での分岐が増え、IF関数が幾重にも重なることになる。

条件が多い場合は、IF関数ではなく、同様の計算ができるIFS関数を使うのがお勧めだ。IFS関数なら、引数は「B2="大人","A",B2="シニア","B",TRUE,"C"」とすればよく、「B2が大人ならA、シニアならB、それ以外はC」と同じ順序で記述できる（**図5**）。「それ以外」という条件は「TRUE」と書いて最後に指定する。IF関数のように入れ子にする必要がないため、数式の構造がわかりやすい。記述方法が異なるSWITCH関数でも同じ計算ができるので、使いやすい関数を選ぼう（**図6**）。［注］

➡入れ子が増えるとわかりづらくなるIF関数

=IF（論理式,真の場合,IF（論理式,真の場合,偽の場合））

=IF（B2="大人","A",IF（B2="シニア","B","C"））

B2が大人なら「A」　B2がシニアなら「B」、それ以外は「C」

分岐が増えるとIFと（）が増える

図4 IF関数の場合、複数の条件を指定するには引数を入れ子にするため数式が煩雑になる

➡条件が増えてもわかりやすいIFS関数

=IFS（論理式1,真の場合1,論理式2,真の場合2,…,TRUE,すべて偽の場合）

=IFS（B2="大人","A",B2="シニア","B",TRUE,"C"）

B2が大人なら「A」　B2がシニアなら「B」　それ以外は「C」

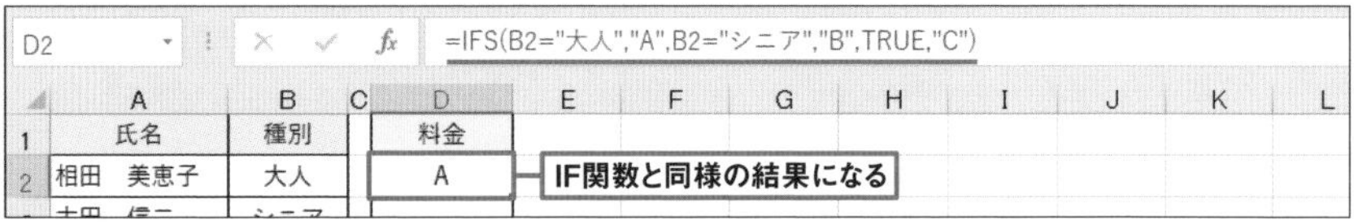

図5 IFS関数では、引数の指定方法が日本語の順序と似ていてわかりやすい

=SWITCH（式,値1,結果1,値2,結果2,…,既定値）

=SWITCH（B2,"大人","A","シニア","B","C"）

B2が　大人なら「A」　シニアなら「B」　それ以外は「C」

図6 SWITCH関数では、条件となる値と結果を順番に並べて、最後に「それ以外」の結果を指定する

［注］IFS関数、SWITCH関数は、エクセル2016（ProPlus）以降やMicrosoft 365／Office 365のエクセルで利用できる

COLUMN エラーが出ても慌てずに対処

エクセルでは、数式に間違いがあったり計算できなかったりすると、エラーが表示される。関数を手入力した場合など、エラーを目にする機会が増えるかもしれない。慌てて対処するとかえって時間がかかるので、焦らずに済むよう、エラーの表示について知っておこう。

エラー表示	原因
#VALUE!《バリュー》	文字列など、数式には使えない種類の値やセル参照が含まれている
#DIV/0!《ディブゼロ》	ゼロで割り算をしている。正式には「ディバイディド・バイ・ゼロ」と読む
#REF!《リファレンス》	参照先が削除された場合など、セルが存在しない
# N / A《ノット・アベイラブル》	検索が必要な関数などで、値が有効でない
#NUM!《ナンバー》	計算結果がエクセルで扱えない。桁数が大きすぎる場合や、引数がルールに反している場合など
#NAME?《ネーム》	関数名や名前などが間違っている
#NULL!《ヌル》	引数など、参照先のセルの記述が間違っている

上がエクセルでよく表示されるエラーだ。SUM関数を「=SAM」などと間違えただけで、「#NAME?」エラーが表示される。ただし、最近のエクセルは親切で、関数の最後のカッコを忘れたり、「B4:B8」の「:」を「;」にした場合などは、自動修正されたり、「修正しませんか?」といったメッセージが表示されたりする。

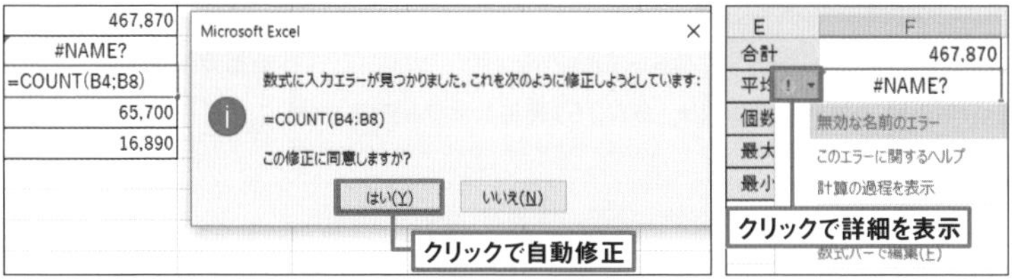

後から数値を入力するセルを参照しているなど、意図的にエラーにしている場合は、無視してもかまわない。エラー表示が気になるなら、「条件付き書式」(212ページ)で「エラーの場合は白文字で表示」にするなどして、隠す方法もある。IFERROR関数のようにエラーを表示させないようにするための関数もあるが、隠しすぎてエラーに気付かないといったことのないように気を付けよう。

Section 06

「かつ」と「または」でIF条件を組み合わせ

AND　OR　IF

10分 時短

条件しだいで異なる結果をもたらすIF関数。より柔軟に条件を指定するためには、AND関数とOR関数を組み合わせるとよい。

「テスト1が70点以上かつテスト2が70点以上なら面接に進む」という条件を指定してみよう(**図1**)。この場合、「テスト1の点数が70以上」と「テスト2の点数が70以上」という2つの条件をAND関数の引数として併記し、「AND(B2>=70,C2>=70)」のように指定する。AND関数は、指定した条件がすべて成立するときに真となる関数だ。このAND関数の式をそっくりIF関数の条件式として使えばよい。

「AかつB」でなく「AまたはB」という条件にしたい場合、OR関数を使う。OR関数は、指定した条件の1つでも満たせば真となる関数だ。「OR(B2>=70,C2>=70)」であれば、B2セルとC2セル、どちらかが70以上という条件式を作れる(**図2**)。

この例では、どちらも70以上だとE列に「面接」、F列に「二次」と表示されてしまう。E列とF列をまとめて入れ子(前項参照)にすれば、数式は少々長くなるが、「面接」「二次」「不合格」の3択で表示することもできる(**図3**)。

➡「AかつB」で条件を指定

=IF(AND(B2>=70,C2>=70),"面接"," ")

「B2が70以上」かつ「C2が70以上」が真なら「面接」、偽なら空白

図1 「AかつB」という条件を指定する場合、IF関数の条件としてAND関数を使う。E列で条件を満たすのはE6セルのみだ

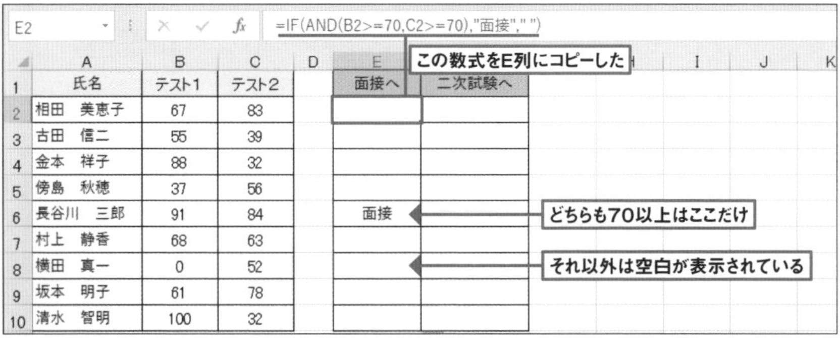

➡「AまたはB」で条件を指定

=IF(OR(B2>=70,C2>=70),"二次","不合格")

「B2が70以上」または「C2が70以上」が真なら「二次」、偽なら「不合格」

⬅⬇図2 「AまたはB」という条件を指定する場合、IF関数の条件としてOR関数を使う

F2 =IF(OR(B2>=70,C2>=70),"二次","不合格")

	A	B	C	D	E	F
1	氏名	テスト1	テスト2		面接へ	二次試験へ
2	相田　美恵子	67	83			二次
3	古田　信二	55	39			不合格
4	金本　祥子	88	32			二次
5	傍島　秋穂	37	56			不合格
6	長谷川　三郎	91	84		面接	二次
7	村上　静香	68	63			不合格
8	横田　真一	0	52			不合格
9	坂本　明子	61	78			二次
10	清水　智明	100	32			二次

この数式をF列にコピーした

どちらも70未満なので不合格

OR関数は両方満たす場合も真

一方を満たすので二次に進む

➡「AかつB」「AまたはB」「それ以外」で異なる結果に振り分け

=IF(AND(B2>=70,C2>=70),"面接",IF(OR(B2>=70,C2>=70),"二次","不合格"))

「両方70以上」なら「面接」、「どちらか70以上」なら「二次」、それ以外は「不合格」

⬆⬇図3 最初のIF関数でAND関数を使って「AかつBなら面接」という条件を指定し、入れ子にしたIF関数ではOR関数で「AまたはBなら二次」という条件を指定。最後に「それ以外は不合格」を指定する

G2 =IF(AND(B2>=70,C2>=70),"面接",IF(OR(B2>=70,C2>=70),"二次","不合格"))

	A	B	C	D	E	F	G
1	氏名	テスト1	テスト2		面接へ	二次試験へ	面接か二次か不合格
2	相田　美恵子	67	83				二次
3	古田　信二	55	39				不合格
4	金本　祥子	88	32			二次	二次
5	傍島　秋穂	37	56			不合格	不合格
6	長谷川　三郎	91	84		面接	二次	面接
7	村上　静香	68	63				不合格
8	横田　真一	0	52			不合格	不合格
9	坂本　明子	61	78			二次	二次
10	清水　智明	100	32			二次	二次

この数式をF列にコピーした

一方を満たすので二次に進む

どちらも70未満なので不合格

先頭のANDが優先される

AND《アンド》【すべての条件を満たす】　論理関数

=AND(論理式1, 論理式2, …)

「論理式1」「論理式2」…のすべての条件式が成立するときに「TRUE」(真)となる。1つでも成立しない場合は「FALSE」(偽)となる

OR《オア》【いずれかの条件を満たす】　論理関数

=OR(論理式1, 論理式2, …)

「論理式1」「論理式2」…の条件式が1つでも成立するときに「TRUE」(真)となる。いずれも成立しない場合は「FALSE」(偽)となる

Section 07

条件に合うデータのみピックアップして集計

20分 時短

SUMIF　SUMIFS

日付順に入力した売上表に、担当者名や顧客名などの情報が記載されている。こうした表で「山岡君の売り上げはどうなってる?」「あんしん商会との取り引きは順調?」といったことを調べたいとき、該当するデータだけ抜き出して集計するのは手間がかかる話だ。そんなときは、指定した条件に合うデータのみをピックアップし、その金額や数量を集計してくれるSUMIF関数を使おう(**図1**)。

まずは担当者別の集計表を作ってみよう。担当者名を入力した表を準備し、SUMIF関数の式を入力する(**図2**)。最初の引数には、ピックアップするデータを探すセル範囲を指定。ここでは担当者別の集計をしたいので、担当者名のB列を選択する。最初に山岡氏の売り上げを集計するには、引数「検索条件」に集計表の「山岡」のセルを指定(**図3**)。金額を集計するので、最後に金額を入力したD列を「合計範囲」として指定すれば完了だ(**図4**)。ほかの担当者用にコピーする場合は「範囲」と「合計範囲」を絶対参照にするのを忘れずに。

売上表から担当者別の集計表を作りたい

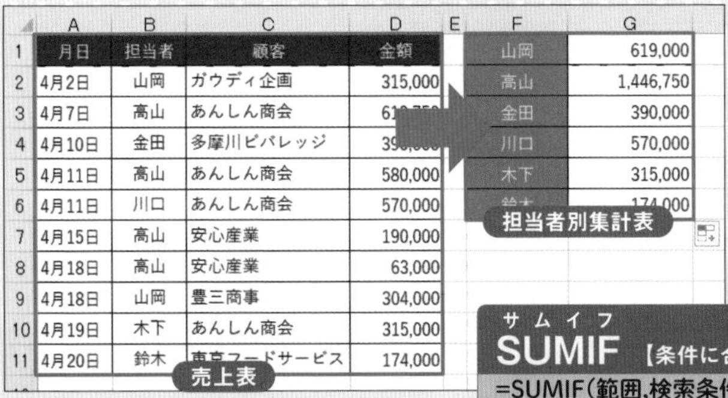

売上表

	A	B	C	D
1	月日	担当者	顧客	金額
2	4月2日	山岡	ガウディ企画	315,000
3	4月7日	高山	あんしん商会	[illegible]
4	4月10日	金田	多摩川ビバレッジ	[illegible]
5	4月11日	高山	あんしん商会	580,000
6	4月11日	川口	あんしん商会	570,000
7	4月15日	高山	安心産業	190,000
8	4月18日	高山	安心産業	63,000
9	4月18日	山岡	豊三商事	304,000
10	4月19日	木下	あんしん商会	315,000
11	4月20日	鈴木	東京フードサービス	174,000

担当者別集計表

F	G
山岡	619,000
高山	1,446,750
金田	390,000
川口	570,000
木下	315,000
[illegible]	[illegible]

図1 左のような売上表から、右のような担当者別の集計表を作るには、SUMIF関数を使う

SUMIF《サムイフ》　数学／三角関数
【条件に合うデータを合計】

=SUMIF(範囲,検索条件,合計範囲)

「範囲」内で、指定した「検索条件」に合うデータを探し、見つかったセルに対応する位置にある「合計範囲」内のセルを合計する

➡売上表の中から指定した担当者のデータを集計

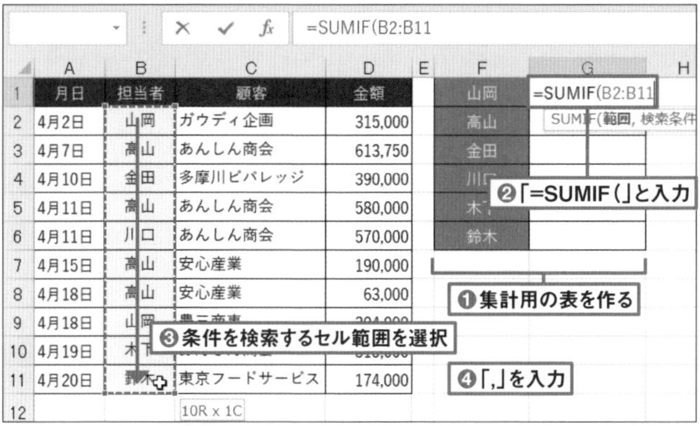

⬅図2 担当者別の集計表を作り(❶)、結果を表示するG1セルを選んでSUMIF関数を入力する(❷)。最初の引数「範囲」として、売上表で担当者の入力されたセル範囲(B2～B11セル)を指定する(❸)。引数の区切りとして「,」(半角カンマ)を入力する(❹)

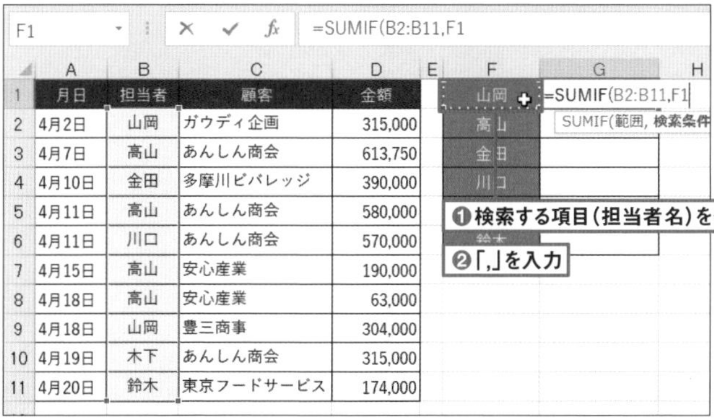

	A	B	C	D
1	月日	担当者	顧客	金額
2	4月2日	山岡	ガウディ企画	315,000
3	4月7日	高山	あんしん商会	613,750
4	4月10日	金田	多摩川ビバレッジ	390,000
5	4月11日	高山	あんしん商会	580,000
6	4月11日	川口	あんしん商会	570,000
7	4月15日	高山	安心産業	190,000
8	4月18日	高山	安心産業	63,000
9	4月18日	山岡	豊三商事	304,000
10	4月19日	木下	あんしん商会	315,000
11	4月20日	鈴木	東京フードサービス	174,000

⬅図3 「検索条件」として、担当者名を入力したセル(F1セル)を選択し(❶)、「,」(半角カンマ)を入力する(❷)

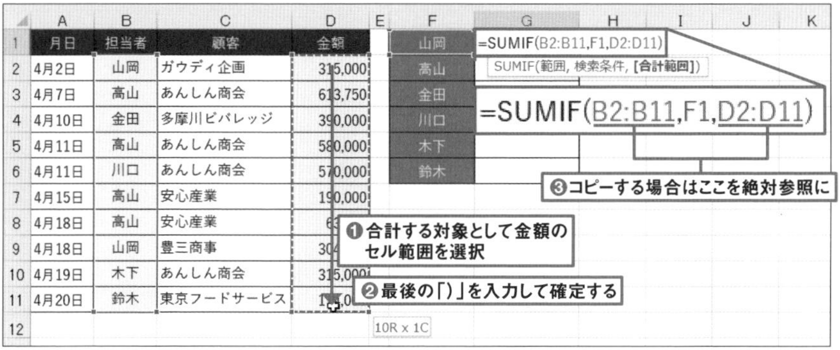

⬆図4 集計したいのは金額欄なので、「合計範囲」として金額欄のセル範囲(D2～D11セル)を選択する(❶)。「)」を入力すれば数式の完成だ(❷)。G1セルの式をG6セルまでコピーする際は、「範囲」と「合計範囲」を「=SUMIF($B$2:$B$11,F1,$D$2:$D$11)」のように絶対参照にして固定しよう(❸)

「高山氏」担当の「あんしん商会」だけを集計

集計したい条件は1つとは限らない。担当が「高山」氏で、顧客が「あんしん商会」の売り上げのみを抜き出して、金額を集計したいというケースもある。複数の条件を指定して、すべてに合致する項目だけを集計するときはSUMIFS関数を使う。

SUMIFS関数では、引数を指定する順序がSUMIF関数と異なるので注意しよう。集計対象の金額セルから指定する（**図5**）。続いて条件の範囲と検索条件を順次指定していけば数式の完成だ（**図6〜図9**）。

➡複数の条件を指定して、該当するデータのみ集計する

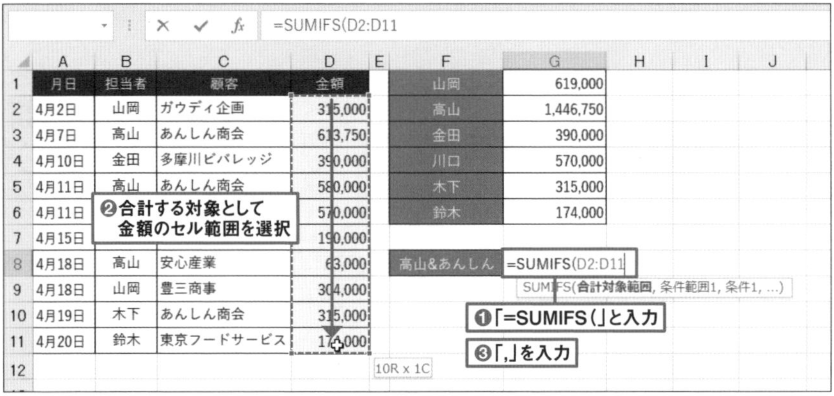

図5 結果を表示するG8セルを選んでSUMIFS関数を入力する（❶）。「合計対象範囲」として金額欄のセル範囲（D2〜D11セル）を選択（❷）。引数の区切りとして「,」（半角カンマ）を入力する（❸）

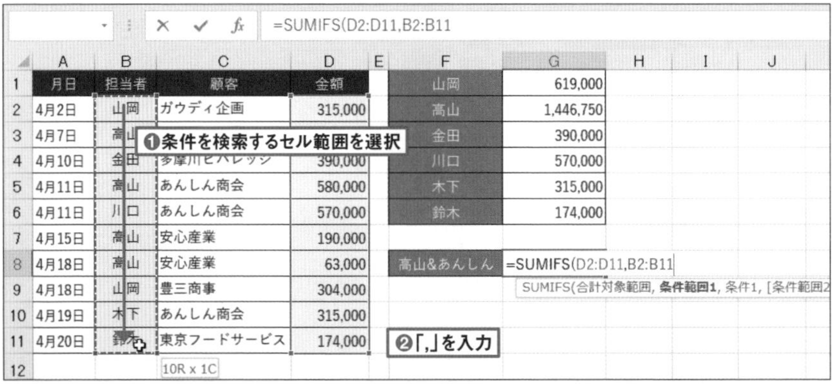

図6 1つめの「条件範囲」として担当者を入力したセル範囲（B2〜B11セル）を指定し（❶）、「,」を入力する（❷）

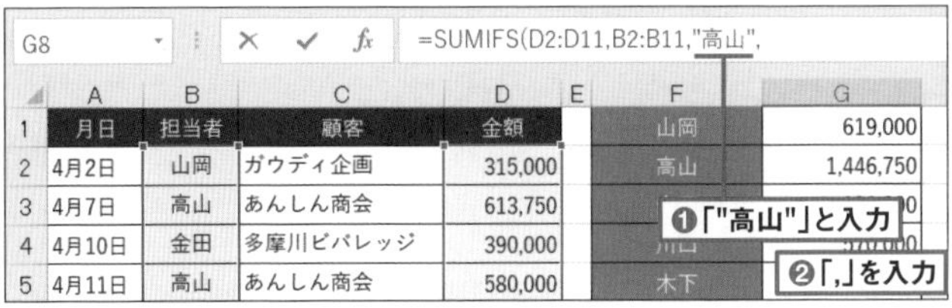

↻ 図7 ここでは担当「高山」で検索する。条件に文字列を指定するときには、「"高山"」のように「"」（半角ダブルクォーテーション）で囲んで直接入力してもよい（❶）。「,」を入力する（❷）

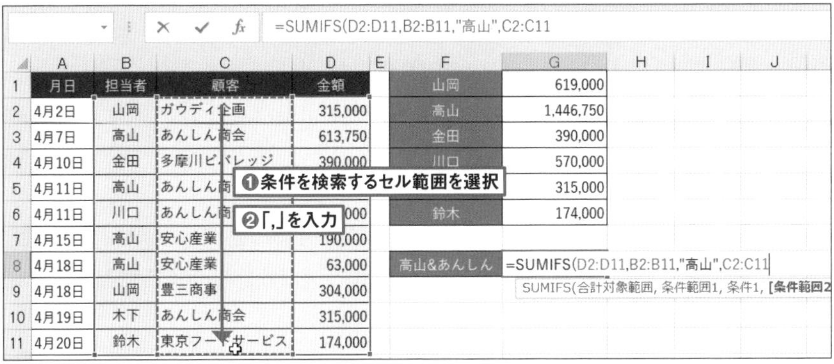

↻ 図8 「高山氏担当のあんしん商会を集計」するので、2番目の「条件範囲」として顧客を入力したセル範囲（C2〜C11セル）を指定したら（❶）、「,」を入力する（❷）

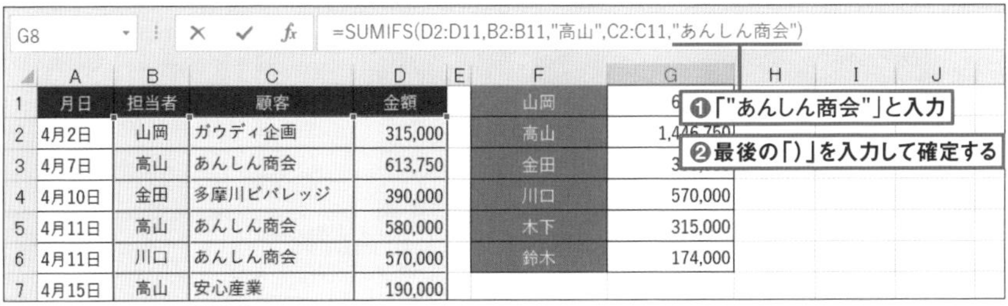

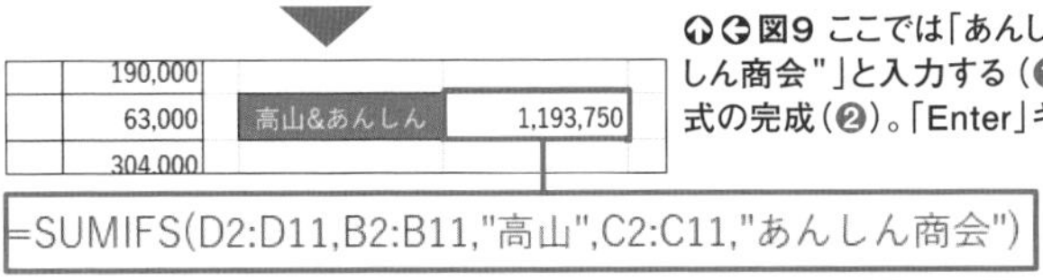

↻↻ 図9 ここでは「あんしん商会」で検索するので、「"あんしん商会"」と入力する（❶）。最後に「)」を入力すれば数式の完成（❷）。「Enter」キーなどで確定する

SUMIFS《サムイフエス》 数学／三角関数

【複数条件で抽出して合計】

=SUMIFS(合計対象範囲,条件範囲1,条件1,条件範囲2,条件2,…)

「条件範囲」内で「条件」に合うセルを探し、見つかったセルに対応する位置にある「合計対象範囲」内のセルを合計する。条件は複数指定でき、そのすべてを満たすセルのみ抽出される

Section 08

20分 時短

条件に合うデータのみ平均を計算

AVERAGEIF　AVERAGEIFS

条件に合うデータをピックアップして集計するのがSUMIF関数なら、ピックアップしたデータの平均を出すのがAVERAGEIF関数だ。売上表の中から、指定した担当者や顧客のデータをピックアップして、その平均値を計算することができる（**図1**）。複数条件を指定して、すべての条件に合うデータの平均を出すならAVERAGEIFS関数を使う。

AVERAGEIF関数とAVERAGEIFS関数の引数の書式は、SUMIF関数とSUMIFS関数と基本的に同じだ。ここでは、数式の例だけを紹介する（**図2～図4**）。操作手順の詳細は135～137ページを参照してほしい。

条件に合うデータをピックアップして平均を計算

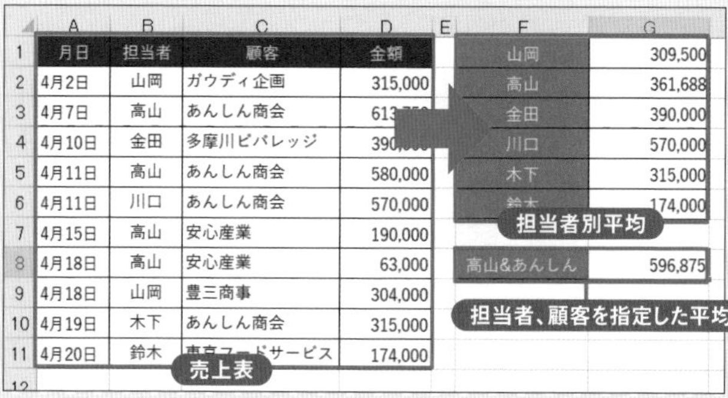

図1 左のような日付順に入力した売上表から、右のような担当者別売上平均を表にするには、AVERAGEIF関数を使う

AVERAGEIF《アベレージイフ》　統計関数

【条件に合うデータの平均】

=AVERAGEIF(範囲,条件,平均対象範囲)

「範囲」内で、指定した「条件」に合うデータを探し、見つかったセルに対応する位置にある「平均対象範囲」内のセルの平均値を求める

AVERAGEIFS《アベレージイフエス》　統計関数

【複数条件で抽出して平均】

=AVERAGEIFS(平均対象範囲,条件範囲1,条件1,条件範囲2,条件2,…)

「条件範囲」内で「条件」に合うセルを探し、見つかったセルに対応する位置にある「平均対象範囲」内のセルの平均値を求める。条件は複数指定でき、そのすべてを満たすセルの平均値を求める

➡売上表の中から指定した担当者の売上平均を計算

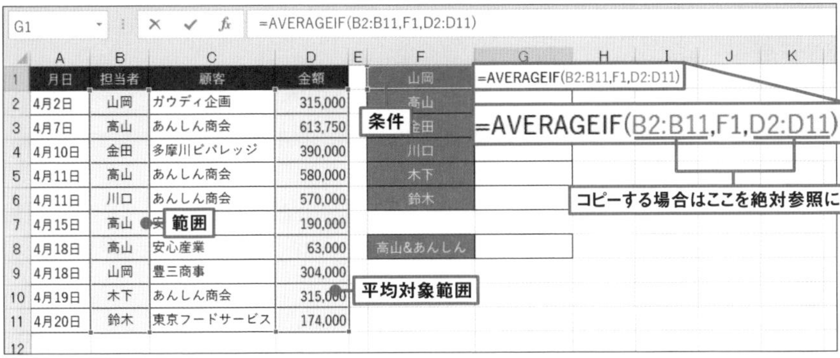

G1　=AVERAGEIF(B2:B11,F1,D2:D11)

	A	B	C	D	E	F	G
1	月日	担当者	顧客	金額		山岡	=AVERAGEIF(B2:B11,F1,D2:D11)
2	4月2日	山岡	ガウディ企画	315,000		高山	
3	4月7日	高山	あんしん商会	613,750		金田	
4	4月10日	金田	多摩川ビバレッジ	390,000		川口	
5	4月11日	高山	あんしん商会	580,000		木下	
6	4月11日	川口	あんしん商会	570,000		鈴木	
7	4月15日	高山	安	190,000			
8	4月18日	高山	安心産業	63,000		高山&あんしん	
9	4月18日	山岡	豊三商事	304,000			
10	4月19日	木下	あんしん商会	315,000			
11	4月20日	鈴木	東京フードサービス	174,000			

⮉図2 結果を表示するG1セルを選び、AVERAGEIF関数を入力する。書式は、「=AVERAGEIF(範囲,条件,平均対象範囲)」なので、この例では図のようになる

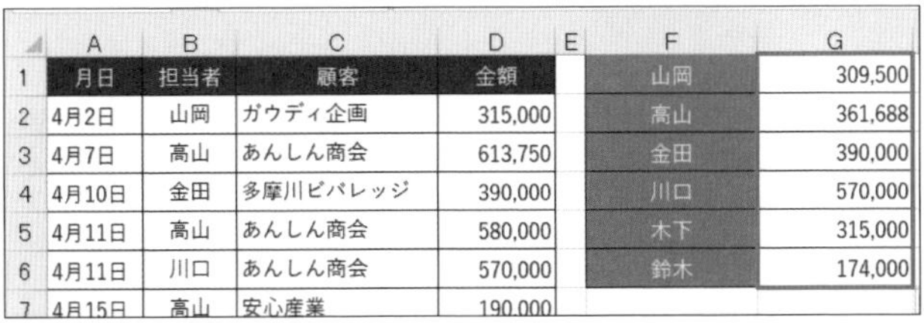

	A	B	C	D	E	F	G
1	月日	担当者	顧客	金額		山岡	309,500
2	4月2日	山岡	ガウディ企画	315,000		高山	361,688
3	4月7日	高山	あんしん商会	613,750		金田	390,000
4	4月10日	金田	多摩川ビバレッジ	390,000		川口	570,000
5	4月11日	高山	あんしん商会	580,000		木下	315,000
6	4月11日	川口	あんしん商会	570,000		鈴木	174,000
7	4月15日	高山	安心産業	190,000			

⮈図3 G1セルの数式で「範囲」「平均対象範囲」の部分を絶対参照にしてからG2〜G6セルにコピーすれば、担当者別の平均がわかる

➡複数の条件に合うセルだけの平均を計算

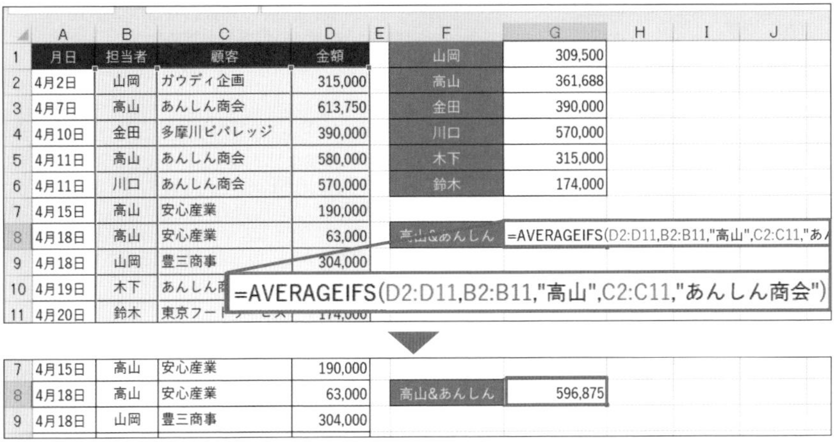

	A	B	C	D	E	F	G
1	月日	担当者	顧客	金額		山岡	309,500
2	4月2日	山岡	ガウディ企画	315,000		高山	361,688
3	4月7日	高山	あんしん商会	613,750		金田	390,000
4	4月10日	金田	多摩川ビバレッジ	390,000		川口	570,000
5	4月11日	高山	あんしん商会	580,000		木下	315,000
6	4月11日	川口	あんしん商会	570,000		鈴木	174,000
7	4月15日	高山	安心産業	190,000			
8	4月18日	高山	安心産業	63,000		高山&あんしん	=AVERAGEIFS(D2:D11,B2:B11,"高山",C2:C11,"あ
9	4月18日	山岡	豊三商事	304,000			
10	4月19日	木下	あんしん商				
11	4月20日	鈴木	東京フー				

	A	B	C	D	E	F	G
7	4月15日	高山	安心産業	190,000			
8	4月18日	高山	安心産業	63,000		高山&あんしん	596,875
9	4月18日	山岡	豊三商事	304,000			

⮉図4 G8セルには、担当が「高山」で顧客が「あんしん商会」の売上平均を計算する。数式の指定方法は、136〜137ページと同じだ。「SUMIFS」の部分を「AVERAGEIFS」に書き換えて試してみよう

Section 09

10分 時短

条件に合うデータが何個あるのかを数える

COUNTIF

アンケート結果などから、条件に合うデータの個数を数えるなら、COUNTIF関数を使うとよい。例えば、参加者の中で「女性は何人?」「名前に“田”の字が含まれる人は何人?」といったことを調べられる（**図1**）。

条件を指定する関数では、明確な数値だけでなく、「〜を含む」「〜以上」といった条件を指定することも多い。そんなときに役立つのが、任意の文字を表す「ワイルドカード」や、数値を比較する比較演算子だ（**図2**）。COUNTIF関数やSUMIF関数など、多くの関数で使えるので、覚えておこう。

➡条件を指定して、該当するデータの数を調べる

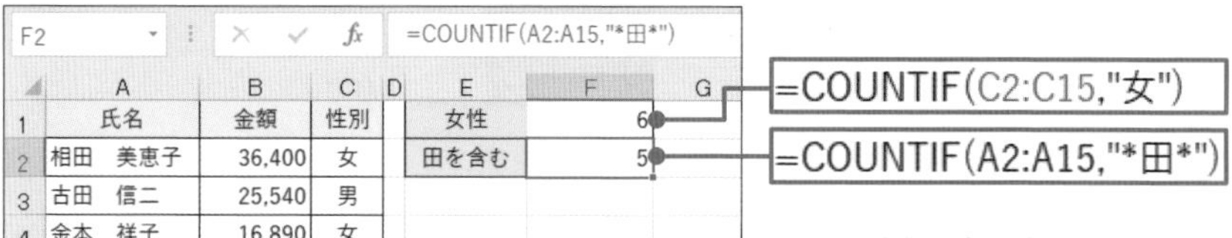

図1 結果を表示するセルを選び、COUNTIF関数を入力する。F1セルは、「女性」の件数、F2セルは「『田』を含む氏名」の個数を求めた

➡引数「検索条件」の指定の仕方いろいろ

条件の意味	入力例	入力例の意味
ある文字と等しい	"PC"	「PC」と等しい
ある文字で終わる	"*PC"	「PC」で終わる
ある文字を含む	"*PC*"	「PC」を含む
〜と異なる	"<>PC"	「PC」と異なる
〜以上	">=100"	100以上
〜より大きい	">100"	100より大きい
〜以下	"<=100"	100以下
〜より小さい	"<100"	100より小さい
指定セルと等しい	A1	A1セルと等しい
指定セルより小さい	"<"&A1	A1セルより小さい

図2 検索などの条件指定で使える「*」（半角アスタリスク）は、任意の文字列を表す「ワイルドカード」。「〜を含む」のような条件で使用する。「<」などの比較演算子も使用できる。セルの数値と比較するときは、「"<"&A1」のように比較演算子とセル参照を「&」で結合する

COUNTIF《カウントイフ》 統計関数

【条件に合うデータの個数】

=COUNTIF(範囲,検索条件)

「範囲」内で、指定した「検索条件」に合うデータを探し、データの個数を求める

Excel

第5章

たまったデータを手早く整理&集計

エクセルに入力したデータは、目的に応じて並べ替えたり、必要なデータに絞り込んだりすることができる。見たいデータを見たい順序で表示することはデータ分析にも役立つ。データの抽出や検索に加えて、「テーブル」や「ピボットテーブル」といったエクセル特有の機能をフル活用しよう。

- ▶表を見やすく並べ替えるコツ
- ▶一定の条件でデータを絞り込む
- ▶「テーブル」にすれば書式設定も抽出も楽々
- ▶項目別集計を自動化する「ピボットテーブル」 ほか

基本を再確認 表のデータを生かすデータベース的活用術

エクセルでは、住所録のデータを名前順に並べ替えたり、「東京都在住」の人だけピックアップするといったことが簡単にできる。それだけではない。不要なデータは非表示にして隠したり、必要なデータだけを集めた表に組み替えたりもできる。表のデータからグラフを作成して分析に役立てるのも得意だ。

ただし、こうした機能をフルに活用するには、表を「データベース」として扱えるような形式で、入力しておく必要がある。図書館の本がバラバラに置いてあれば目的の本を探しづらいが、種類や著者などで分類されていることで検索が容易になるのと同じように、データも規則性を持って並べることで、抽出や並べ替えなどが容易にできるようになる。せっかくエクセルで入力するデータなら、データベースとしてまとめておけば、さまざまな分析や集計のベース、つまり土台になるということだ。

データベースの3要件

	A	B	C	D	E
1	商品販売個数一覧				
2					
3	商品名	単価	製造工場	担当者	2017
4	タマゲッチ	250	福島工場	神田弘敏	243,526
5	桃最中	125	水戸工場	木本勇気	32,684
6	１２３チョコ	200	盛岡工場	島田里美	173,849
7	とのさま饅頭	[illegible]	[illegible]	[illegible]	372,849
8	ABCラムネ	[illegible]	[illegible]	[illegible]	0
9	55アイス	180	福井工場	長谷川誠	947,583
10	110アイス	110	福島工場	鈴木克己	132,436
11	あずき七福	300	港工場	渡部敏郎	576,877
12	ABCガム	120	長崎工場	橘恵美	790,944
13	桃源郷最中	180	水戸工場	園田義男	354,768
14	あいうえオカキ	350	札幌工場	相田光男	266,543
15					

↑図1 並べ替えや、条件に合うデータの抽出が容易にできる「データベース」の3条件。表の先頭行に項目名を並べて（❶）、1行につき1件分のデータ（❷）。タイトル行がある場合は表から離す（❸）。このようなごく一般的な表がデータベースとして使える

データベースといっても、エクセルのデータベースは単なる表だ。ただし、次の3つのルールを守って入力する必要がある。

① 表の先頭行に項目名（フィールド）を入力する

② 1行につき1件分のデータ（レコード）を入力する

③ データベースとして使う表は、タイトルなどと離しておく

この3条件を具体的に示したのが**図1**だ。エクセルでよく作成する住所録や売上表は、そのままデータベースとして利用できるので、心配はいらない。

ほかにポイントがあるとすれば「表を小分けしない」ことだろうか。1月分、2月分と、月別の売上表になっていると、集計しづらい。データベースの形で1年分の売上表にしておけば、「1月分の売上表」を抜き出すのは難しくないうえ、「この商品だけの年間売上表」や「担当者と商品のクロス集計表」といった組み替えも簡単だ（**図2**）。

この章では、データベース形式で入力した表を使って、必要なデータだけを抜き出したり、見たい順序に並べ替えたり、集計したりする方法を紹介していく。

●月別や担当者別の売上表は、まとめておけばデータベースに

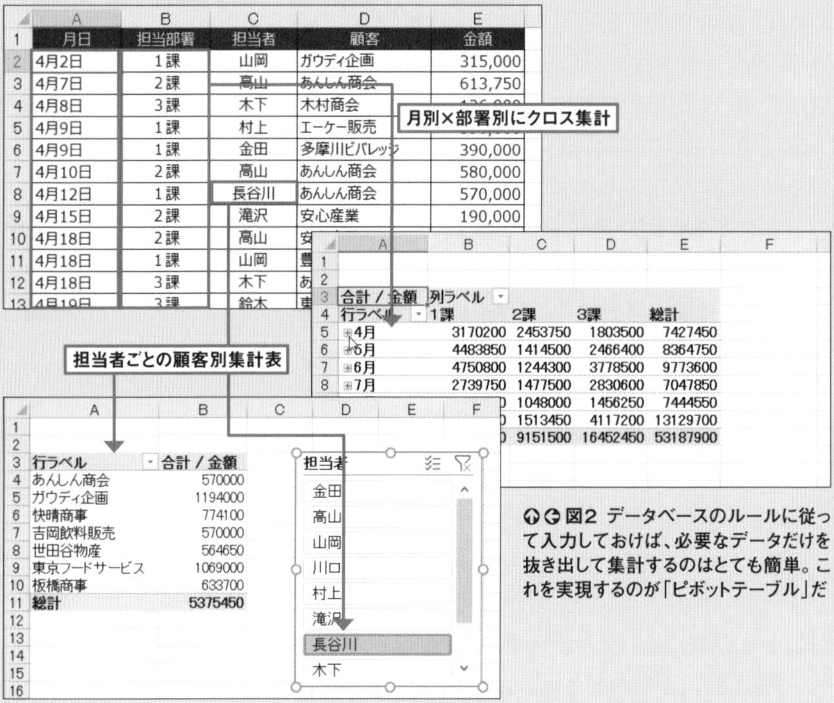

↑←図2 データベースのルールに従って入力しておけば、必要なデータだけを抜き出して集計するのはとても簡単。これを実現するのが「ピボットテーブル」だ

Section 01

10分 時短

思い通りに並べ替えるコツ 50音順はふりがなに注意

並べ替え

情報を探すとき、その情報が50音順などの規則に従って並んでいれば探しやすい。名簿を作ったら名前順や入社年月日順など、一定の基準で並べ替えると親切な表になる。紙の表なら面倒な作業だが、エクセルなら名前順でも年月日順でも、瞬時に並べ替えが可能だ。普段からエクセルを使っていれば並べ替えを利用したことはあると思うが、簡単そうで意外に思い通りにならないのが並べ替え。まずは基本から説明していこう。

並べ替えはよく使う機能なので、「ホーム」タブと「データ」タブにボタンがある。本書では、より手軽に使える「データ」タブのボタンを使って手順を説明する。

表を並べ替えるには、基準になる列を選択して「並べ替えとフィルター」グループにある「昇順」ボタンを押す（**図1**）。「昇順」とは、小さい値から順に大きくなる並べ方で、異なる文字種が交じっている場合は数字→記号→アルファベット→日本語の順に並ぶ。日本語の場合、ひらがな、カタカナ、漢字は文字種に関わらず「ふりがな」の50音順に並ぶ。図1では「桃最中《もももなか》」と「桃源郷最中《とうげんきょうもなか》」が同じ「桃」で始まるが、ふりがなが「もも」と「とう」なので、「桃源郷最中」のほうが上になっている。

金額の大きい順に並べるなら、金額のセルを選択して「降順」ボタンを押す（**図2**）。数値の場合、降順は大きいほうから順に並ぶので、個数や売り上げを多い順に並べるなら降順を選択する。日付や時刻の場合は、昇順だと古い順、降順だと新しい順に並ぶ。

正確に並ばないのは入力方法の問題

問題はここからだ。漢字を含む列を基準に並び替えたとき、「順序が違う!」ということがたまに起きる（**図3**）。原因は、「エクセルが読めない」ことにある。エクセルで入力した漢字には、入力時のかな漢字変換の操作を基に、“変換前の読みがな”が「ふりがな」として保存される。そのため、別の読みがなで入力していた場合は、入力時の読みがなの順に並んでしまう。また、ほかのアプリケーションやウェブからコピーしたデータにはふりがなが付かない。そうなると、漢字に割り当てられた文字コードを基準に並べ替えられるため順序が変わる。

➡ボタンで簡単に並べ替え

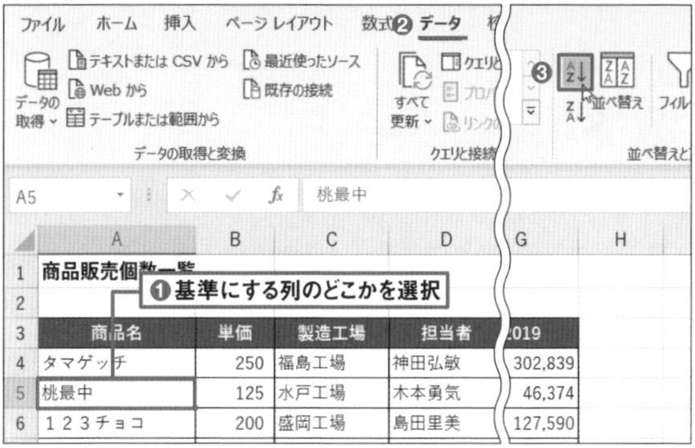

⬆➡ 図1 基準の列（ここではA列）のどこかを選択し、「データ」タブの「昇順」ボタンをクリック（❶～❸）。A列が昇順になるよう並べ替えられる（❹）

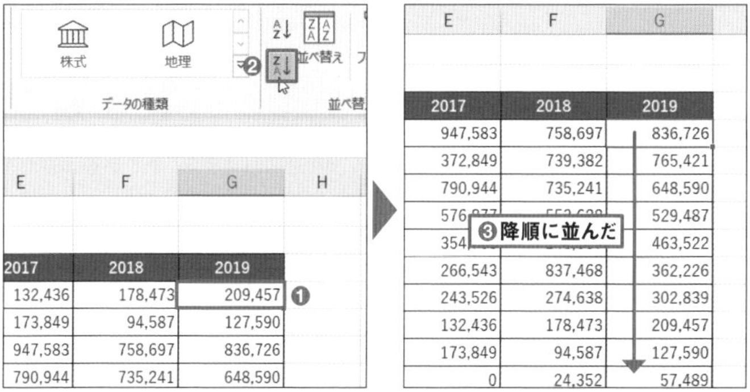

⬅ 図2 基準の列（ここではG列）のどこかを選択し「降順」ボタンを押すと（❶❷）、数値の大きい順に並ぶ（❸）。なお、項目名の行に色を塗るなど別の書式を設定しておくと、見出し行と自動で認識され、並べ替え対象から除外される

読みがな通りに並ばないこともある

	商品名	単価	製造工場	担当者
4	あいうえオカキ	350	札幌工場	遠藤真一
5	桃最中	125	水戸工場	進藤啓太
6	１２３チョコ	200	盛岡工場	鈴木早苗
7	110アイス	110	福島工場	鈴木誠
8				関川雄太
9	とのさま饅頭	80	札幌工場	土屋蘭子
10	ABCラムネ	150	長崎工場	河口由佳
11	ABCガム	120	長崎工場	高野ますみ
12	タマゲッチ	250	福島工場	宍田利孝
13	あずき七福	300	港工場	小宮裕子
14	55アイス	180	福井工場	田嶋篤

⬅ 図3 日本語の場合、並べ替えたはずなのに、正しく50音順に並ばないことがある

思い通りに並ばなくても手作業で並べる必要はない。ふりがなを表示させて確認してみよう（**図4**）。ふりがなが空欄だったり間違ったりしている場合は、「ふりがなの編集」で修正できる（**図5**）。

同じ商品名なら販売個数が多い順に並べる

社員名簿であれば、「部署で並べ替えつつ、同じ部署なら名前の昇順で」といった具合に複数の条件で並べ替えることはよくある。そんなときには「並べ替え」の設定画面を表示させ、条件を追加すればよい（**図6、図7**）。条件ごとに昇順／降順を選択できるので、「商品名を昇順、商品名が同じなら2019年の販売個数が多い順」といった条件指定が可能だ。

➡ふりがなの表示／非表示を切り替え

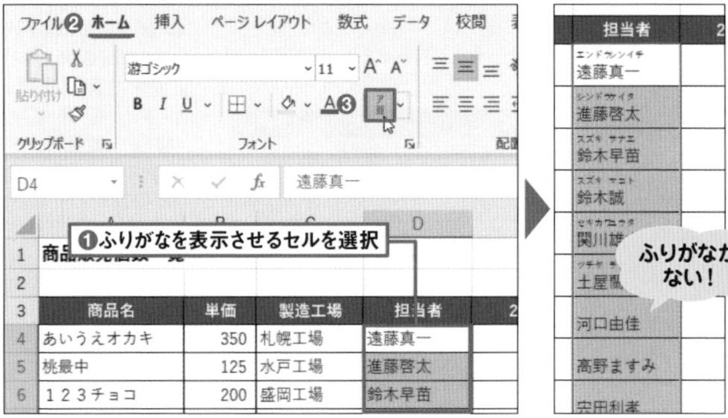

図4 正確に並ばなかったセルを選択して「ホーム」タブの「ふりがなの表示／非表示」をクリックする（❶〜❸）。ふりがなが間違っていたり、表示されないセルがあるはずだ

➡ふりがなを修正

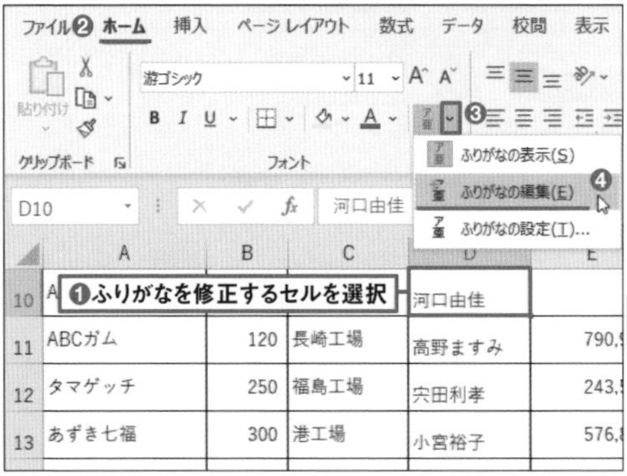

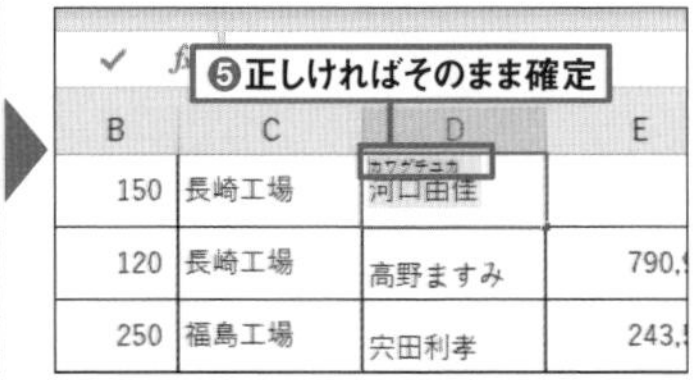

図5 ふりがながなかったり間違ったりしているセルを選択し、「ホーム」タブの「ふりがなの表示/非表示」の「▼」メニューから「ふりがなの編集」を選ぶ（❶〜❹）。空欄の場合はふりがなの候補が自動表示されるので、合っていればそのまま確定する（❺）

➡複数条件で並べ替え

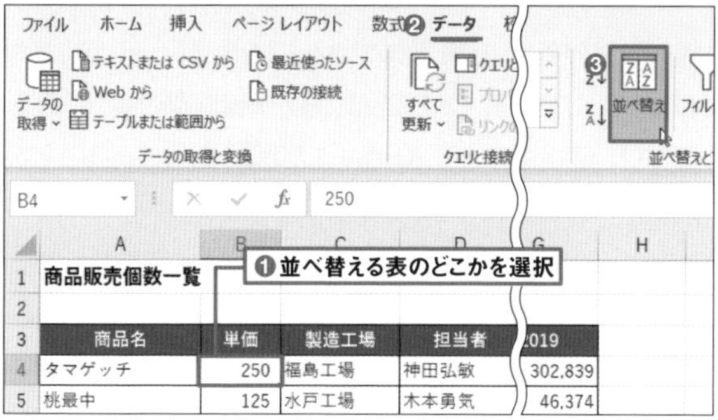

◎図6 並べ替える表のどこかを選択し、「データ」タブの「並べ替え」をクリック（❶～❸）

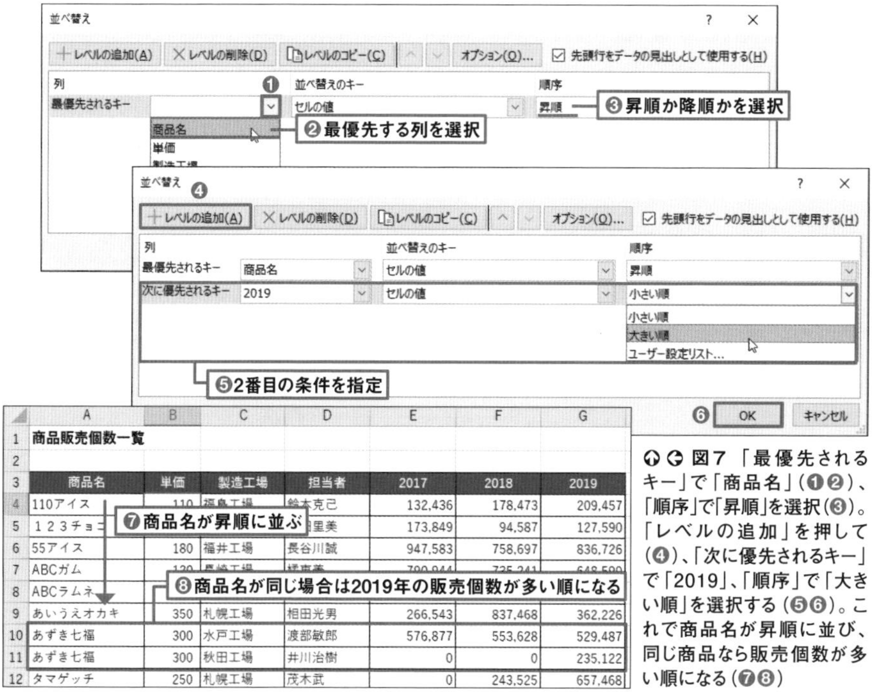

◎◎図7 「最優先されるキー」で「商品名」（❶❷）、「順序」で「昇順」を選択（❸）。「レベルの追加」を押して（❹）、「次に優先されるキー」で「2019」、「順序」で「大きい順」を選択する（❺❻）。これで商品名が昇順に並び、同じ商品なら販売個数が多い順になる（❼❽）

この「並べ替え」画面では、「並べ替えのキー」としてセルの色なども指定できるので、「赤字のセルは一番上に表示」といった指定もできる。また、「ユーザー設定リスト」（28ページ）を作って「順序」で「ユーザー設定リスト」を選択すれば、「秋田工場、水戸工場、札幌工場、…」のようにオリジナルの順序で並べることもできる。

罫線を乱さずに指定したセルだけ並べ替え

行の入れ替えは「Shift」+ドラッグの操作で簡単にできる(74ページ)。しかし、罫線の色や太さを変更した表の場合、セルを移動すると罫線が崩れ、修正に手間がかかる(**図8**)。並べ替え機能では、罫線を無視してデータだけを並べ替えることができるので、「罫線を変更せずに並べ替えたい」という場合にも役立つ。

ここでは、行の入れ替えではなく、一部のセルだけを並べ替えてみよう。並べ替えるセルを選択し、「並べ替え」画面を表示させる(**図9**)。選択範囲に項目名が含まれていない場合は、「先頭行をデータの見出しとして使用する」をオフにするのがポイントだ(**図10**)。

列方向でも並べ替え

並べ替えは行方向だけでなく、列方向でも可能だ。古い順に並んだ列を新しい順に並べ替えるといったときにも対応できる。**図11〜図13**では、「2017、2018、2019」と並んだ列を逆順に並べ替えている。

➡一部のセルだけを並べ替え

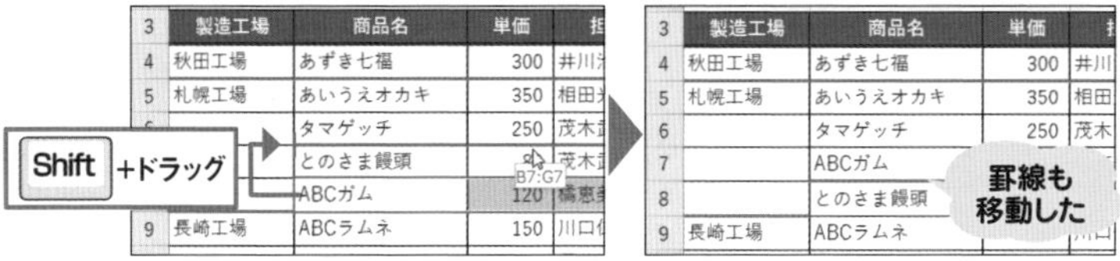

◎ **図8** 凝った罫線の表では、「Shift」+ドラッグでセルを移動すると、罫線(ここでは赤い罫線)まで移動してしまう

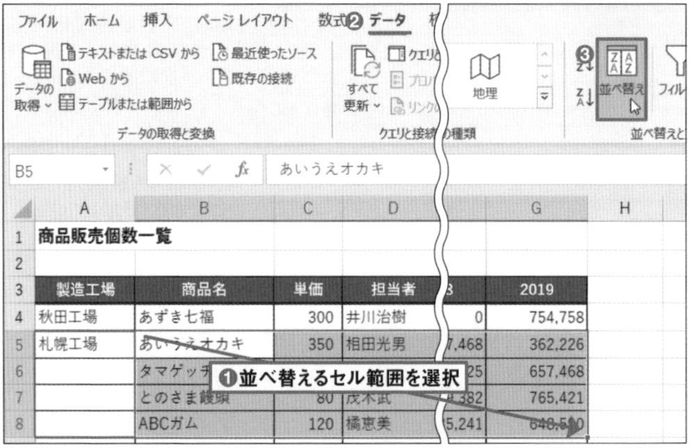

◎ **図9** 表の並べ替えたい範囲を選択し、「データ」タブの「並べ替え」をクリック(❶〜❸)

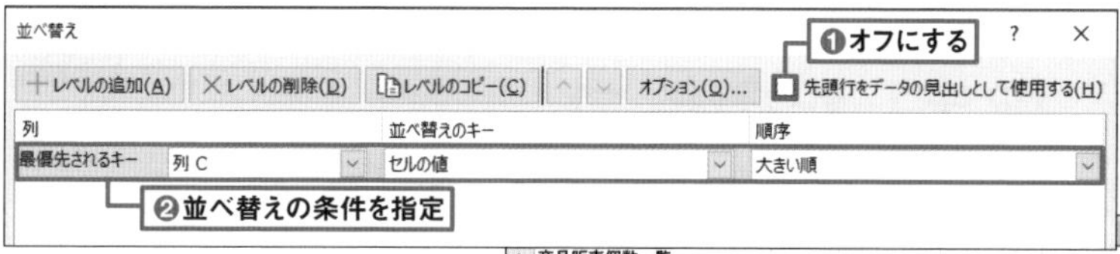

1	商品販売個数一覧						
2							
3	製造工場	商品名	単価	担当者	2017	2018	2019
4	秋田工場	あずき七福	300	井川治樹	0	0	754,758
5	札幌工場	あいうえオカキ	350	相田光男	266,543	837,468	362,226
6		タマゲッチ	250	茂木武	0	243,525	657,468
7		ABCガム	120	橘恵美	790,944	735,241	648,590
8		とのさま饅頭	80	茂木武	372,849	739,382	765,421
9	長崎工場	ABCラムネ	150	川口仁美	0	24,352	57,489

図10 並べ替えの設定で、「先頭行をデータの見出しとして使用する」をオフにする（❶）。「単価」を基準にするなら、キーを「列C」と指定。「大きい順」を指定すると、選択していたセルだけが単価の降順に並び、罫線は変わらない（❷❸）

➡列方向でも並べ替えOK

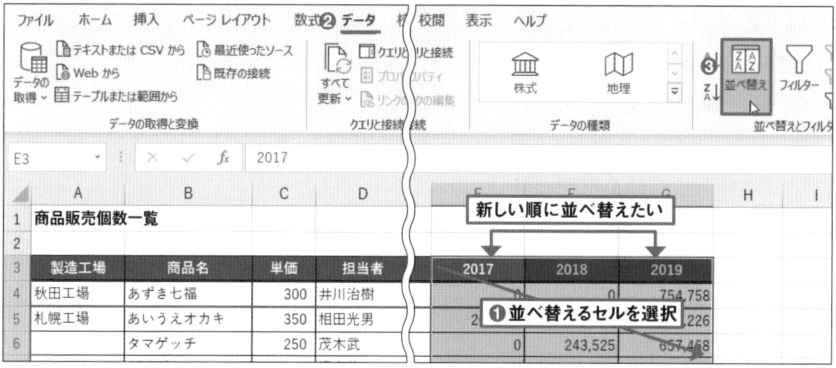

図11 並べ替え対象となるセル範囲を選択する（❶）。「データ」タブにある「並べ替え」ボタンを押す（❷❸）

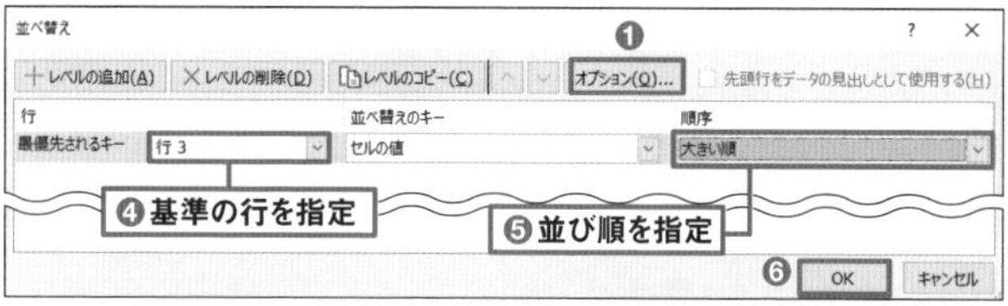

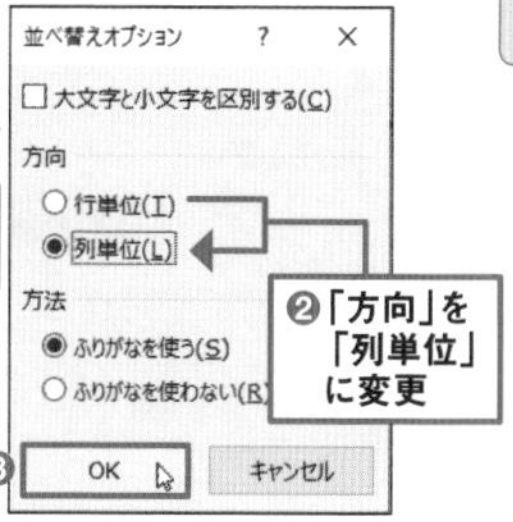

図12 開く画面で「オプション」をクリック（❶）。続く画面で「方向」を「列単位」に変更する（❷❸）。「並べ替え」画面に戻り、並べ替えの基準となる行（例では「行3」）と並び順（例では「大きい順」）を設定する（❹〜❻）

3	製造工場	商品名	単価	担当者	2019	2018	2017
4	秋田工場	あずき七福	300	井川治樹	754,758	0	0
5	札幌工場	あいうえオカキ	350	相田光男			
6		タマゲッチ	250	茂木武	657,468	243,525	0
7		ABCガム	120	橘恵美	648,590	735,241	790,944
8		とのさま饅頭	80	茂木武	765,421	739,382	372,849
9	長崎工場	ABCラムネ	150	川口仁美	57,489	24,352	0

図13 2019から新しい順に並んだ。図12の❷の設定はその後も有効だが、「データ」タブの「昇順」「降順」ボタンには影響しない

Section 02

10分 時短

指定した条件で データを絞り込む「フィルター」

フィルター

名簿や集計表で「東京都だけのデータにして」といった場合、都道府県別に並べ替えた後、必要なデータのみコピーして別表を作るといった操作をしていないだろうか。しかし、この方法だと目的ごとに表が増えて煩雑になるうえ、「今度は埼玉県のデータも」といった場合に最初からやり直しになる。こんなときは「東京都だけ」「10万以上だけ」など、条件を指定して表示するデータを絞り込める「フィルター」を使おう（**図1**）。フィルターは不要なデータを一時的に非表示にするだけなので、すぐ元の表に戻したり、別の条件に切り替えたりできる。

フィルター機能は、「ホーム」タブと「データ」タブから選択できるが、ここでは「データ」タブを使って手順を説明する。

「データ」タブで「フィルター」を選ぶと、表の1行目にフィルターボタン（▼）が表示される（**図2**）。商品名や氏名など、絞り込みたい列のフィルターボタンをクリックしてみよう。最初は「（すべて選択）」が選ばれているので、そのチェックを外し、表示させたい項目にチェックを付ける。「OK」を押せば、絞り込み完了だ（**図3、図4**）。

必要なデータだけに絞り込む

元表

	A	B	C	D
1	商品名	単価	製造工場	担当者
2	タマゲッチ	250	福島工場	神田弘敏
3	桃最中	125	水戸工場	木本勇気
4	１２３チョコ	200	盛岡工場	水戸里美
5	とのさま饅頭	80	札幌工場	茂木武
6	ABCラムネ	150	秋田工場	川口仁美
7	55アイス	180	福井工場	長谷川誠
8	110アイス	110	福島工場	鈴木克己
9	あずき七福	300	水戸工場	渡部敏郎
10	ABCガム	120	福井工場	橘恵美
11	桃源郷最中	180	水戸工場	園田義男
12	あいうえオカキ	350	札幌工場	相田光男

商品名で絞り込み

	A	B	C
1	商品名	単価	製造工場
2	タマゲッチ	250	福島工場
9	あずき七福	300	水戸工場
12	あいうえオカキ	350	札幌工場
13	あずき七福	300	秋田工場
14	タマゲッチ	250	札幌工場

100000～500000の範囲に絞り込み

	E	F	G
者	2017	2018	2019
	243,526	274,638	302,839
	173,849	94,587	127,590
	132,436	178,473	209,457
	354,768	243,557	463,522
	266,543	837,468	362,226
	0	0	235,122

図1 元の表を変更するのではなく、必要なデータに絞り込んだ表を表示させることができる

➡特定の商品だけデータを表示

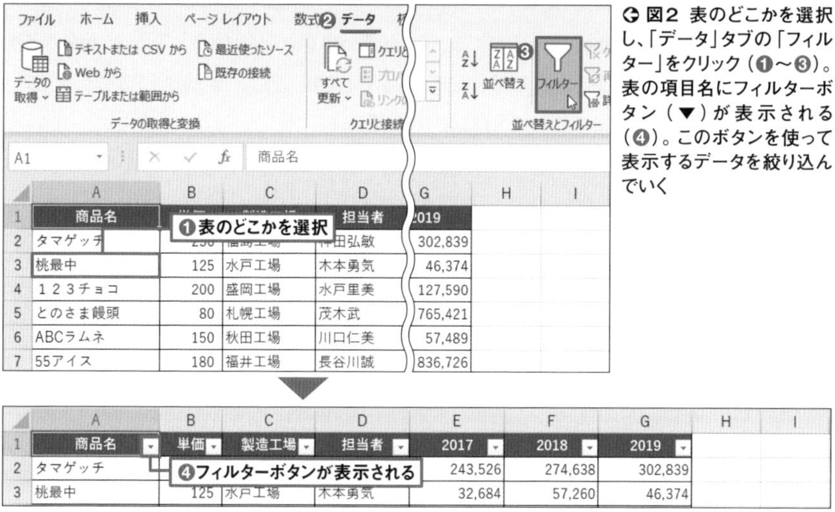

図2 表のどこかを選択し、「データ」タブの「フィルター」をクリック（❶〜❸）。表の項目名にフィルターボタン（▼）が表示される（❹）。このボタンを使って表示するデータを絞り込んでいく

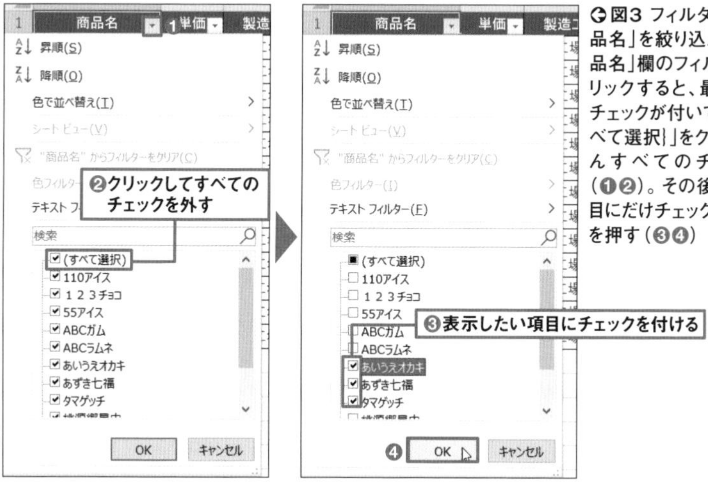

図3 フィルターボタンで、「商品名」を絞り込んでみよう。「商品名」欄のフィルターボタンをクリックすると、最初はすべてにチェックが付いているので、「（すべて選択）」をクリックしていったんすべてのチェックを外す（❶❷）。その後、表示したい項目にだけチェックを付けて「OK」を押す（❸❹）

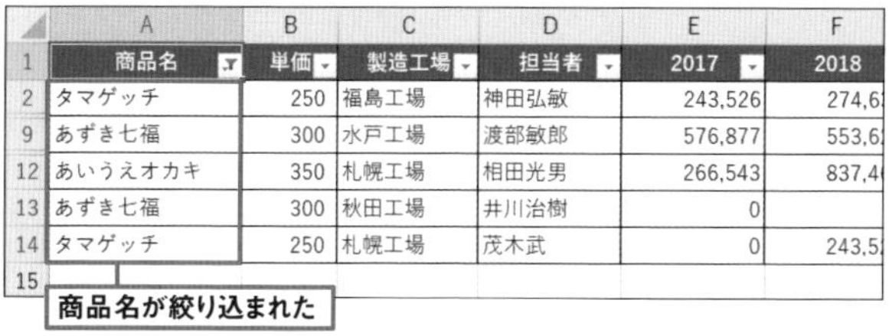

図4 商品名が3つに絞り込まれた。ほかの行はすべて非表示になる。行番号が2、9、12…と飛んでいることから、データがが折り畳まれて非表示になっていることがわかる。絞り込みを実行したフィルターボタンは絵柄が変わる

商品名で絞り込んだデータの中でさらに「札幌工場と福島工場だけ表示させたい」といった場合は、「製造工場」の列でフィルターを追加すればよい（**図5**）。

フィルターを個別に解除する場合は、フィルターボタンをクリックして「… からフィルターを解除」を選択する。複数のフィルターをかけた場合は、「データ」タブで「クリア」を選ぶことでまとめてフィルターを解除できる（**図6**）。

絞り込むデータが数値の場合、「100000～500000のみ」といった絞り込みができる。「数値フィルター」を使うと、一定の数値以上、以下、未満、範囲内など、さまざまな条件指定が可能だ（**図7**）。データが文字列の場合は、「テキストフィルター」から、「指定の値で始まる」「指定の値で終わる」「指定の値を含まない」などの条件指定ができる（**図8**）。

➡さらに絞り込む条件を増やす

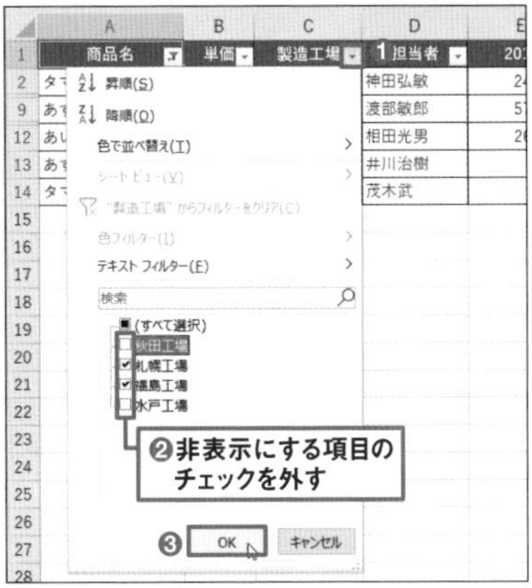

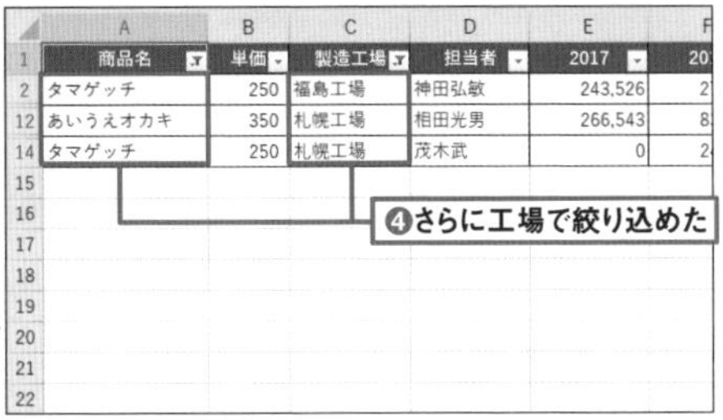

⬅⬆ **図5** 複数の条件での絞り込みを同時に行うことも可能だ。商品名を絞り込んだ状態で、「製造工場」欄のフィルターボタンをクリックする（❶）。「札幌工場」と「福島工場」だけチェックを付ければ、ほかの工場のデータが非表示になる（❷～❹）

➡絞り込みをまとめて解除

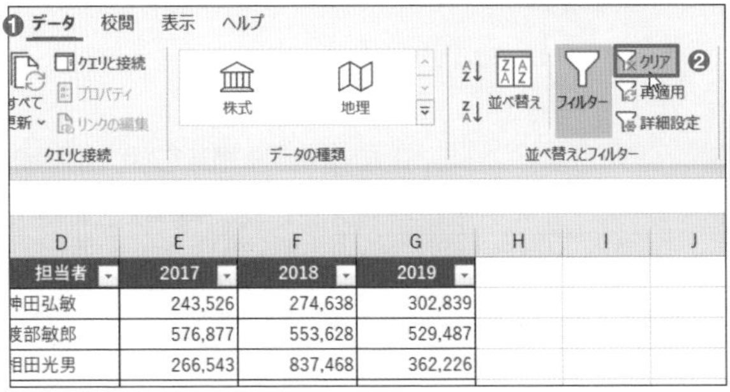

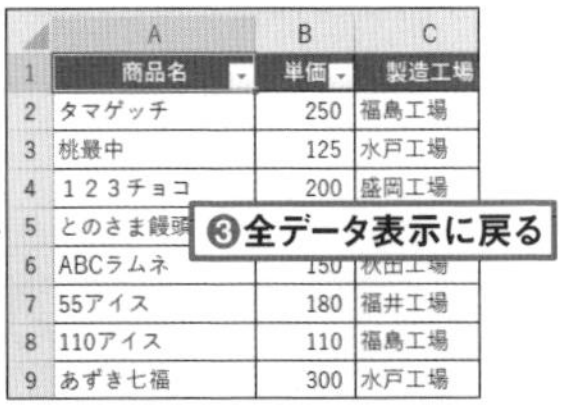

⬅⬆ **図6** 「データ」タブの「並べ替えとフィルター」で「クリア」を選ぶ（❶❷）。絞り込みが解除され、全データが表示される（❸）

➡100000から500000までのデータを表示

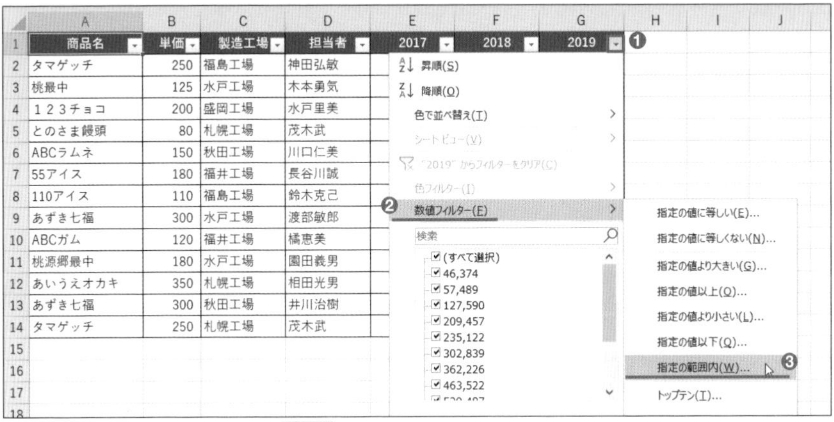

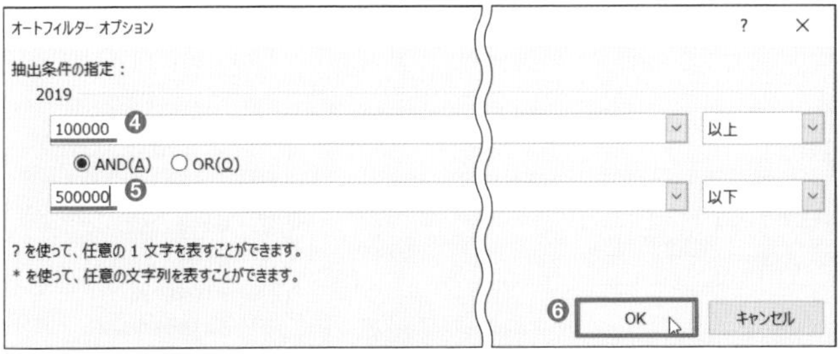

↑←図7 絞り込む列のフィルターボタンをクリックし、「数値フィルター」から「指定の範囲内」を選択する（❶〜❸）。数値の範囲を指定すると（❹〜❻）、指定した範囲内の数値に絞り込める（❼）

➡文字列ならテキストフィルター

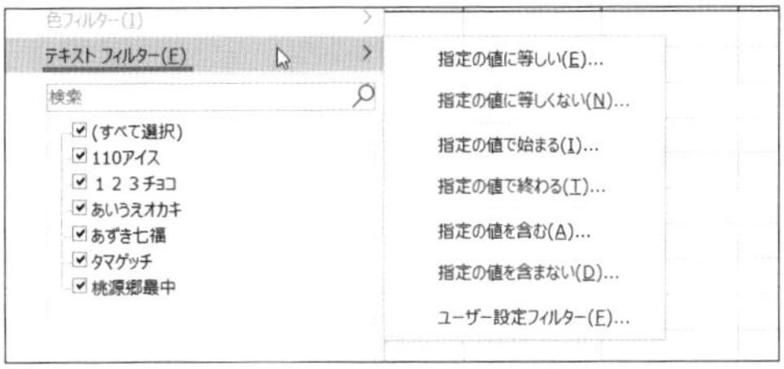

←図8 文字列の場合は、フィルターボタンのメニューにある「テキストフィルター」を使うことで、指定の文字列で始まるセルや、完全に一致するセルなどに絞り込める

「数値フィルター」の「トップテン」フィルターでは、トップテンだけでなく、トップ5やトップ3の絞り込みも可能だ（**図9**）。ただし、図9では「上位5位」などに絞り込むだけで、1位から順に並べるには並べ替えをする必要がある（**図10**）。フィルターで絞り込んだデータは、そのまま範囲選択してコピーすることで、表示しているデータのみをコピーすることができる（**図11、図12**）。

フィルターを使い終えたら、「データ」タブで「フィルター」をクリックすれば絞り込みを解除すると同時に、フィルターボタンも非表示になる（**図13**）。

➡販売個数トップ5を表示させて昇順に並べる

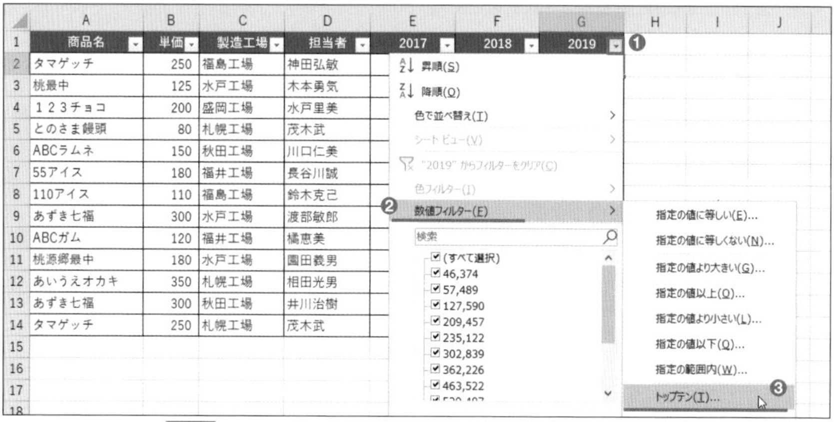

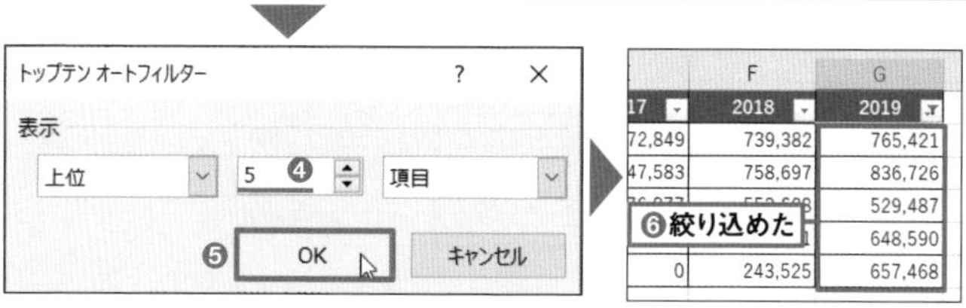

⬆⬅ **図9** 絞り込む列のフィルターボタンをクリックし、「数値フィルター」から「トップテン」を選択する（❶〜❸）。ここでは5位まで表示するよう指定する（❹〜❻）

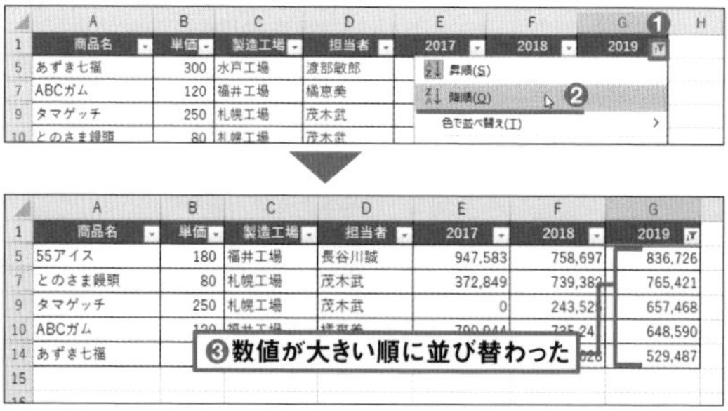

⬅ **図10** トップ5を上位から順に並べるには、フィルターボタンから「降順」を選択すればよい（❶〜❸）

➡絞り込んだデータだけで別の表を作る

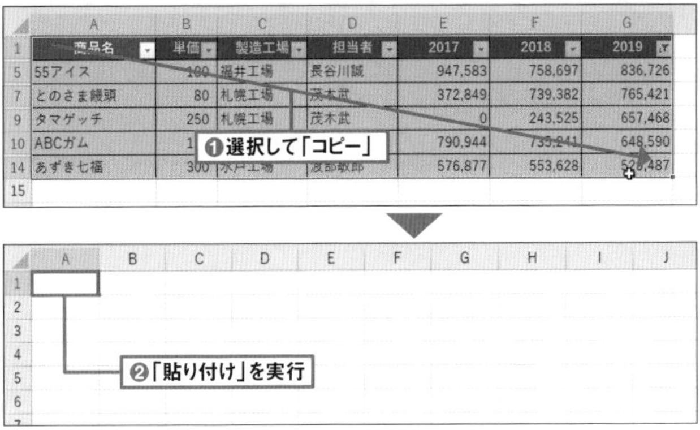

図11 絞り込んだデータは、選択して「Ctrl」＋「C」キーなどでコピーすることができる（❶）。貼り付け先を選んで「Ctrl」＋「V」キーなどで貼り付けると（❷）、絞り込んだ結果だけ貼り付けられる

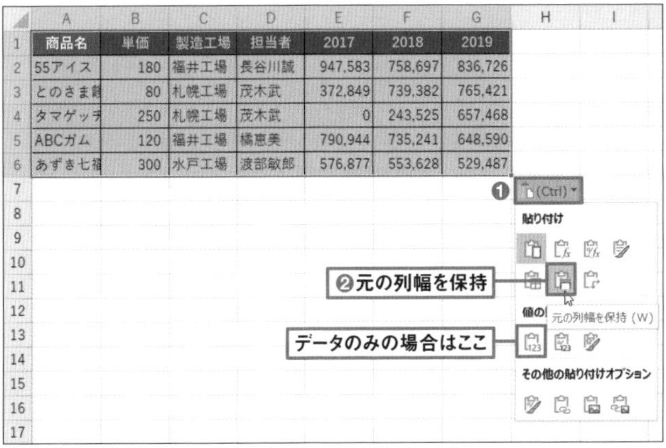

図12 貼り付け先では、セルの色や罫線などの書式は引き継がれるが、フィルター機能は解除される。この例では列幅が変わってしまったので、「貼り付けのオプション」ボタンから「元の列幅を保持」を選択すると、元の列幅に戻る（❶❷）。数式は結果の文字列や数値に置き換わる。書式をクリアしたい場合は、「値のみ」を選ぶ

➡フィルターを解除する

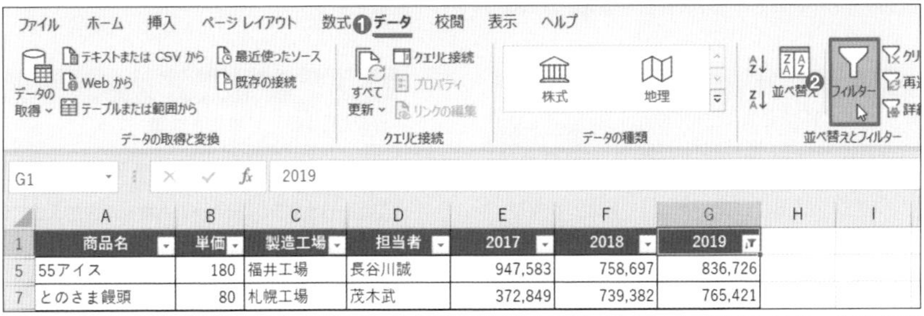

図13 「データ」タブで「フィルター」をクリックすると、絞り込みが解除されるとともに、フィルターボタンも非表示に戻る（❶❷）

Section 03

フィルターで絞り込んだデータのみ集計する

5分 時短

フィルター SUBTOTAL

前項のフィルター機能を使うと、データの絞り込みができる。ただし、絞り込んでいるのは表示だけで、実際のデータは隠れたまま存在している。そのため、表示中のデータのみ合計したいときにSUM関数を使うと、非表示のデータまで含まれてしまう。表示中のデータのみ集計するには、SUBTOTAL関数を使う必要がある（**図1**）。

SUBTOTAL関数は、引数の指定方法によって合計や平均、個数などを計算できる（**図2**）。また、絞り込んだ表のすぐ下のセル（この例ではG17セル）で「オートSUM」ボタンを使うと、SUM関数ではなくSUBTOTAL関数を自動入力できる。

➡フィルターで絞り込んだデータはSUBTOTALで集計

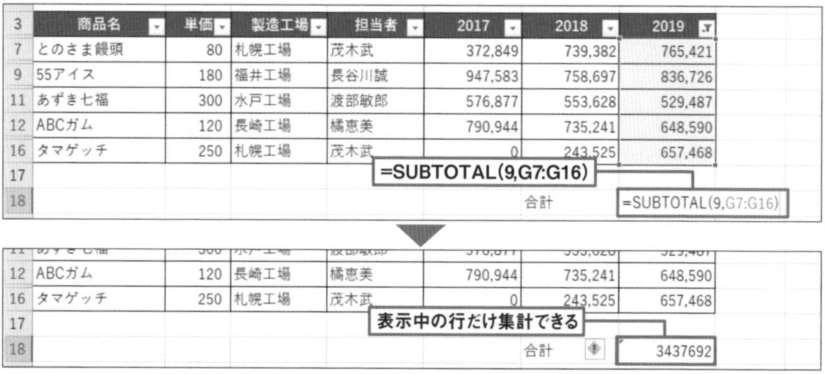

3	商品名	単価	製造工場	担当者	2017	2018	2019
7	とのさま饅頭	80	札幌工場	茂木武	372,849	739,382	765,421
9	55アイス	180	福井工場	長谷川誠	947,583	758,697	836,726
11	あずき七福	300	水戸工場	渡部敏郎	576,877	553,628	529,487
12	ABCガム	120	長崎工場	橘恵美	790,944	735,241	648,590
16	タマゲッチ	250	札幌工場	茂木武	0	243,525	657,468
17							
18						合計	=SUBTOTAL(9,G7:G16)

=SUBTOTAL(9,G7:G16)

12	ABCガム	120	長崎工場	橘恵美	790,944	735,241	648,590
16	タマゲッチ	250	札幌工場	茂木武	0	243,525	657,468
17							
18						合計	3437692

表示中の行だけ集計できる

図1 表示中のセルだけを合計する場合は、SUBTOTAL関数を使う

SUBTOTAL《サブトータル》 【表示セルのみ集計】 数学／三角関数

=SUBTOTAL(集計方法,範囲1,…)

「範囲1」以下に指定したセル範囲のうち、表示セルだけを対象に、「集計方法」で指定した集計を行う。「集計方法」の引数は右表の通り

集計方法	計算内容
1または101	平均を計算
2または102	数値のセルを数える
3または103	データのあるセルを数える
4または104	最大値を計算
5または105	最小値を計算
9または109	合計を計算

図2 SUBTOTAL関数の引数では、「集計方法」の指定に右の表の数値を使う。合計を計算する場合は「9」あるいは「109」と指定する。100番台の数値で指定すると、フィルターではなく手動で非表示にした行も除外できる

Section 04

1分時短

よく使うフィルター設定はすぐ呼び出せる「ビュー」に登録

ユーザー設定のビュー

フィルターを使った絞り込みは難しくないが、いくつかの条件を切り替えて表示するといった場合、毎回フィルターの設定をやり直すのは面倒だ。集計表でいつも使うフィルターが決まっているのなら、フィルター設定を「ユーザー設定のビュー」として登録しよう（**図1**）。これでフィルターを解除しても、ビューから選択するだけでよく使うフィルター設定を呼び出せるようになる（**図2**）。

➡行列を非表示にした状態を「ビュー」として登録

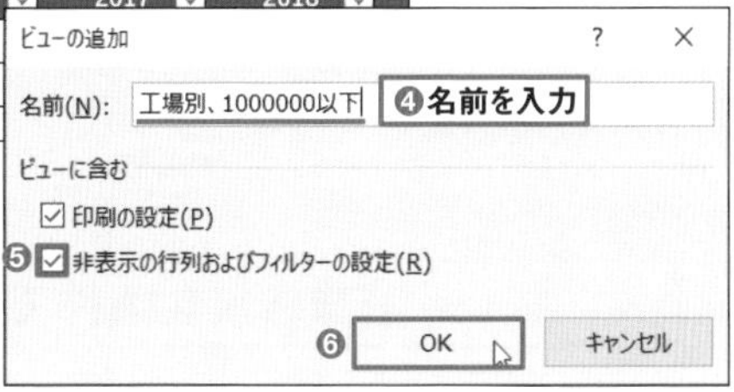

⬆➡**図1** フィルターなどでデータを絞り込む（❶）。「表示」タブで「ユーザー設定のビュー」を選択（❷❸）。わかりやすい名前を入力し、「非表示の行列およびフィルターの設定」にチェックを付けて「OK」を押す（❹～❻）

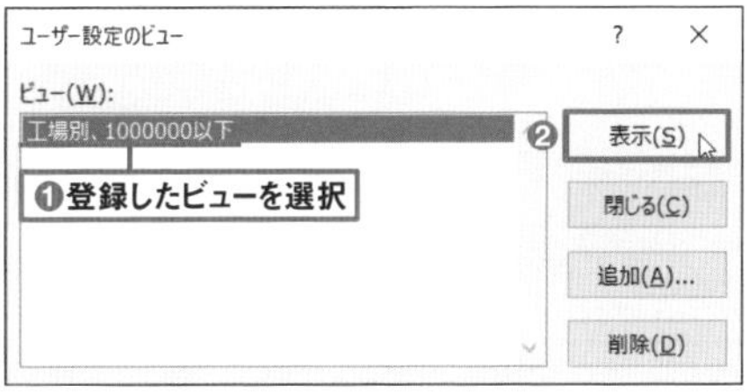

⬅**図2** 図1上の手順で「ユーザー設定のビュー」を選択すると、登録したビューの名前が表示されるので選択する（❶）。「表示」を押すと、指定したフィルターの状態をすぐに再現できる（❷）

Section 05

10分 時短

文字列を探すだけじゃない 検索・置換で書式も変更

検索と置換

たくさんのデータの中から「札幌の文字を探す」、あるいは「福で始まるセルを探す」といった場合、目視で探すのは非効率だし見逃しも起きる。指定した条件に該当するセルを探し出す「検索」機能を使おう（**図1**）。

表全体で検索する場合は表のどこかをクリックする（**図2**）。セル範囲を選択してから検索すれば、その範囲内のみで検索もできる。ここでは「水戸」という文字列で検索してみた。「次を検索」をクリックして順次表示することもできるし、「すべて検索」で見つかったセルをリストアップすることもできる。「すべて検索」後に「Ctrl」+「A」キーを押せば、見つかったセルをまとめて選択できる。

通常の検索では指定した文字列を含むセルが検索されるが、「*」（アスタリスク）や「？」（クエスチョン）のワイルドカードを使うと、「… で終わる」や「… で始まる3文字の文字列」といった指定も可能だ（**図3**）。

検索結果をほかの文字列などに置き換える場合は、「検索」後に「置換」タブを選ぶか、図2上のメニューで「置換」を選択する（**図4**）。検索する文字列だけでなく、検索後に置き換える文字列も指定する。「すべて置換」を選ぶと一括で置換できる。

検索や置換では、書式も指定できる。「赤い文字を検索して青に変える」といった場合にも利用できる。

さまざまな条件で探せる検索機能

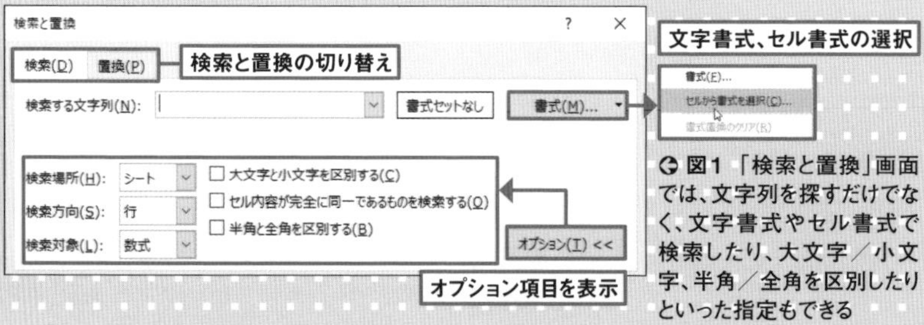

図1 「検索と置換」画面では、文字列を探すだけでなく、文字書式やセル書式で検索したり、大文字／小文字、半角／全角を区別したりといった指定もできる

➡「水戸」を含むセルをすべて選択

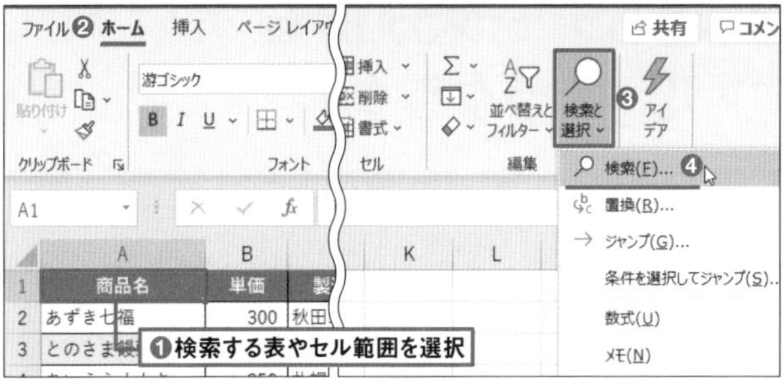

◀◀図2 検索対象のシートのどこかやセル範囲を選択し(❶)、「ホーム」タブの「検索と選択」から「検索」を選ぶ。(❷〜❹)。ここでは「水戸」で検索する(❺)。「すべて検索」を選ぶと該当するセルがすべてリストアップされる(❻)。その状態で「Ctrl」+「A」キーを押すと、検索したセルをまとめて選択できる(❼❽)

使用例	意味(該当例)
福	「福」を含む文字列(例:福田 七福神 幸福)
福*	「福」で始まる文字列(例:福 福田 福島県)
福??	「福」で始まる3文字の文字列(例:福島県)
*福	「福」で終わる文字列(例:七福 幸福)

◀図3 検索などの条件指定で使える「ワイルドカード」。「*」は任意の文字列、「?」は任意の1文字を表す。なお、ワイルドカードを利用するには、「セル内容が完全に同一であるものを検索する」のオプションにチェックを入れる必要がある

➡「水戸」を探して「港」に置換

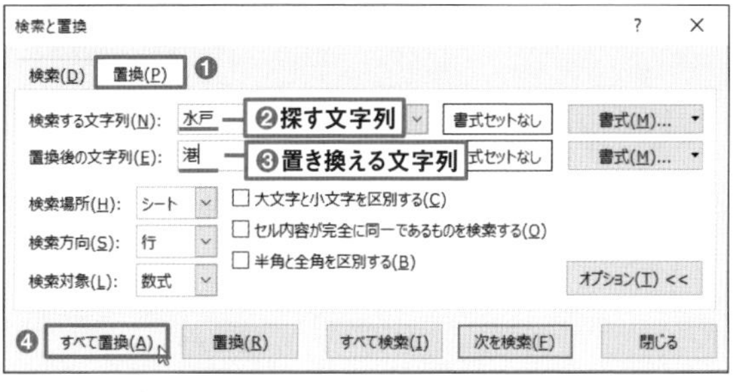

◀図4「置換」タブを選ぶと(❶)、検索する文字列と、置き換える文字列を指定できる(❷❸)。「すべて置換」を押すと、該当する文字列がすべて置換される(❹)

Section 06

10分 時短

書式設定もデータ分析も「テーブル」でラクラク

テーブル

1行目に項目名があり1行に1件分ずつデータが入力された表は、「テーブル」に変換することができる。テーブルとは、書式設定、集計、フィルター、並べ替え、数式といったデータの加工を簡単に行えるデータグループのこと。といってもピンとこないかもしれないので、実際に何ができるのか、紹介していこう。

1行目に項目名が並ぶデータベース型の表は、「テーブル」に変換すると入力やメンテナンスが楽になる（**図1**）。見た目は通常の表（図1上）と大差ないが、重宝するのはその拡張性。データを追加すると、書式や数式を引き継いだ形で柔軟に表を拡張できるので、帳簿や顧客名簿などの管理に適している。

「テーブル」にするとテーブル機能が使える

通常の表（書式のみ設定）

	A	B	C	D	E	F	G
1	日付	商品番号	単価	数量	金額		
2	2020/4/1	T01	800	5	¥4,400		
3	2020/4/1	G01	1,500	6	¥9,900		
4	2020/4/1	T02	1,200	3	¥3,960		
5	2020/4/2	G01	1,500	8	¥13,200		
6	2020/4/2	G02	1,800	2	¥3,960		
7	2020/4/2	T02	1,200	10	¥13,200		
8	2020/4/3	T01	800	3	¥2,640		

「テーブル」に変換した表

	A	B	C	D	E	F	G
1	日付	商品番号	単価	数量	金額		
2	2020/4/1	T01	800	5	¥4,400		
3	2020/4/1	G01	1,500	6	¥9,900		
4	2020/4/1	T02	1,200	3	¥3,960		
5	2020/4/2	G01	1,500	8	¥13,200		
6	2020/4/2	G02	1,800	2	¥3,960		
7	2020/4/2	T02	1,200	10	¥13,200		
8	2020/4/3	T01	800	3	¥2,640		

図1 上は単に書式を設定しただけの表で、下はテーブル機能を利用した表だ。見た目こそ違いがわかりにくいが、テーブルに変換したほうが圧倒的に便利。ここでは、テーブルの具体的な使い方を見ていこう

テーブルへの変換は入力後でもできるが、これから作成する表なら、項目名と最初の数行を入力した状態でテーブルにするのがオススメだ（**図2**）。このとき、数式や数値の書式は設定しておくとよいのだが、罫線やセルの色などは付けないで、テーブルの自動デザインにまかせたほうがよい。

テーブルに変換するには、表内のセルを選択し、「テーブルとして書式設定」から好みのデザインを選ぶ（**図3**）。この例では1行置きの色付きになるデザインを選んだ。デザインは後から変更もできるし、どのデザインを選んでもテーブルとして使える機能は同じだ（**図4**）。

➡書式や数式を設定してからテーブルにする

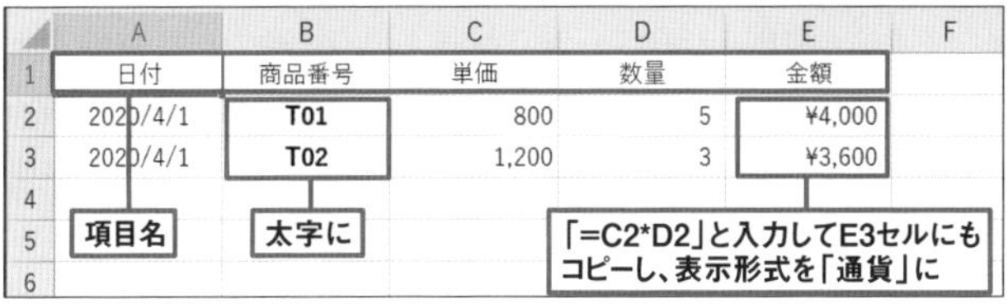

◀図2 1行目に項目名を入力。2件ほどデータを入力したら、この段階で文字の書式と数値の表示形式、そして数式をすべて整えておくのがポイントだ

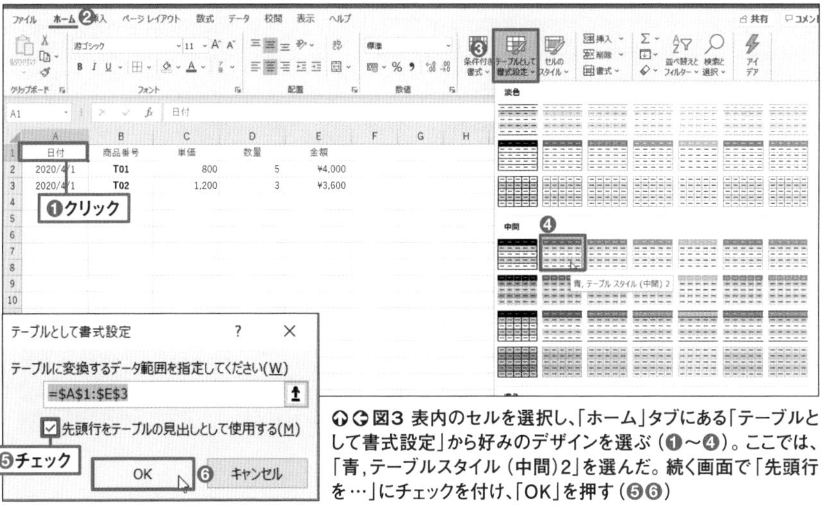

▲◀図3 表内のセルを選択し、「ホーム」タブにある「テーブルとして書式設定」から好みのデザインを選ぶ（❶〜❹）。ここでは、「青，テーブルスタイル（中間）2」を選んだ。続く画面で「先頭行を…」にチェックを付け、「OK」を押す（❺❻）

◀図4 表がテーブルに変換される。セルはテーブルの色（ここでは1行置きの水色）で塗りつぶされ、項目名の右側にはフィルターの「▼」ボタンが付く

テーブルなら書式や数式を自動でコピー

テーブルに変換できたら、残りのデータを入力していく。テーブルのすぐ下の行にデータを入力するだけで既存の行に設定していた書式や数式のほか、1行置きの色付けも自動で引き継がれる（**図5**）。途中の行を1行削除した場合も1行置きの色付けは自動的に修正されるなど、変更されたデータを自動的に認識して、テーブルとして書式設定してくれるのは大きなメリットだ。

テーブル内で使われている数式を修正すると、同じ列のほかの数式も自動的に修正される（**図6、図7**）。同じ列なら同じ数式だろうとエクセルが判断した結果だ。

テーブルにすると同時に表示されるフィルターボタンは、データの並べ替えや抽出（絞り込み）を行う便利なボタン（**図8**）。150ページで説明したフィルターの機能をそのまま使うことができる。受注日の順に並べ替えたり、住所が東京都のデータだけを表示するといった作業が驚くほど簡単だ。データを絞り込んだ状態でテーブル全体をコピペすると、非表示の行を省けるのもフィルターと同じ。貼り付け先はテーブルにはならず、数式は結果の文字列や数値に置き換えられる。

➡データの追加で書式や数式を自動コピー

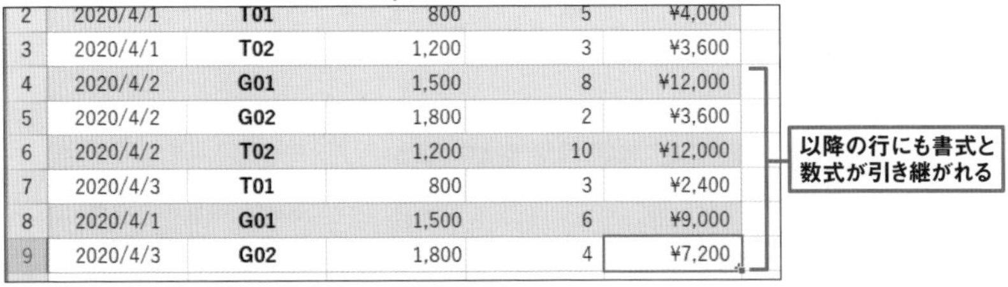

図5 テーブルにデータを追加すると、自動的に書式が引き継がれる。数式が入力されている場合は数式もコピーされるので、データを入力するだけでテーブルを拡張できる

➡数式は1カ所修正すれば同じ列は自動修正

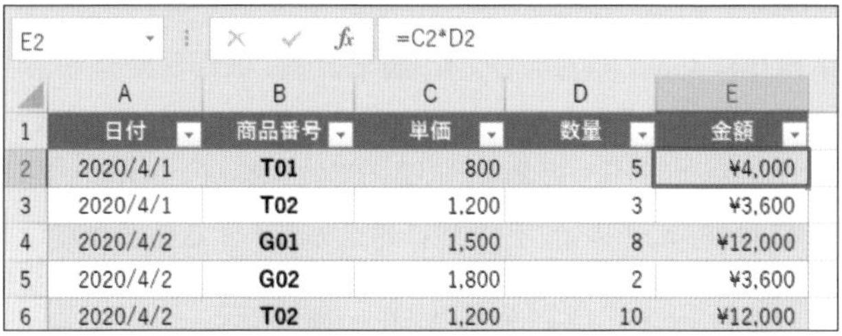

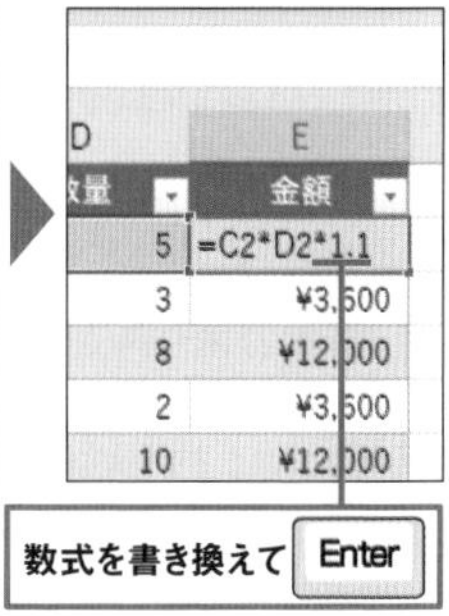

図6 テーブルなら数式を後から変更するのも楽だ。例えば、「金額」欄のどれかのセルで数式を書き換えると、同じ列の数式すべてが書き換わる

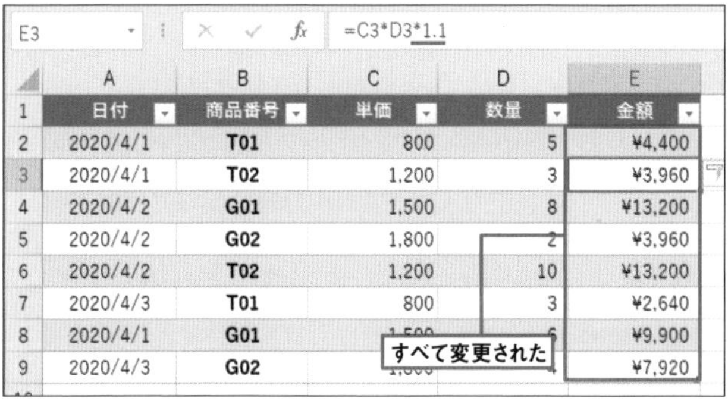

図7 図6ではE2セルの数式を修正しただけだが、E3セル以降の数式にも「*1.1」が追加され、再計算も自動的に行われる

➡フィルターボタンで並べ替えや抽出はおまかせ

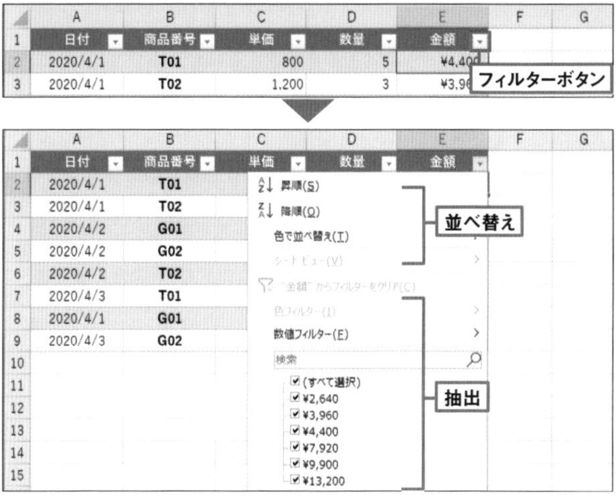

図8 テーブルにすると各列の項目名に表示されるフィルターボタン（▼）。「データ」タブの「フィルター」で表示されるのと同じ機能があり、データの並べ替えや抽出（絞り込み）が簡単にできる。金額で絞り込むなら、「金額」のフィルターボタンをクリックし、表示させたいデータを選択すればよい

「Shift」キーを押さずにドラッグだけで並べ替え

テーブルでは、ドラッグ操作による行の入れ替えも、通常の表とは作法が違う。通常、行を入れ替えるには「Shift」キーを押しながらドラッグするが、テーブル内ではセル範囲の外枠をドラッグするだけで行の入れ替えになる（**図9**）。移動すると同時に、1行置きの塗り色なども自動調整されるので、手作業で書式を修正する必要はない。

範囲名は自動設定、「集計行」で合計や平均を一発表示

テーブルは計算でも威力を発揮する。例えばSUM関数で金額欄を合計する数式を入力すると、セル範囲が「=SUM(テーブル1[金額])」のように、セル番地ではなく名前で指定される（**図10**）。テーブルの列には自動的に名前（127ページ）が設定され、数式がわかりやすくなるうえ、追加したデータも計算対象になるのだ。

実は合計や平均は、数式を入力する必要もない。「テーブルデザイン」タブの「集計行」をチェックするだけで、テーブルの最終行に合計や平均、データの個数などを計算する集計行を追加できる（**図11**）。集計行の「▼」をクリックすると、合計だけでなく平均や個数などの計算方法を選択できる（**図12**）。フィルターボタンで絞り込んでいる場合、抽出したデータのみで集計される。

テーブルを解除して通常の表に戻すことも可能だ。表内のセルを選択して「範囲に変換」を押せばよい（**図13**）。書式などはそのまま残る。

➡「Shift」キーを押さずにドラッグのみで移動

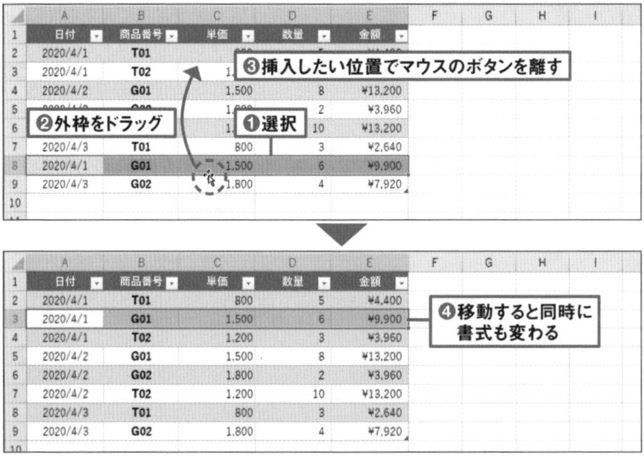

❸挿入したい位置でマウスのボタンを離す
❷外枠をドラッグ
❶選択
❹移動すると同時に書式も変わる

図9 行全体を移動するときはセル範囲を選択し、その外枠をドラッグすればよい（❶〜❹）。通常の表のように「Shift」キーを押して挿入モードにする必要はない

➡テーブル特有の範囲名で数式がわかりやすい

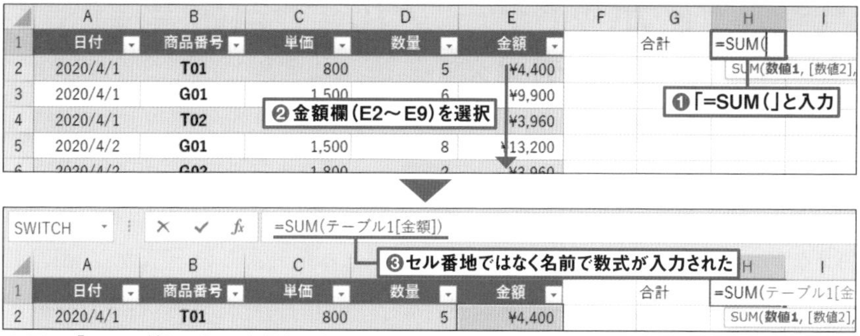

図10 「=SUM(」と入力し、金額を入力したセル範囲を指定すると、セル番地ではなく「=SUM(テーブル1[金額])」のように表示される(❶〜❸)。確定すると、金額の合計が計算でき、後から見たときにも何の計算をしているかわかりやすい

➡集計行を簡単に表示

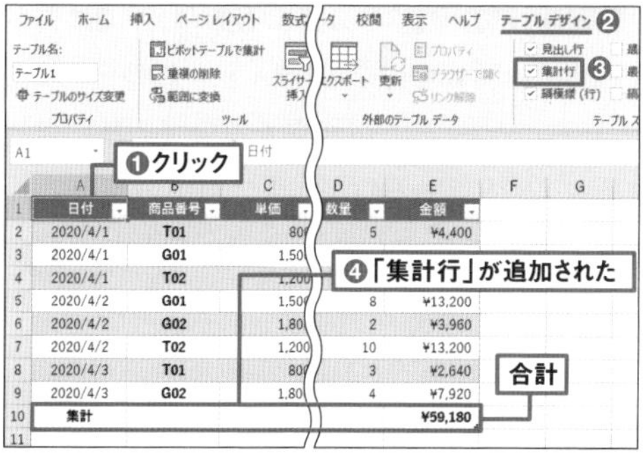

図11 テーブル内を選択し、「テーブルデザイン」タブの「集計行」をチェック(❶〜❸)。表の最下部に集計行が追加され(❹)、合計値が表示される。なお、さらにデータを追加する場合は、いったん「集計行」をオフにしてから入力する

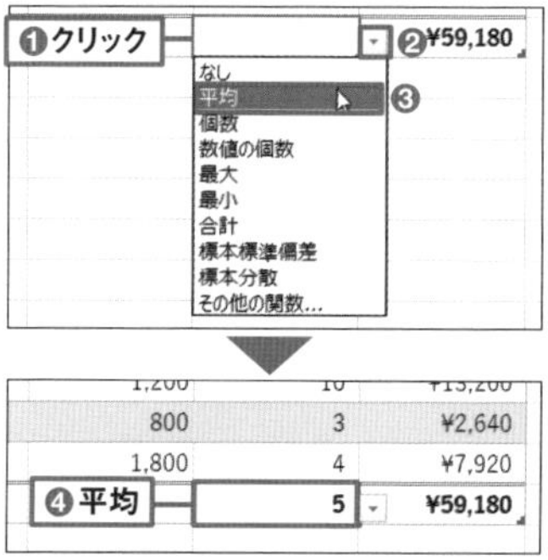

図12 集計行で「▼」ボタンを押し、メニューを選ぶと、合計だけでなく、平均や最大値、データの個数などさまざまな値を表示できる(❶〜❹)

➡テーブルを解除しても書式や数式は残る

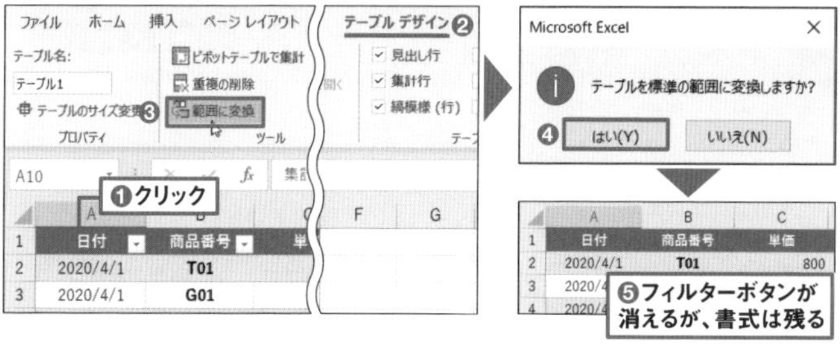

図13 テーブルを解除するには、テーブル内を選択し、「テーブルデザイン」タブで「範囲に変換」を押す(❶〜❸)。次の画面で「はい」を選ぶと、テーブルが解除される(❹❺)

Section 07

「ピボットテーブル」で自動集計 項目の切り替えも一発

30分 時短

ピボットテーブル

日々の売り上げを記録した表には、日付、支店名、担当者、商品名、金額など、さまざまなデータが入力されている。そのままでは単なる売上表だが、そこから「担当者別」「商品別ごとの担当者別」「支店別」などの集計表を作れれば、実績の確認や分析に大いに役立つはずだ。しかし手作業では「担当者別」の表を作るだけでもかなりの手間。この集計表作成を全自動でやってくれるのが「ピボットテーブル」だ。

ピボットテーブルを使うと、表の項目（フィールド）を縦軸と横軸に配置するだけで、それらの項目を対象にした集計表が作れる。「担当者別」のような単純な集計はもちろん、「商品別×支店別」「日付別×担当者別」のようなクロス集計も簡単だ（**図1**）。さらに、「ピボット（pivot）」（回転軸）という名前は、列と行をクルクルと入れ替えられることに由来する。集計項目を切り替えながら、「どの支店が好調だろうか」「秋にはどの商品が売れているのか」といった分析も手軽にできるのが大きなメリットだ。

ピボットテーブルの元表は、1行目に項目名があり、2行目以降、1行に1件分ずつデータが入力されたデータベース形式の表。前項で紹介したテーブルでもよい。

「ピボットテーブル」で多彩な集計

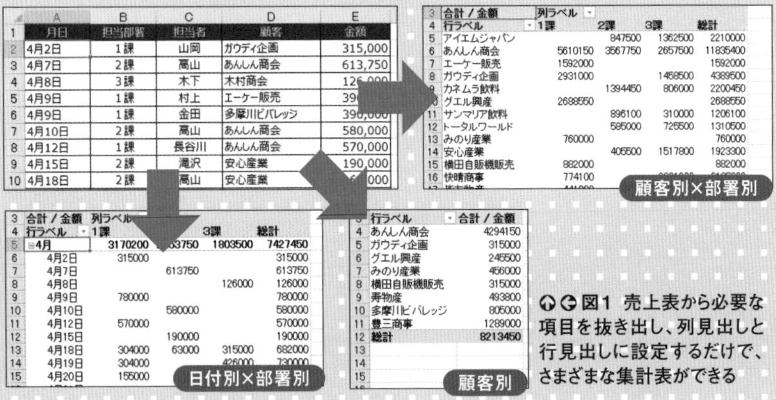

図1 売上表から必要な項目を抜き出し、列見出しと行見出しに設定するだけで、さまざまな集計表ができる

表のどこかを選択して、「挿入」タブにある「ピボットテーブル」ボタンを押すと、ピボットテーブルを配置する枠が現れる（**図2、図3**）。ここから「顧客別×担当部署別」のクロス集計をしてみよう。

➡売上表からピボットテーブルを作る

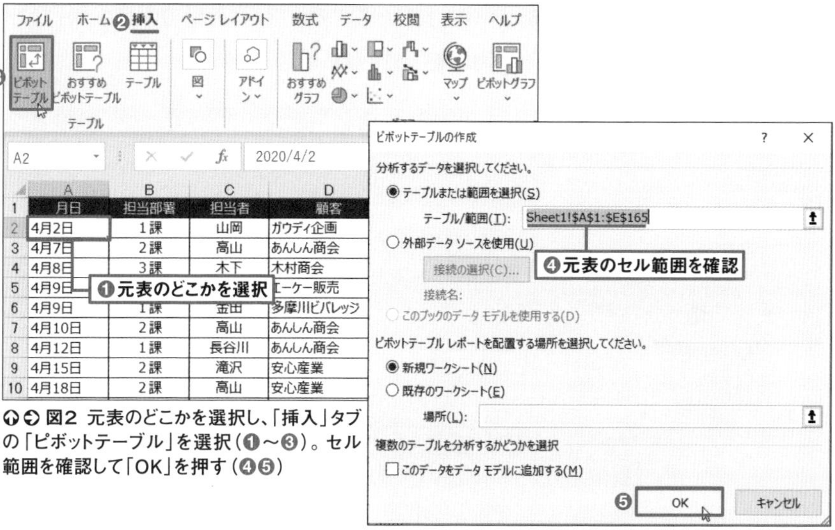

⇧⇨ 図2 元表のどこかを選択し、「挿入」タブの「ピボットテーブル」を選択（❶〜❸）。セル範囲を確認して「OK」を押す（❹❺）

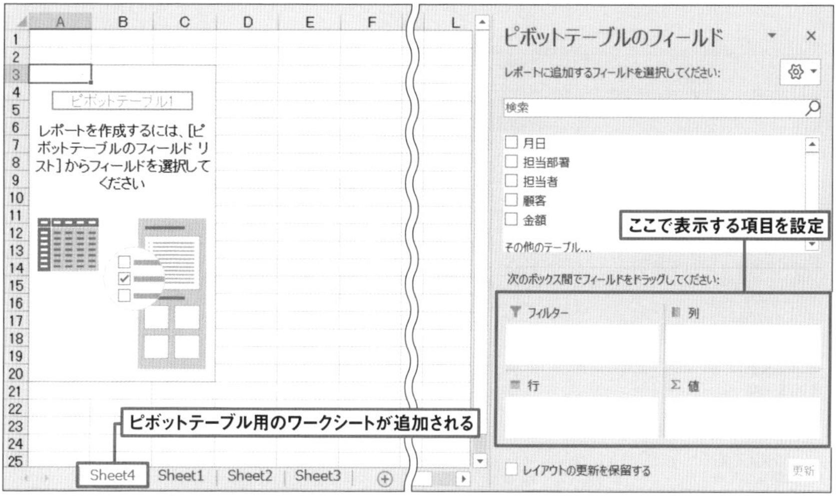

⇧図3 ピボットテーブルが表示される。といっても、最初は空っぽの枠だ。画面右側で、表示する項目（フィールド）を指定すると、画面左側に集計表が自動作成される仕組みになっている

指定方法は簡単だ。右側の「ピボットテーブルのフィールド」ウィンドウで、まず縦軸としたい「顧客」を「行」の枠内までドラッグ。これで行の見出しに指定できる(**図4**)。次に、「顧客別×担当部署別」でクロス集計するので、横軸となる「列」に「担当部署」、集計する「金額」を「値」に指定する(**図5**)。これだけで集計表が出来上がる。

別の切り口に変更してみよう。「部署ごとの月別集計表」が見たければ、不要な「顧客」のチェックを外す(**図6**)。「月別」に変更するので、「月日」の項目を「行」にドラッグする(170ページ**図7**)。これで自動で月別の集計になる。

➡行・列の項目と、集計する項目を指定する

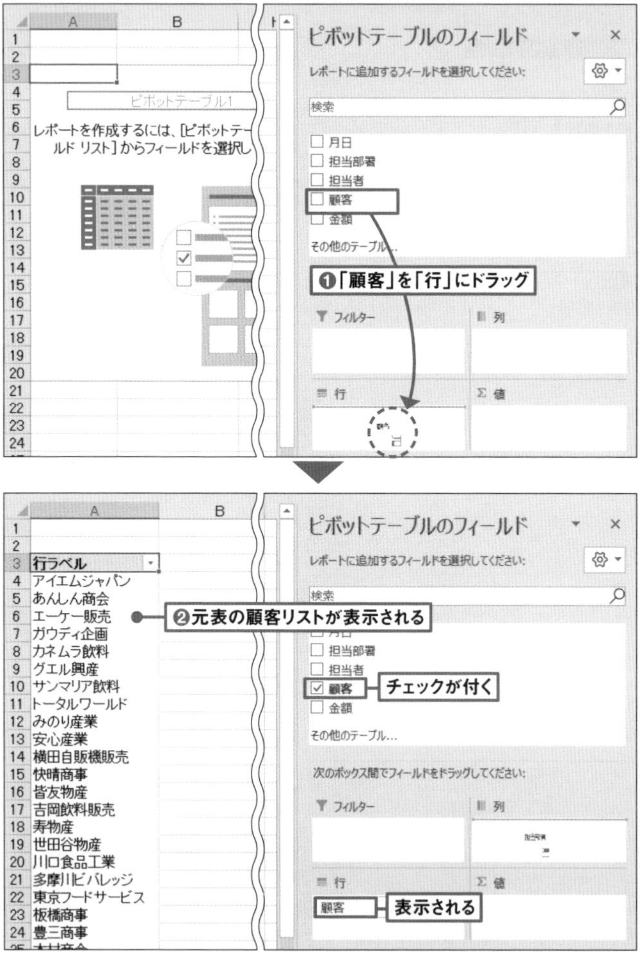

➡ **図4** 項目(フィールド)のリストから「顧客」を選び、マウスで「行」までドラッグする(❶)。これで行の項目として「顧客」が指定され、表の行見出しとして顧客リストが表示される(❷)

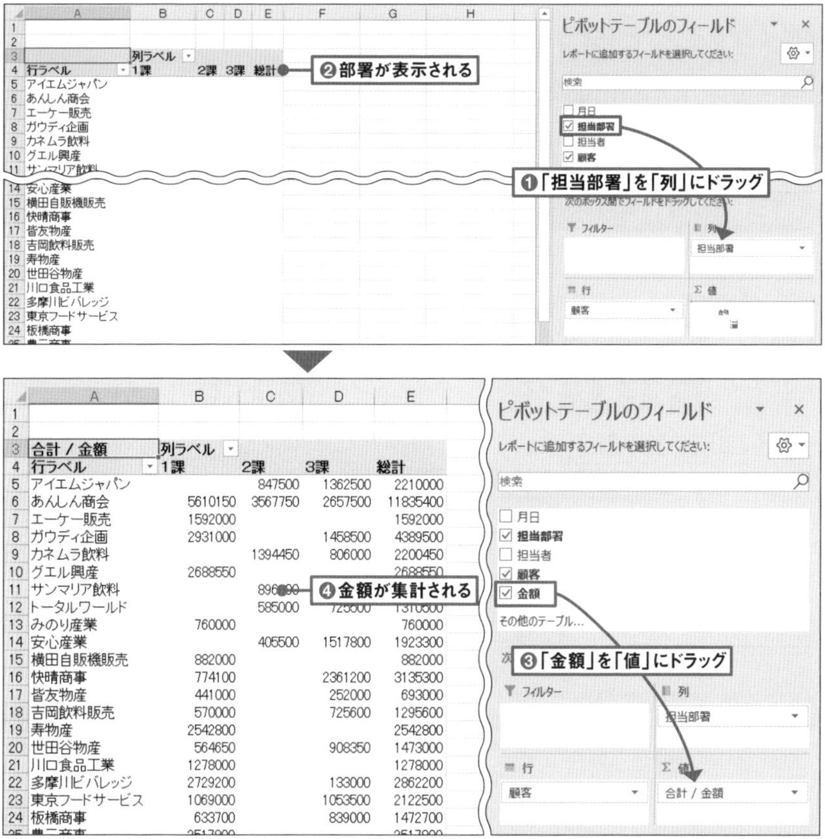
❷部署が表示される
❶「担当部署」を「列」にドラッグ
❹金額が集計される
❸「金額」を「値」にドラッグ

⊙ 図5 同様に、「担当部署」を「列」へ、「金額」を「値」へドラッグすると、「顧客別、担当部署ごとの金額集計表」ができる（❶～❹）

➡集計項目の指定を解除する

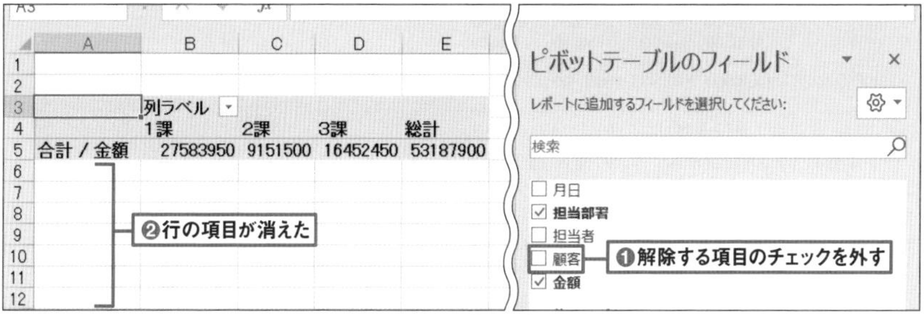
❷行の項目が消えた
❶解除する項目のチェックを外す

⊙ 図6 顧客別の集計をやめる場合は、右側のリストで「顧客」のチェックを外す。これだけで集計表からその項目が消える（❶❷）

「タイムライン」と「スライサー」で絞り込み

この表は4月から9月までのデータが入っているが、「5月と6月だけ見たい」という場合は「タイムライン」で絞り込むことができる（**図8**）。

➡日付で集計し直す

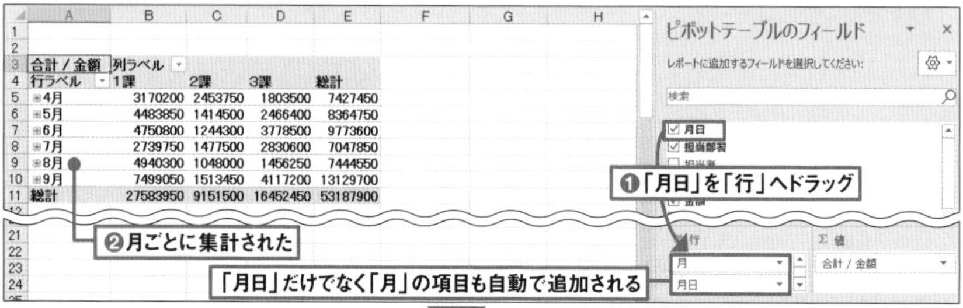

↑←図7 「月日」を「行」にドラッグすると、月別集計表に切り替わる（❶）。元表は日付ごとだったが月ごとにまとめられた（❷）。月名の左の「+」をクリックすると、日ごとのデータも見られる（❸）

➡タイムラインで時間をコントロール

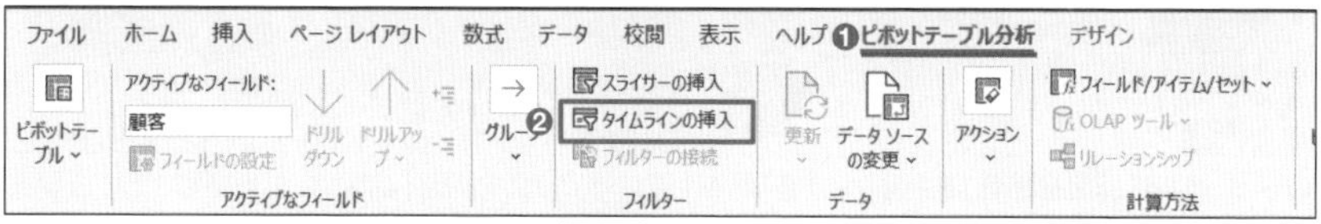

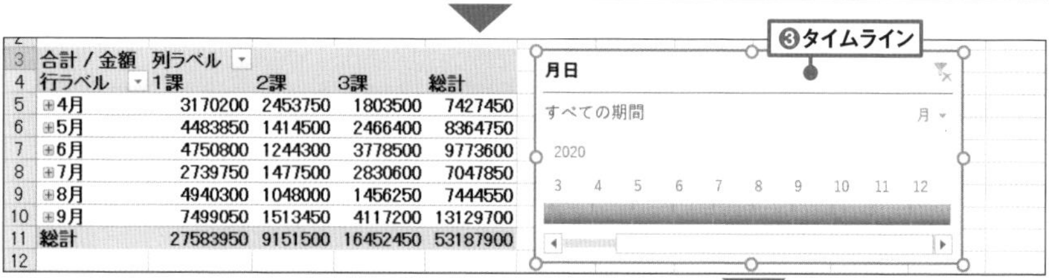

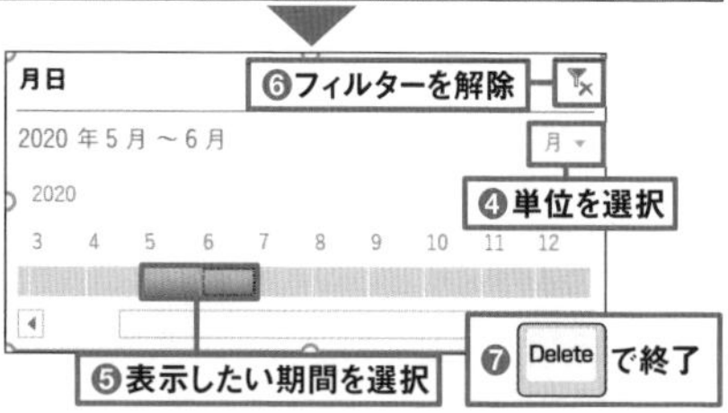

↑→図8 表示する日付を絞り込むときには、「ピボットテーブル分析」タブで「タイムラインの挿入」を選択する（❶❷）。次の画面で「月日」を選択すると、「タイムライン」の指定画面が表示される（❸）。「月」をクリックすると、「日」や「四半期」などの単位を選べる（❹）。見たい期間をクリックやドラッグで指定すると、ピボットテーブルの表示を絞り込める（❺）。絞り込みを解除するには❻をクリック。作業を終えたら「Delete」キーでタイムラインの表示を終了できる（❼）

同様に「顧客別集計表」を作ると、標準では担当者全員の売上集計になっているが、「担当者別に見たい」「部署別に見たい」といった場合は、「スライサー」を使って一部のデータだけに絞り込むとよい（**図9**）。担当者別に見るなら、「担当者」の項目をスライサーにする。見たい担当者をクリックするたびに、その人のみの集計を表示できるので便利だ（**図10**）。複数の担当者を集計するには「複数選択」をオンにしてから担当者を選ぶ。

➡「スライサー」で担当者ごとの集計を見る

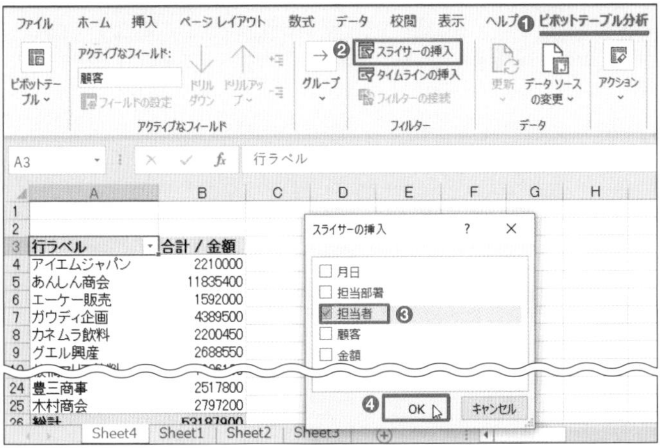

図9 「ピボットテーブル分析」タブで「スライサーの挿入」を選択（❶❷）。ここでは担当者ごとに見たいので、「担当者」をチェックして「OK」を押す（❸❹）

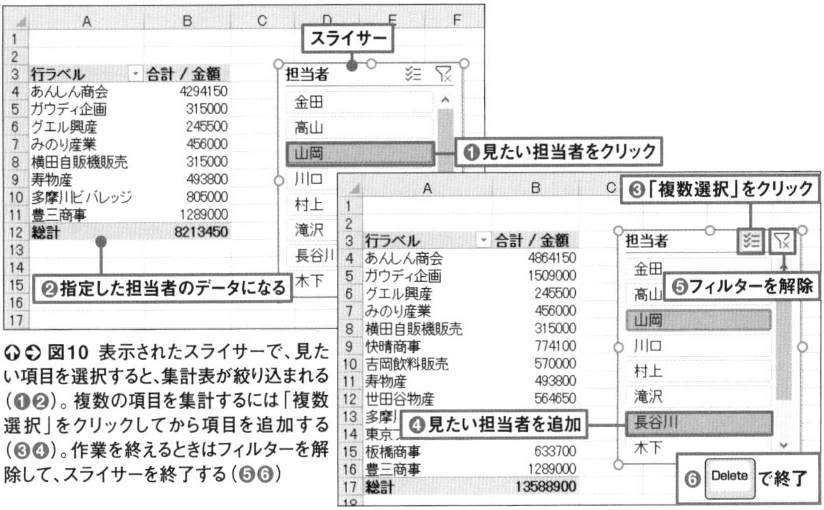

図10 表示されたスライサーで、見たい項目を選択すると、集計表が絞り込まれる（❶❷）。複数の項目を集計するには「複数選択」をクリックしてから項目を追加する（❸❹）。作業を終えるときはフィルターを解除して、スライサーを終了する（❺❻）

作成したピボットテーブルの色合いなどは、「デザイン」タブで変更することができる（**図11**）。また、「ホーム」タブで「罫線」を指定したり、フォントを変更したりといったことも可能なので、見やすく設定しよう。

なお、ピボットテーブルの元表にデータが追加された場合、そのままではピボットテーブルに反映されないことがある。その場合は、「ピボットテーブル分析」タブで「データソースの変更」を選択し、範囲の選択をやり直せばよい（**図12**）。

➡ピボットテーブルを変更する

図11 ピボットテーブルのデザイン変更は、ピボットテーブルを選択すると表示される「デザイン」タブで行う。行見出しや列見出し、縞模様の表示／非表示を切り替えたり、テーブル全体の色設定も変えられる

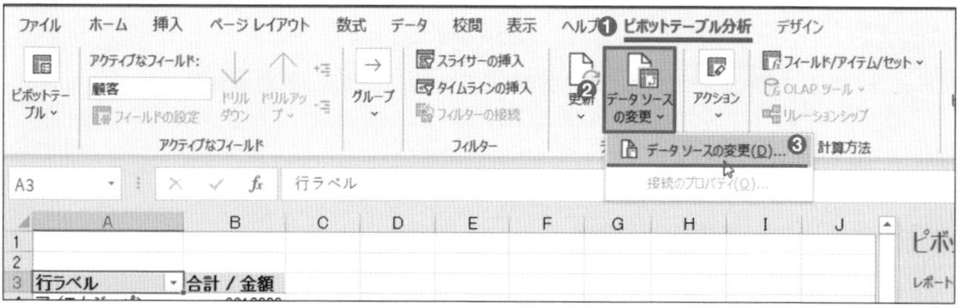

図12 ピボットテーブルの元表にデータを追加した場合は、「ピボットテーブル分析」タブで「データソースの変更」を押し、「データソースの変更」を選ぶ（❶～❸）。元表が表示されるので、追加したデータが含まれるようにセル範囲を変更する（❹❺）

第6章

見やすい表を短時間で作るコツ

ビジネス文書では後回しにされがちな書式設定だが、プレゼンなどでは見やすさも重要だ。できるだけ手間をかけずに、誰にでも見やすい表を作るにはコツがある。セル内の文字配置から、見やすい罫線を手早く引く方法など、見栄えアップのワザを身に付けよう。

- ▶テーブル機能を書式設定に利用
- ▶セル内の文字列や数値を自由に配置
- ▶罫線を手早く、思い通りに引く
- ▶「条件付き書式」で特定のセルを目立たせる ほか

Excel

基本を再確認

表の見栄えを左右する「セルの書式設定」

見づらい表は、見間違いのもと。ビジネスの表はシンプルなのが一番といわれるが、人に見せる表ならできるだけ見やすくし、伝えたいポイントが目立つように工夫することが大切。時間をかけずに見栄え良く仕上げるにはコツがある。

セルに設定できる主な書式には、表示形式、塗りつぶしの色、罫線、文字書式、行や列のサイズなどがある。通常は「ホーム」タブで設定するが、「セルの書式設定」画面でより詳細な設定が可能だ（**図1**）。この画面は「フォント」グループなどの右下隅にあるボタンからも開けるが、セルを右クリックして「セルの書式設定」を選んでも開ける。よく開く画面なので、「Ctrl」+「1」キーというショートカットを使うのもいいだろう。

セルの書式設定はここから

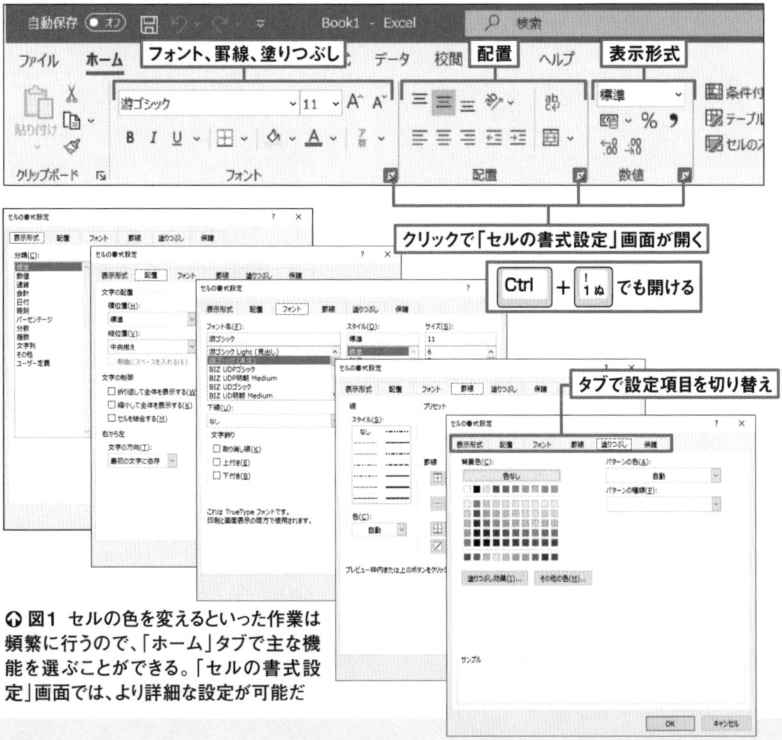

図1 セルの色を変えるといった作業は頻繁に行うので、「ホーム」タブで主な機能を選ぶことができる。「セルの書式設定」画面では、より詳細な設定が可能だ

表の書式は大きい範囲から

セルの書式は、最初に大きい範囲で設定するのがコツだ。今ある表の範囲が3行目までだからといって3行目までだけを選んで書式を設定すると、データが追加されたときに面倒だ。表の基本となる文字書式は、ワークシート全体で設定し、目立たせたいところだけ書式を変える。いつも使うフォントが決まっているなら、初期設定を変えておくと毎回設定する手間を省ける（**図2**）。

罫線の設定も同様で、まず表全体の罫線を指定し、「合計の部分は二重線」といった設定は仕上げに行う。罫線については200ページで詳しく説明する。

セル内に表示される文字列は、セル単位の書式設定とは別に1文字ずつ書式を変更できる。文字を修正するときと同様に、変更したい文字を選択してから書式を選べばよい。文字を選択すると表示される「ミニツールバー」も利用できる（**図3**）。

●初期設定のフォントを変更

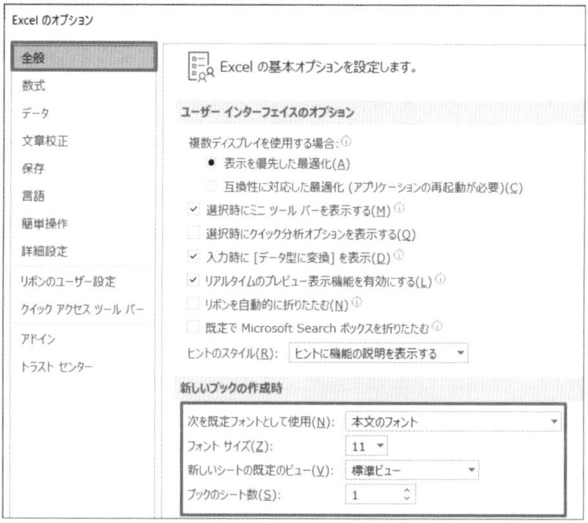

図2 「ファイル」タブで「オプション」を選択する。表示された画面で「全般」を選び、「新しいブックの作成時」で既定のフォント、ビュー、ワークシートの枚数を指定できる

●1文字単位の書式はミニツールバーでパパッと設定

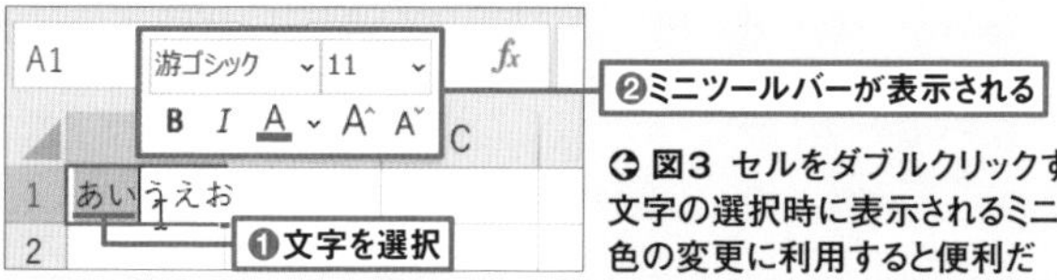

図3 セルをダブルクリックすると中の文字を選択できる。文字の選択時に表示されるミニツールバーは、フォントや文字色の変更に利用すると便利だ

Section 01

表全体の色合いは「テーブル」で手早く設定

5分 時短

テーブル

プレゼンなどで見せる表なら、色味も欲しい。罫線や色合いを1つずつ設定するのは手間がかかるので、「テーブル」機能を利用しよう（**図1～図4**）。第5章で説明したように、テーブルは抽出や集計を簡単に行うための機能だが、表全体のデザインを一瞬で整えられるのも時短にはうれしい機能だ。デザインはいつでも選び直せるし、データを追加してもデザインが引き継がれるなど、書式設定を楽に済ませる機能がテーブルには揃っている。テーブルに変換すると表示されるフィルターボタンは、邪魔なら後から非表示にできるので、気にする必要はない。

テーブルで抽出などのデータベース的な機能を使うには、表の1行目が項目名でないといけないが、デザインだけを利用する場合は項目名がなくても問題ない。エクセルがテーブルのセル範囲を認識できない場合は図3上の画面でセル範囲を指定する。1行目が項目名でない表では、「先頭行をテーブルの見出しとして使用する」のチェックを付けなければよい。

デザインを選ぶだけで好みの色合いに

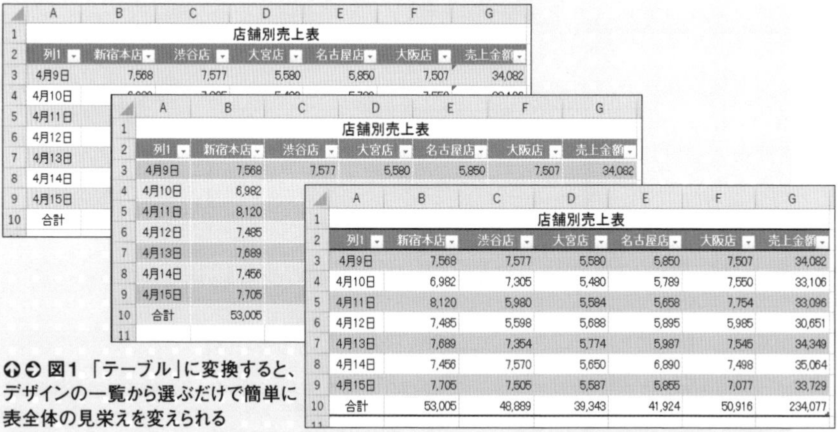

店舗別売上表

列1	新宿本店	渋谷店	大宮店	名古屋店	大阪店	売上金額
4月9日	7,568	7,577	5,580	5,850	7,507	34,082
4月10日	6,982	7,305	5,480	5,789	7,550	33,106
4月11日	8,120	5,980	5,584	5,658	7,754	33,096
4月12日	7,485	5,598	5,688	5,895	5,985	30,651
4月13日	7,689	7,354	5,774	5,987	7,545	34,349
4月14日	7,456	7,570	5,650	6,890	7,498	35,064
4月15日	7,705	7,505	5,587	5,855	7,077	33,729
合計	53,005	48,889	39,343	41,924	50,916	234,077

↑→ 図1 「テーブル」に変換すると、デザインの一覧から選ぶだけで簡単に表全体の見栄えを変えられる

➡「テーブル」としてデザインを指定

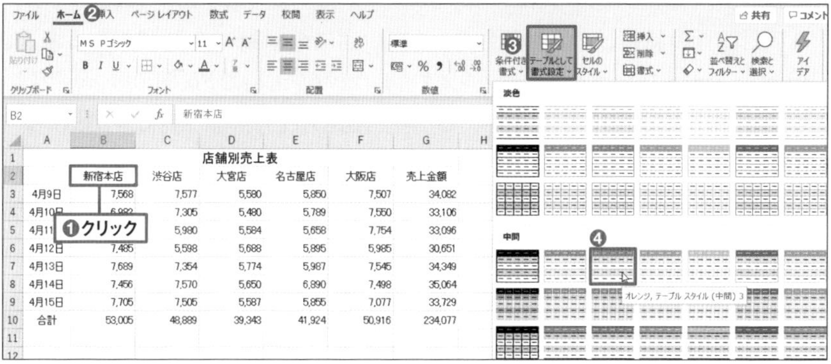

図2 表内のセルをどれか1つ選択し、「ホーム」タブにある「テーブルとして書式設定」から好みのデザインを選ぶ（❶～❹）。ここでは、「オレンジ,テーブルスタイル（中間）3」を選んだ

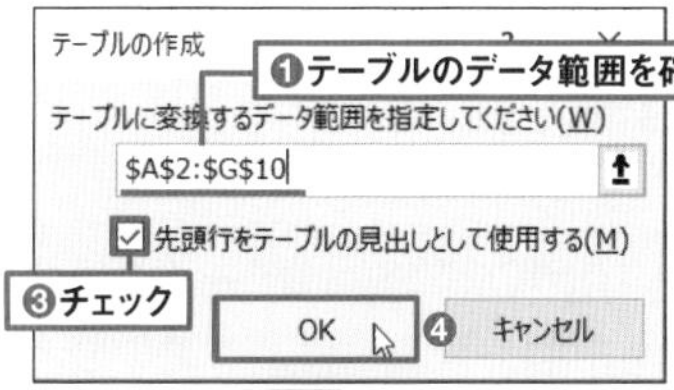

図3 テーブル範囲の確認画面が表示されたら、テーブルとして設定するデータ範囲を確認する（❶）。間違っている場合は正しいデータ範囲をドラッグで選択する（❷）。この表では1行目に見出しが入っているので、「先頭行をテーブルの見出しとして使用する」にチェックを付け（❸）、「OK」を押す（❹）

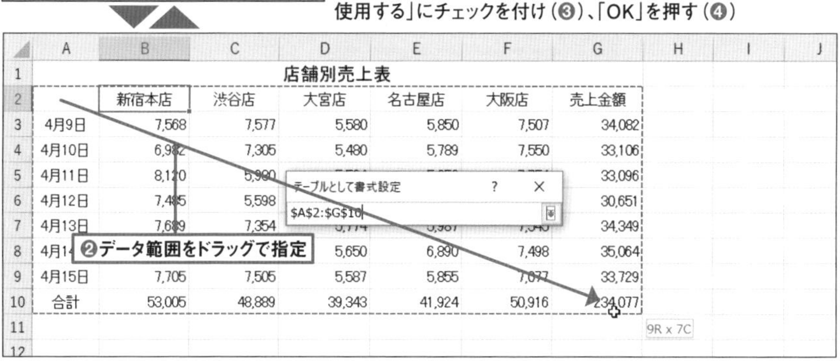

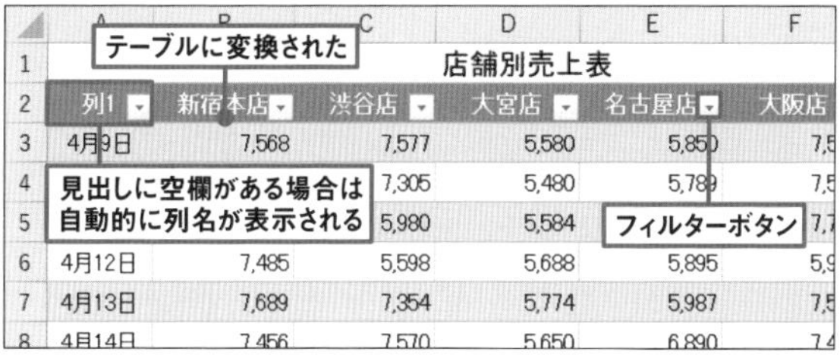

図4 表がテーブルに変換される。セルはテーブルの色（ここでは1行置きのオレンジ色）で塗りつぶされ、項目名の右側にはフィルターボタンと呼ばれる「▼」ボタンが付く。見出し行に空欄があると「列1」のような項目名が表示されるが、フィルターボタンとともに後から削除できる

選んだデザインが気に入らなければ、再度「テーブルとして書式設定」をクリックするか、「テーブルデザイン」タブの「テーブルスタイル」から選び直す（**図5**）。

1列目に行の見出しがある場合や、最後の列に金額欄や合計欄がある場合、「テーブルデザイン」タブの「テーブルスタイルのオプション」で「最初の列」や「最後の列」にチェックを付けると強調表示にできる（**図6**）。1行置き、1列置きの縞模様もここでオン／オフできる。

書式が設定できたら、テーブルを通常の表に変換して、印刷時に邪魔なフィルターボタンなどを消せば書式設定完了だ（**図7**）。

➡テーブルのデザインを選び直す

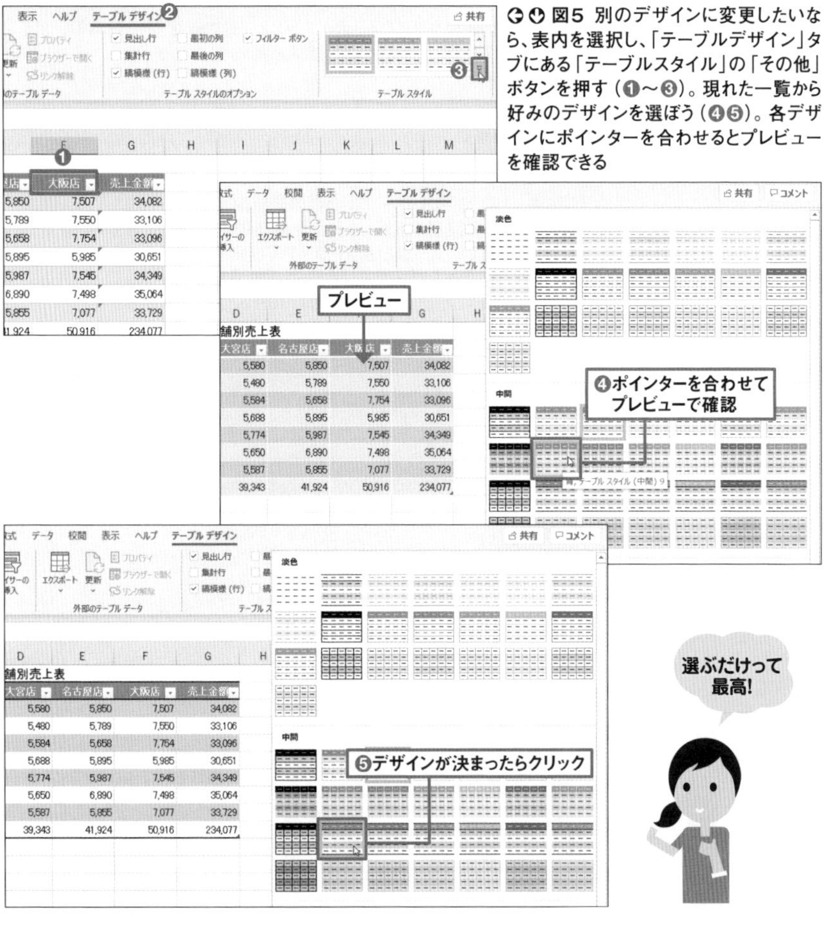

プレビュー
④ポインターを合わせて
プレビューで確認
⑤デザインが決まったらクリック
選ぶだけって
最高!

⬅⬇ 図5 別のデザインに変更したいなら、表内を選択し、「テーブルデザイン」タブにある「テーブルスタイル」の「その他」ボタンを押す（❶～❸）。現れた一覧から好みのデザインを選ぼう（❹❺）。各デザインにポインターを合わせるとプレビューを確認できる

➡テーブルの一部の書式を変更

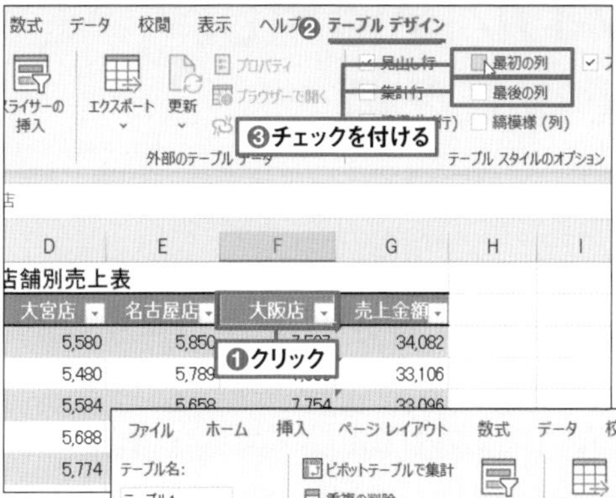
❷テーブル デザイン
❸チェックを付ける
❶クリック

⬅⬇ **図6** この表では最初の列の日付、最後の列の売上金額も目立たせたいので、「最初の列」と「最後の列」にチェックを付ける（❶～❹）。行の区切りより列の区切りを目立たせたいので、「縞模様（行）」のチェックを外して、「縞模様（列）」にチェックを付ける（❺～❼）

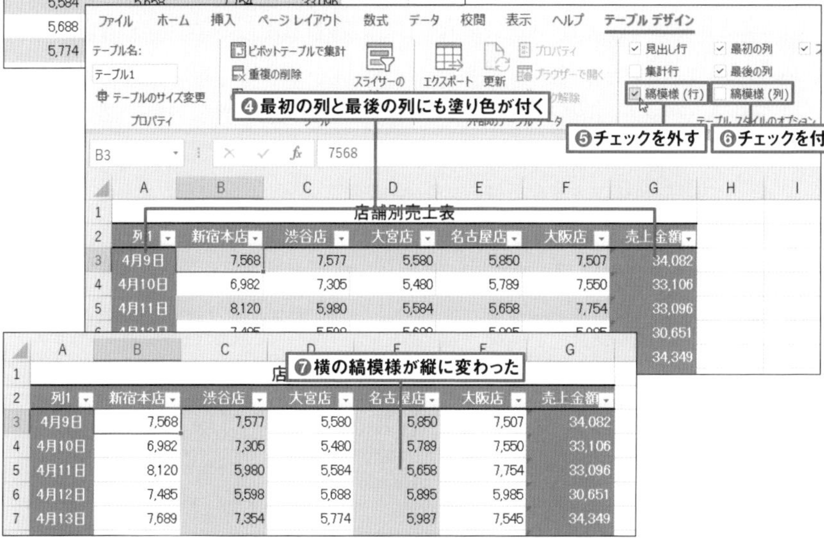
❹最初の列と最後の列にも塗り色が付く
❺チェックを外す
❻チェックを付ける
❼横の縞模様が縦に変わった
店舗別売上表

➡テーブルとしての設定を解除

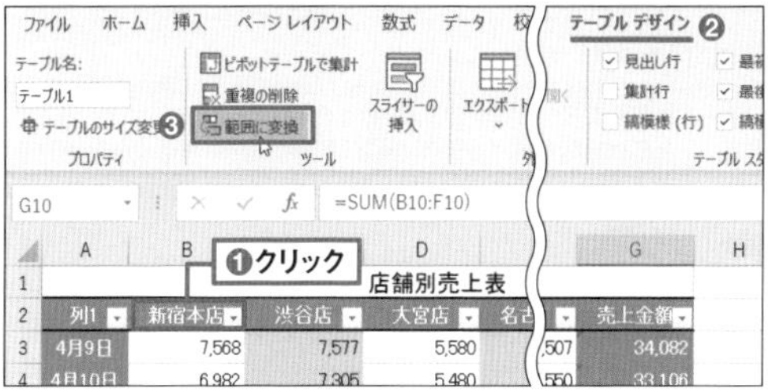
テーブル デザイン ❷
❸範囲に変換
❶クリック
店舗別売上表

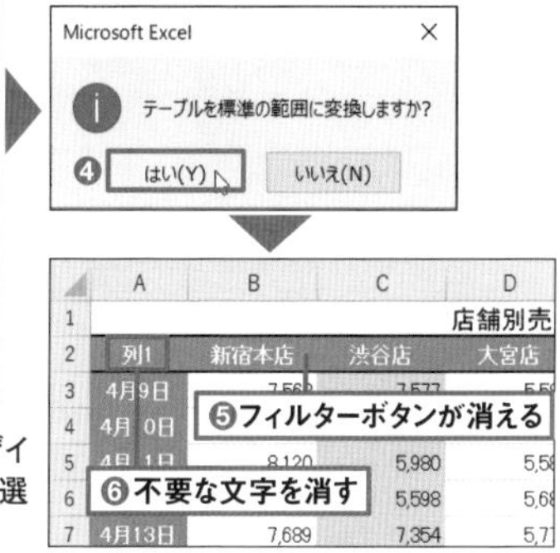
Microsoft Excel
テーブルを標準の範囲に変換しますか?
❹ はい(Y)
いいえ(N)
❺フィルターボタンが消える
❻不要な文字を消す

⬆➡ **図7** テーブルとしての設定を解除するには、「テーブルデザイン」タブで「範囲に変換」を押し（❶～❸）、次の画面で「はい」を選ぶ（❹❺）。「列1」の文字列は「Delete」キーで消そう（❻）

Section 02

5分時短

「セルのスタイル」を活用し、ワンタッチで書式を統一

セルのスタイル

セルの塗り色、罫線、フォント、表示形式などを1つずつ設定していくのは時間がかかる。うっかりすると、同じ種類のセルの色が微妙に違うといったミスも起きる。後から色変更などがあればやり直しだ。そんな苦労は今日でおしまいにしよう。

セルごとに細かく色分けが必要な表では、セルの役割に応じて用意された「セルのスタイル」を使うと楽に書式設定ができる（**図1**）。「セルのスタイル」には、目的ごとに表示形式、フォント、塗りつぶしの色、罫線のセットが登録されている。セルを選んで適したスタイルを選ぶだけで適用できる手軽さがうれしい（**図2、図3**）。

表全体で同系色のスタイルを使ったり、使用するスタイルを制限したりすることで、表全体の書式を統一することができる。「青いセルを緑に変更」といった場合は、スタイルを変更するだけで適用したセルの書式を一括で変更できる。また、「テーマ」（208ページ）を変えると表全体のイメージをガラッと変えられるのもスタイルの利点だ。

「セルのスタイル」でセルの書式を簡単設定

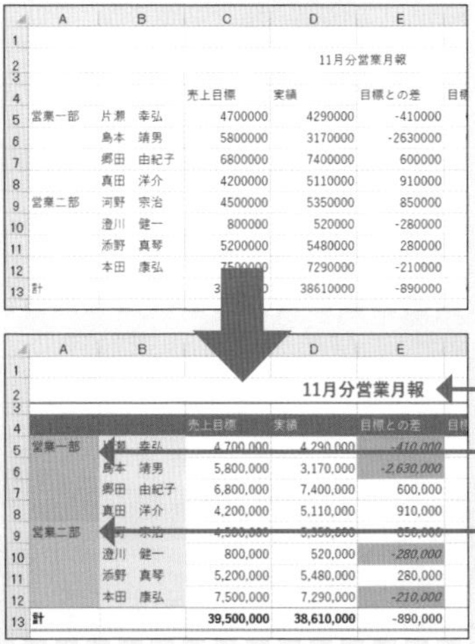

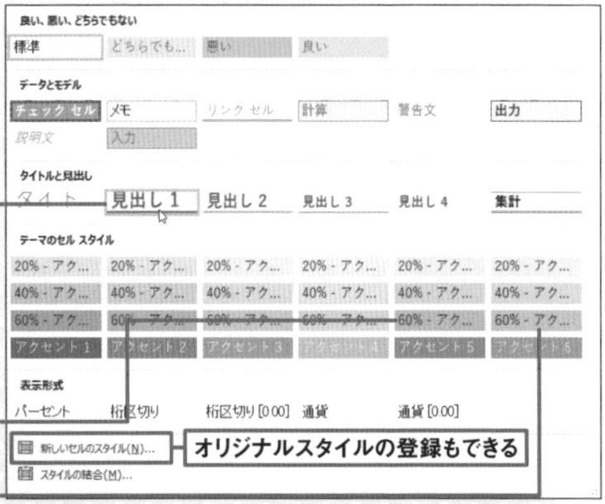

図1 「セルのスタイル」から選ぶだけで、書式設定ができる。同じスタイルや同系色で統一できるほか、後からまとめて書式変更するのも楽だ

➡セルにスタイルを適用する

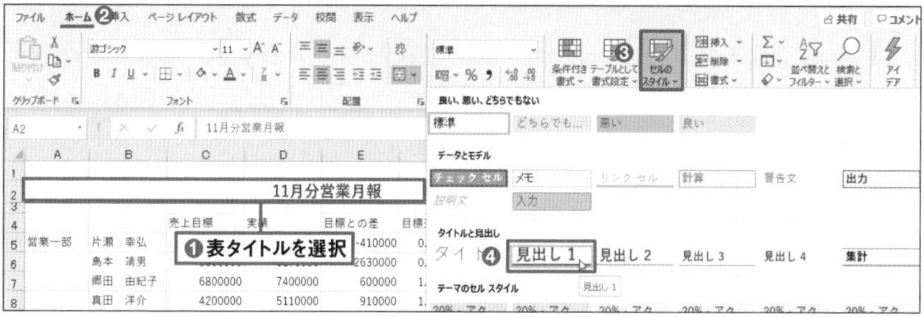

⬆図2 スタイルを適用するセルを選択し、「ホーム」タブの「セルのスタイル」をクリック（❶〜❸）。ここでは表のタイトルなので、「タイトルと見出し」からスタイルを選ぶ（❹）

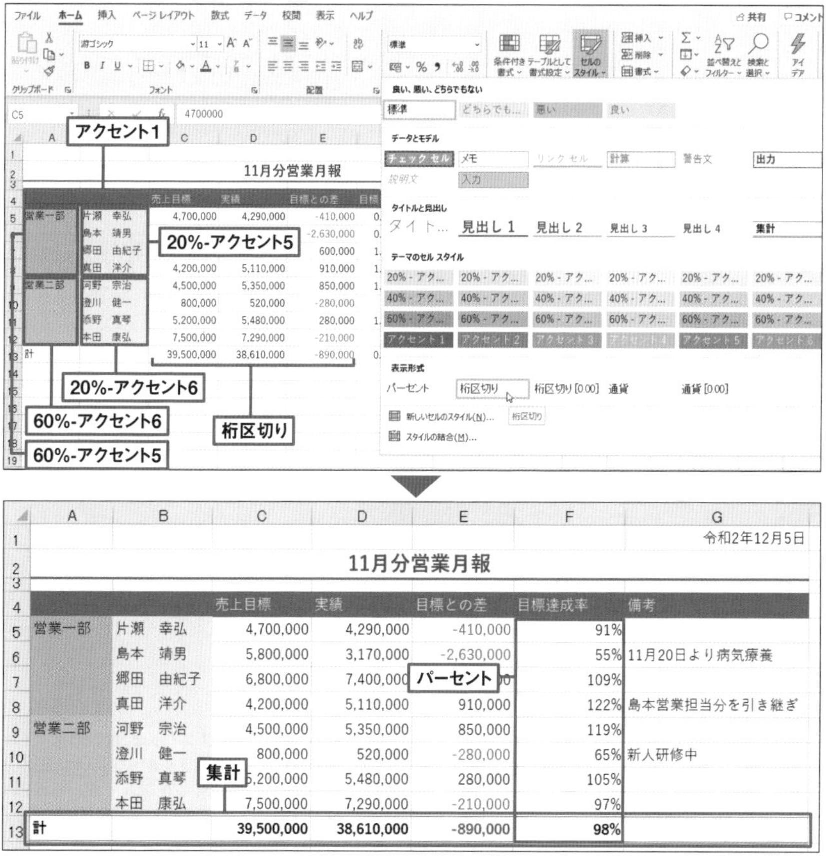

⬆図3 同様にほかのセルにもスタイルを適用していく。ここでは例として、通常のビジネス文書よりも少し派手な色合いに設定してみた

ちょっとしたアレンジでオリジナルのスタイルに

選びたいスタイルがないなら、オリジナルのスタイルを作ることもできる。好みの書式を設定したセルを選んで「新しいセルのスタイル」として登録する（**図4**）。同じ書式にしたいセルを選択し、登録した書式を適用する（**図5**）。

設定したスタイルを変更するには、そのスタイル名を右クリックし、「変更」を選択する（**図6**）。スタイルの書式を変更すると、そのスタイルを適用したセルの書式をまとめて変更できる（**図7、図8**）。

➡オリジナルスタイルを登録する

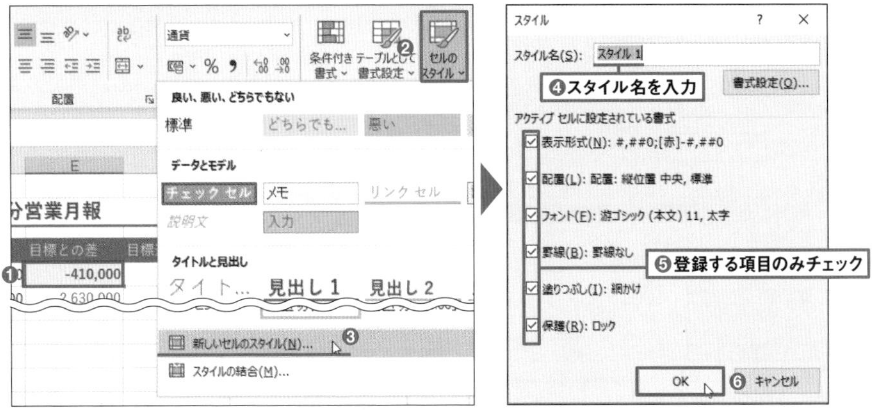

図4 登録する書式を設定したセルを選び、「セルのスタイル」から「新しいセルのスタイル」を選択する（❶～❸）。スタイル名を入力し、そのスタイルに含ませる要素をチェックして「OK」を押す（❹～❻）

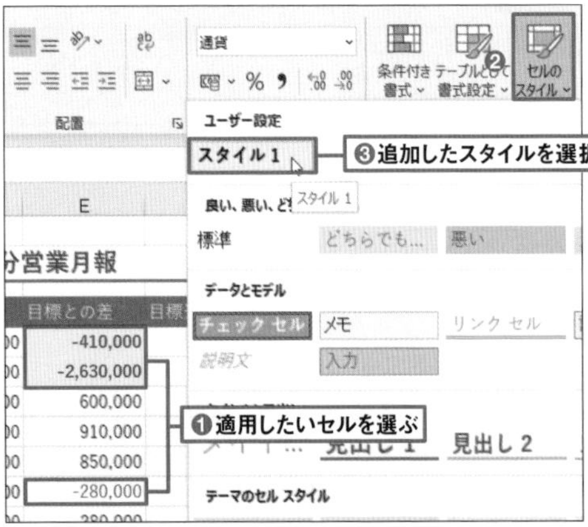

図5 登録したスタイルは、ほかのスタイルと同様に「セルのスタイル」のリストに表示される。適用したいセルを選んで使ってみよう（❶～❸）。なお、このとき登録に使用したE5セルにもスタイルを適用しておくのがポイント。そうすることで、後からスタイルを変更したとき、E5セルも含めて変更が反映される

➡登録したスタイルを変更する

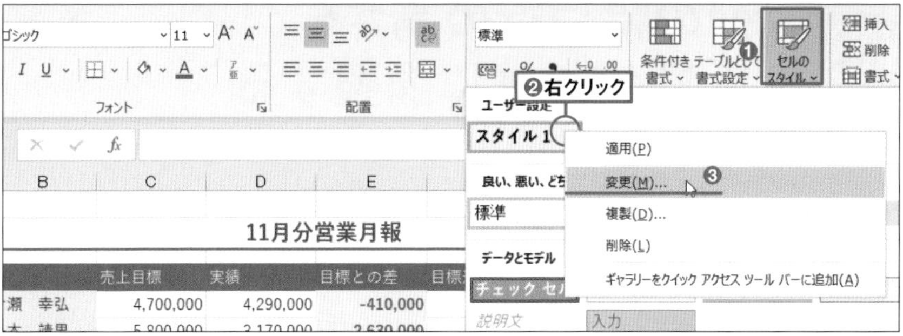

⬆図6「セルのスタイル」のメニューを開き、変更したいスタイルを右クリックして、「変更」を選ぶ（❶～❸）

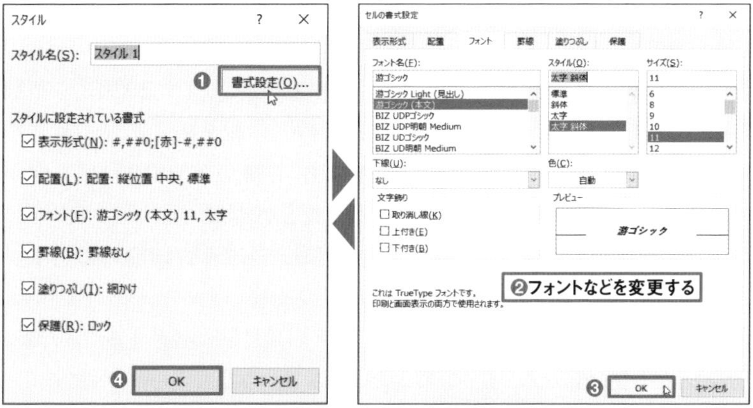

⬆図7「スタイル」の設定画面が再表示されるので、「書式設定」をクリック（❶）。「セルの書式設定」画面で必要な変更を行い、元の画面に戻ったら「OK」を押す（❷～❹）

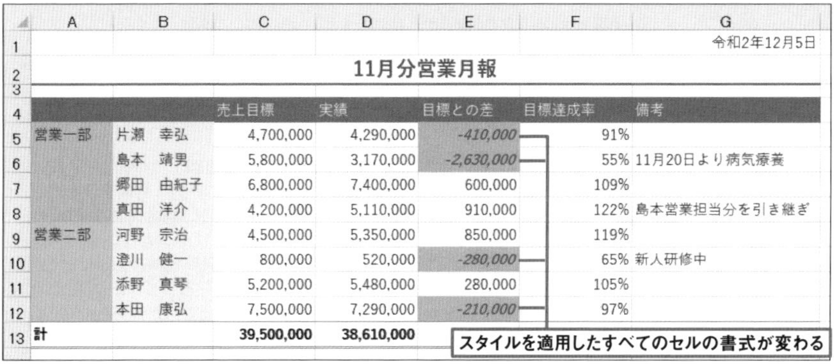

⬆図8「スタイル1」を適用していたセルの書式がすべて変更される

Section 03

列の幅や行の高さを手早くキレイに調整する

3分時短

セルの大きさは、列の幅と行の高さで決まる。エクセルでは、セルの大きさを個別に変更できないので、行ごと、列ごとに、一番長い文字列に合わせて大きさを調整しよう。列の中で一番長い文字列に合わせて列幅を広げるには、列名の部分で列の右側の境目をダブルクリックするのが手っ取り早い（**図1**）。複数の列をまとめて変更することも可能で、対象の列をまとめて選択してからいずれか1つの境目をダブルクリックすればよい（**図2**）。

列の幅を任意に設定する場合は、列名の右側の境目をドラッグする（**図3**）。複数の列を選択してから境目をドラッグすれば、選択中の列の幅を揃えることも可能だ（**図4**）。なお、文字が右隣のセルにはみ出していても、右隣が空欄であれば文字が切れることはないので、タイトルなどの場合は放置してもかまわない。

ドラッグで列幅を調整する場合、文字幅ギリギリにしてしまうと、印刷時に文字が罫線にかかったりすることがある。少し余裕を持たせると安心だ。

行の高さを変える方法も列幅と同じ。行番号の下の境目をドラッグするだけだが、1行ずつ広げると不揃いになる。高さを揃えたい行をまとめて選択し、ドラッグで高さを調整すると、きれいに揃えられる（186ページ**図5**）。

列幅の調整はダブルクリックで一発

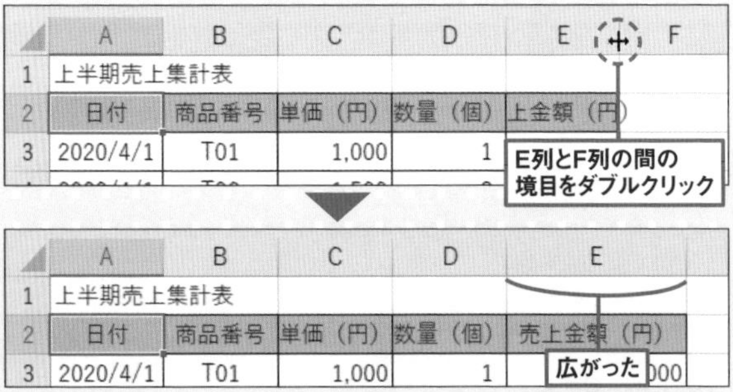

図1 列内の一番長い文字列に列幅を合わせるには、列名の右側の境目にマウスポインターを合わせ、両向き矢印になったところでダブルクリックする。このとき、列を選択する必要はない

➡複数の列幅をまとめてちょうどいいサイズに

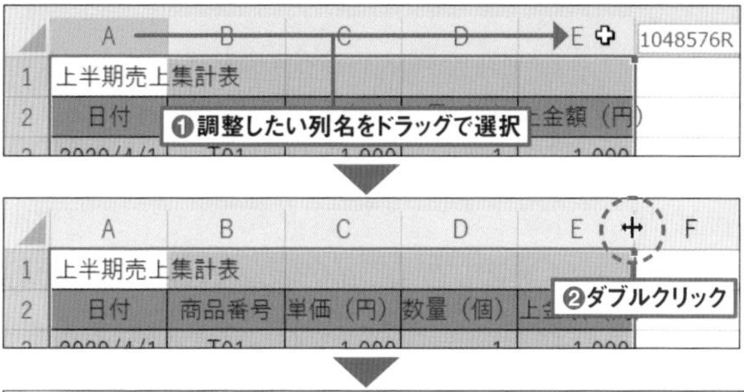
❶調整したい列名をドラッグで選択
❷ダブルクリック

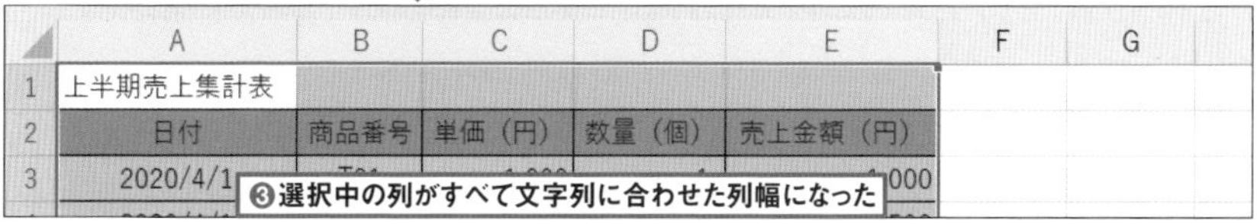
❸選択中の列がすべて文字列に合わせた列幅になった

←↓図2 幅を調整したい列が複数ある場合は、その列名をドラッグしてまとめて選択した後で、いずれか1つの列名の境目をダブルクリックする（❶❷）。選択中の列幅が、それぞれの列の一番長い文字列が入る幅に自動調整される（❸）

➡任意の幅に調整するなら境目をドラッグ

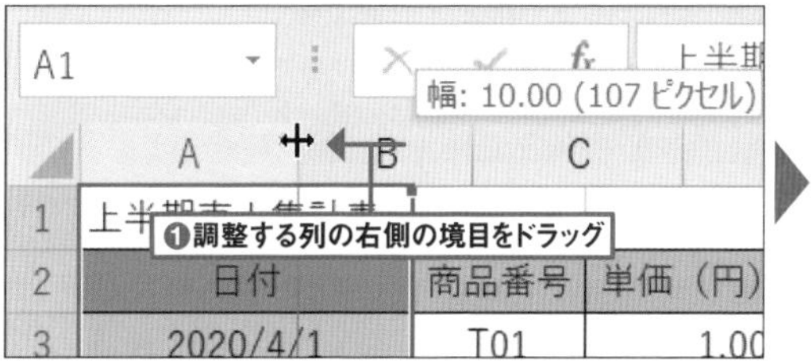
幅: 10.00 (107 ピクセル)
❶調整する列の右側の境目をドラッグ

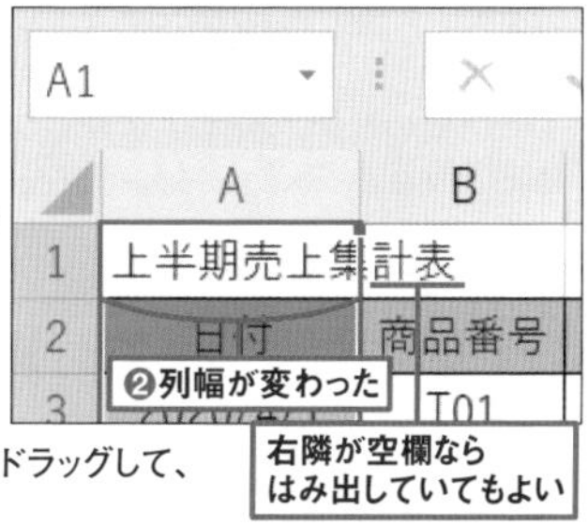
❷列幅が変わった
右隣が空欄なら
はみ出していてもよい

↑図3 列幅を自由に変更したいなら、変更する列の右側の境目をドラッグして、幅を調整する（❶❷）

➡列幅を揃えるならまとめて選択後に境目をドラッグ

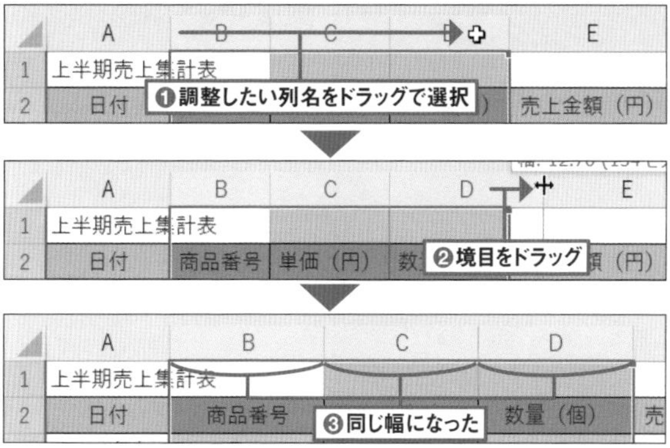
❶調整したい列名をドラッグで選択
❷境目をドラッグ
❸同じ幅になった

←図4 複数の列を選択した状態で列幅を調整すると、選択している列をすべて同じ幅に変更できる（❶～❸）

列の幅、行の高さをセンチ単位で指定

ちょっと話は変わるが、列名の境目をドラッグする際、「幅:8.10(88ピクセル)」のように表示されるが、この数値は何を意味するのだろうか(**図6**)。行の境目をドラッグすると「高さ:18.00(30ピクセル)」のように表示される。

「幅:8.10」という列幅は、標準のフォントサイズ(通常は11ポイント)で半角数字の「0」が何文字入るかを示す。単位を付けるとすれば「8.10文字」だ。これに対して行の「高さ:18.00」の単位ははポイントで、「18.00ポイント」の意味。1ポイントは約0.35ミリだ。文字数、ポイント、ピクセルといわれてもピンとこないので、「センチで指定したい」という人は多いだろう。

幅や高さをセンチで指定するなら、「ページレイアウト」表示に切り替える(**図7**)。これで、列幅や行の高さを調整するとき、表示される単位が「センチメートル」に変わる。ドラッグでは正確に指定しづらいので、「列の幅」「行の高さ」の設定画面で数値を指定するとよいだろう(**図8**)。ただし、エクセルは製図用のソフトではないので、指定したサイズ通りに印刷できるわけではない。あくまで目安と考えよう。

➡行の高さを均等に揃える

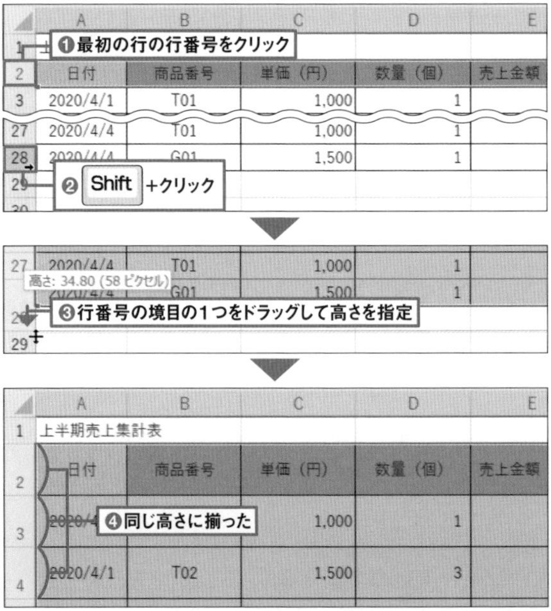

◀図5 複数の行を選択した状態で高さを調整すると、選択している行をすべて同じ高さに調整できる。行数が多い場合は、最初の行の番号をクリックし、最後の行の番号を「Shift」キーを押しながらクリックすると、その間の行をすべて選択できる(❶❷)。行番号の境目をドラッグして、1行分の高さを指定すると、選択中の行がすべて同じ高さに揃う(❸❹)

➡この単位は何？

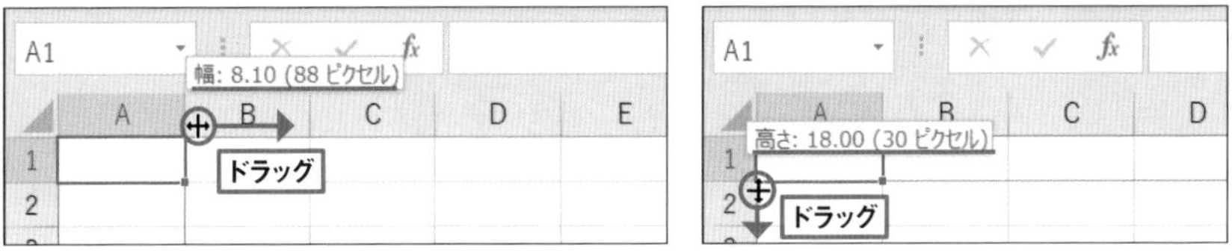

図6 列の幅や行の高さをドラッグで調整する際、表示される数値の単位がわからない人は多いだろう

➡ページレイアウト表示にすれば何センチかわかる

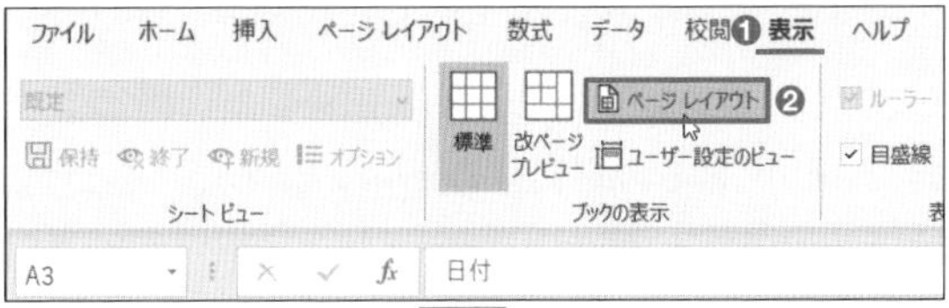

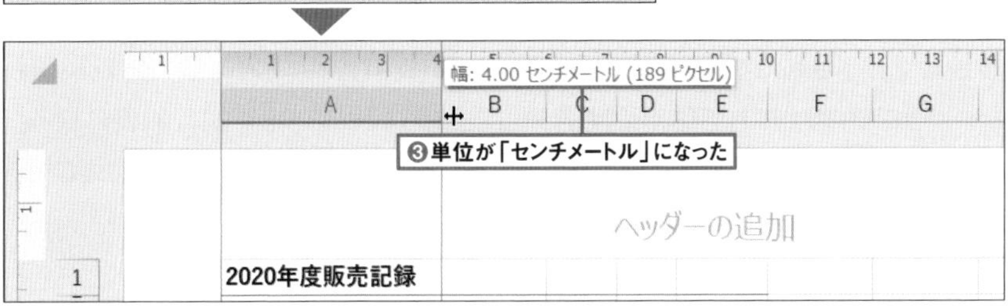

図7 「表示」タブで「ページレイアウト」を選択すると、画面の上と左にセンチ単位のルーラー（定規）が表示される（❶❷）。この状態で列幅などを変更すると、単位が「センチメートル」に変わる（❸）

➡列幅をセンチ単位で指定

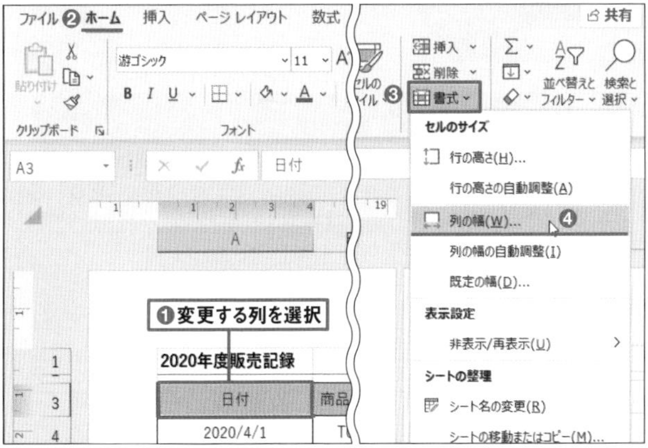

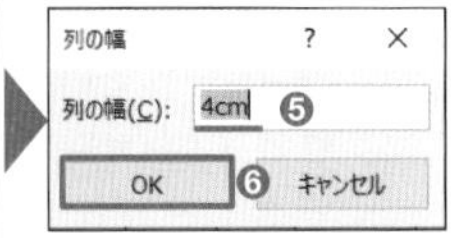

図8 ページレイアウト表示にしてから列を選択し、「ホーム」タブの「書式」から「列の幅」を選択する（❶～❹）。列幅の指定画面が表示され、「cm」単位で幅を指定できる（❺❻）

Section 04

セル内の文字をバランス良く配置する

3分 時短

セルの中で、数値は右揃え、文字列は左揃えで表示されるのがエクセルの標準だ。同じ列に文字列と数値が混在すると、左右バラバラになって印象が良くない（**図1**）。左揃え、右揃えといった機能は文書を作成していればよくご存じだと思うが、セルではさらに上下の配置も気にかけたい。基本的には、セルを選んで「ホーム」タブの「配置」グループにあるボタンをクリックするだけなので、手早く配置しよう（**図2**）。

文字配置はセル単位で指定できるが、同じ配置にするセルはできるだけまとめて選択してから書式設定することで時短になる（**図3**）。

図4左の表の場合、金額やパーセンテージは右揃えだが、未記入を示す「－」が左揃えで表示されて不揃いに見える。しかし、中央揃えにすると数値の桁数が揃わない。そこで、図4右上では、「－」も含めて右揃えにしてみた。さらに、右側に揃ったのはいいが、右側の罫線に寄りすぎるのが気になる。スペースで調整することはできないので、罫線との間隔は「インデント」を使って空けるのがコツだ（図4右下）。

文字配置の設定で見やすく設定

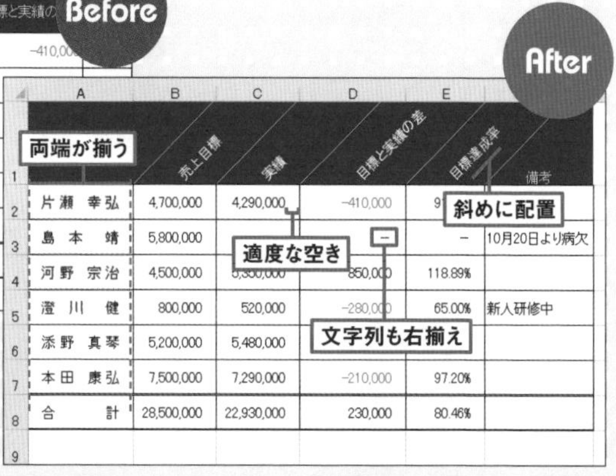

図1 自分だけが見る表ならBeforeの表でも問題ないが、人に見てもらう表ならAfterのように見やすくしたい。手早く設定するコツをつかもう

➡上下位置、左右位置を整える

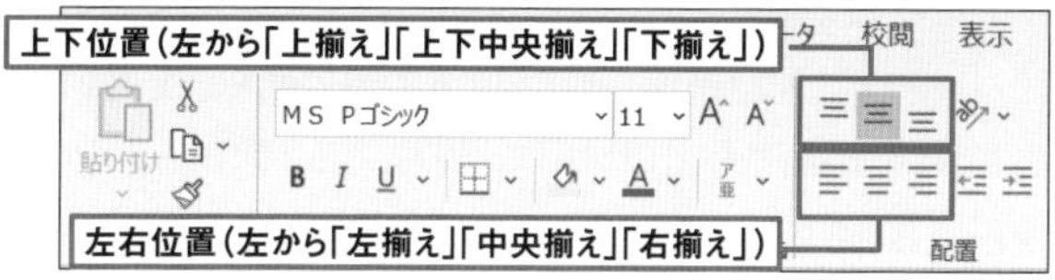

⊖ 図2 「ホーム」タブの「配置」グループにある6つのボタンで、セル内の文字を上下左右、どこに配置するかを指定する

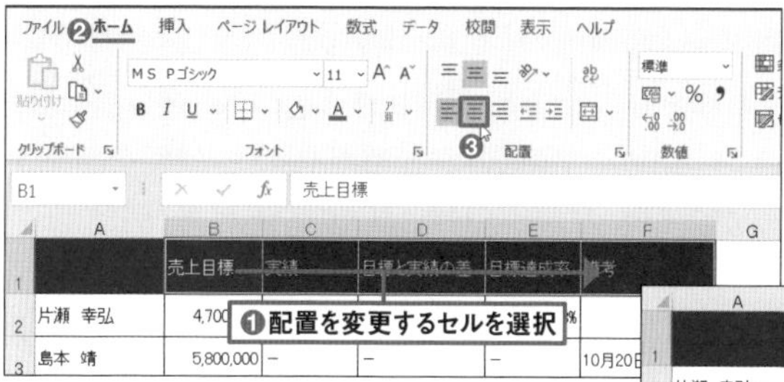

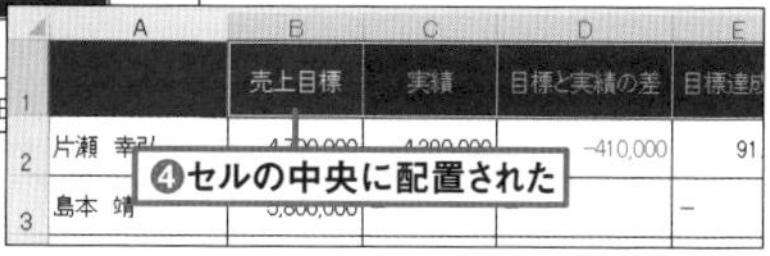

⊖ 図3 列見出しを左右中央に揃えるなら、対象のセルを選択し、「中央揃え」ボタンを押せばよい（❶〜❹）

➡枠線との余白は空白ではなく「インデント」で指定

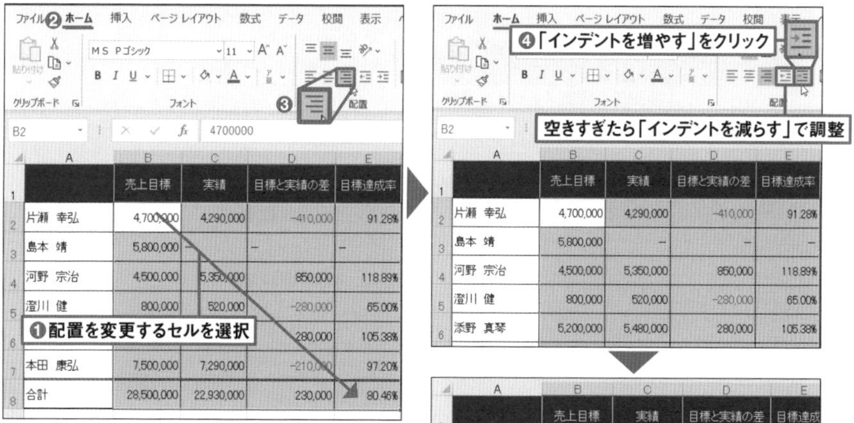

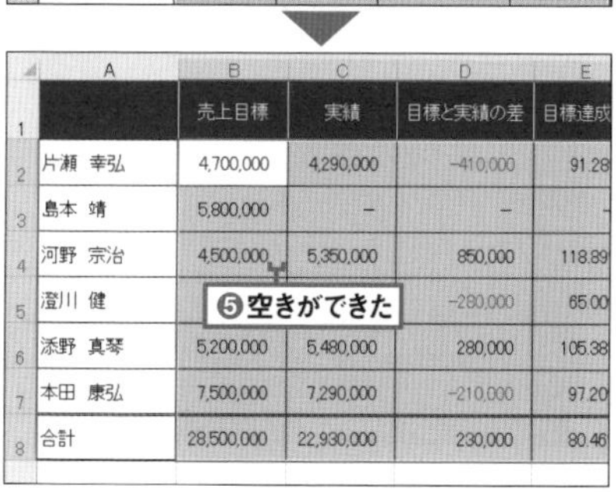

⊕⊖ 図4 金額などのセル（B1〜E8セル）を選択し、右揃えにする（❶〜❸）。右の罫線に寄りすぎているので、「インデントを増やす」ボタンをクリックして空きを作る（❹❺）。ボタンを押しすぎてしまった場合は、「インデントを減らす」ボタンで減らせばよい

この表の例では、D列の「目標と実績の差」という見出しが長く、D列が間延びしてしまう。見出しの長さが不揃いな列の幅を揃えるときには、文字を斜めや縦書きにするという手がある。セルを選択し、「ホーム」タブの「方向」から「左回りに回転」を選択（**図5**）。見出しが表示しきれるように行の高さを広げて、列幅を揃える（**図6**）。トリッキーな配置ではあるが、列幅を揃えることを優先させたレイアウトだ。

名前などが縦に並ぶ場合、最初の文字と最後の文字が揃う「均等割り付け」にすると見やすくなる。「セルの書式設定」画面の「配置」タブで、「均等割り付け（インデント）」を選択し、枠線からの間隔を「インデント」で指定する。この画面は「配置」グループ右下のボタンか「Ctrl」+「1」キーで開くのが近道だ（**図7**）。列幅を調整すると、それに合わせて文字間隔が広がり、左右が均等に揃うのも便利だ（**図8**）。

➡長い項目名は斜め表示でコンパクトに

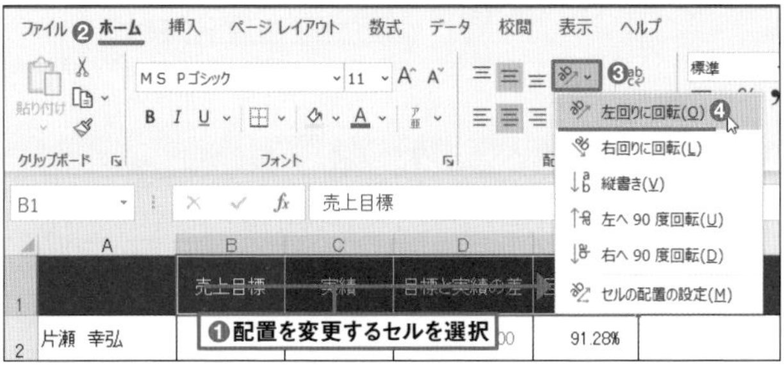

図5 見出しのセル（B1〜E1セル）を選択し、「ホーム」タブにある「方向」ボタンのメニューで「左回りに回転」を選択する（❶〜❹）

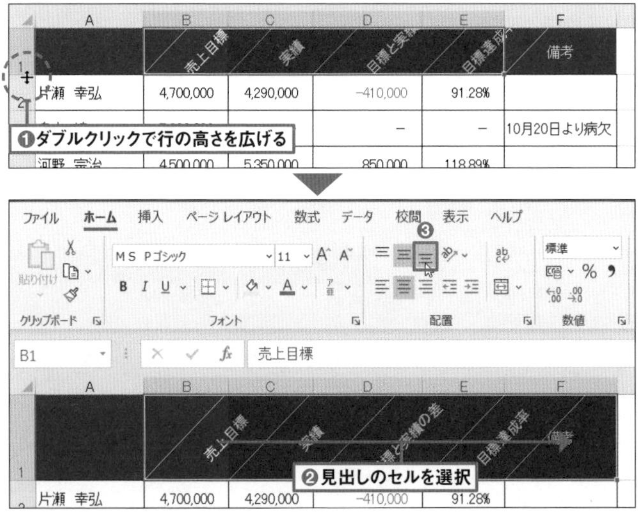

図6 斜めにすると行の高さが足りなくなるので調整する（❶）。ここではさらに、見出しのセル（B1〜F1セル）を選択し、「下揃え」にした（❷❸）

➡縦並びの項目は「均等割り付け」でピタリと揃える

↩ **図7** 名前の列の文字列を均等割り付けで整えよう。セル範囲を選択し、「ホーム」タブの「配置」グループ右下にあるボタン（ダイアログボックス起動ツール）をクリックして「セルの書式設定」画面を開く（❶〜❸）。この画面は「Ctrl」+「1」キーでも開ける

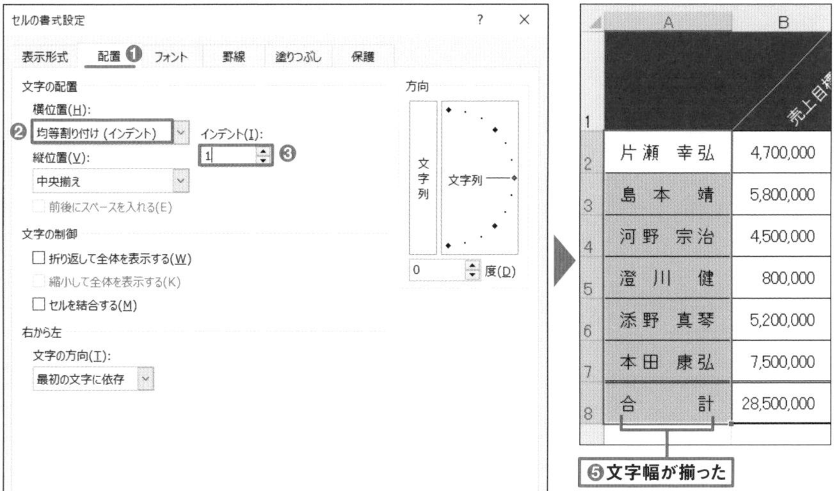

↑ **図8** 「配置」タブで「横位置」を「均等割り付け（インデント）」に変更し、「インデント」で空きを指定すると（❶〜❹）、均等割り付けできれいに仕上がる（❺）。なお、インデントの数値を試行錯誤したいなら、「ホーム」タブの「インデントを増やす」ボタンと「インデントを減らす」ボタンを使うと、クリック操作で手早く調整できる

Section 05

セルに入りきらない文章は「縮小」と「折り返し」で表示

3分時短

縮小して全体を表示する　折り返して全体を表示する

セル内に文字列を表示しきれない——。作表には付きものの悩みだが、対処法はあふれた文字量によって変わってくる（**図1**）。主な手段は「縮小表示」「折り返し」「セル内改行」の3つだ。適材適所で使い分けよう。

数文字はみ出ている程度なら、縮小表示で収めるのが手っ取り早い。「セルの書式設定」画面の「配置」タブで、「縮小して全体を表示する」を選択しよう（**図2**）。この画面は「Ctrl」+「1」キーで開くのがお勧めだ。

縮小表示にして文字が小さすぎた場合は、列幅を広げるとそれに合わせて文字が大きくなるので調整も簡単だ（**図3**）。

文字が大幅にあふれているケースでは、縮小表示では文字が小さくなりすぎるので現実的ではない。そんな状況には、セル内の文字列を複数行にして収める「折り返して全体を表示する」が向いている（194ページ**図4、図5**）。この場合、折り返され

セルに入りきらない文字列をきれいに収める

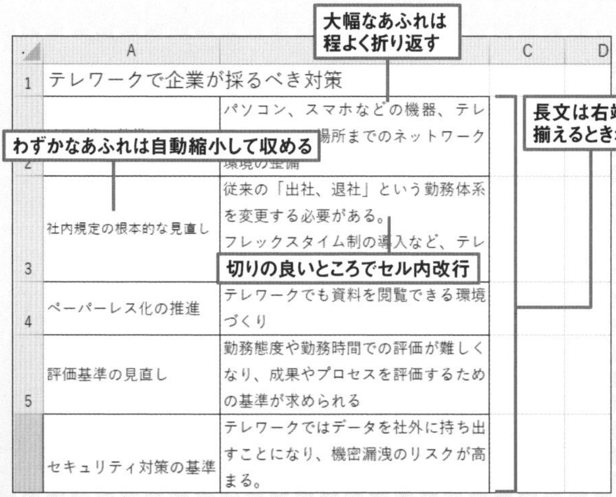

大幅なあふれは程よく折り返す
わずかなあふれは自動縮小して収める
長文は右端を揃えるときれい
切りの良いところでセル内改行
A
C
D
1 テレワークで企業が採るべき対策
パソコン、スマホなどの機器、テレ
場所までのネットワーク
環境の整備
2
3 社内規定の根本的な見直し
従来の「出社、退社」という勤務体系を変更する必要がある。
フレックスタイム制の導入など、テレ
4 ペーパーレス化の推進
テレワークでも資料を閲覧できる環境づくり
5 評価基準の見直し
勤務態度や勤務時間での評価が難しくなり、成果やプロセスを評価するための基準が求められる
セキュリティ対策の基準
テレワークではデータを社外に持ち出すことになり、機密漏洩のリスクが高まる。

図1 長い見出しや文章などが入った表を上手に仕上げるコツを覚えよう。「横幅がちょっとだけ収まらない見出し」は、ほんの少し縮小してきれいに収める。「1行に収まらない文章」はセル内で折り返して収める。適宜、区切りの良い場所で改行しておくと読みやすい。また、折り返した右端を揃えるとよりきれいだ

➡少しはみ出すなら「縮小」で対応

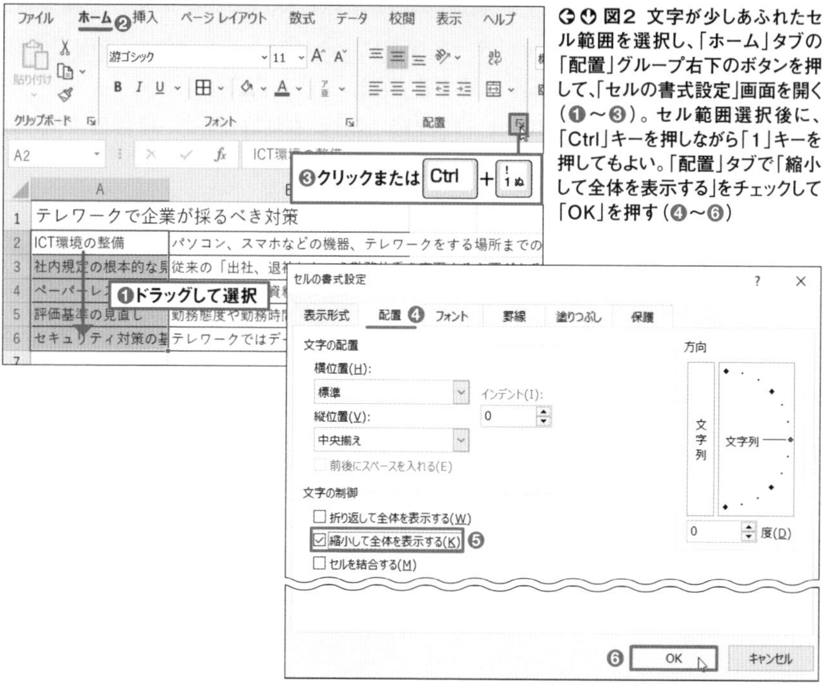

←↓ 図2 文字が少しあふれたセル範囲を選択し、「ホーム」タブの「配置」グループ右下のボタンを押して、「セルの書式設定」画面を開く（❶～❸）。セル範囲選択後に、「Ctrl」キーを押しながら「1」キーを押してもよい。「配置」タブで「縮小して全体を表示する」をチェックして「OK」を押す（❹～❻）

➡縮小サイズは列幅に合わせて自動調整

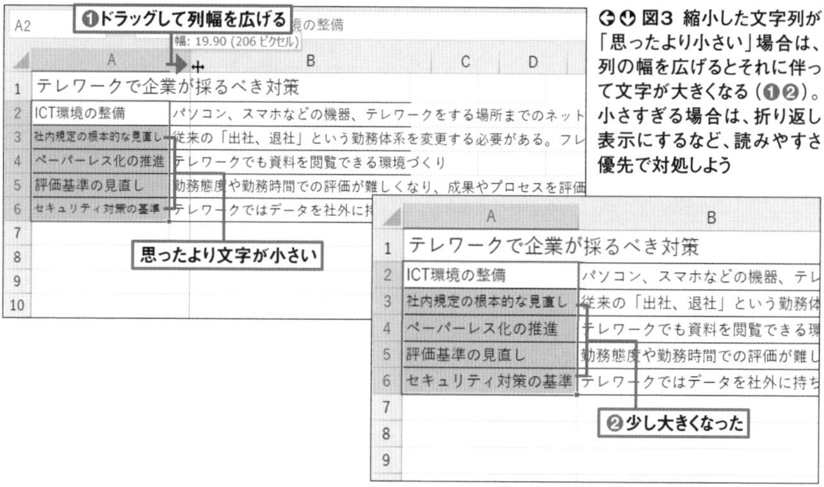

←↓ 図3 縮小した文字列が「思ったより小さい」場合は、列の幅を広げるとそれに伴って文字が大きくなる（❶❷）。小さすぎる場合は、折り返し表示にするなど、読みやすさ優先で対処しよう

る位置はエクセルまかせになるため、中途半端な位置で折り返されるケースがよくある。そんなときは区切りの良い位置でセル内改行しよう。カーソル位置を調整し、「Alt」キーを押しながら「Enter」キーを押せばよい（**図6**）。ちなみに、セル内で改行すると自動で「折り返して全体を表示する」がオンになる。

複数行にわたる長文を折り返すと、右端が揃わず不格好になる。横位置を「両端揃え」にしておくと、見栄えが断然アップする（**図7〜図9**）。

➡セルの中で「折り返し」

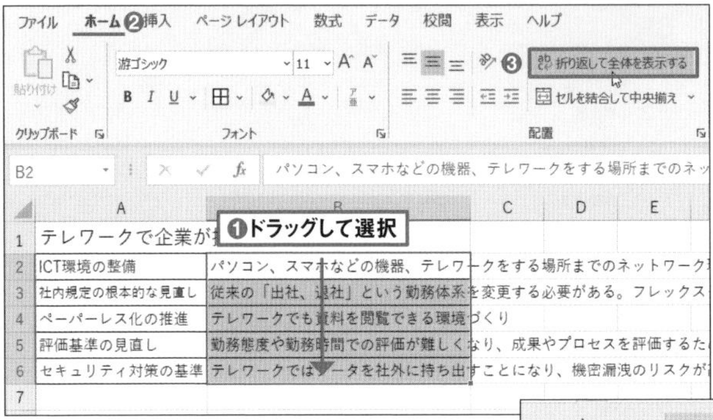

←図4 長い文字列は自動縮小すると小さくなりすぎて読めないので、折り返して収めるほうが得策だ。対象セルを選択して、「ホーム」タブの「折り返して全体を表示する」を押す（❶〜❸）。図2下の「セルの書式設定」画面で、「折り返して全体を表示する」をチェックしてもよい

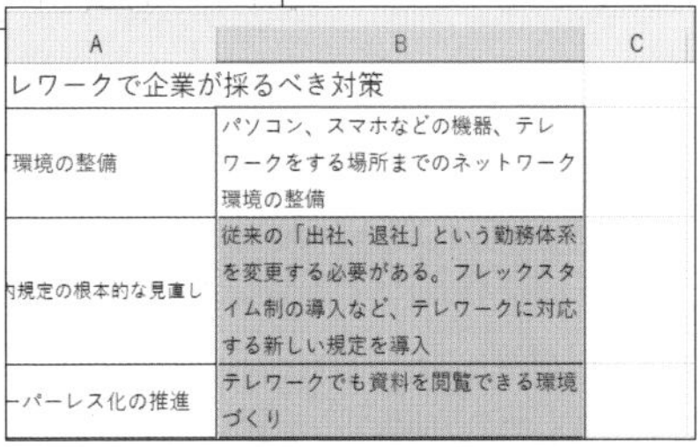

→図5 セルの幅に合わせて文字列が自動的に折り返され、文字のあふれが解消された

➡区切りの良いところで「セル内改行」

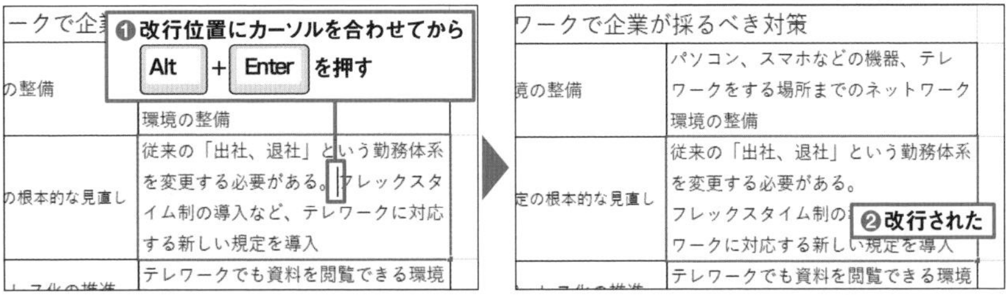

↑図6 中途半端な位置で折り返された場合は好きな位置で改行もできる。改行したい場所にカーソルを置き、「Alt」キーを押しながら「Enter」キーを押す（❶❷）。編集を確定するには改めて「Enter」キーを押す

➡長文は「両端揃え」が美しい

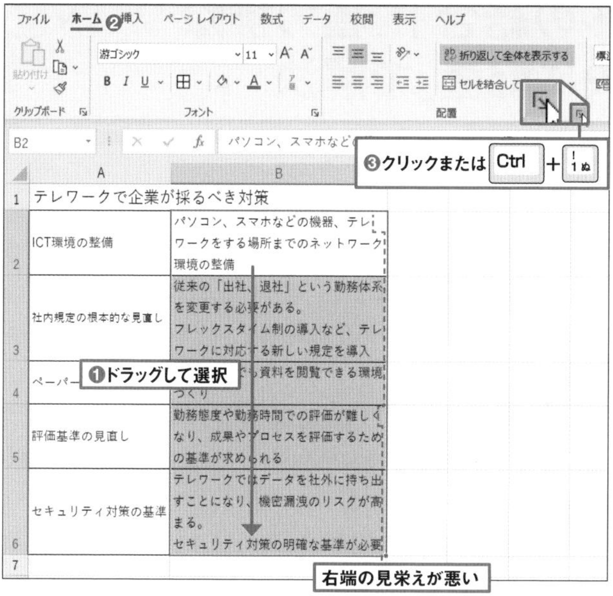

図7 折り返したセル内の右端が揃わず見た目が悪いときは、「両端揃え」を設定するとよい。それには当該セル範囲を選択し、「セルの書式設定」画面を表示する（❶〜❸）

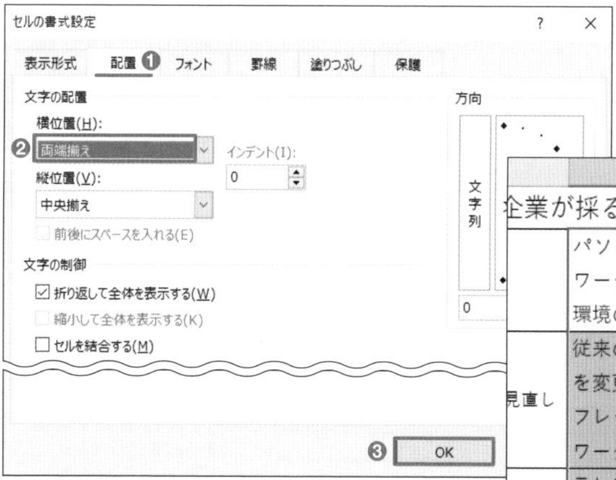

図8 「配置」タブで「横位置」を「両端揃え」に変えて「OK」を押す（❶〜❸）

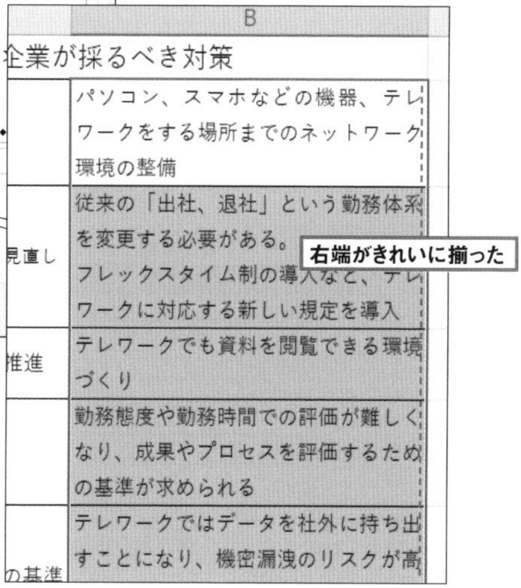

図9 セル内の右端が揃って美しい仕上がりとなった。おおむね3行以上あるような場合に「両端揃え」は効果的だ

Section 06

「セルの結合」を極力排除「中央に配置」で解決

5分時短

セルの結合　選択範囲内で中央

列や行の途中でセルの大きさを変えられないエクセルでは、複数のセルを1つのセルとして扱う「セルの結合」を使って形の入り組んだ表を作成する（**図1**）。エクセルをある程度使っている人ならおなじみの機能だろう。だが、セルを結合すると、移動や並べ替えができなかったり、修正時に結合の解除や再結合といった操作が必要になったりと、かえって効率が悪くことともある。そこで代わりに使いたいのが、セルは結合せずに複数セルの中央に文字列を配置する「選択範囲内で中央」だ。

ここでは、セルの結合と「選択範囲内で中央」を使い分けて、複雑な表を効率良く作成し、修正もしやすくなるテクニックを紹介する。

まずは基本の「セルを結合して中央揃え」を使って、表タイトルを表の中央に表示させてみよう（**図2**）。横方向だけでなく縦方向の結合もできる（**図3**）。

「セルを結合して中央揃え」は、結合後に文字列を中央に表示する機能だ。「左揃えのままにしたい」という場合は「セルの結合」、「複数のセル範囲をそれぞれ横方向で結合したい」という場合は「横方向に結合」を使うとよい（**図4**）。

このように、セルの結合はとても便利な機能だ。しかし、横方向で結合するなら、修正時のことを考えて「選択範囲内で中央」に置き換えたい。

横方向は“見た目だけ結合”がお薦め

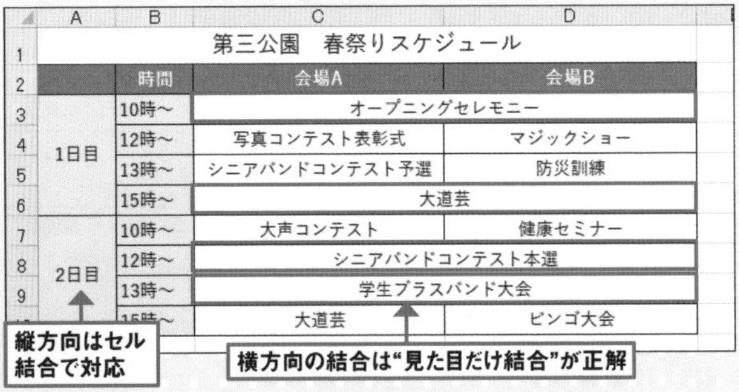

	A	B	C	D
1	第三公園　春祭りスケジュール			
2		時間	会場A	会場B
3	1日目	10時～	オープニングセレモニー	
4		12時～	写真コンテスト表彰式	マジックショー
5		13時～	シニアバンドコンテスト予選	防災訓練
6		15時～	大道芸	
7	2日目	10時～	大声コンテスト	健康セミナー
8		12時～	シニアバンドコンテスト本選	
9		13時～	学生ブラスバンド大会	
10		15時～	大道芸	ビンゴ大会

縦方向はセル結合で対応
横方向の結合は“見た目だけ結合”が正解

図1 共通するデータが横方向に並ぶ場合、セルを結合するのが一般的だ。しかし、修正時の手間を考えると、結合したように見える「選択範囲内で中央」を使うほうが結果的に手間がかからない

➡通常のセル結合で配置する

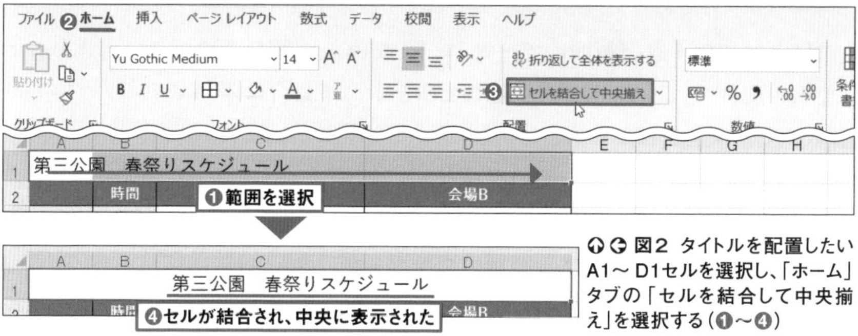

⬆⬅ 図2 タイトルを配置したいA1～D1セルを選択し、「ホーム」タブの「セルを結合して中央揃え」を選択する（❶～❹）

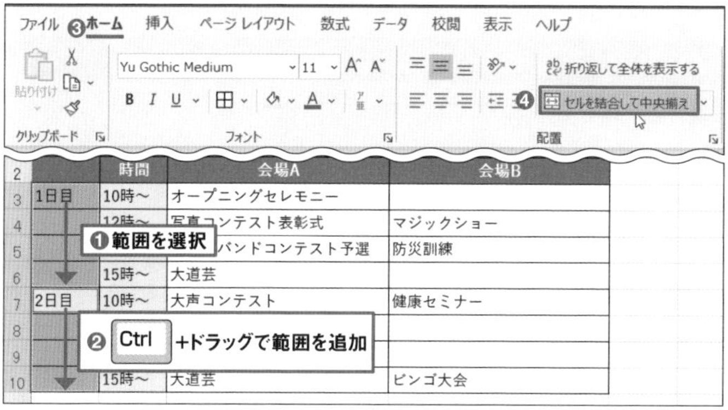

⬅ 図3 「1日目」の文字を配置したいA3～A6セルを選択した後、「2日目」の文字を配置したいA7～A10セルを「Ctrl」キーを押しながらドラッグする（❶❷）。「ホーム」タブの「セルを結合して中央揃え」を押す（❸❹）

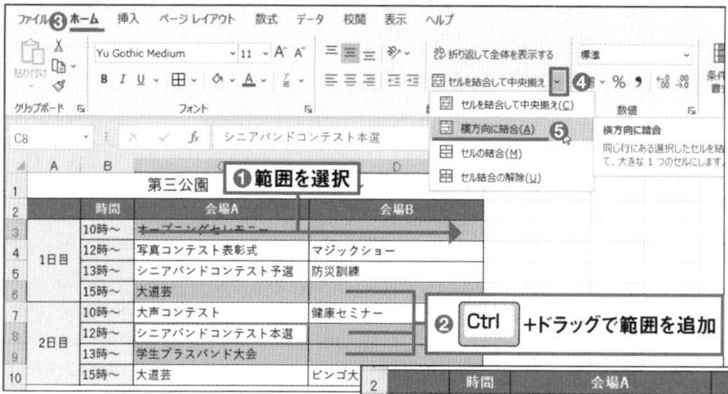

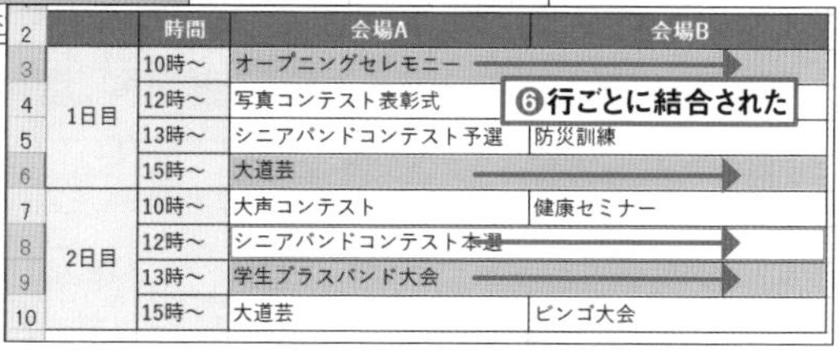

⬆➡ 図4 結合したいC3～D3セルを選択し、C6～D6、C8～D8、C9～D9のセルも「Ctrl」キーを押しながらドラッグする（❶❷）。「セルを結合して中央揃え」の「▼」をクリックして、「横方向に結合」を選択する（❸～❻）

「選択範囲内で中央」で空欄セルを見かけ上結合

図4の操作を、「選択範囲内で中央」でやってみよう（**図5、図6**）。この書式を適用したセル範囲では、右側に続く空欄のセルをすべて結合する形でデータが中央に表示される。見た目はセル結合そのものだが、実際にセル同士は結合されていない。各セルは単独で選択でき、右側の空欄セルにはデータが入っていない。

特に注目したいのは、空欄セルに何かデータを入力すると、見かけ上の結合が自動的に解除される点だ。逆に、右側に空欄セルができると自動的に結合する。この機能の弱点は、縦方向の結合には使えないことだ。図3のような結合は、通常のセル結合を使うしかない。

➡「選択範囲内で中央」で見せかけの結合

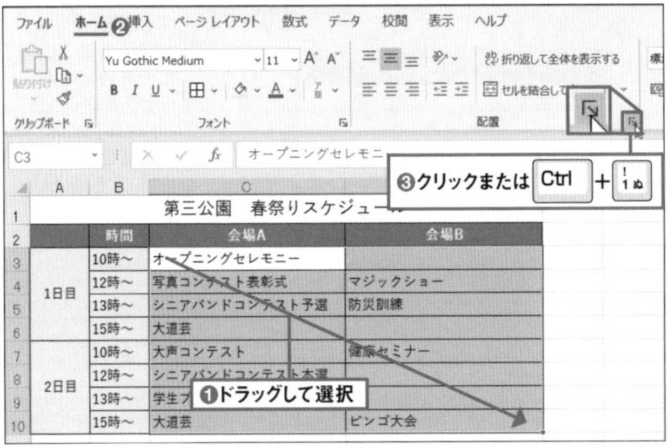

図5 選択するセル範囲には、結合しないセルも含んでかまわない。C3～D10セルをまとめて選択して、「セルの書式設定」画面を開く（❶～❸）

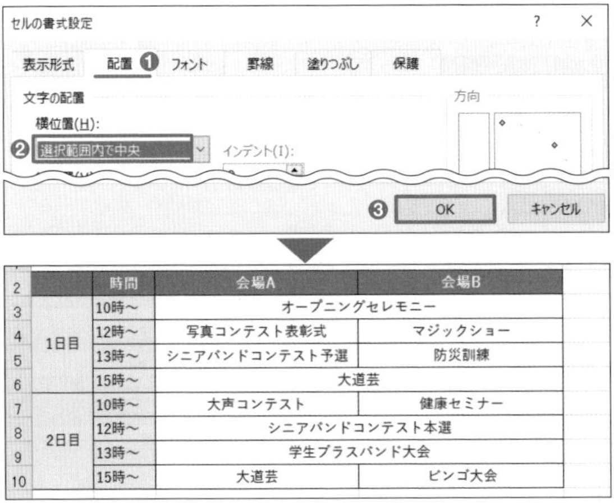

図6「配置」タブの「横位置」欄で「選択範囲内で中央」を選ぶ（❶～❸）。右側が空欄だったセルだけ、セルを結合する形で文字が中央揃えになり、境界にあった罫線も見かけ上消える。通常のセル結合と同じように見えるが、仕組みはまったく異なる

セルの書式だけコピーして効率良く見栄えを整える

5分時短

書式のコピー/貼り付け

背景色、文字色、罫線などの書式を指定した後で、同じ書式を別の場所でも使いたくなることがある。「書式のコピー /貼り付け」を使えば、セルの書式だけをほかのセルやほかの表にそっくりコピーすることができる。目的の書式を設定したセルを先に選んだら、「ホーム」タブの「書式のコピー/貼り付け」をクリック。続けて、同じ書式にしたいセルを選ぶ（**図1**）。この機能を使えば、1行置きの塗りつぶしも簡単だ（**図2**）。同じ書式を何カ所にも使いたいときは、「書式のコピー/貼り付け」ボタンをダブルクリックすれば、再度このボタンをクリックするまで連続して貼り付けられる。

➡「書式だけ」をボタンでササッとコピー

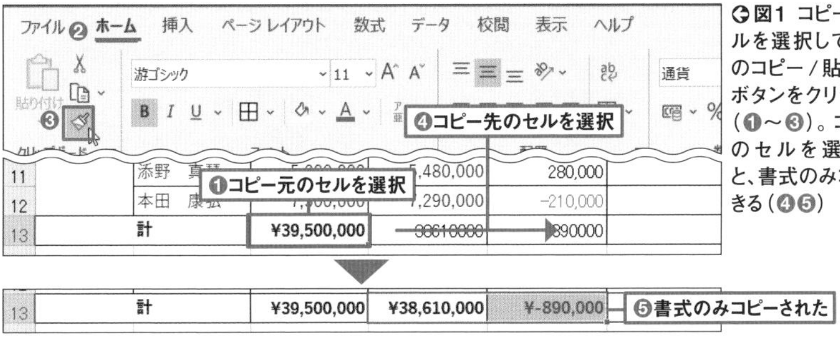

⬅図1 コピー元のセルを選択して「書式のコピー/貼り付け」ボタンをクリックする（❶～❸）。コピー先のセルを選択すると、書式のみコピーできる（❹❺）

➡1行置きに塗り分ける

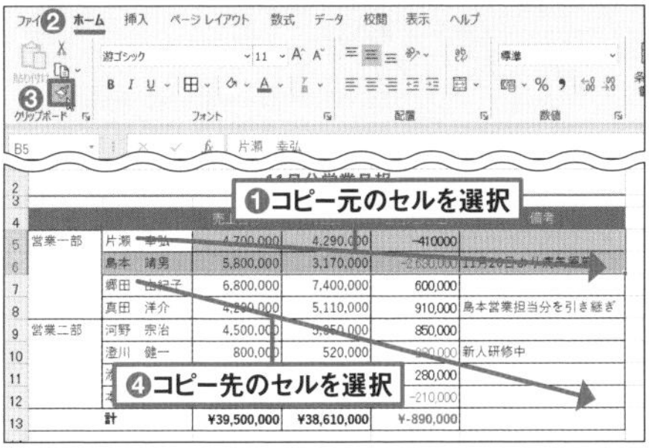

⬅⬇図2 1行置きに塗り分けるには、色のない行と色を塗った行の2行分を選択して「書式のコピー/貼り付け」ボタンをクリック（❶～❸）。コピー先のセル範囲をドラッグすると、1行置きに塗られた書式が貼り付けられる（❹）

Section 08

10分 時短

黒格子は卒業しよう 見やすい罫線を最速で設定

罫線

セルのマス目を形づくる灰色の枠線は、通常は印刷されない目安の線だ。そのため表を作ったら、最も簡単に引ける黒い格子状の罫線を引くのが一般的。ビジネス文書はシンプルが基本とはいえ、いささか面白みに欠ける（**図1上**）。

罫線は、少ないほうがスッキリしたデザインになる。横罫線だけを使ったデザインにするとデータが見やすくなり、罫線の太さを使い分けるだけで見出しや合計を強調することができる（**図1中央**）。また、プレゼンなどで“見せる”表なら、セルの背景色を設定し、罫線は白にすることで罫線が目立たず、上品な印象になる（**図1下**）。

黒格子はやめて、横罫線・背景色で見やすく

Before

	A	B	C	D	E	F	G
1	店舗別売上表						
2		新宿本店	渋谷店	大宮店	名古屋店	大阪店	売上金額
3	4月11日	8,120	5,980	5,584	5,658	7,754	¥33,096
4	4月12日	7,485	5,598	5,688	5,895	5,985	¥30,651
5	4月13日	7,689	7,354	5,774	5,987	7,545	¥34,
6	4月14日	7,456	7,570	5,650	6,890	7,498	¥35
7	4月15日	7,705	7,505	5,587	5,855	7,077	¥33
8	合計	38,455	34,007	28,283	30,285	35,859	¥166,

格子状の罫線はメリハリがない

After

	A	B	C	D	E	F	G
1	店舗別売上表						
2		新宿本店	渋谷店	大宮店	名古屋店	大阪店	売上金額
3	4月11日	8,120	5,980	5,584	5,658	7,754	¥33,096
4	4月12日	7,485	5,598	5,688	5,895	5,985	¥30,651
5	4月13日	7,689	7,354	5,774	5,987	7,545	¥34
6	4月14日	7,456	7,570	5,650	6,890	7,498	¥35
7	4月15日	7,705	7,505	5,587	5,855	7,077	¥33
8	合計	38,455	34,007	28,283	30,285	35,859	¥166

横罫線だけでシンプルに見やすく

After

	A	B	C	D	E	F	G
1	店舗別売上表						
2		新宿本店	渋谷店	大宮店	名古屋店	大阪店	売上金額
3	4月11日	8,120	5,980	5,584	5,658	7,754	¥33,096
4	4月12日	7,485	5,598	5,688	5,895	5,985	¥30,651
5	4月13日	7,689	7,354	5,774	5,987	7,545	¥34,
6	4月14日	7,456	7,570	5,650	6,890	7,498	¥3
7	4月15日	7,705	7,505	5,587	5,855	7,077	¥33,
8	合計	38,455	34,007	28,283	30,285	35,859	¥166,889

背景色はプレゼン向き

◀図1 格子状の罫線はエクセルの定番だが（上）、手間があまり変わらないなら、横罫線だけのシンプルな表や（中央）、プレゼン向きの背景色が付いた表（下）など、用途に応じて使い分けよう

本当に手間は変わらない?

同じ罫線は「Ctrl」+「Y」の繰り返しで時短

図1中央のような横罫線だけの表を最速で作るにはどうすればよいか。まず、表全体を選択し、「セルの書式設定」の「罫線」タブを開く（**図2**）。そして、上辺と下辺に太い横罫線、内部に細い横罫線を引く（**図3、図4**）。

➡上辺と下辺を太くして横罫線を引く

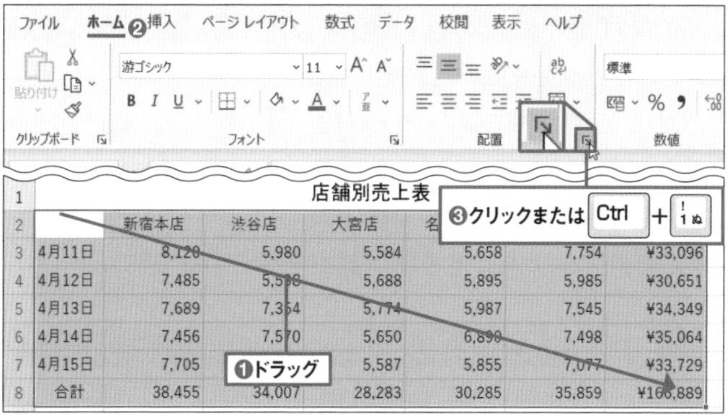

図2 罫線を引くセル範囲（ここではA2～G8セル）を選択し、「ホーム」タブにある「配置」グループなどの右下のボタンを押して「セルの書式設定」画面を開く（❶～❸）。セル範囲を選択した後、「Ctrl」キーを押しながら「1」キーを押してもよい

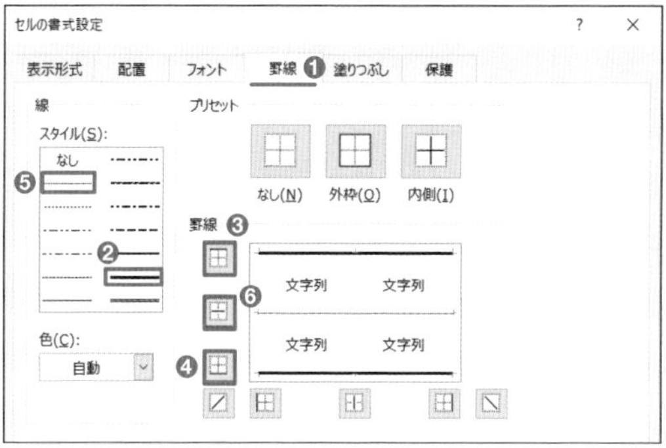

図3 「罫線」タブを開き、太い線を選んで上辺と下辺に引く（❶～❹）。次に細い線を選び、内部の横線を引く（❺❻）。右下の「OK」を押す

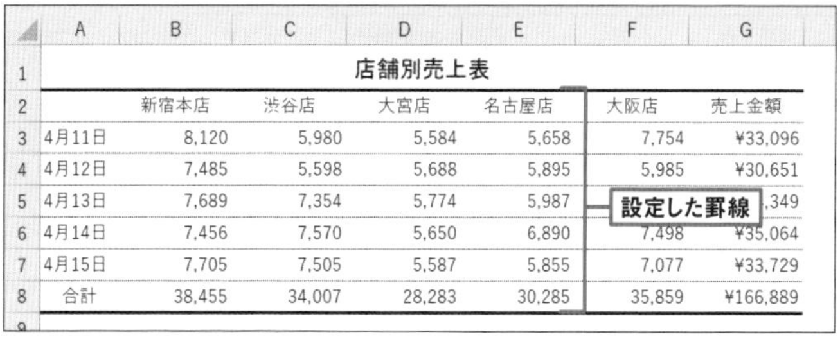

	A	B	C	D	E	F	G
1				店舗別売上表			
2		新宿本店	渋谷店	大宮店	名古屋店	大阪店	売上金額
3	4月11日	8,120	5,980	5,584	5,658	7,754	¥33,096
4	4月12日	7,485	5,598	5,688	5,895	5,985	¥30,651
5	4月13日	7,689	7,354	5,774	5,987		,349
6	4月14日	7,456	7,570	5,650	6,890	7,498	¥35,064
7	4月15日	7,705	7,505	5,587	5,855	7,077	¥33,729
8	合計	38,455	34,007	28,283	30,285	35,859	¥166,889

図4 図3で設定した罫線が選択した範囲に引かれる。図は細い罫線がわかりやすいように、「表示」タブの「目盛線」をオフにしている

次に、項目名、内容、合計を区切る線を太くする。図3で指定した上下の罫線だけ太くする操作をここでも利用する。内容のセルを選択して、直前の操作を繰り返すショートカットキー「Ctrl」+「Y」キー（または「F4」キー）を押すと、図3と同じ罫線を引くことができる（**図5、図6**）。

背景色と白罫線でプレゼン向きに仕上げる

プレゼンなど、デザイン要素が必要な表では、セルを塗りつぶして背景色を指定するのも手だ。「ホーム」タブの「塗りつぶしの色」ボタンで設定する。まず項目名のようにデータのセルと色分けしたい部分を濃い色にする（**図7**）。

合計欄も色分けしておこう。合計欄を選んで「Ctrl」+「Y」キーを押す。残りセルは薄いグレーに塗っておく（**図8**）。

表全体に背景色を指定したので、白い罫線で区切る。白なら格子状でもデザインを邪魔しない。罫線の色を指定してから、格子状の罫線を指定する（**図9**）。

➡「Ctrl」+「Y」で同じ罫線を繰り返し設定

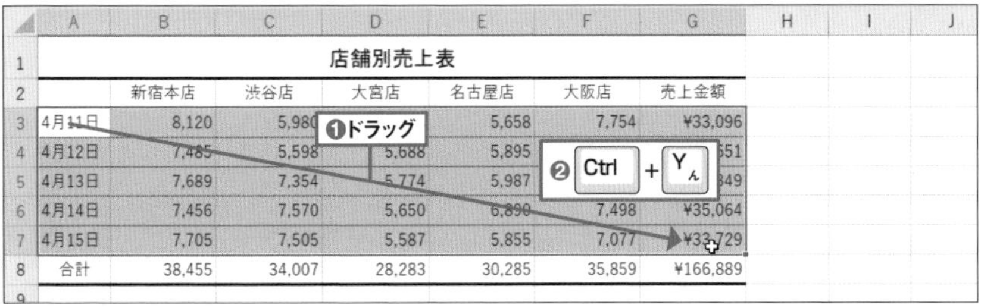

	新宿本店	渋谷店	大宮店	名古屋店	大阪店	売上金額
4月11日	8,120	5,980		5,658	7,754	¥33,096
4月12日	7,485	5,598	5,688	5,895		651
4月13日	7,689	7,354	5,774	5,987		349
4月14日	7,456	7,570	5,650	6,890	7,498	¥35,064
4月15日	7,705	7,505	5,587	5,855	7,077	¥33,729
合計	38,455	34,007	28,283	30,285	35,859	¥166,889

図5 2行目の項目名の下の罫線と、8行目の合計欄の上の罫線を太くしたい。図3で設定した罫線も上端と下端に太い罫線を引いていたので、この操作を繰り返せば同じ罫線を引ける。2行目と8行目を除いて、内容のセル範囲（A3〜G7セル）を選択して（❶）、「Ctrl」キーを押しながら「Y」キーを押す（❷）。これで直前の操作を繰り返せる。「F4」キーを押してもよい

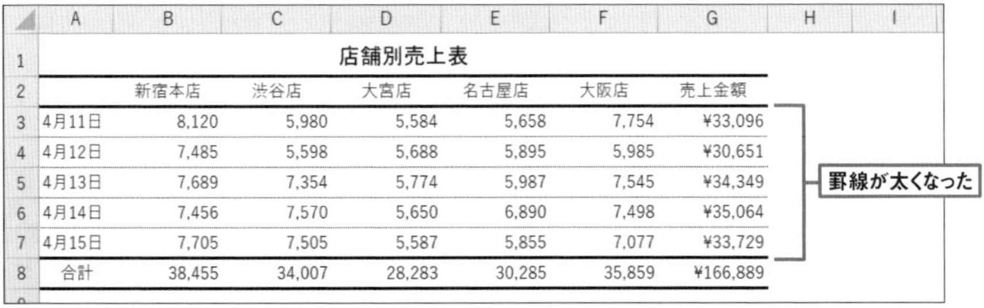

	新宿本店	渋谷店	大宮店	名古屋店	大阪店	売上金額
4月11日	8,120	5,980	5,584	5,658	7,754	¥33,096
4月12日	7,485	5,598	5,688	5,895	5,985	¥30,651
4月13日	7,689	7,354	5,774	5,987	7,545	¥34,349
4月14日	7,456	7,570	5,650	6,890	7,498	¥35,064
4月15日	7,705	7,505	5,587	5,855	7,077	¥33,729
合計	38,455	34,007	28,283	30,285	35,859	¥166,889

図6 選択範囲に図3の設定が適用され、項目名の下端と、合計欄の上端の罫線が太くなった

➡プレゼン用には背景色を設定

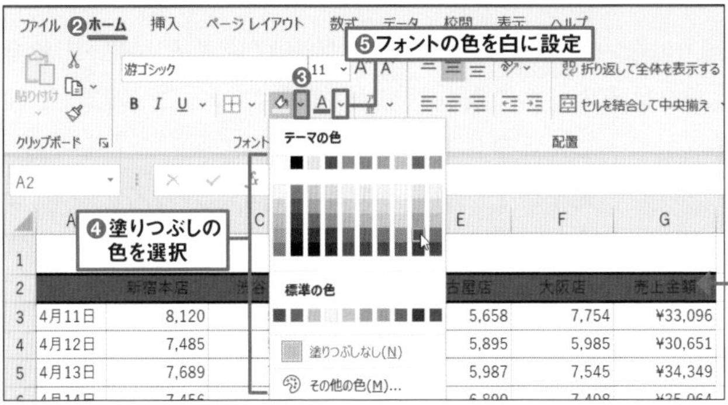

◯ 図7 まずは項目名を塗りつぶしてみよう。項目名のセル範囲を選択し、「ホーム」タブで「塗りつぶしの色」を設定する(❶～❹)。色は「▼」ボタンから選べる。セルの色が濃いときは、フォントの色を白に変更しよう(❺)

◯ 図8 同様に合計欄を濃い色に、データの行は薄い色に塗り分ける

➡色付きの表は白い罫線で区切る

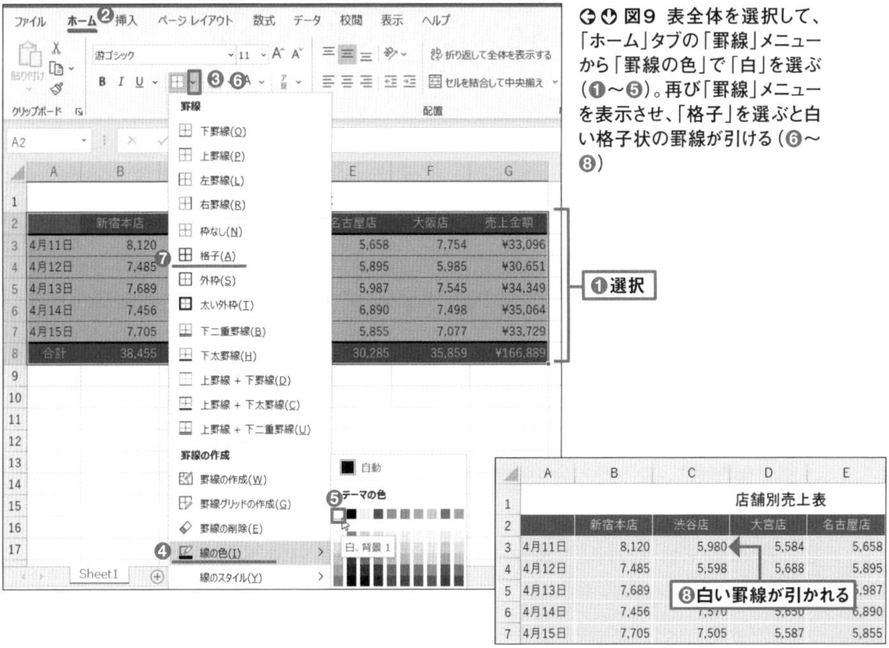

◯◯ 図9 表全体を選択して、「ホーム」タブの「罫線」メニューから「罫線の色」で「白」を選ぶ(❶～❺)。再び「罫線」メニューを表示させ、「格子」を選ぶと白い格子状の罫線が引ける(❻～❽)

複雑な罫線はパターンに分解

罫線の引き方に決まりはないが、格子のように罫線だらけだと素人っぽい印象を与えるので、必要な罫線を見極めて効率良く引くのが“罫線マスター”への道だ。例えば**図10**の表は、「料理」「サービス」「全体評価」という大項目に加えて、「味」「盛り付け」といった小項目があり、単純な格子や横罫線では不十分。このような場合、まず罫線をパターンに分解して考える。この表は料理、サービス、全体評価の3ブロックに分かれており、各ブロックは上下に太線、内部に横の細い線というパターンになっている。1行だけの全体評価も同じパターンと見なしてよい。

まずベースとなる「料理」ブロックを選択し、「セルの書式設定」画面の「罫線」タブを開く（**図11、図12**）。ここでは上下に太線、内部に横の細い線というパターンを指定する。「OK」ボタンを押すと実際に罫線が引かれる。ほかの操作はせず、同じパターンで引きたい「サービス」のブロックを選択して、「Ctrl」+「Y」キーもしくは「F4」キーを押す（**図13**）。これで直前の操作が繰り返され、選択範囲に同じパターンの罫線を引ける。「全体評価」のブロックも同様に罫線を引く。1行だけなので、上下の太線だけが引かれる。

不規則な表に手早く罫線を設定

	A	B	C	D	E	F	G
1			大変良い	まあ良い	普通	よくない	非常に不満
2	料理	味	5	4	3	2	1
3		盛り付け	5	4	3	2	1
4		温　度	5	4	3	2	1
5		ボリューム	5	4	3	2	1
6	サービス	店員の応対	5	4	3	2	1
7		店の雰囲気	5	4	3	2	1
8		清潔感	5	4	3	2	1
9		全体評価	5	4	3	2	1
10							

3つのブロックで同じパターンが使える

A列は例外なので、パターンとは別に処理する

↑図10 罫線の引き方にはいくつかの方法があるが、1本ずつ引いていては効率が悪すぎる。クリックなどの操作を最低限に済ませるためには「同じパターン」を見つけるのがコツだ

➡広いブロックから罫線を設定

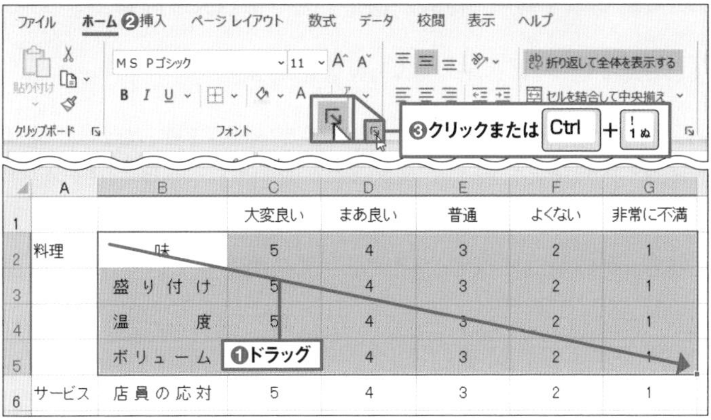

🡐 図11 表のうち、「料理」ブロックのセル範囲を選択する（❶）。A列は例外部分なので、ここではB2～G5セルのみ選択する。「フォント」グループなどの右下のボタンを押して「セルの書式設定」を開く（❷❸）。「Ctrl」キーを押しながら「1」キーを押してもよい

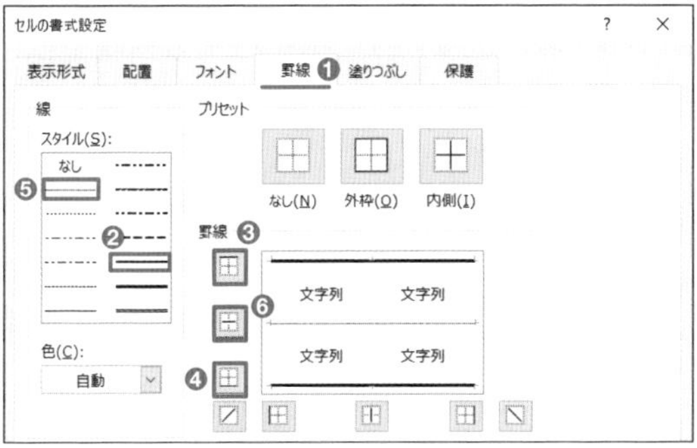

🡐 図12 「罫線」タブを開き、太い線を選んで上辺と下辺に引く（❶～❹）。次に細い線を選び、内部の横線を引き（❺❻）、右下の「OK」を押す

➡同じパターンのセルで罫線設定を繰り返す

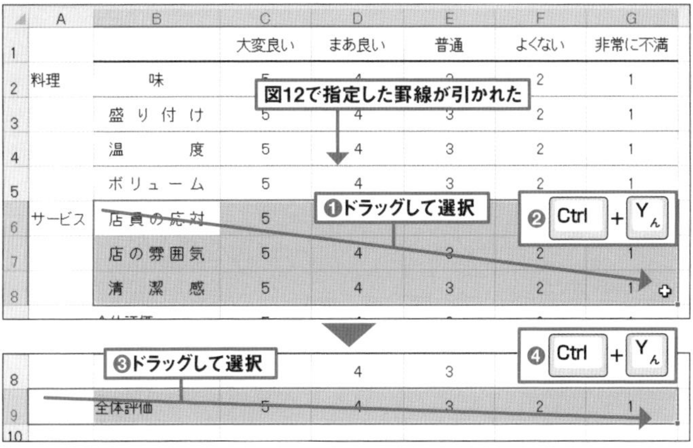

🡐 図13 「料理」のブロックに、指定したパターンの罫線が引かれた。次に「サービス」ブロックのセル範囲を選択して「Ctrl」＋「Y」キーを押す（❶❷）。直前の操作を繰り返すショートカットキーだ。同様に「全体評価」ブロックを選んで「Ctrl」＋「Y」キーを押す（❸❹）。最後のブロックだけは、A列も含めてA9～G9セルに罫線を引く

なお、セルの枠線が表示されたままでは、罫線の仕上がりを確認しにくい。「表示」タブにある「目盛線」のチェックを外すと枠線が消えて見やすくなる（**図14**）。

「罫線の作成」（鉛筆）ツールで足りない線を書き足す

先ほどは「セルの書式設定」のダイアログボックス（設定画面）を使ったが、罫線は「ホーム」タブの「罫線」ボタンでも引ける。「罫線」ボタンは格子など単一パターンを簡単に引くものと思われがちだが、「罫線の作成」モードを使うと鉛筆で描くように自由に罫線を追加できる。直感的に操作できるので、一部の線を書き足したり、微修正したりするのに向いている。

「罫線」ボタンの「▼」メニューから「線の色」や「線のスタイル」を選ぶと、自動的に「罫線の作成」モードに切り替わる（**図15**）。マウスポインターが鉛筆の形に変わり、図14のように枠線を消していると目安となるドット（点）が表示される。この状態で、足りない線を書き足していく。鉛筆のポインターでクリックまたはドラッグすると、指定した線を引くことができる（**図16**）。鉛筆とはいっても、線を引けるのはセルの境界線上のみで、自由に線が引けるわけではない。

必要な線を書き終えたら、罫線のボタンをクリックするとモードが解除される。

➡「目盛線」を消して細い線を確認

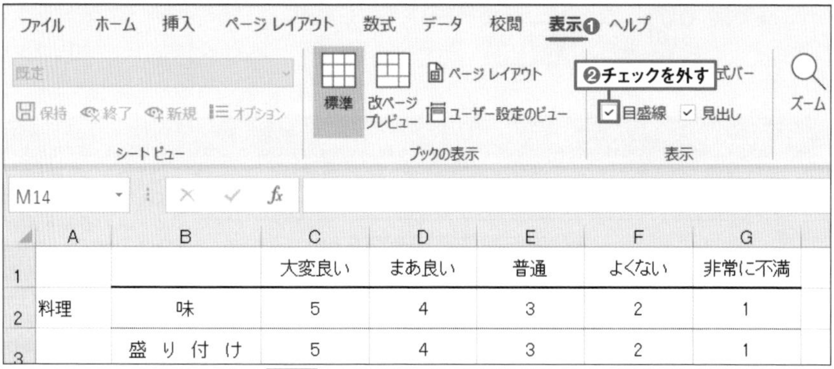

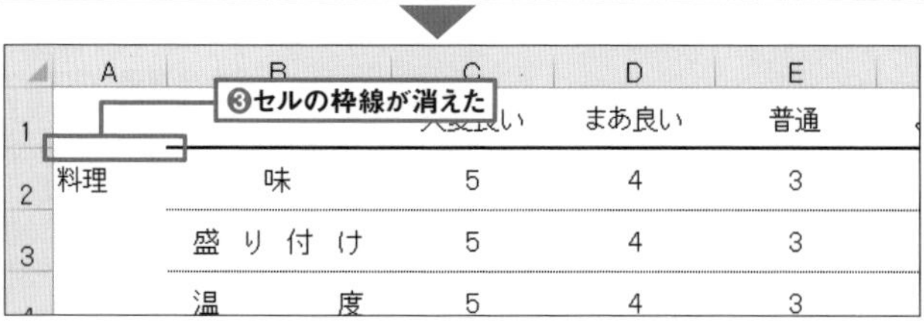

⬆⬅ 図14 「表示」タブで「目盛線」のチェックを外すと、セルの境界線が非表示になり、設定した罫線が見やすくなる（❶〜❸）

➡"手描き"感覚で罫線を加筆

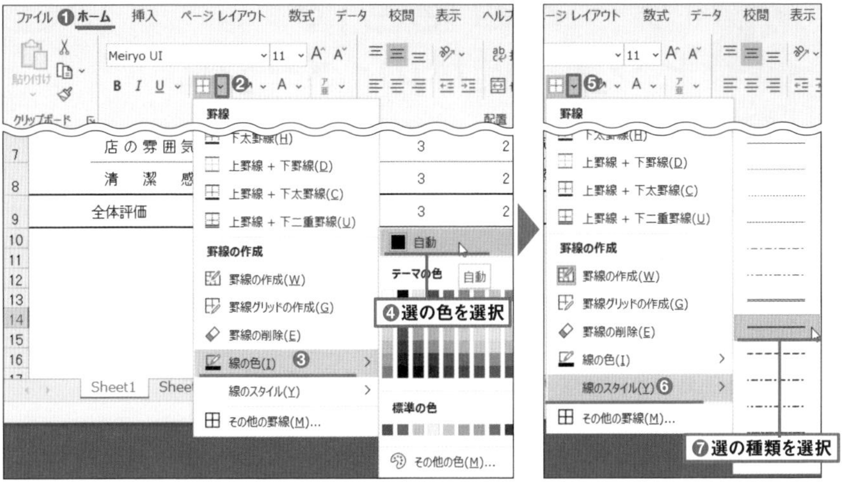

⬆図15 「罫線」の「▼」ボタンを押し、メニューで線の色と種類を選択する（❶～❼）。マウスポインターが鉛筆の絵柄に変わり、シート上をクリックやドラッグして罫線を引くモードになる

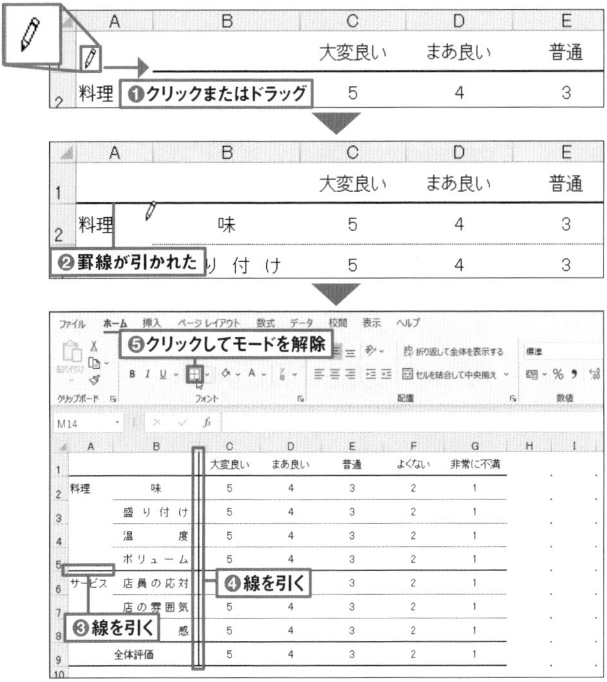

⬅図16 セルの境界線の真上でクリックもしくはドラッグすると手描きする感覚で罫線が引ける（❶❷）。ちなみに、セル範囲をドラッグすると範囲の外枠に罫線を引ける。「Shift」キーを押しながらクリックまたはドラッグすると罫線を消せる。ほかにも必要な線があれば書き足し（❸❹）、引き終わったら罫線のボタンを押すか「Esc」キーを押してモードを解除する（❺）

Section 09

5分 時短

「テーマ」と「配色」でビジネス向けのイメージに

テーマ　配色

ここ一番の文書で力みすぎ、ついつい色を使いすぎていないだろうか。色を使いすぎると素人っぽく見え、言いたいことも伝わりにくい（**図1左上**）。むしろ、色数を絞り込むのが上品に仕上げるコツだ（**図1右下**）。ただし、色調に頭を悩ませて時間をかけるのは本末転倒。見やすい配色をパパッと設定する秘策がある。

カラーパレットを味方に付け、3段階で色調を変更

エクセルには「配色」「フォント」「効果」がセットになった「テーマ」がブックごとに設定されている。通常は標準のテーマを使っているが、テーマを変更することで、全体のイメージをガラリと変えることができる。また、テーマとは別に「配色」だけを変える

一瞬でイメージを変える「テーマ」と「配色」

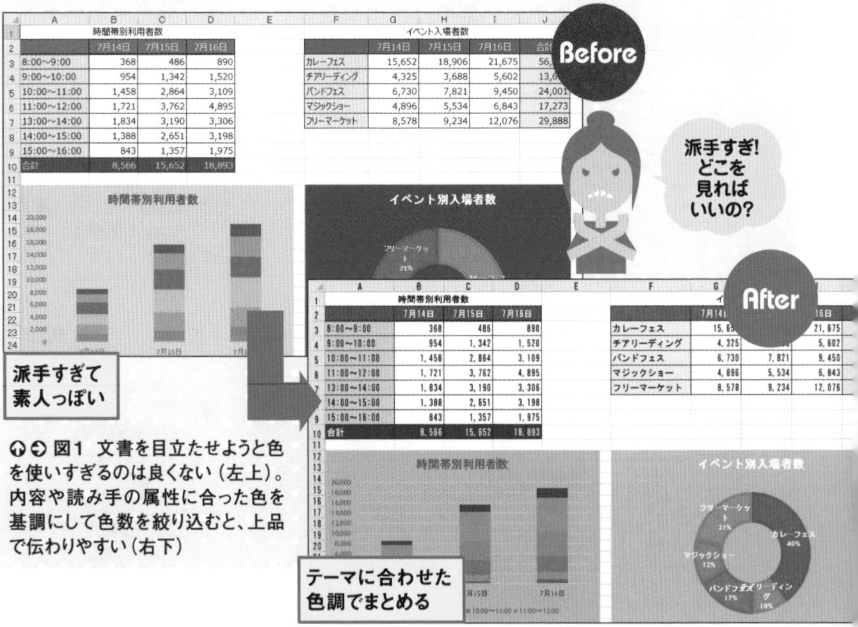

⇧⇨ **図1** 文書を目立たせようと色を使いすぎるのは良くない（左上）。内容や読み手の属性に合った色を基調にして色数を絞り込むと、上品で伝わりやすい（右下）

ことも可能だ。まずはブック全体のイメージに合うように、①テーマを選び、②配色を変え、③個別に色を調整する、という3段階で進めると、統一感のある文書が素早く作れる（**図2**）。

まず選択するのはテーマだ。やり方は簡単で、「ページレイアウト」タブの「テーマ」で使いたいものを選ぶ（**図3**）。

➡統一感のある色調にする3つの手順

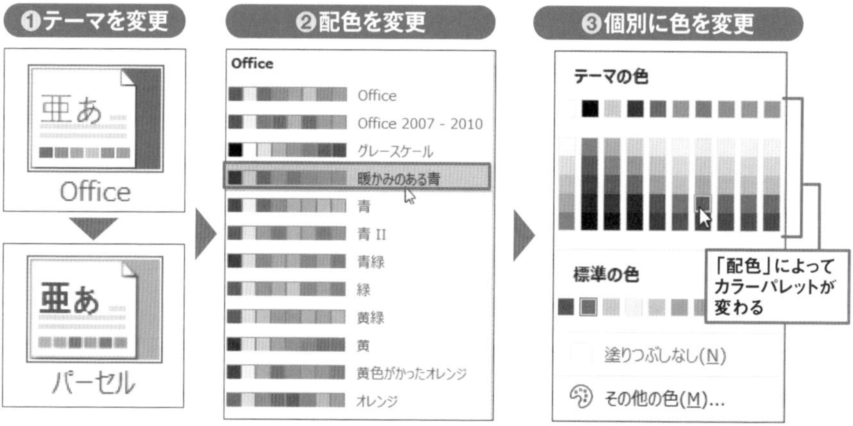

⇧ 図2 色調を変更する場合、❶テーマの変更、❷配色の変更、❸個別の色の変更、という3つの手順を踏むとよい。❶の操作で満足な結果が得られればOK。さらに全体の色調を変えたいときは❷を実行。最後に、❸で個別の図形やセルの色を変更して微調整するという流れだ

➡テーマを変える

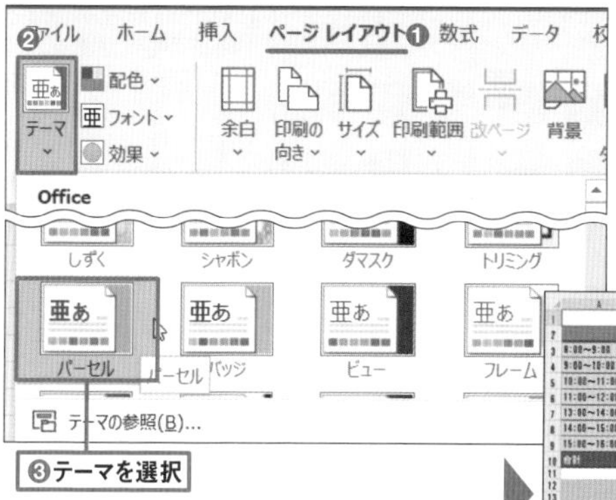

⇦⇩ 図3 テーマを変えるには、「ページレイアウト」タブを開き、「テーマ」から好みのものを選択する（❶〜❸）。すると、図形やセルの色調が変わる（❹）。テーマによっては、フォントや図形の効果も変わるので、セル幅やフォントサイズなどの調整が必要だ

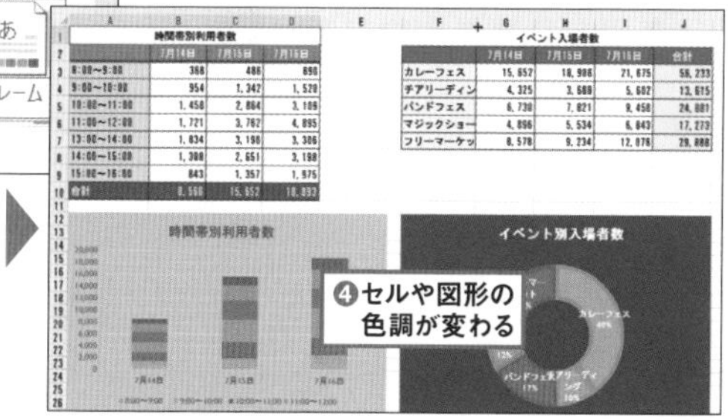

テーマを変えても「あんまり変わらない」という場合、「テーマの色」を使っていない可能性が高い。色の一覧（カラーパレット）には、「標準の色」と「テーマの色」があり、テーマと連動するのは「テーマの色」のみ（**図4**）。フォントや図形の効果も同じで、「テーマのフォント」「テーマスタイル」を使っている部分だけ、テーマと連動してデザインが変わる。そのため、流用する表やグラフはできるだけ「テーマ」と書かれた色やスタイルを使うようにしておくと、用途に応じてイメージを変えやすい。

テーマを変えると「テーマのフォント」が変わるため、選んだテーマによっては列幅や行の高さが変わり、調整が必要になることがある。テーマが決まっているなら、テーマを選んだ後で文書を作り始めるとよい。

テーマの色調だけをチェンジ

選んだテーマの色調だけを変えたいときは、「配色」から選ぶ（**図5**）。「暖かみのある青」「黄色がかったオレンジ」など多くのセットが用意されている。なお、テーマや配色のバリエーションはエクセルのバージョンによって異なる。

その後で、調整したい図形やグラフの色を変えたければ、個別に「塗りつぶしの色」を変更する（**図6**）。色の一覧（カラーパレット）にある「テーマの色」では、左右には色彩が異なる色が並び、上下には濃淡が異なる色が並んでいる。統一感を出したいなら、同じ列の色だけ、もしくは同じ行の色だけを使うとよい。

➡テーマの色やスタイルがテーマ選びで変わる

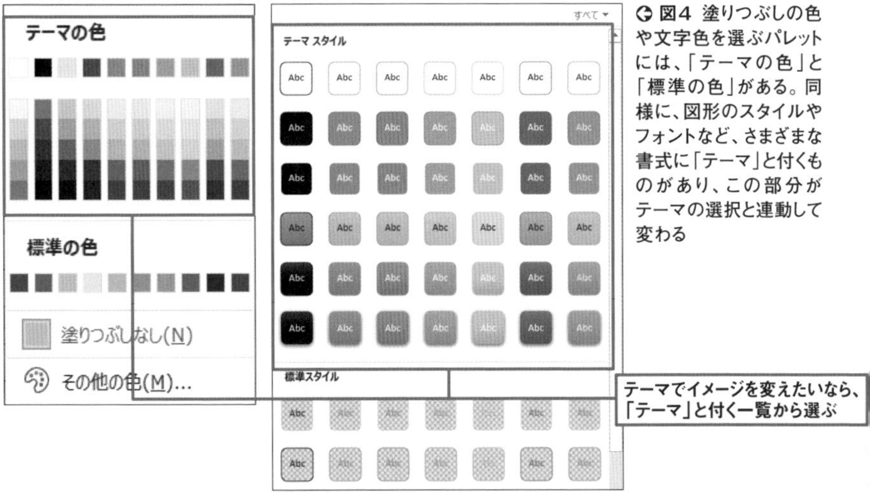

図4 塗りつぶしの色や文字色を選ぶパレットには、「テーマの色」と「標準の色」がある。同様に、図形のスタイルやフォントなど、さまざまな書式に「テーマ」と付くものがあり、この部分がテーマの選択と連動して変わる

➡配色を選び、個別に色調整

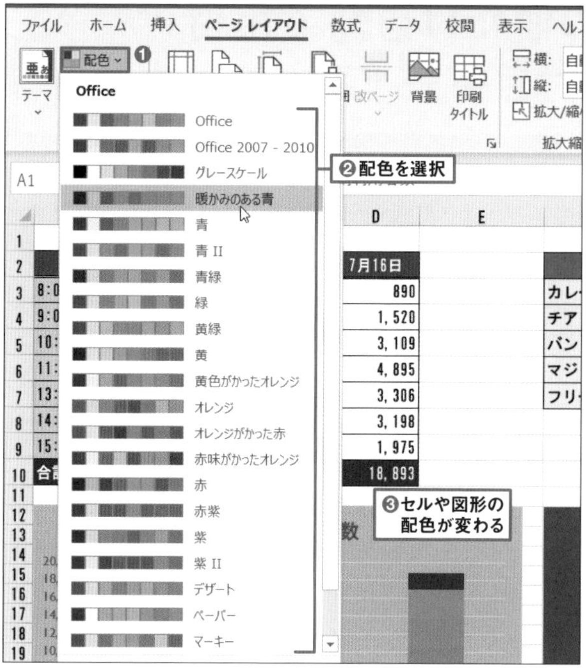

⊖ 図5 さらに色調を見直したいときは、「配色」から好みのセットを選択する（❶～❸）。マウスポインターを合わせるとプレビュー表示されるので、文書に合うものを選ぼう

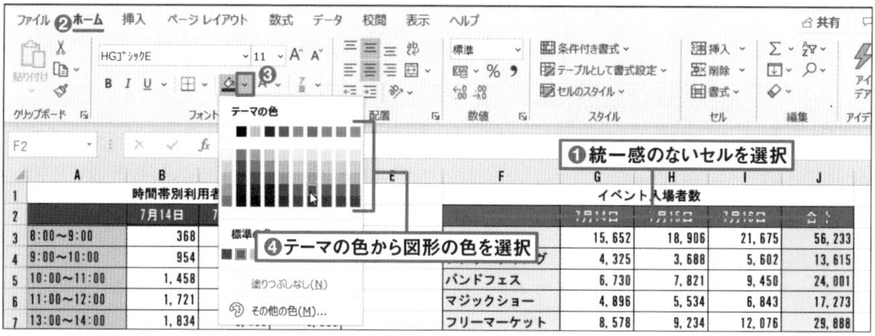

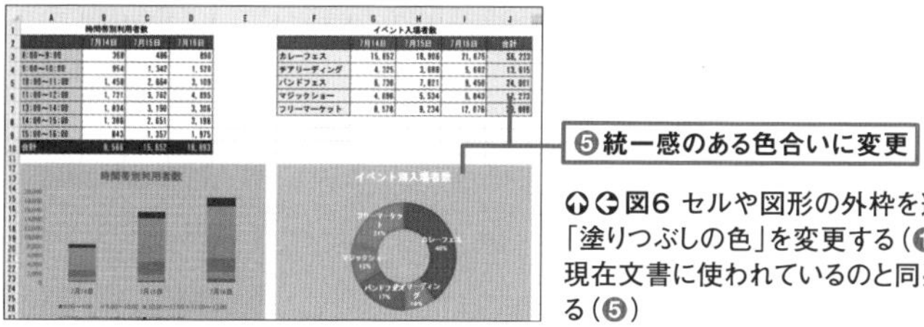

⊕⊖ 図6 セルや図形の外枠を選択して、「ホーム」タブで「塗りつぶしの色」を変更する（❶～❹）。「テーマの色」で現在文書に使われているのと同系色を選ぶと統一感が出る（❺）

10分時短

Section 10

特定の値だけ自動で色付け「条件付き書式」で目立たせる

条件付き書式

たくさんあるデータの中で、「7500より大きいセルだけ選んで緑色に変えて」と言われたら、多くの人が面倒だと思うだろう（**図1**）。指定した条件に該当するセルをピックアップして書式を変更する「条件付き書式」を使えば、こんな作業は瞬時に終わる。

「7500より大きいセルだけ緑色にする」なら、「条件付き書式」の「セルの強調表示ルール」で指定する（**図2**）。「指定の値より大きい」を選んだら、基準となる数値（ここでは「7500」）を入力し、変更後の書式を選ぶ。通常、カンマや通貨記号は表示させているだけなので、指定する数値には含めない。

セルの数値が変わったら、自動的に書式が適用されるのも「条件付き書式」の利点。セルの値に応じてアイコンやデータバー、カラースケールを表示する機能もある（**図3**）。数値だけでなく、文字列や重複するセルだけ目立たせることも可能だ。

指定した数値より大きいセルだけ色を変える

	A	B	C	D	E	F	G
1	店舗別売上表						
2	日付	新宿本店	渋谷店	大宮店	名古屋店	大阪店	売上金額
3	4月9日	7,568	7,577	5,580	5,850	7,507	34,082
4	4月10日	6,982	7,305	5,480	5,789	7,550	33,106
5	4月11日	8,120	5,980	5,584	5,658	7,754	33,096
6	4月12日	7,485	5,598	5,688	5,895	5,985	30,651
7	4月13日	7,689	7,354	5,774	5,987	7,545	34,349
8	4月14日	7,456	7,570	5,650	6,890	7,498	35,064
9	4月15日	7,705	7,505	5,587	5,855	7,077	33,729
10	合計	53,005	48,889	39,343	41,924	50,916	234,077

2	日付	新宿本店	渋谷店	大宮店	名古屋店	大阪店	売上金額
3	4月9日	7,568	7,577	5,580	5,850	7,507	34,082
4	4月10日	6,982	7,305	5,480	5,789	7,550	33,106
5	4月11日	8,120	5,980	5,584	5,658	7,754	33,096
6	4月12日	7,485	5,598	5,688	5,895	5,985	30,651
7	4月13日	7,689	7,354	5,774	5,987	7,545	34,349
8	4月14日	7,456	7,570	5,650	6,890	7,498	35,064
9	4月15日	7,705	7,505	5,587	5,855	7,077	33,729
10	合計	53,005	48,889	39,343	41,924	50,916	234,077

◀ **図1** 合計を除くセルで、「7500より大きいセルだけピックアップして緑色にしてくれ」と言われたら、結構手間がかかる。こんな作業は、「条件付き書式」で自動化しよう

➡「条件付き書式」で指定より大きい値を色分け

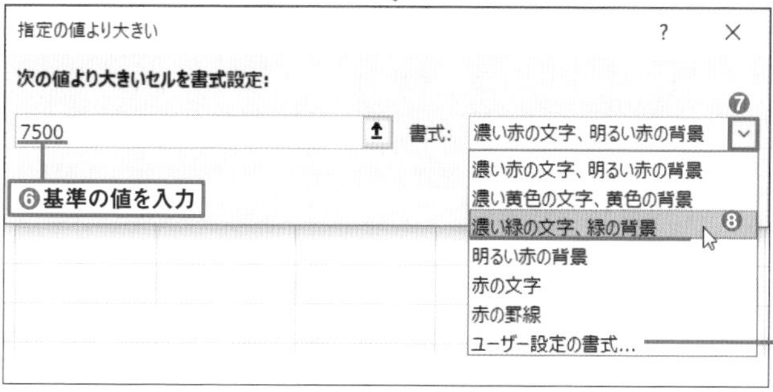

⬆⬅図2 セル範囲を指定し、「ホーム」タブの「条件付き書式」をクリック（❶～❸）。「セルの強調表示ルール」から「指定の値より大きい」を選ぶ（❹❺）。基準となる数値を入力し、「書式」から適用する書式を選ぶ（❻～❽）。リストにない書式の設定も可能だ

➡データの大小に応じてカラースケールを表示

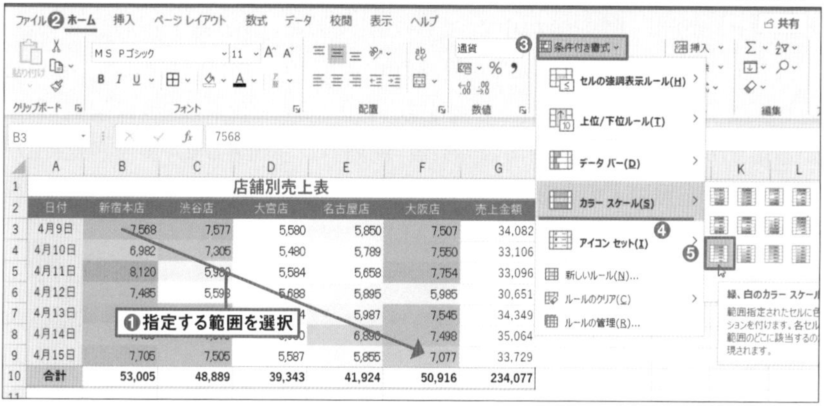

⬆図3 セル範囲を指定し、「ホーム」タブの「条件付き書式」をクリック（❶～❸）。「カラースケール」から表示させる色を選択する（❹❺）。この例では、大きい数字ほど濃い緑で表示される

LARGE関数と組み合わせて「3番目に大きいセル」を目立たせる

「条件付き書式」の条件には、数式（条件式）を指定することができる。関数を組み合わせることで、「3番目に大きいセルの背景色を緑にする」といった、通常の「条件付き書式」ではできないルールも作れる（**図4**）。

関数と組み合わせて「3番目に大きいセル」を探す

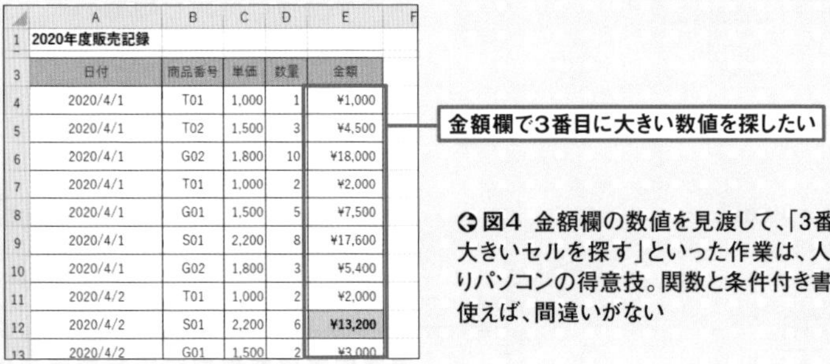
金額欄で3番目に大きい数値を探したい

	A	B	C	D	E	F
1	2020年度販売記録					
3	日付	商品番号	単価	数量	金額	
4	2020/4/1	T01	1,000	1	¥1,000	
5	2020/4/1	T02	1,500	3	¥4,500	
6	2020/4/1	G02	1,800	10	¥18,000	
7	2020/4/1	T01	1,000	2	¥2,000	
8	2020/4/1	G01	1,500	5	¥7,500	
9	2020/4/1	S01	2,200	8	¥17,600	
10	2020/4/1	G02	1,800	3	¥5,400	
11	2020/4/2	T01	1,000	2	¥2,000	
12	2020/4/2	S01	2,200	6	**¥13,200**	
13	2020/4/2	G01	1,500	2	¥3,000	

図4 金額欄の数値を見渡して、「3番目に大きいセルを探す」といった作業は、人間よりパソコンの得意技。関数と条件付き書式を使えば、間違いがない

具体的には、「条件付き書式」のメニューから「新しいルール」を選択する（**図5**）。複数の値から、「大きい順に○番目」を探すにはLARGE関数を使う（**図6、図7**）。3番目のセルだけをピックアップするなら、条件を指定する数式を

=E4=LARGE($E$4:$E$29,3)

と入力する。先頭の「=」は数式であることを表し、続く「E4=LARGE($E$4:$29,3)」で「E4セルがE4～E29セルの中で3番目の値と等しい」という条件を指定している。「E4」としているのは、設定するセル範囲の中で、アクティブセル（反転していない白いセル）を代表にして数式を作る必要があるため。これでほかのセルにも同じ条件が適用される。一方、LARGE関数の引数「配列」は、参照するセル範囲が変わらないよう、絶対参照で入力するのがポイントだ。この例とは反対に、「小さい順に○番目」であれば、「LARGE」の部分を「SMALL」に置き換えればよい。

「条件付き書式」で指定した書式は、データが変更されると条件に合うものが再検索され、書式が適用される。変更に強いのも大きなメリットだ。条件や書式は、「条件付き書式」の「ルールの管理」を選択すれば確認・変更できる。いったん指定した書式をまったく別の書式に変更するのも簡単なので、手作業で塗りつぶす前に、「条件付き書式」が使えないか考えてみるのが時短への道だ。

➡条件付き書式に新しいルールを追加する

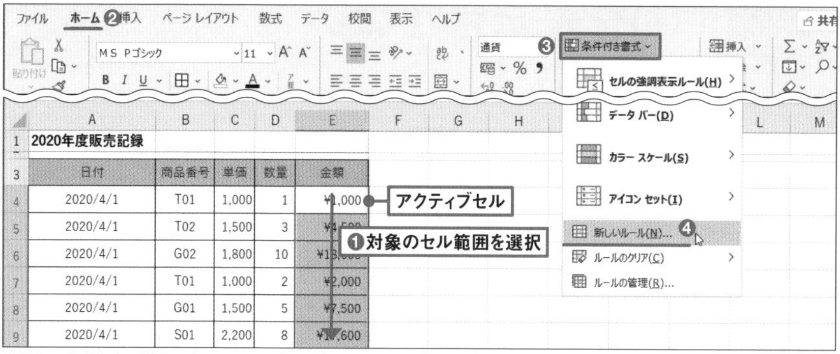

図5 金額が3番目に高いセルに色を付けてみよう。「金額」列（ここではE4～E29セル）を選択して、「ホーム」タブの「条件付き書式」から「新しいルール」を選ぶ（❶～❹）

➡「3番目に大きいセル」をLARGE関数で探す

図6 開いた画面で「数式を使用して…」を選択（❶）。「セルが上位3番目の値と等しい」という意味の条件式を図のように入力する（❷）。「書式」を押して「塗りつぶし」タブで好みの色を選び、画面下の「OK」をクリック（❸～❺）。元の画面に戻ったら「OK」を押す（❻）

図7 金額が3番目に大きいセルが見つかった。「3番目」でなく「上位3番目まで」であれば、213ページ図3の「上位／下位ルール」→「上位10項目」を選んでもできるが、数式のほうが柔軟性が高い

LARGE《ラージ》【○番目に大きい値を探す】 統計関数

=LARGE(配列, 順位)

引数「配列」に指定したセル範囲の中で、大きいほうから数えて指定した「順位」となる値を探す

SMALL《スモール》【○番目に小さい値を探す】 統計関数

=SMALL(配列, 順位)

引数「配列」に指定したセル範囲の中で、小さいほうから数えて指定した「順位」となる値を探す

Section 11

「0」を表示させない3つの方法

1分 時短

見積書や請求書のフォームには数式を入力しておくと便利だが、参照先のセルが未入力のうちは「0」が表示されてしまうことがある（**図1**）。入力前は空白、入力後は計算結果を表示する方法はいろいろあるが、ここでは3つの方法を紹介する（**図2～図4**）。「ゼロが邪魔だなぁ」と思って悩むのも時間の無駄。どれでも使いやすい方法を試してみよう。

参照先が未入力の数式で「0」表示を避けたい

図1 請求書などで「0」が表示されるのは困るという人は多い

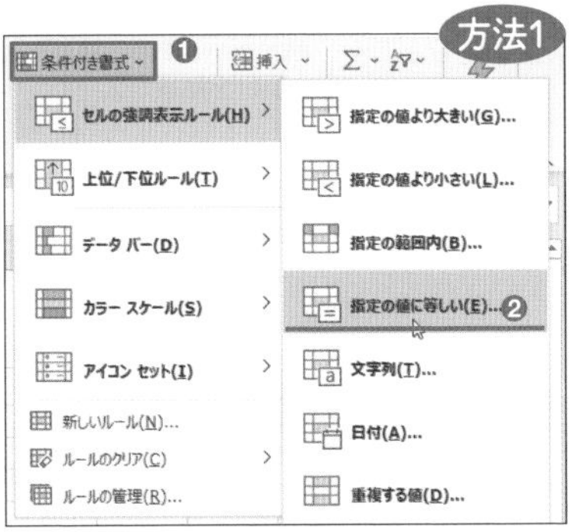

図2 前項で説明した「条件付き書式」を使い、「指定の値に等しい」を選択し、「0の場合は文字色を白」といった指定をする（❶❷）

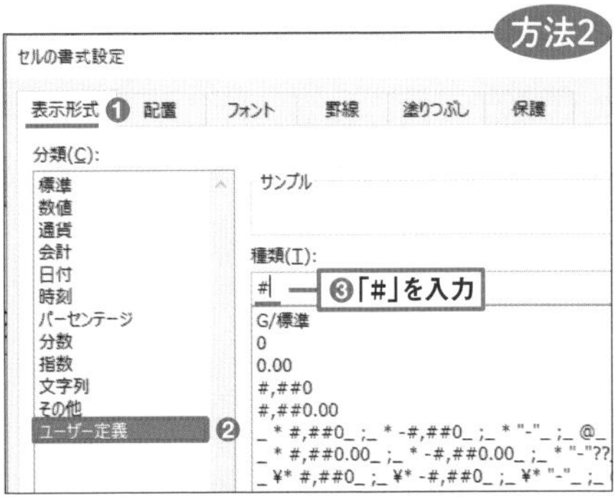

図3 「セルの書式設定」画面の「表示形式」タブで（❶）、「ユーザー定義」を選択し、「種類」に半角の「#」を入力する（❷❸）。3桁区切りなら「#,###」とする

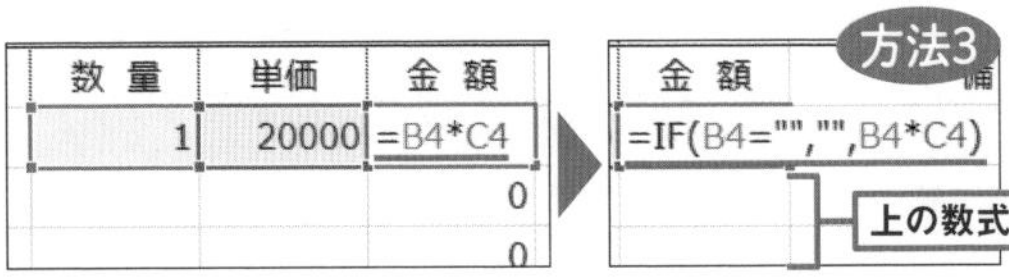

図4 数式にIF関数を組み合わせて、「『数量』欄が空白なら空白」といった数式に変更する

Excel

第7章

修正の手際がグラフ時短のカギ

グラフ作成は簡単だ。しかし、できたグラフが目的に合わなかったり、見づらかったりすると、修正に手間がかかる。グラフ作成の時短は、修正のコツをつかむことにある。意味のわからないグラフでも、修正の仕方しだいでは立派なプレゼン用グラフに生まれ変わる。

- ▶目的に合ったグラフのパターンを知る
- ▶失敗グラフを手早く修正
- ▶見やすいグラフのポイントと設定法
- ▶複合グラフを簡単に作成 ほか

基本を再確認　数値の表さえ作成すればグラフ化は全自動

並んだ数字を眺めていても、傾向や割合を把握するのは難しいものだ。そこで役立つのが、数値を視覚化するグラフ。手作業では面倒なグラフ作成だが、エクセルではワークシートに入力した数値から自動的にグラフ化してくれる（**図1**）。

グラフを作る手順は、とても簡単だ。グラフにするセル範囲を選び、棒グラフや円グラフなど、種類を選べばよい（**図2**）。どんなグラフにするか迷ったら、「おすすめグラフ」を選べば選択したデータから作れそうなグラフを提示してくれる。セルを範囲選択したときに表示される「クイック分析」ツールから選ぶだけでもグラフができる（**図3**）。

プレゼンなどの資料ではビジュアルなグラフが重宝されるが、単にグラフにしただけでは意味がない。グラフは数値の持つ意味を一目瞭然で伝えるためのツールだ。例えば図3のようなグラフをビジネス文書に使ってはいけない。その理由や解決方法を知りたければ、この章を読んでほしい。

数値があればグラフができる

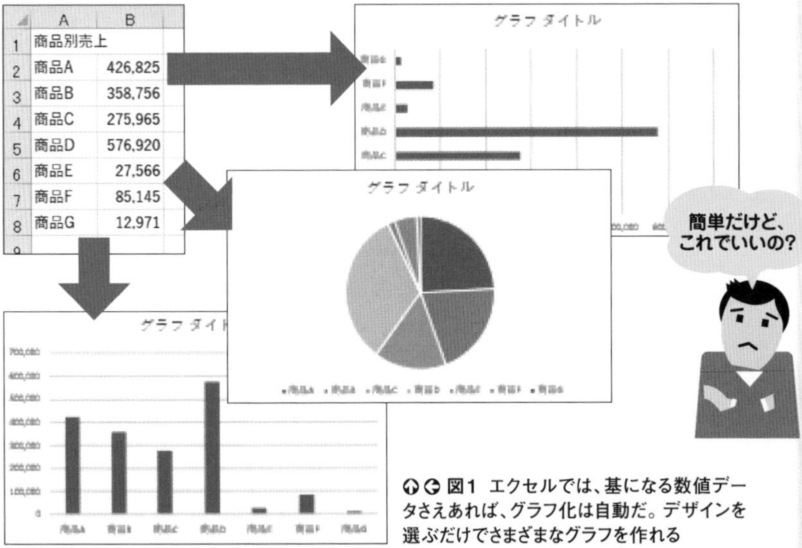

↑← **図1**　エクセルでは、基になる数値データさえあれば、グラフ化は自動だ。デザインを選ぶだけでさまざまなグラフを作れる

●表の数値からグラフを作る基本手順

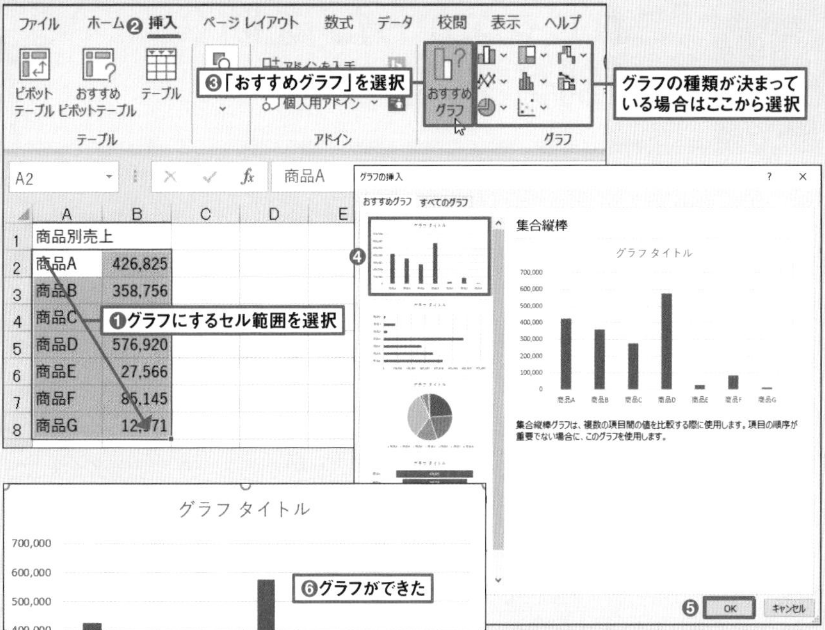

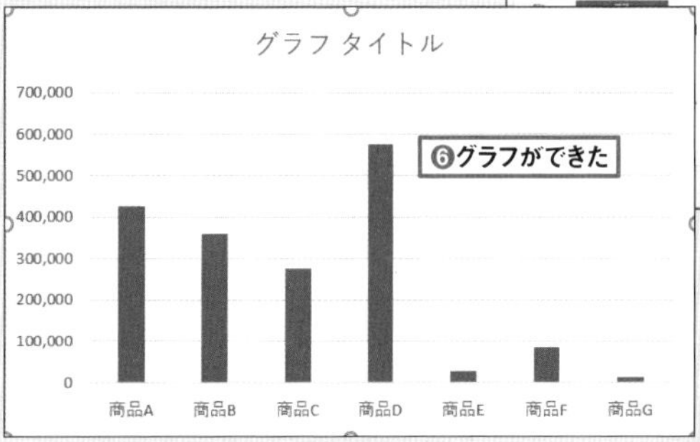

⇧⇦ 図2 元データを入力したセル範囲を選んだら、「挿入」タブからグラフを選ぶ（❶～❸）。「おすすめグラフ」を選んだ場合、選択したデータから作成しやすいグラフが表示される。グラフの種類を選んで「OK」を押せばグラフができる（❹～❻）

●「クイック分析」から「おすすめグラフ」を作成

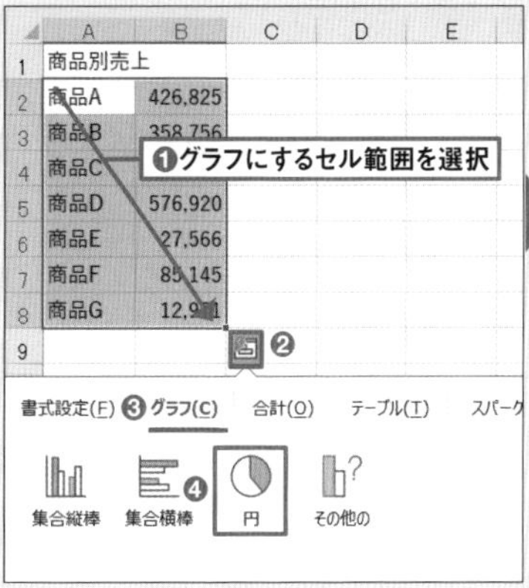

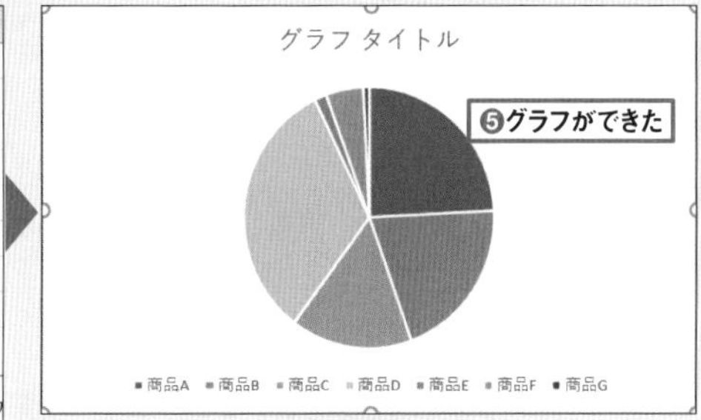

⇦⇧ 図3 セル範囲を選択すると、右下に表示される「クイック分析」をクリック（❶❷）。「グラフ」タブを選ぶと「おすすめグラフ」が表示されるので、グラフの種類を選ぶだけでグラフができる（❸～❺）

Section 01

5分時短

「これじゃなかった」を防ぐ目的別グラフ選び

円グラフ、棒グラフ、折れ線グラフ……。エクセルで作れるグラフの種類は、主なものだけで8種類。細かく分ければ20種類以上のグラフを作れる。ヒストグラムや株価チャートなどの本格的なデータ分析用グラフも作成可能だ。どのグラフも、数値さえあれば作成手順は同じで、誰でも作れる。そこで問題になるのが、どのグラフを選ぶかだ。グラフ選びで悩む時間を最小限にしたければ、グラフの特徴を知っておいたほうがよい。

グラフは見た目が異なるだけでなく、それぞれに目的がある。例えば円グラフは割合を見せるためのグラフ、棒グラフは数量や金額の大小を見せるグラフ、折れ線グラフならデータの推移を見せるグラフだ。こうした特性を知らずに見た目だけでグラフの種類を選ぶと、「このグラフで何を見せたいの?」という結果になってしまう（**図1**）。

そんな失敗を防ぐために、エクセルで作れる主なグラフの用途をまとめた（**図2**）。わざわざ表ではなくグラフで見せるからには、「ひと目で伝えたいことが伝わるグラフ」を目指そう。

焦点がボケたグラフでは伝わらない

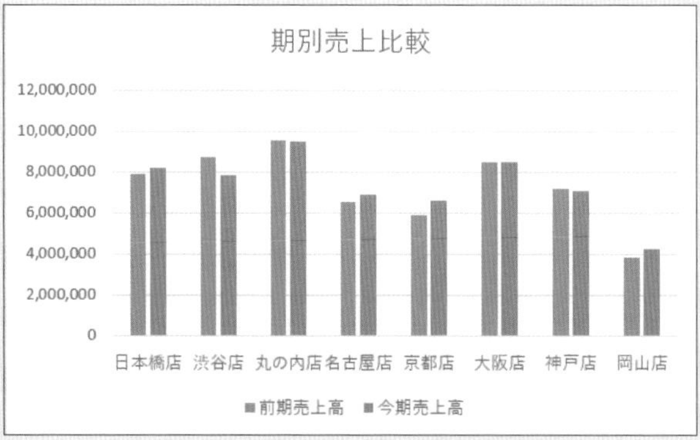

図1 一見、普通の縦棒グラフだ。しかし、このグラフでは支店ごとの比較がしたいのか、前期と今期の比較がしたいのか、ひと目で伝わらない。伝えたいことを絞るのも良いグラフの条件だ

➡グラフの種類ごとに適した用途がある

棒グラフ　数量を単純に比較

項目ごとの金額や個数を比較するのに適している。同じ尺度で数値の比較ができるので、どこが抜きん出ているかを示すのに使うと効果的

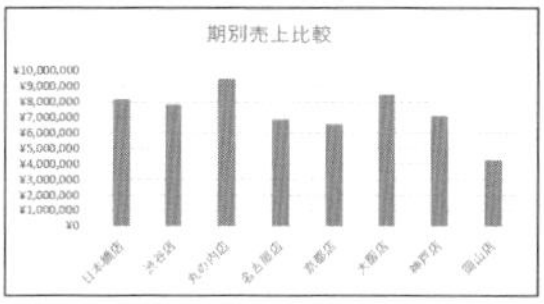

積み上げ棒グラフ　全体量と割合を比較

合計や100%を示すグラフ棒を使って、割合や数量を比較する。商品別の売上の割合を前年と比較するといった場合に効果的

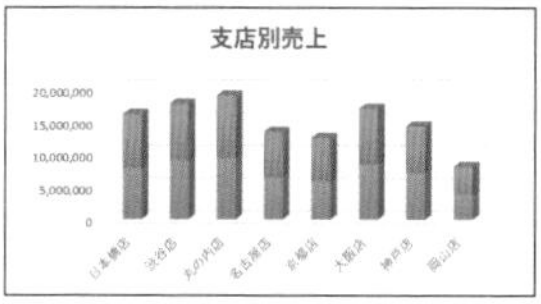

折れ線グラフ　推移を見る

データを示す点を線で結んで表す折れ線グラフ。時系列の変化を見るのに適している。線の角度などで、上昇／下降の傾向をつかみやすい

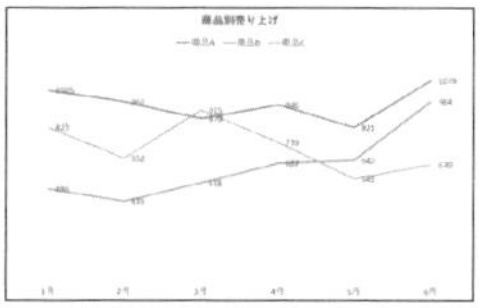

レーダーチャート　特性を見る

3つ以上のデータを線で結ぶことで、バランスや特性を表示。栄養成分や商品の特徴などを示すときによく使われる

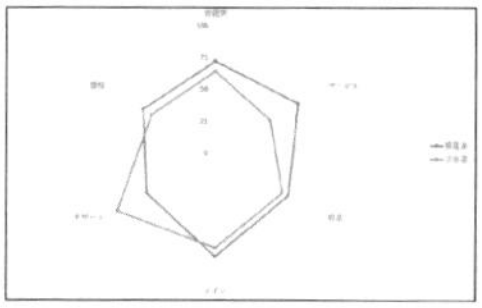

円グラフ　割合を比較

全体に占める項目ごとの割合を示す。項目数が多すぎたり、近い割合の項目が並ぶとわかりづらくなる。商品ごとや支店ごとの売上比率などに使用

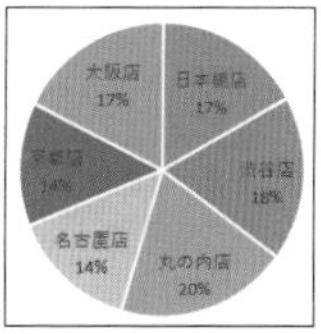

ドーナツグラフ　複数項目の割合を比較

円グラフと同様、割合を示すドーナツ状のグラフ。ドーナツを重ねることで複数の項目を比較できる。A支店とB支店の販売商品の比率を比較するなど

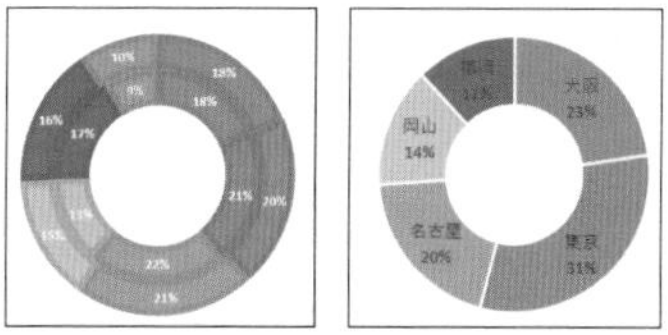

散布図　相関関係

個々のデータを点で示し、その分布を見る散布図。年代別の購入額を比較するなど、縦軸と横軸に異なる基準を置いて、その相関関係を探るのに適する

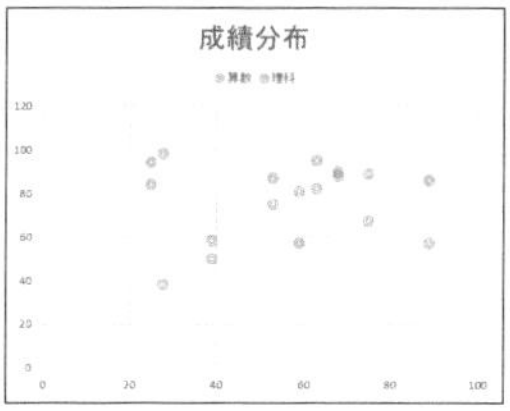

バブルチャート　3つのデータの相関関係

散布図とよく似ているが、2つの視点で比較する散布図に対して、バブルチャートは気温と湿度と人出のような3つの視点で比較できる

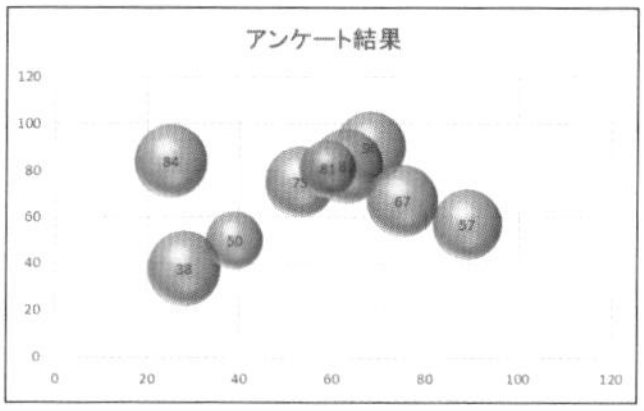

図2 エクセルでよく使われるグラフ。それぞれに特徴があり、目的に合うものを選ばないと役に立たない

Section 02

ダメなグラフを見やすく改善 手直しの最短ルート

10分時短

行/列の切り替え ｜ グラフフィルター ｜ グラフスタイル ｜ クイックレイアウト

エクセルではグラフが簡単にできる。だが、できたグラフが思い通りとは限らない。作成したグラフは用途に応じ「手直し」をすることで「使える」グラフになる。手直しのコツは、大きな修正から先に行うこと。デザインなどは後回しだ。

図1左上のグラフでは、4年間の売上推移を見せたかったので折れ線グラフを選んだが、横軸が年ではなく、商品名になってしまった。グラフの線と横軸の項目を入れ替えるには「グラフのデザイン」タブから「行/列の切り替え」を選択する（**図2**）。

これで望み通り時系列で見られる折れ線グラフになったが、線の数が多すぎてはわけがわからない。そこで、特に見せたい項目に絞るのがポイント。グラフにするセル範囲を変更する方法もあるが、「グラフフィルター」を使うのがお勧めだ（**図3**）。比較したい商品だけに絞ると、かなりスッキリする。

こんなダメグラフもすぐ改善できる

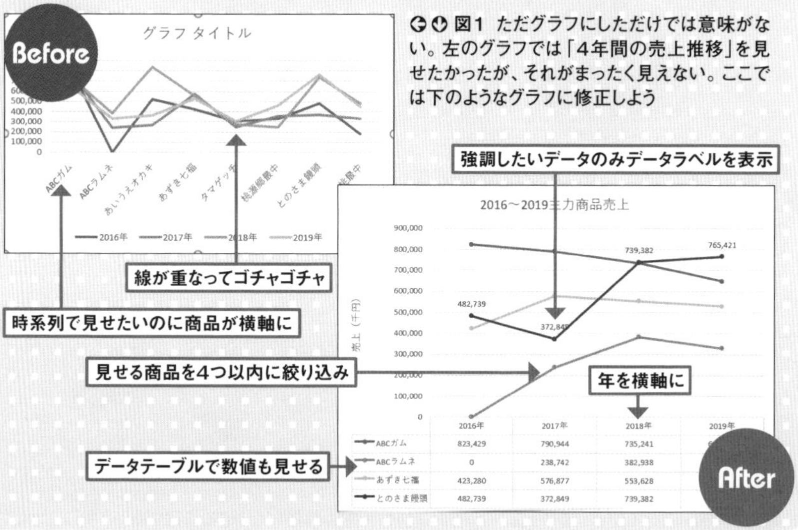

←↓ **図1** ただグラフにしただけでは意味がない。左のグラフでは「4年間の売上推移」を見せたかったが、それがまったく見えない。ここでは下のようなグラフに修正しよう

➡グラフの行/列を入れ替える

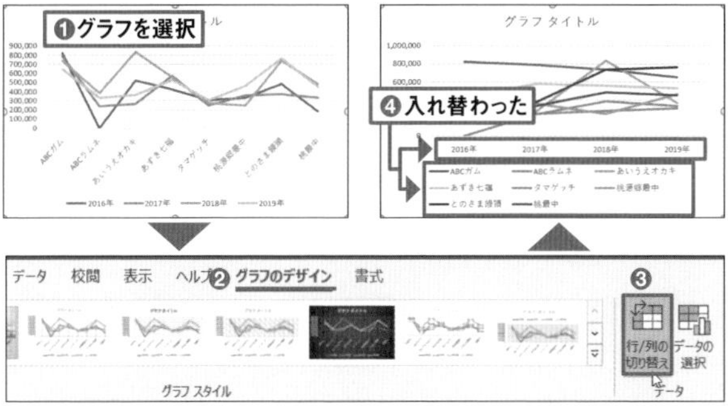

⬅ 図2 グラフを選択すると表示される「グラフのデザイン」タブを選択する（❶❷）。「行/列の切り替え」を選ぶと（❸）、横軸とグラフの線（凡例）が入れ替わる（❹）

➡「グラフフィルター」でデータを絞る

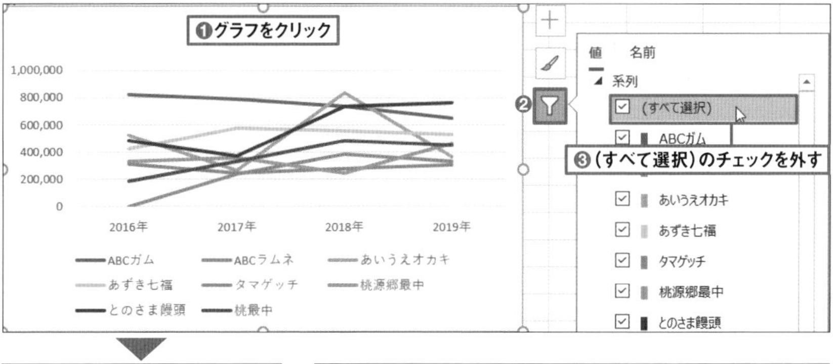

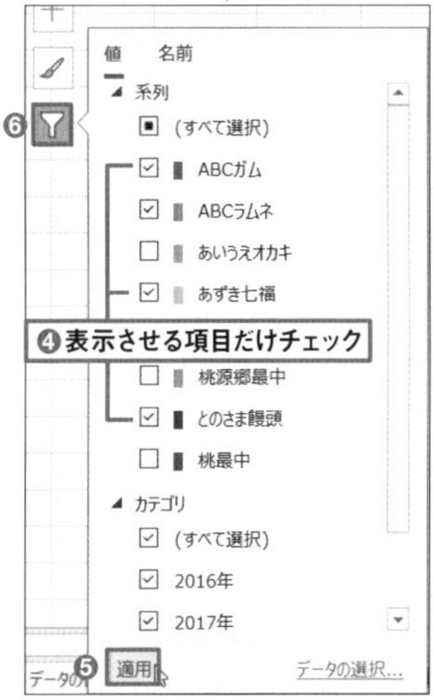

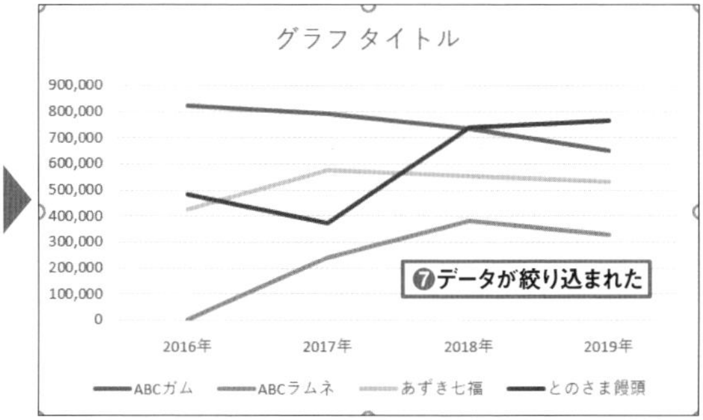

⬆⬅ 図3 グラフをクリックして選択すると、右側にボタンが表示されるので、この中から「グラフフィルター」をクリックする（❶❷）。「（すべて選択）」のチェックを外して、表示させる項目にだけチェックを付けよう（❸❹）。「適用」を押し、「グラフフィルター」をクリックして設定画面を閉じると、データが絞り込まれる（❺〜❼）

「スタイル」と「クイックレイアウト」で時短

基本的なグラフができたので、デザインの修正に入ろう。デザインも、影響が大きい部分から修正していく。まず、全体的なデザインを「グラフスタイル」から選択する(**図4**)。マウスポインターをスタイルに合わせるとプレビューされるので選びやすい。ビジネス文書用ならシンプルなスタイル、プレゼン用の場合も派手すぎないものを選ぼう。

折れ線グラフでは、それぞれの線がどの項目かを示す「凡例」、グラフのタイトル、縦軸と横軸の項目名や単位を示す「軸ラベル」、目盛線、データの項目名や数値を示す「データラベル」などを要素として追加できる。1つずつ追加して確認するより、「クイックレイアウト」で必要な要素を含んだレイアウトを選ぶと時短になる(**図5**)。

グラフの値はデータテーブルに表示されているが、より強調したい線には「データラベル」を追加する(**図6**)。こうしてデザイン要素が決まったら、あとはグラフの配置や大きさを調整し、「グラフタイトル」と「軸ラベル」を入力すれば修正完了だ(**図7**)。

➡「グラフスタイル」で全体のデザインを決める

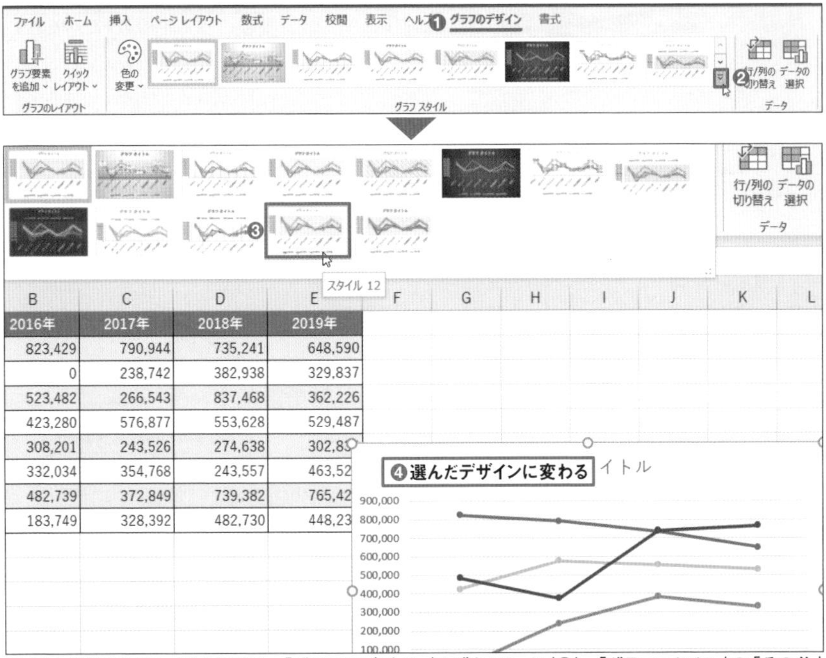

図4 グラフをクリックして選択し、「グラフのデザイン」タブをクリック(❶)。「グラフスタイル」の「その他」ボタンをクリックして(❷)、表示されたデザインから目的に合うものを選ぶ(❸❹)

➡「クイックレイアウト」で要素を配置

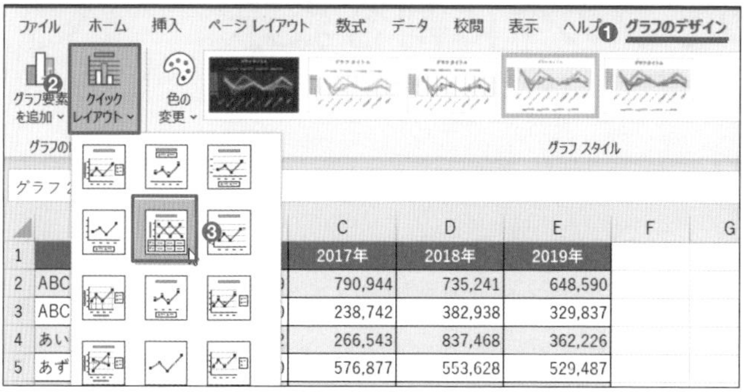

⬅ **図5** 「グラフのデザイン」タブで「クイックレイアウト」を選択し、必要な要素が入ったレイアウトを選ぶ（❶～❸）。すべて希望通りのものがない場合は近いものを選ぼう。ここでは、グラフの下にデータを示す「データテーブル」のあるレイアウトを選んだ

➡「データラベル」で具体的な数値を併記

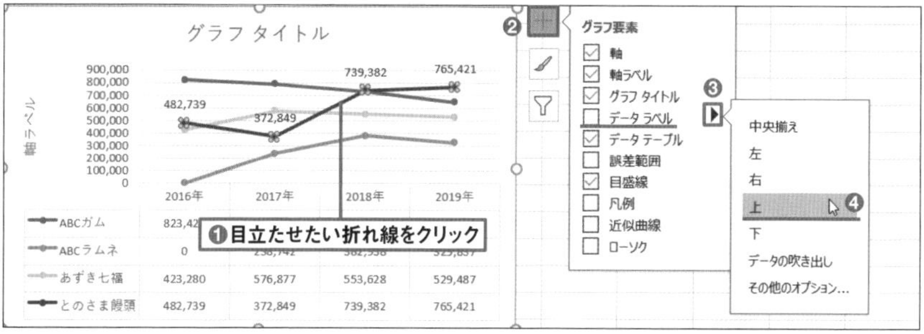

⬆ **図6** データをしっかり見せたい折れ線をクリックで選択し、「グラフ要素」をクリック（❶❷）。「データラベル」の右の「▶」をクリックして、ラベルの表示位置として「上」を選択（❸❹）。これで数値も表示して強調できる

➡グラフを移動、拡大・縮小

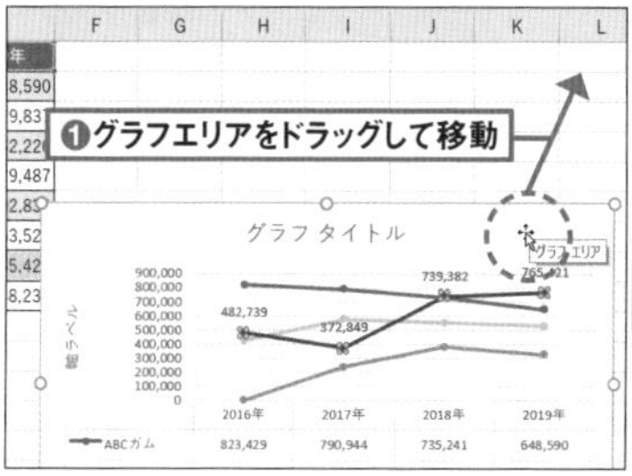

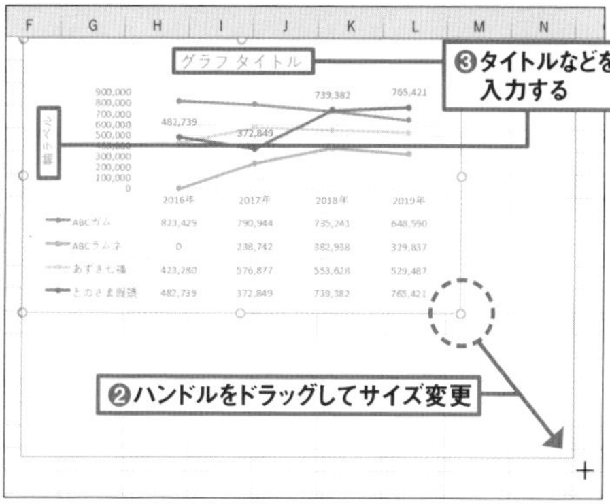

⬆➡ **図7** グラフは「グラフエリア」（背景）をドラッグすることで移動できる（❶）。上下左右と四隅のハンドルでサイズ変更も可能（❷）。あとはタイトルと軸ラベルを入力して完成だ（❸）

Section 03

10分 時短

円グラフの中に割合表示「その他」の内訳も示せる

円グラフ

構成比率を表すのに適した円グラフ。作るのは簡単だが、自動作成しただけの円グラフは、はっきりいってお粗末だ。**図1左上**が典型的な例。比率の概略はわかるが、何が何%だか具体的な数値がないのは不親切だろう。また、どの扇形が何を指すのか、凡例と照らし合わせないとわからないのも問題といえる。

自動作成したままの円グラフは使えない

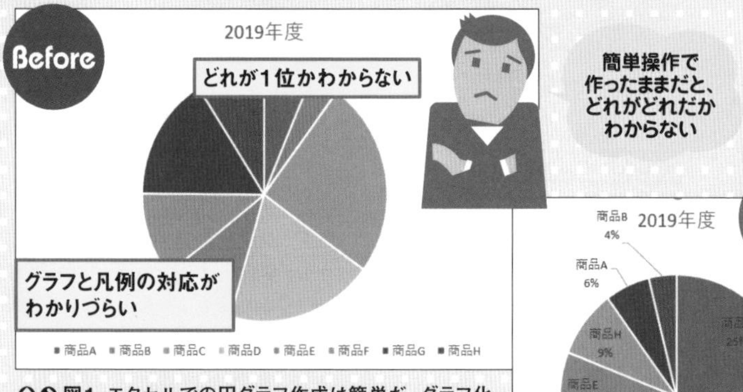

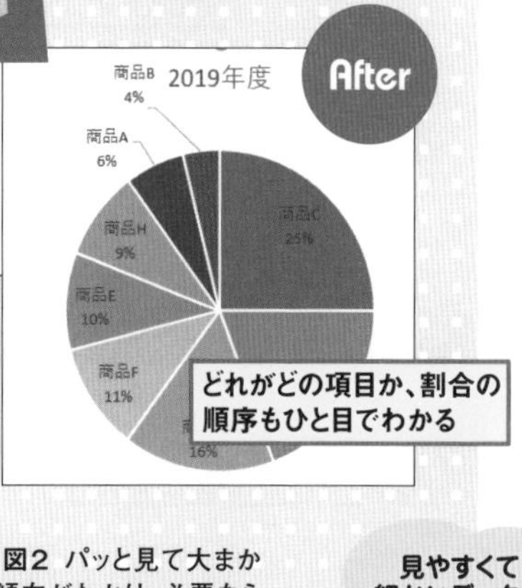

↑→ **図1** エクセルでの円グラフ作成は簡単だ。グラフ化したいセル範囲を選択して「挿入」タブで円グラフを選ぶだけ。しかし、作られたグラフは凡例が見づらく、具体的なパーセンテージもわからない（上）。ちょっと手直しすれば圧倒的にわかりやすくなる（右）

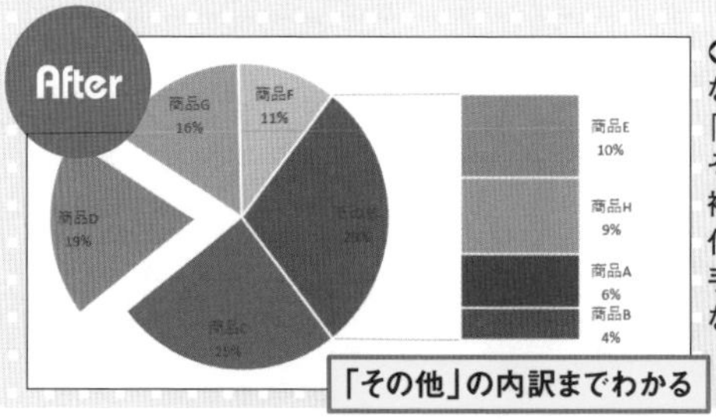

← **図2** パッと見て大まかな傾向がわかり、必要なら「その他」の内訳もわかる。そんなグラフが必要なら、補助グラフを活用しよう。作成直後のグラフを少し手直しするだけで、このようなグラフが完成する

ほんの数カ所の手直しで、見違えるほどわかりやすく

円グラフを見やすくするポイントは3つある。

① データの大きい順に右回りに並べる

② 凡例ではなくデータラベル（項目名とパーセンテージ）を付ける

③ 1つの円に表示するデータは5個程度まで

①と②を解決したのが**図1右**。さらに③を解決したのが**図2**のグラフだ。ここでは平面の円グラフを使っているが、「3Dグラフを使わない」こともわかりやすい円グラフのポイント。割合を見せるグラフなのに、3Dグラフは割合がわかりづらい（**図3**）。正確に見せたいなら使わないほうがよい。

円グラフにするデータは、項目名と1列に並んだ数値を使うのが一般的（**図4**）。表のデータが離れていても「Ctrl」キーを押しながら選べば大丈夫だ。複数列を選んだ場合、その合計値でグラフが作成される。

➡3Dグラフはよくわからない

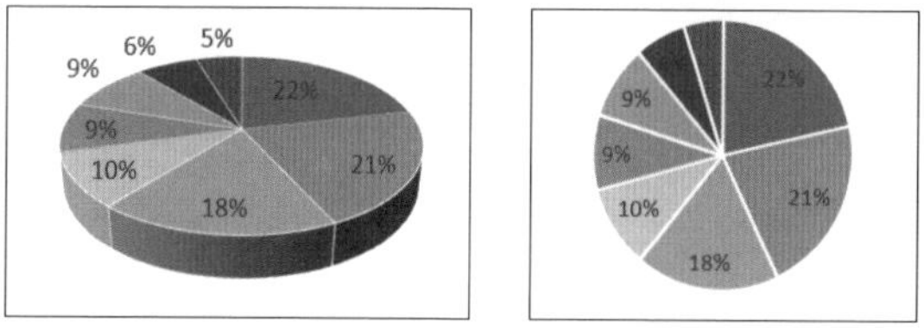

◀図3　角度をゆがめている3Dグラフでは、扇の大きさだけでは順位や数値が読み取れない（左）。このグラフでは3番目のグレーの部分が大きく見えてしまう。平面の円グラフなら割合が正確にわかる（右）

➡表の一部のデータで円グラフを作る

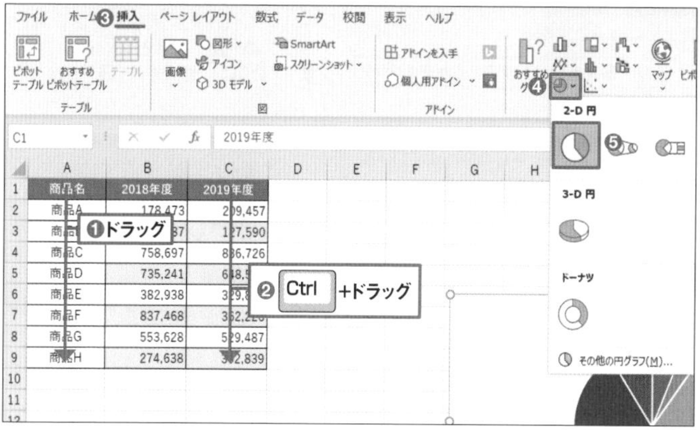

◀図4　ここでは「2019年度」の商品別割合をグラフ化したいので、A列をドラッグで選択後、「Ctrl」キーを押しながらC列を選択（❶❷）。「挿入」タブで通常の円グラフを選ぶ（❸〜❺）

順序と項目数が円グラフのポイント

円グラフの順序は、数値が大きい順に右回りに並んでいると割合を比べやすい。円グラフを並べ替えるには、元表を並べ替えればよい（**図5**）。

項目数が多い円グラフでは、扇形が何を指すのか、凡例と見比べてもわかりづらい。凡例ではなく、データラベルとして扇形の近くに表示するとわかりやすさが格段にアップする。グラフの要素は個別に追加することもできるが、「クイックレイアウト」から項目名とパーセンテージのデータラベルが付いたものを選ぶと簡単だ（**図6**）。

問題は円グラフの項目数だ。円グラフの場合、「グラフフィルター」（223ページ）で表示項目を絞り込んでしまうと、表示している項目だけで100％だと誤解されてしまうので、表示する項目数は減らしたくない。数値の小さい項目を「その他」としてまとめることもできるが、目的によってはそれができないこともある。項目数を減らさずに、円グラフの項目を絞るのに効果的なのが、補助グラフだ。円グラフには、上位の項目のみ表示させ、下位の項目は補助グラフに表示する（**図7**）。

➡元表のデータを並べ替えて「大きい順に右回り」

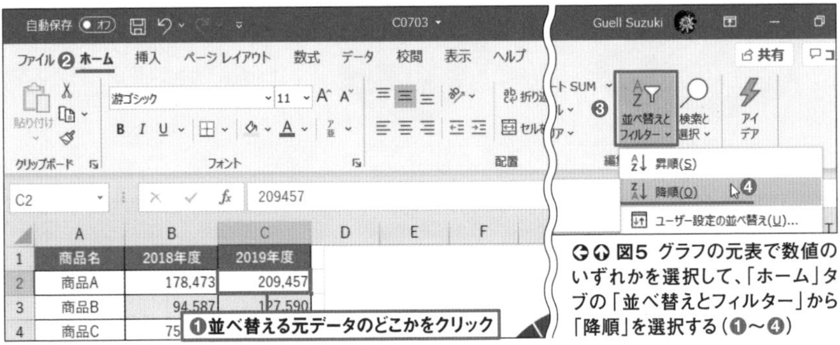

図5 グラフの元表で数値のいずれかを選択して、「ホーム」タブの「並べ替えとフィルター」から「降順」を選択する（❶～❹）

➡円内にデータラベルを表示

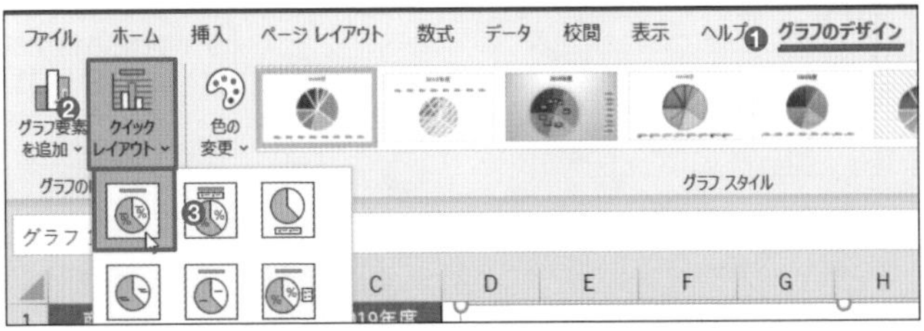

図6 「グラフのデザイン」タブで「クイックレイアウト」を選択し、円内にデータラベルを表示するレイアウトを選択する（❶～❸）

補助グラフに表示する項目数や円グラフと補助グラフの間隔などは変更が可能（**図8**）。「10％未満の項目を補助グラフに振り分ける」といった設定もできる。

最後に、特に目立たせたい扇があれば、円から少し離すとひと目でわかる。目立たせたい扇をクリック後、再度クリックして単独で選択し、ドラッグで移動する（**図9**）。

➡下位の項目は補助グラフで表示

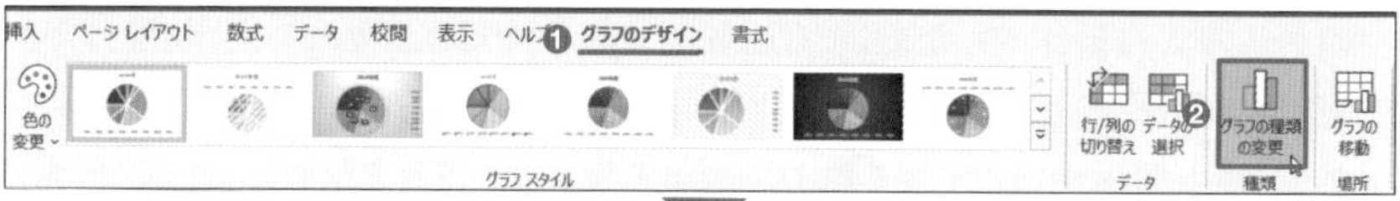

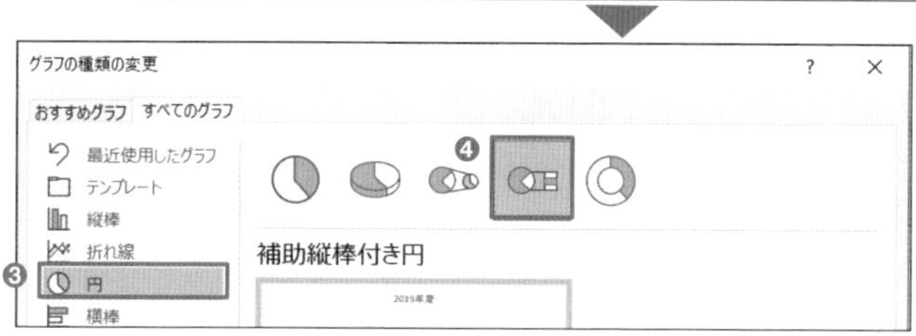

⇦⇧図7 グラフを選択し、「グラフのデザイン」タブで「グラフの種類の変更」を選択する（❶❷）。「円」の一覧から「補助縦棒付き円」を選択し、右下の「OK」を押す（❸❹）

➡補助グラフに入れる項目を増やす

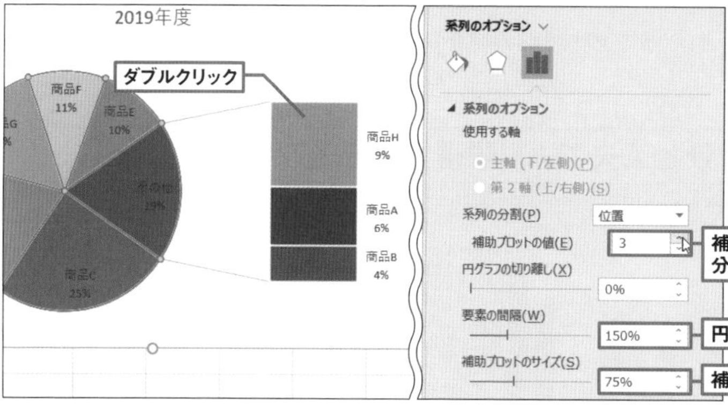

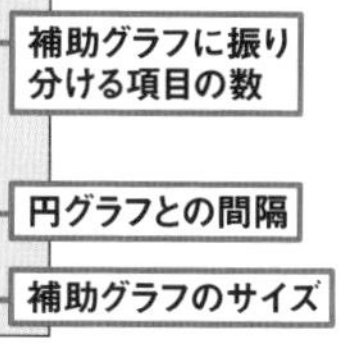

⇦図8 補助グラフをダブルクリックすると、右側に「系列のオプション」が表示され、補助グラフに含める項目数や書式を設定できる

➡目立たせたい扇を円から切り離す

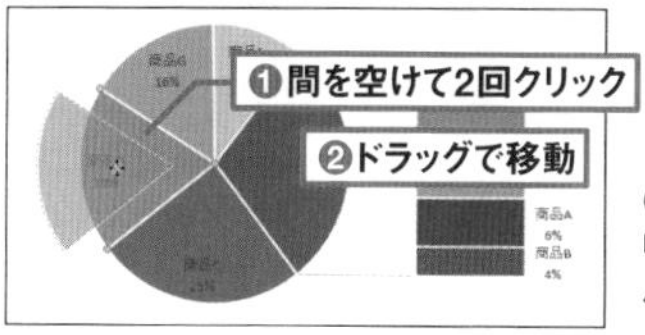

⇦図9 目立たせたい扇をクリックし、少し置いてもう一度クリックすると、その扇だけ選択できる（❶）。その状態で外側へドラッグすると切り離せる（❷）

Section 04

5分時短

棒グラフのポイントは太さと目盛りの設定にあり

棒グラフ

棒グラフは、自動作成したままでも比較的使えるグラフだ。とはいえ、説得力があり、見せたいポイントが一目瞭然のグラフにするにはひと工夫したい（**図1**）。

グラフ棒の間隔が空きすぎて頼りなく見える場合は、間隔を狭める。グラフ棒をダブルクリックして、表示される「データ系列の書式設定」ウインドウで「要素の間隔」を狭めると、グラフ棒が太くなり、安定感が出る（**図2**）。

特に目立たせたいグラフ棒がある場合は、全体的な色合いを同系色にまとめて、目立たせる棒のみ色を変えるのも手だ（**図3**）。「グラフのデザイン」タブで「色の変更」をクリックし、同系色のみのパターンを選ぶ。目立たせたいグラフ棒をクリックすると、同じ系列のグラフ棒が選択される。ここでは同じ系列の3本のグラフ棒を目立つようにしているが、再度グラフ棒をクリックして1本だけ色を変えて注目させることもできる。なお、ここでは作業ウインドウで色を変更しているが、「ホーム」タブの「塗りつぶしの色」ボタンや「書式」タブの「図形の塗りつぶし」から色を選んでもよい。

ひと工夫でより説得力のあるグラフに

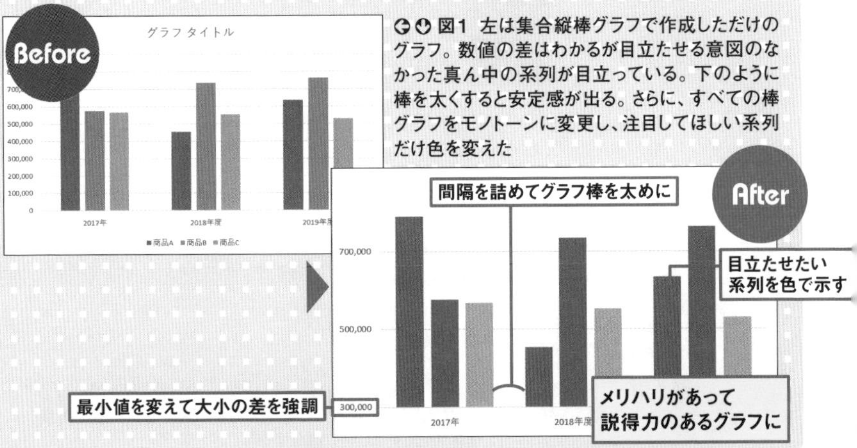

図1 左は集合縦棒グラフで作成しただけのグラフ。数値の差はわかるが目立たせる意図のなかった真ん中の系列が目立っている。下のように棒を太くすると安定感が出る。さらに、すべての棒グラフをモノトーンに変更し、注目してほしい系列だけ色を変えた

➡グラフ棒の間隔を狭めて安定感を出す

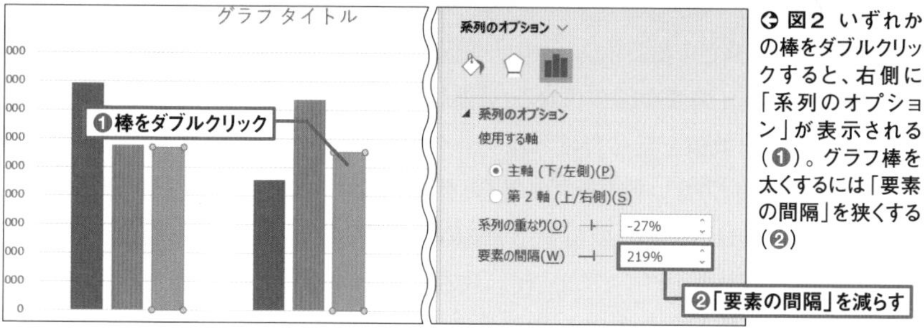

🡄 図2 いずれかの棒をダブルクリックすると、右側に「系列のオプション」が表示される（❶）。グラフ棒を太くするには「要素の間隔」を狭くする（❷）

➡目立たせたいグラフ棒のみ色を変える

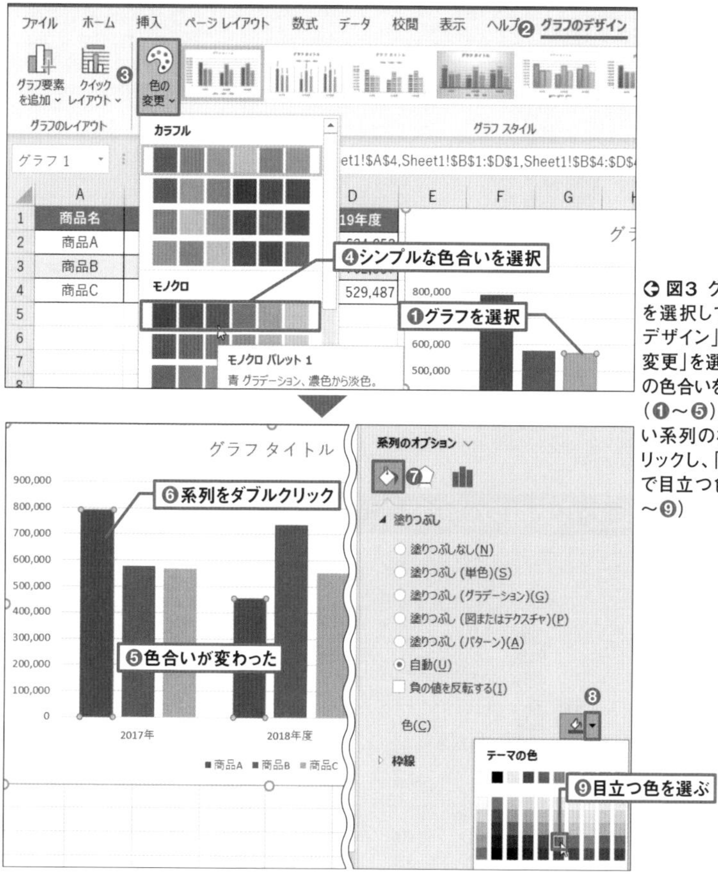

🡄 図3 グラフのどこかを選択して、「グラフのデザイン」タブで「色の変更」を選択し、棒全体の色合いを抑えめにする（❶～❺）。目立たせたい系列の棒をダブルクリックし、「塗りつぶし」で目立つ色を選ぶ（❻～❾）

目盛線の設定で変わる印象

グラフの棒の高さを測る横方向の目盛線は、細かいほど数値を正確に読み取れるが、細かすぎると煩雑な印象になる。目盛線は少なめにしてスッキリした印象にしよう（**図4**）。正確な数値を見せたければデータラベルを表示すればよい。

数値の差があまりない棒グラフの場合、棒が似たような高さになってしまう。メリハリを付けたいときは、縦軸の最小値を大きめに変更して、数量の差を強調することもできる（**図5**）。折れ線グラフでもよく使われるテクニックだ。ただし、この方法は見る人に誤解を与えかねないので、使い方には注意が必要だ。

➡目盛線の間隔を調整

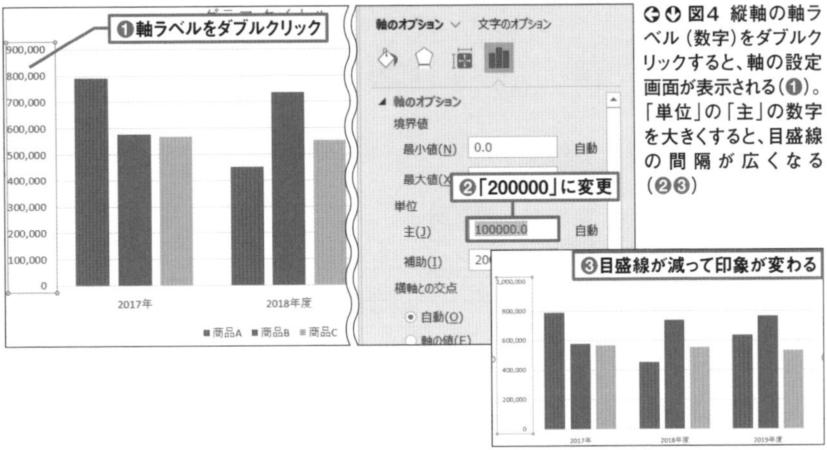

➡➡ **図4** 縦軸の軸ラベル（数字）をダブルクリックすると、軸の設定画面が表示される（❶）。「単位」の「主」の数字を大きくすると、目盛線の間隔が広くなる（❷❸）

➡「最小値」を変えて大小の差を強調

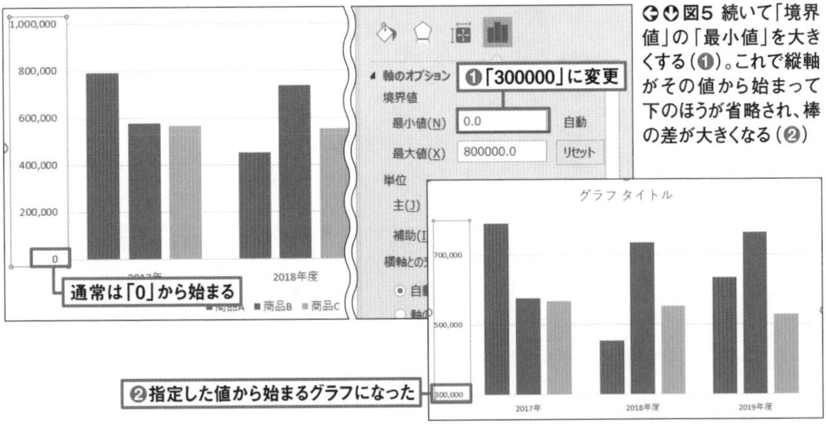

➡➡ **図5** 続いて「境界値」の「最小値」を大きくする（❶）。これで縦軸がその値から始まって下のほうが省略され、棒の差が大きくなる（❷）

積み上げ棒グラフは合計の値もラベルで表示

積み上げ棒グラフでは、データラベルを追加しても、個々の項目の数値しか表示されない。積み上げた合計も表示したいなら、表の合計値を含めてグラフ化するのがポイントだ（**図6、図7**）。ただし合計まで含めると棒の高さも倍になってしまうので、合計値を示す部分のみ透明にする（**図8**）。目盛りの設定を変更すれば、合計値のわかる積み上げ棒グラフの完成だ（**図9**）。

➡積上げ棒グラフで合計値を表示

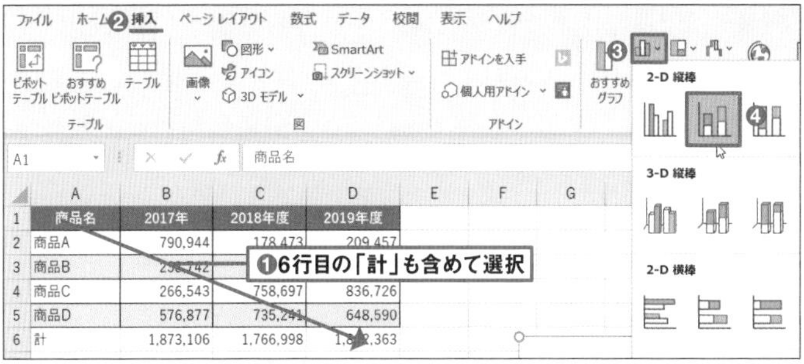

↺ 図6 6行目の合計値も含めてセル範囲を選択（❶）。「挿入」タブで積み上げ棒グラフを選ぶ（❷〜❹）

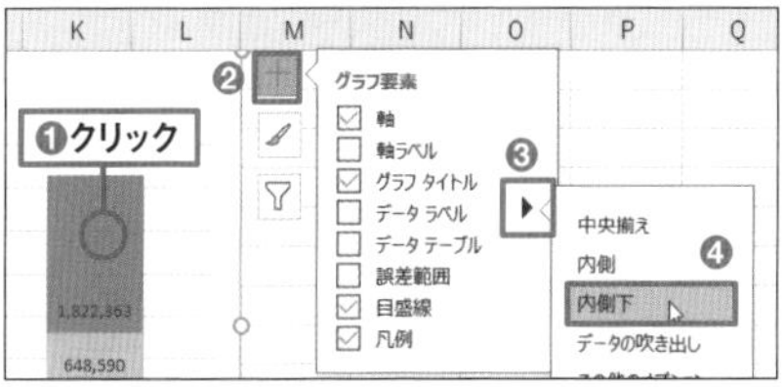

↻ 図7 合計値の部分を選択し、「グラフ要素」ボタンから「データラベル」を「内側下」に設定（❶〜❹）

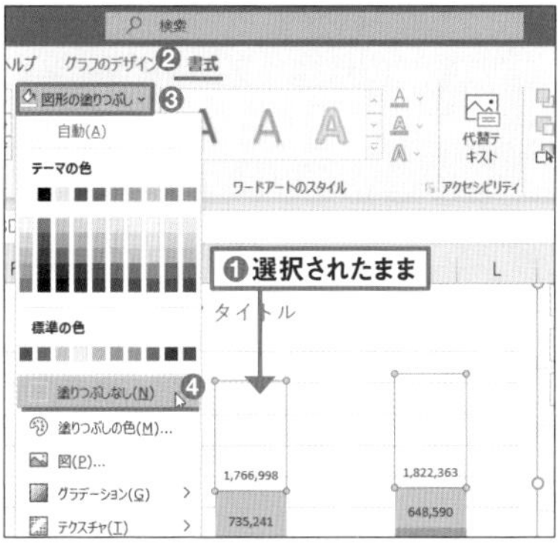

↻ 図8 合計値の部分が選択された状態のまま、「書式」タブにある「図形の塗りつぶし」から「塗りつぶしなし」を選ぶ（❶〜❹）。棒に外枠線がある場合は、「図形の枠線」も「枠線なし」にする

↺ 図9 そのままでは縦軸のバランスが悪いので、図5と同じ要領で縦軸の「最大値」を合計の最大値より少し多い値に変更する（❶❷）。最後に「凡例」をクリックして選択した後、もう一度「計」の文字だけをクリックして選択し、「Delete」キーで削除する

Section 05

5分時短

基準が異なるグラフは「複合グラフ」にまとめる

複合グラフ

「この商品、暑いときほど売れるよね」というのをグラフで示したいときには、気温と売り上げという異なる単位の数値を並べて見せることになる。基準が異なる2つの数値をグラフ化するのに使われるのが複合グラフだ。

複合グラフは、縦軸が左右に2本ある特殊なグラフ。一方に気温、一方に売り上げや個数の軸を作ることで、基準の異なる数値を1つのグラフにできる(**図1**)。複合グラフでは、折れ線グラフと棒グラフのように、基準が違うことが明確にわかるグラフを組み合わせるのが一般的だ。

作り方を説明しよう。グラフ化するセル範囲を選択して、「組み合わせ」からデザインを選ぶのだが、このとき「ユーザー設定の複合グラフを作成する」を選ぶのがポイントだ(**図2**)。この例では、第1軸(左側の縦軸)を商品Aと商品Bの売上金額を示す積み上げ縦棒グラフ、第2軸(右側の縦軸)を気温を示す折れ線グラフにする。「グラフの挿入」画面が表示されたら、グラフの種類と第2軸の設定を行う(**図3**)。

ここまでできれば、あとはデザインや色合いなどを選んで調整するだけだ。

売上金額と気温を1つのグラフに

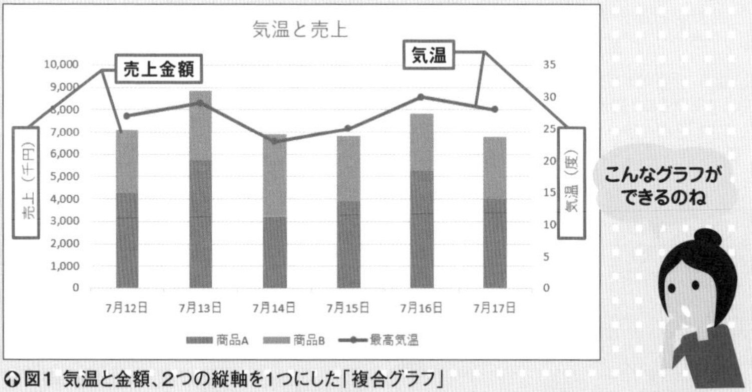

↑図1 気温と金額、2つの縦軸を1つにした「複合グラフ」

➡複合グラフは「ユーザー設定の…」から選ぶ

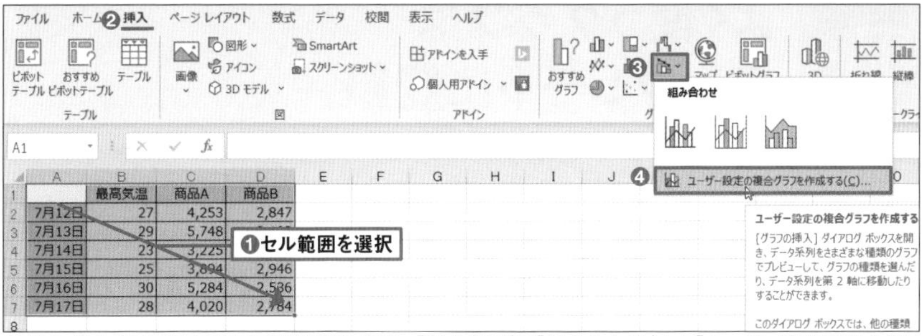

🡅図2 複合グラフにする元表を選択する（❶）。「挿入」タブで「組み合わせ」から「ユーザー設定の複合グラフを作成する」を選ぶ（❷～❹）

➡第１軸、第２軸の項目とグラフの種類を選択

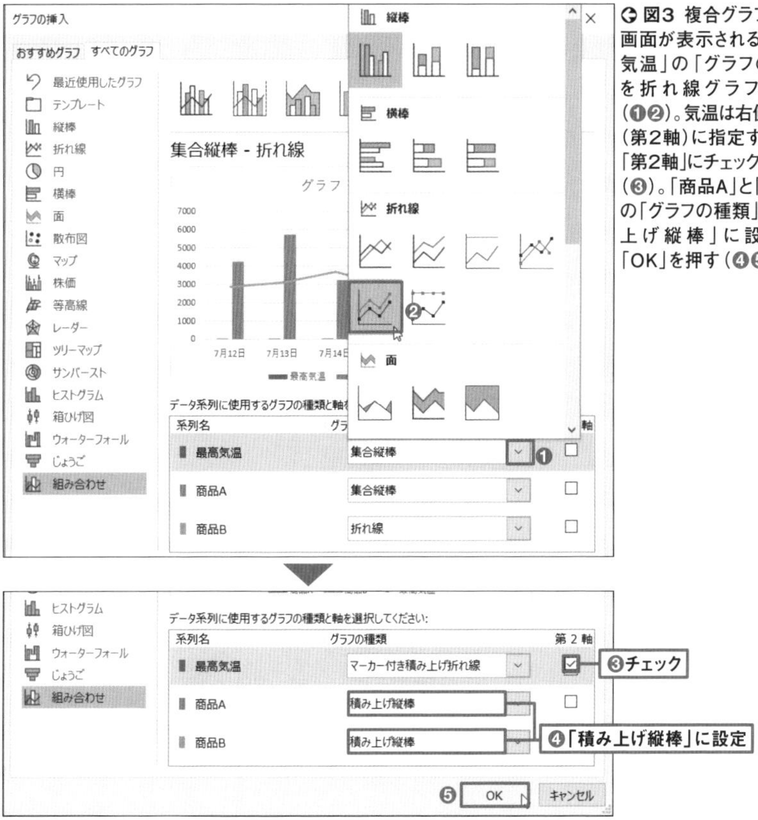

🡄図3 複合グラフの設定画面が表示される。「最高気温」の「グラフの種類」を折れ線グラフに設定（❶❷）。気温は右側の縦軸（第2軸）に指定するので、「第2軸」にチェックを付ける（❸）。「商品A」と「商品B」の「グラフの種類」は「積み上げ縦棒」に設定して「OK」を押す（❹❺）

Section 06

よく使うグラフはテンプレートに登録

グラフテンプレート

10分 時短

ここまでの説明でおわかりのように、エクセルが自動作成するグラフは、そのままでは使えないことが多い。そのまま使えたとしても、色合いを会社や商品のテーマカラーに揃えるなど、変更点は必ずあるものだ。よく使うデザインがあるなら、テンプレートとして登録することで、毎回書式設定する手間を省くことができる（**図1**）。

登録は簡単。「このグラフはまた使いそうだ」と思ったら、グラフを右クリックして「テンプレートとして保存」を選択する（**図2**）。わかりやすい名前を付けて保存すればよい。保存先はエクセル専用のテンプレートフォルダーになり、新規ブックやほかのブックでも利用できる。また、このテンプレートをコピーして、ほかのパソコンの同じフォルダーに入れれば、テンプレートの共有も可能だ。

テンプレートを使いたいときには、グラフの種類を選ぶメニューで「その他の…」を選び、「テンプレート」の一覧から選択すればよい（**図3**）。

よく使うグラフデザインはテンプレートに登録

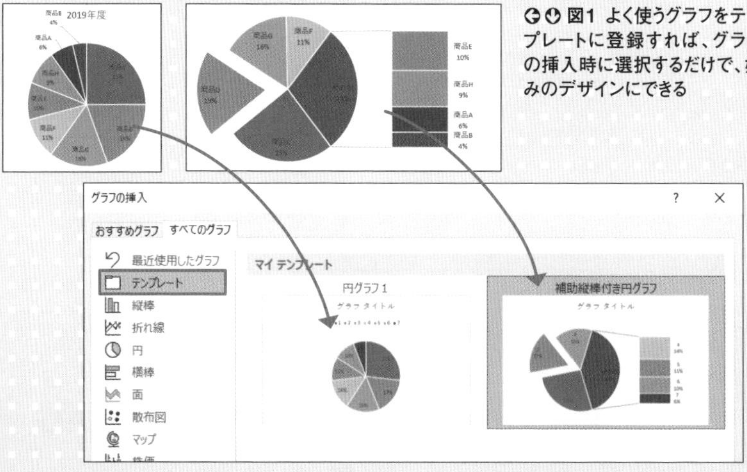

図1 よく使うグラフをテンプレートに登録すれば、グラフの挿入時に選択するだけで、好みのデザインにできる

➡作成したグラフをテンプレートに登録

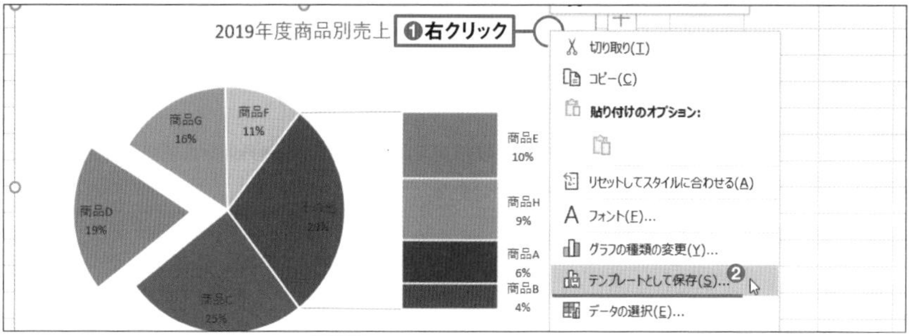

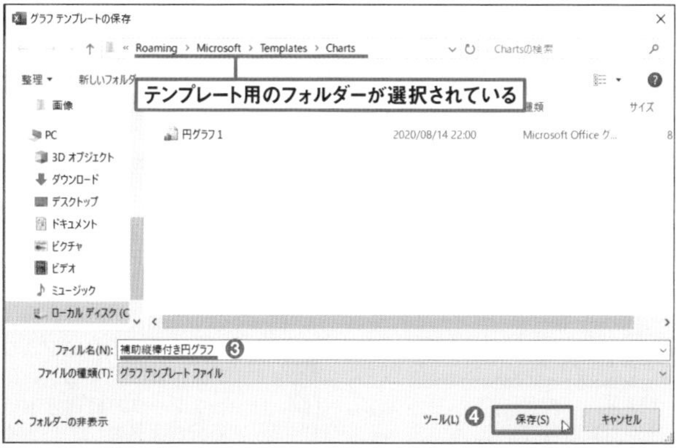

図2　作成したグラフの「グラフエリア」(背景部分)を右クリックして「テンプレートとして保存」を選択する(❶❷)。覚えやすい名前を付けて登録する(❸❹)。このとき、保存場所は変更してはいけない

➡登録したテンプレートを使う

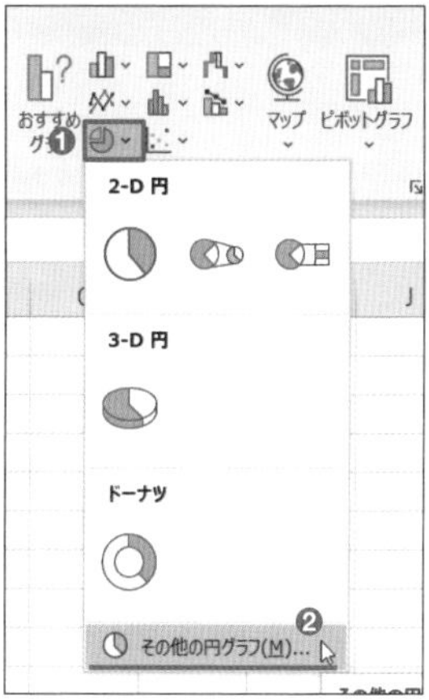

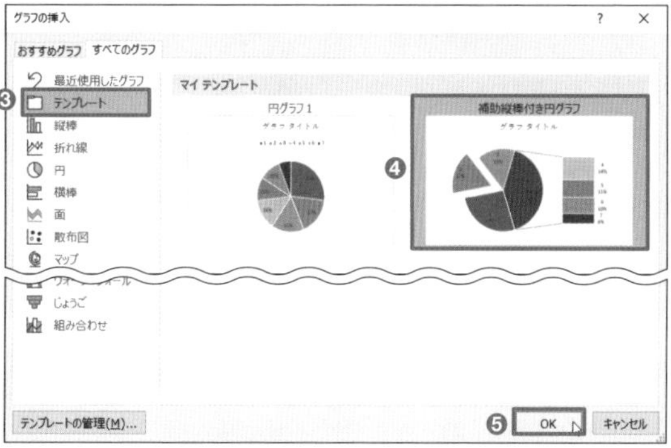

図3　グラフの種類を選択する際、メニューから「その他の…」を選択(❶❷)。開いた画面で「テンプレート」を選ぶと、登録したテンプレートを選べる(❸〜❺)

Section 07

グラフの元データを簡単に追加・変更する

3分時短

グラフ化した元データのセル範囲に変更がある場合は、「グラフデザイン」タブで「データの選択」を選び、範囲を選択し直すのが基本的な手順だ。しかし、グラフと元データの表が同じワークシート上にあるなら、グラフを選択したときに表示されるカラーリファレンス（色付きの枠）をドラッグするほうが楽だ（**図1**）。

また、元のデータと離れたセルのデータを追加する場合、追加するセル範囲をコピーし、グラフを選択して貼り付けるという裏ワザがある（**図2**）。

➡データ範囲を広げる

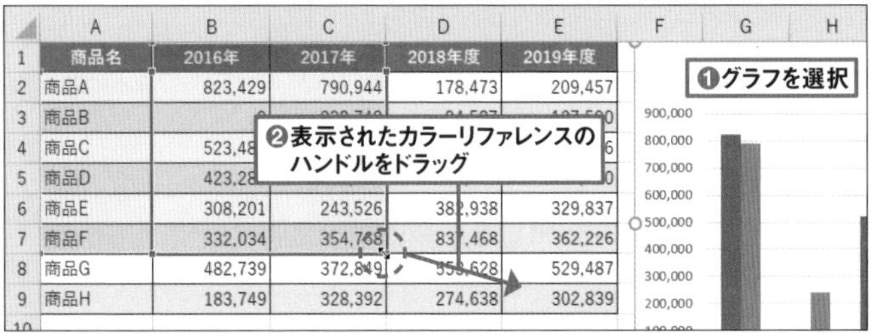

図1 グラフを選択すると表示される色付きの枠（カラーリファレンス）の四隅に表示されるハンドルをドラッグすると、元データの範囲を広げたり、変更したりできる（❶❷）

➡離れたセル範囲を追加する

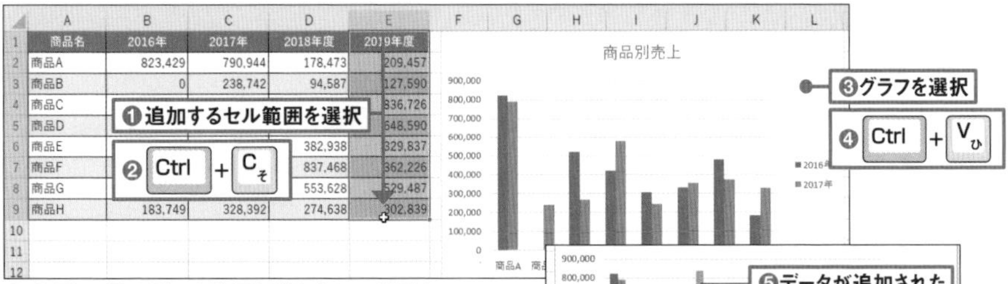

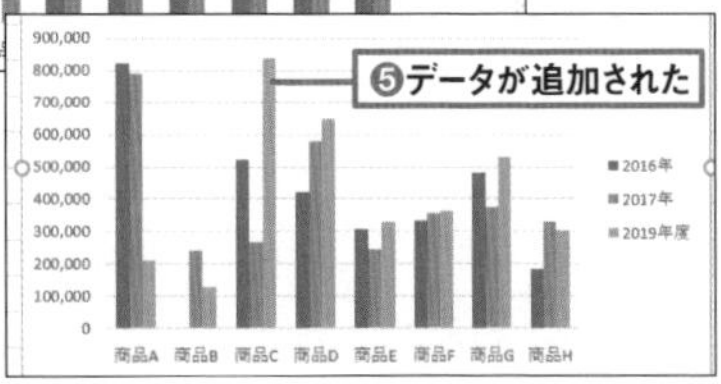

図2 元のデータ範囲と離れたセル範囲を追加する場合は、そのセル範囲を選択して「Ctrl」＋「C」キーでコピーする（❶❷）。その後、グラフを選択して「Ctrl」＋「V」キーで貼り付けると、そのデータがグラフに追加される（❸～❺）

第8章

伝票、名簿、予定表…実例で学ぶ即効ワザ

この章ではビジネスの現場でよく使われるテクニックを厳選して紹介する。請求書や名簿など、実例に即して関数などの使い方を説明するので、参考にしてほしい。少し手間のかかる設定もあるが、繰り返し使えるテンプレートとして保存することで、最初にかかった時間はすぐ取り戻せるだろう。

- ▶テンプレート（ひな型）にして使い回す
- ▶見積書や請求書の作成を楽にする関数
- ▶勤務時間と給与計算のポイント
- ▶スケジュール表を簡単作成 ほか

Excel

基本を再確認

何度も使うテンプレート どう作れば効果的?

この章では、請求書や納品書などの伝票やスケジュール表など、ビジネスでよく使われる作例を取り上げて、作成や運用の効率を上げる時短テクニックを紹介していく。個別の説明に入る前に、あらゆる作例に共通するワザとして、ブック（ファイル）を「テンプレート」（ひな型）として保存する方法を紹介しておこう。

前章でも、グラフのデザインをテンプレートとして保存し、使い回す方法を解説したが（236ページ）、エクセルではブックそのものをテンプレート化して保存することもできる。「Excelテンプレート」と呼ばれるファイル形式で、この形式で保存したブックを開くと、元のブックのコピーが新規に開かれる（**図1**）。そのため、元のテンプレートファイルを上書きすることなく、何度でも使い回すことができる。見積書や請求書、各種伝票や集計表など、似たようなブックを繰り返し作るのであれば、テンプレート形式で保存することで、ひな型として流用しやすくなる。

ひな型専用のファイル形式で保存する

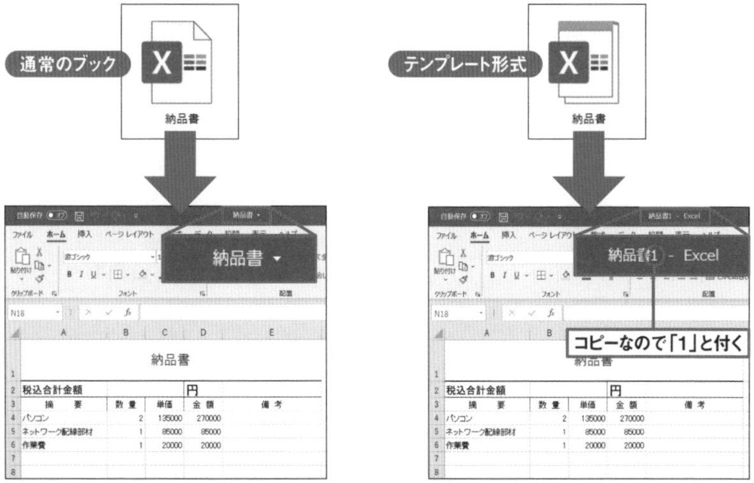

図1 同じ内容のシートを通常の「ブック」と「テンプレート」形式で保存した。ブックとテンプレートでは、アイコンが違う。ブックはそのまま開くが、テンプレートは新規のコピーが開く

請求書や集計表など計算が必要なブックでは、その数式もすべて入力済みの状態でテンプレートを作るのがコツ。するとテンプレートからブックを開き、新たな数値を入力するだけで、計算結果が表示される。しかも、テンプレートを職場で共有したり、取引先に渡して入力してもらったりする場合は、書き換えられると困るセルをロックしたり、入力できるデータを制限したりと、こちらの意図通りに使ってもらえるような設定も可能だ。

テンプレートとして保存するときには、「ファイル」タブで「名前を付けて保存」を選択し、ファイル形式で「Excelテンプレート」を選ぶ（**図2**）。この操作で、ファイルの保存先が「ドキュメント」フォルダー内の「Officeのカスタムテンプレート」フォルダーに変わる。ここがテンプレートファイルの定位置だ。ほかの場所に保存してもかまわないが、ここに保存することでエクセルの「新規」メニューから開きやすくなる（**図3**）。

ちなみに、通常のエクセルブックの拡張子は「.xlsx」だが、テンプレートの拡張子は「.xltx」となる。

●テンプレートとして保存するには「Excelテンプレート」を選択

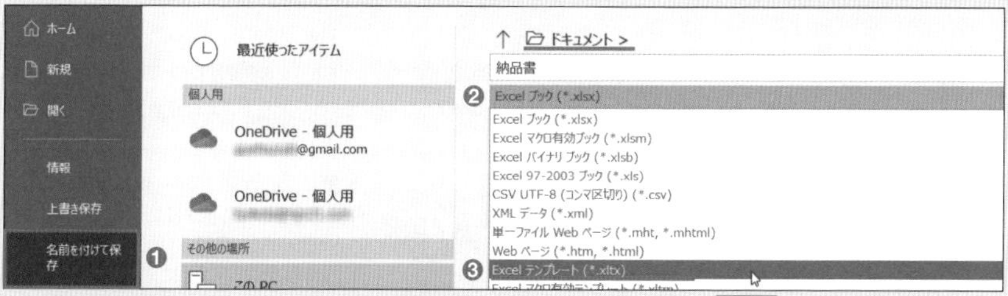

図2 「ファイル」タブで「名前を付けて保存」を選び、「Excelテンプレート」を選択する（❶〜❸）。保存場所が自動的に変更される（❹）

●テンプレートを使うには「新規」画面で「個人用」を選択

図3 テンプレートを開くときは、「ファイル」タブで「新規」を選び、「個人用」をクリックする（❶❷）。すると、図2の手順で保存した個人用のテンプレートが表示される（❸）。なお、図2でほかの場所に保存したテンプレートファイルは、通常のブックと同じくダブルクリックで開く

簡単入力とミス防止の2つの効果がある「入力規則」

セルを選択すると、指定した文字種に切り替わる「入力規則」について第1章で説明したが、入力規則にはほかにもさまざまな機能がある。指定した項目を「リスト」にして、そこから選べるようにする機能（41ページ）は、入力の手間を省くだけでなく、ほかの人が入力する際に間違ったデータを入力させない機能として使える。また、入力する文字数を制限する機能を使えば、「一度に5個しか注文できない通販の申込書」や、「5文字以上のパスワード」などの入力欄で、不適切なデータを受け付けない仕組みが作れる（**図4、図5**）。

例えば、入力できるデータを「1」から「5」の整数に絞るには、設定するセルを選択し、「データ」タブの「データの入力規則」をクリックする（**図6**）。「データの入力規則」画面の「設定」タブで、「入力値の種類」として「整数」を選択。「データ」で「次の値の間」を選び、「最小値」欄に「1」、「最大値」欄に「5」と入力して、「OK」をクリックする（**図7**）。これで設定完了だ。

「入力規則」で指定したデータ以外は入力拒否

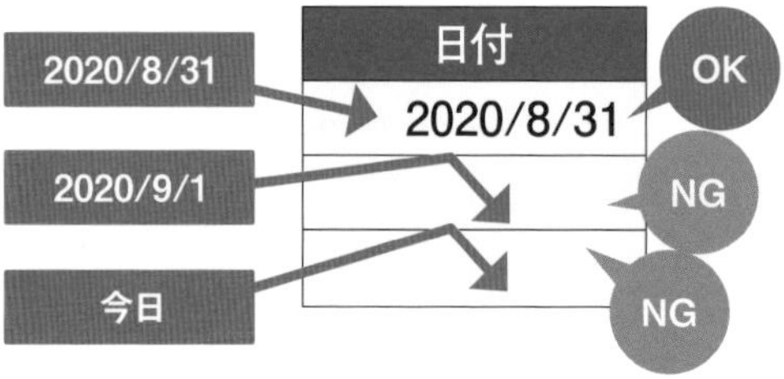

図4 入力するデータの種類や値の範囲があらかじめ決まっているセルには、不適切なデータの入力を拒否するように設定が可能だ。例えば、2020年8月の日付データだけを入力できるように設定すると、その範囲外の日付や文字列などの入力が拒否される

図5 セルに入力可能なデータの種類や値の範囲を設定するには「データの入力規則」を使用する。それに該当しないデータを入力すると、エラーメッセージが表示され、入力を確定できない

このように設定したセルを選択し、1～5の整数以外の数値や文字列などを入力すると、エラーメッセージが表示されるはずだ。なお、この画面で「再試行」をクリックすると、セルの編集状態に戻る。また、「キャンセル」をクリックすると、セルの値が入力前に戻り、編集状態も解除される。

ほかの人が入力する表であれば、エラーが表示されるだけでは不親切だ。入力規則の「エラーメッセージ」タブでは、エラーメッセージの内容も指定できるので、どのようなデータを入力すべきか、指示しておくとよいだろう（**図8、図9**）。

●指定範囲の整数のみ入力できるよう設定

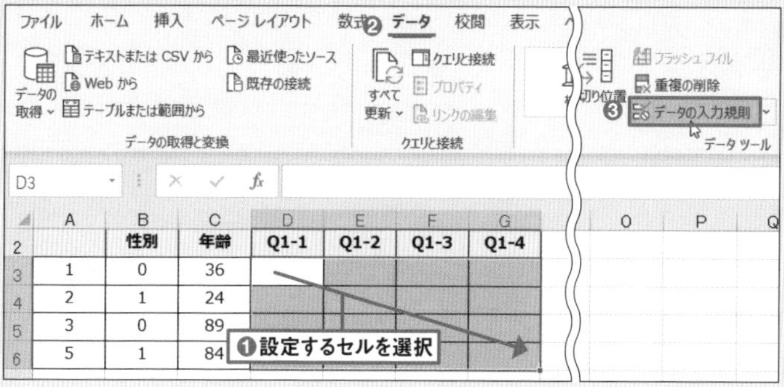

図6 D3～G6セルに、1～5の整数しか入力できないように設定しよう。セル範囲を選択し、「データ」タブの「データの入力規則」をクリックする（❶～❸）

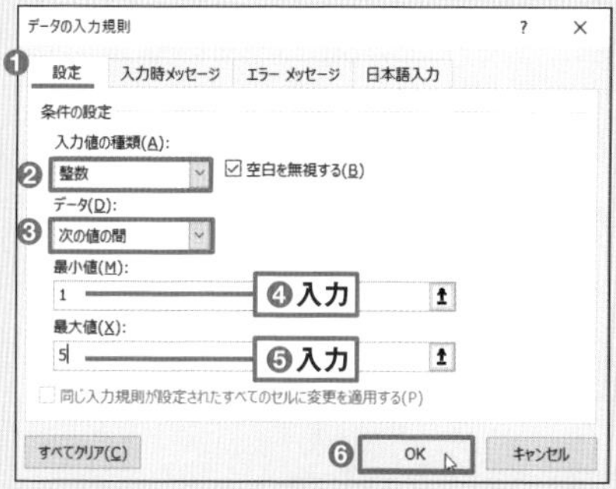

図7 表示される「データの入力規則」画面の「設定」タブで、まず「入力値の種類」で「整数」を選択する（❶❷）。「データ」で「次の値の間」を選び、「最小値」欄に「1」、「最大値」欄に「5」を入力（❸～❺）。「OK」をクリックして設定を完了する（❻）

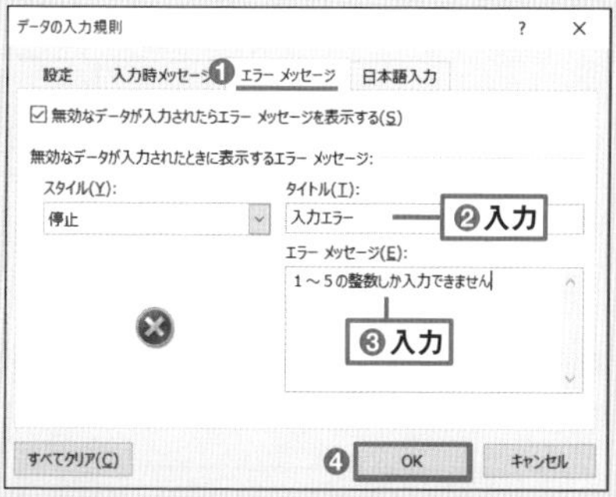

図8 図5で表示されるエラーメッセージに、どんな数字を入力すべきか示してあげると親切だ。「エラーメッセージ」タブを選び、「タイトル」と「エラーメッセージ」を入力する（❶～❸）。「OK」をクリックして設定を完了する（❹）

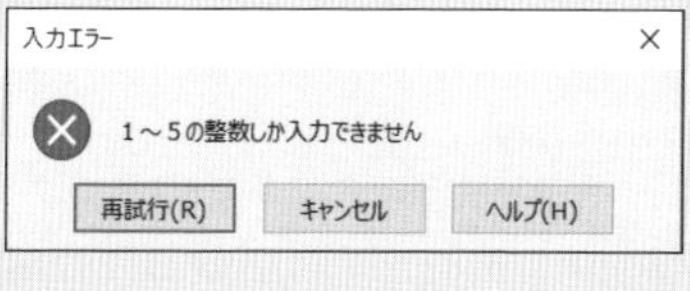

図9 規則を設定したセルに1～5の整数以外を入力すると、図8で入力したメッセージが表示される

入力規則でデータの文字数を指定することもできる。例として、5～10文字の文字列だけを入力できるように設定してみよう。「データの入力規則」画面の「設定」タブを表示し、「入力値の種類」で「文字列（長さ指定）」を、「データ」で「次の値の間」を選択。「最小値」欄に「5」、「最大値」欄に「10」と指定する（**図10**）。

入力する日付を制限するには、「データの入力規則」画面の「設定」タブを表示し、「入力値の種類」で「日付」を、「データ」で「次の値の間」を選択。「開始日」と「終了日」を指定する（**図11**）。

ほかにも、セルを選択したときの文字種切り替えやリストからの入力など、第1章で説明したことも取り入れながら入力規則を設定しよう。

●文字列の長さを設定する

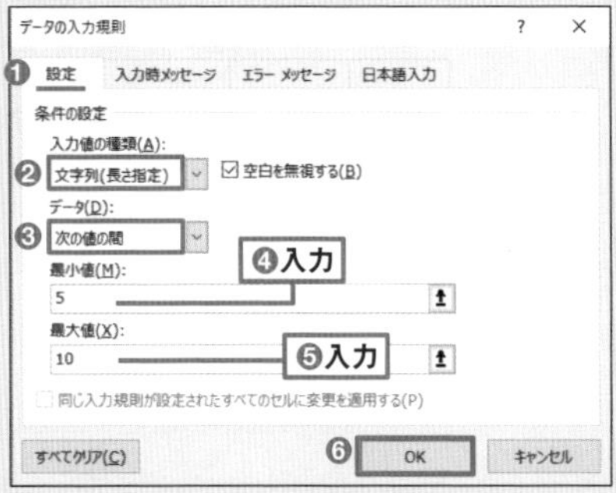

図10 設定するセルを選択後、「データの入力規則」画面を表示し、「入力値の種類」で「文字列（長さ指定）」、「データ」で「次の値の間」を選択（❶～❸）。「最小値」欄に「5」、「最大値」欄に「10」と入力し、「OK」をクリックする（❹～❻）

●入力できる日付の期間を設定

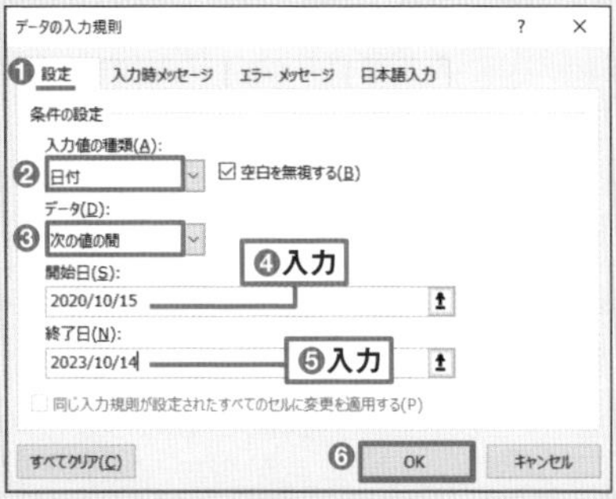

図11 日付を設定するセルを選択後、「データの入力規則」画面を表示し、「入力値の種類」で「日付」、「データ」で「次の値の間」を選択（❶～❸）。「開始日」欄と「終了日」欄を入力したら、「OK」をクリックする（❹～❻）

●保護する前に、入力セルのロックを解除する

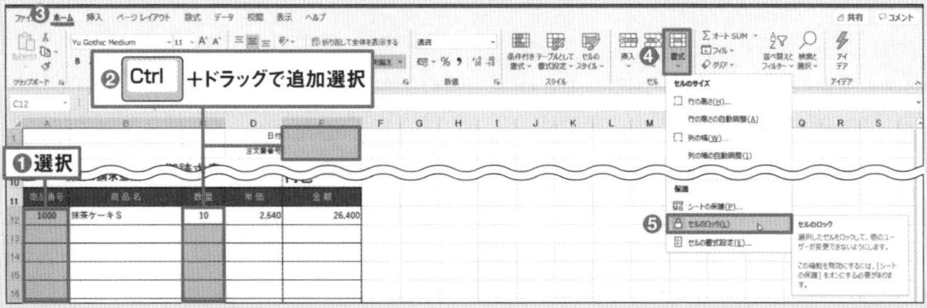

図12 すべてのセルは標準でロックが「オン」になっている。シートを保護した状態でも入力できるようにしたいセルはあらかじめロックを「オフ」にする必要がある。最初のセル範囲を選択したら、ほかのセル範囲は「Ctrl」キー＋ドラッグで追加選択（❶❷）。「ホーム」タブの「書式」から「セルのロック」を選ぶ（❸～❺）

ワークシートを「保護」して入力セル以外を変更不可に

テンプレートの見出しや数式を誤って変更しないよう、入力欄以外のワークシート全体を「保護」することもできる。注意したいのは、そのままシートを保護すると、すべてのセルがロックされて入力できなくなること。データを入力するセルは、あらかじめ「ロック」の設定を解除しておこう（**図12**）。

ロックの設定はワークシートを保護したときに初めて有効になる。「ホーム」タブの「書式」をクリックし、「シートの保護」を選択（**図13**）。「シートの保護」画面が表示されるので、必要に応じてユーザーに許可したい操作を設定する。さらに、保護を勝手に解除されたくない場合は、パスワードを設定できる（**図14**、**図15**）。これであらかじめロックをオフにしたセル以外は編集できなくなる（**図16**）。保護を解除したい場合は、「ホーム」タブの「書式」から「シート保護の解除」を選択すればよい。

●ワークシートを保護する

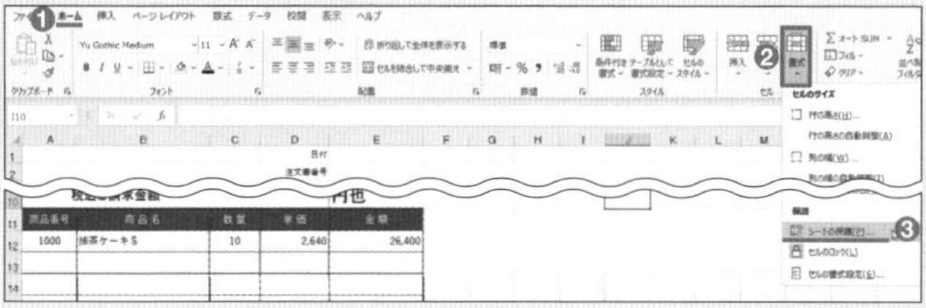

❸ **図13** 「ホーム」タブの「書式」から「シートの保護」を選ぶ（❶～❸）。ロックを解除していないセルが保護されて編集できなくなる

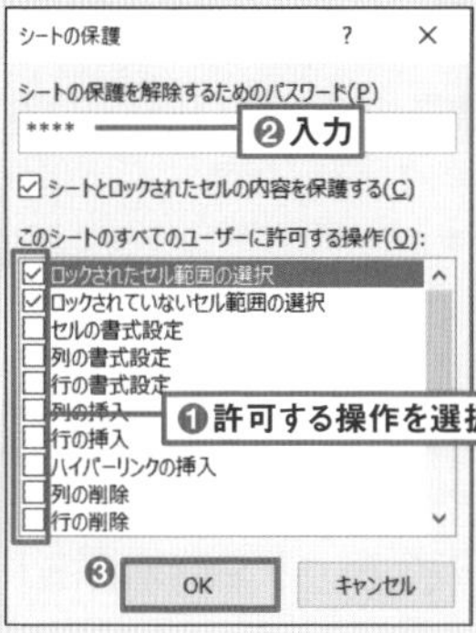

図14 表示される「シートの保護」画面では、必要に応じてユーザーに許可する操作を設定する（❶）。また、勝手に保護を解除されたくない場合は、「シートの保護を解除するためのパスワード」欄にパスワードを入力し（❷）、「OK」をクリックする（❸）

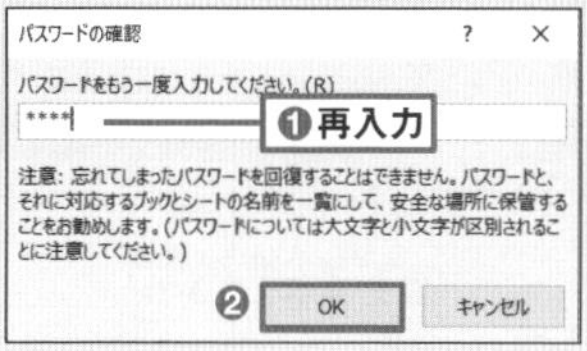

図15 パスワードの確認画面が表示されたら、同じパスワードを入力し、「OK」をクリックする（❶❷）。これでロックを解除したセル以外は編集できなくなる

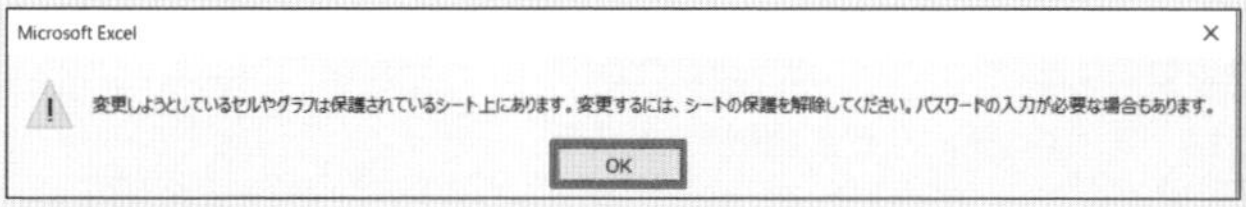

図16 ロックされたセルに入力しようとすると、エラーメッセージが表示され、書き換えられない

Section 01

30分 時短

入力は品番だけの請求書 商品名や価格は自動表示

VLOOKUP

見積書、請求書、納品書などの定型の伝票はテンプレート化するに限るが、商品名、商品番号、単価などを毎回すべて入力しているなら、大幅に時短できる関数がある。**商品番号を入力するだけで、別表で商品名や単価を調べて自動表示してくれるVLOOKUP関数**だ（**図1**）。

ほかの表にあるデータから必要なものを検索し、自動表示する“表引き”は、伝票作成を楽にするだけでなく、「単価を間違えた!」「商品名を間違った!」といった悲惨なトラブルを避けるためにも役立つ。スピードと正確さをもたらす実用的な機能だ。この表引きを実現する関数の代表が、VLOOKUP。エクセルを使ううえで必ずマスターしておきたい関数だ。

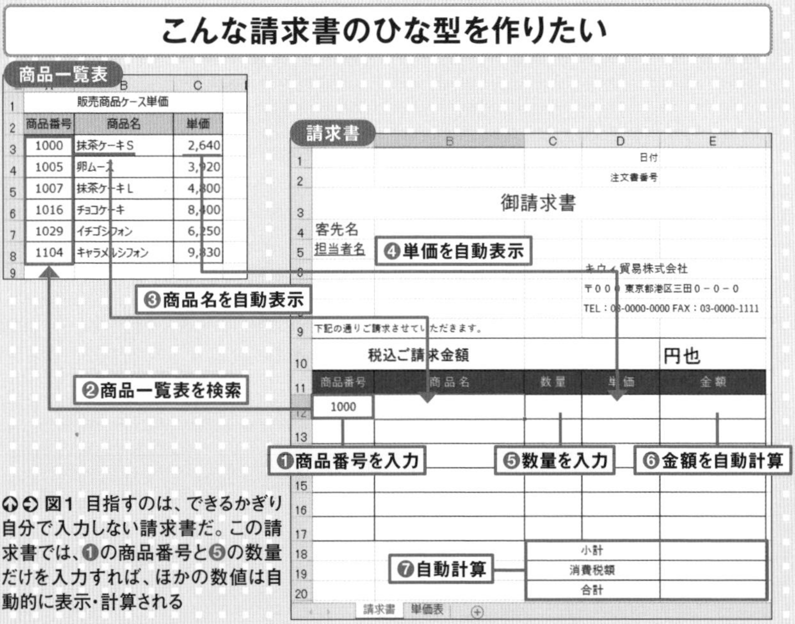

↑→ **図1** 目指すのは、できるかぎり自分で入力しない請求書だ。この請求書では、❶の商品番号と❺の数量だけを入力すれば、ほかの数値は自動的に表示・計算される

VLOOKUP関数は仕組みを理解すれば使える!

VLOOKUP関数は「難しい」という人もいるが、その仕組みはシンプルだ。「A20」という商品番号に該当する商品名と単価を自動表示する例で考えてみよう。あらかじめ必要なのは、商品番号が左端の列に並んだ商品名と単価の一覧表。VLOOKUP関数は、この表の左端の列で「A20」という商品番号を探す(**図2**)。見つかれば、同じ行にある商品名や単価を表示し、見つからなければエラーを返す。表の左端の列を上から縦方向(Vertical)に検索(Lookup)するため、関数名には「V」が付いている。

VLOOKUP関数の書式を見てみよう(**図3**)。VLOOKUP関数は、「検索値」で指定した値を、引数「範囲」で指定したセル範囲の左端列で検索する。見つかったら「範囲」の左から「列番号」番目のセルの値を抜き出す。「検索値」と完全に一致する値を探すときは、引数「検索方法」を「FALSE」と入力する。

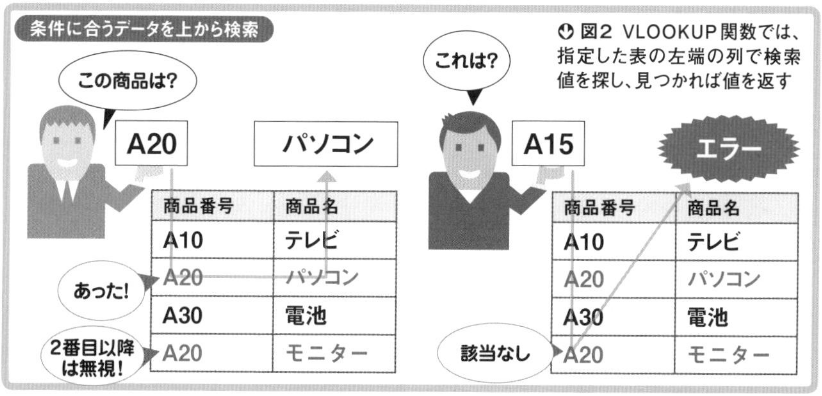

↓図2 VLOOKUP関数では、指定した表の左端の列で検索値を探し、見つかれば値を返す

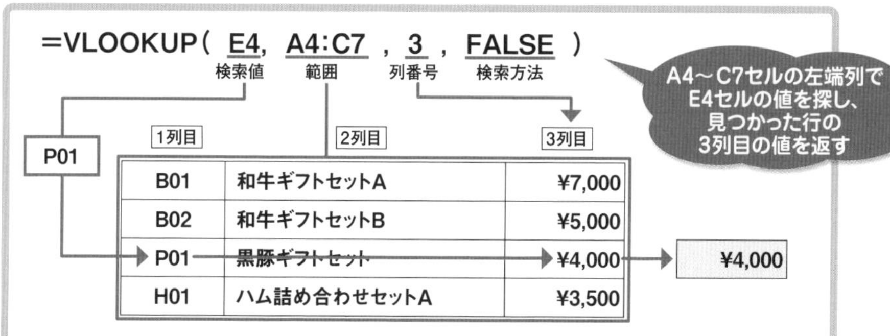

↑図3 VLOOKUP関数の書式。「範囲」の左端列で「検索値」を検索し、見つかったセルと同じ行で、「列番号」番目の列にあるセルの値を返す。「検索方法」の「FALSE」は、「完全一致で探す」の意味

「検索方法」を「TRUE」と入力もしくは省略すると、「10kg以上、20kg以上、…」などと数量の範囲を区分けした表で、該当する区分を検索するモードになる。このモードを商品番号の検索などで使うと、異なる番号を検索してしまうことがあり間違いのもとだ。検索値と完全に一致するものだけ探したいときには必ず「FALSE」を指定しよう。「FALSE」を指定した完全一致での検索の場合、VLOOKUP関数は表を上から順に検索するので、どのような順番で並んでいても問題ない。ただし、下の行に同じ商品番号があったとしても、検索されるのは最初に一致したものだけで、2番目以降は無視される。

VLOOKUP関数は、商品番号で単価や商品名を表引きするだけでなく、社員ナンバーを基に氏名や住所を自動表示させるなど、利用範囲が広い。また前述の通り、「検索方法」を「TRUE」にすることで「50点未満は×、50〜79点は○、80点以上は◎」といったランク付けもできるのだが、そのやり方は次項で説明する。

図3の数式を実際にエクセルで使った例が**図4**だ。この程度のシンプルな表であれば、自分で探したり入力したりしたほうが簡単そうだが、実際の現場では数百個を超える商品があったりすることもあり、VLOOKUP関数のニーズは高い。

「請求書の中に商品一覧表があるのは変でしょう」という人は心配ご無用。一覧表は別のワークシートに作成しておける。それなら印刷した請求書には表示されないし、管理もしやすい。さらに別のブックを参照することもできるが、数式が複雑になるうえ運用が難しくなるので、検索用のものを別シートに用意するのが無難だ。

➡VLOOKUP関数で価格を自動表示

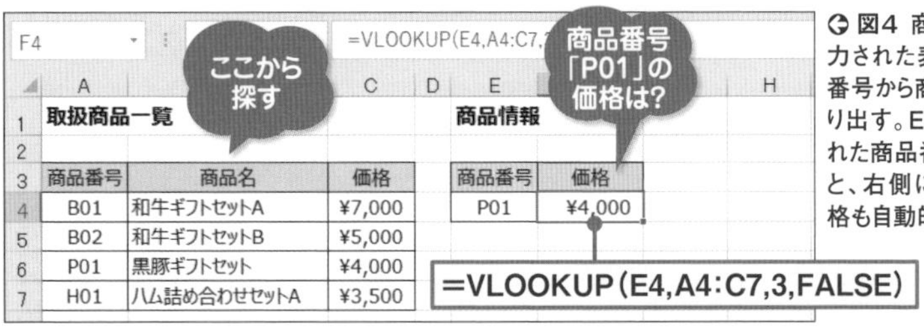

図4 商品の情報が入力された表を基に、商品番号から商品の価格を取り出す。E4セルに入力された商品番号を変更すると、右側に表示される価格も自動的に変化する

VLOOKUP《ブイルックアップ》 【指定した表からデータを探して抜き出す】 検索／行列関数

=VLOOKUP(検索値, 範囲, 列番号, 検索方法)

「範囲」の左端列で「検索値」を探し、見つかった行の左から「列番号」番目にあるセルの値を取り出す。「検索方法」は、「FALSE」を指定すると「検索値」と完全に一致する値だけを探し、「TRUE」を指定するか省略すると「〜以上」を表す数値で区切った表で該当する区分を検索できる

商品一覧表には「名前」を付けるのがポイント

では、「商品番号さえ入力すれば商品名と単価が自動表示される請求書」を作っていこう。

まずは商品一覧表から作る。新規のブックにはワークシートが1枚しかないので、ワークシートを追加し、適当なシート名（ここでは「単価表」）にしておこう（**図5**）。

加えてVLOOKUP関数で参照するセル範囲に「商品リスト」といった「名前」を付けておくとよい（127ページ）。それには対象範囲を選択して「名前の定義」をクリックし、「商品リスト」と入力して「OK」を押す（**図6**）。名前は、シート名の情報も保存するので、1枚目の請求書からも参照が可能。そのため、この名前を指定するだけで、VLOOKUP関数で検索できるようになる。さらに、名前の範囲は標準で絶対参照になるため、数式をコピーしても参照先がずれない。

➡商品一覧表には「名前」を設定するとわかりやすい

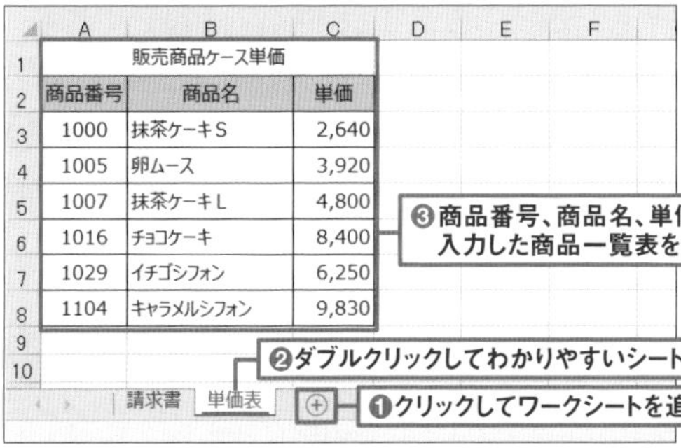

⊖ 図5 ワークシートを追加して、2枚目のシートに商品一覧表を作る（❶〜❸）。検索する「商品番号」を左端にすること。書式設定は必要ないが、ほかの人も使うなら格子状の罫線くらいは付けておこう

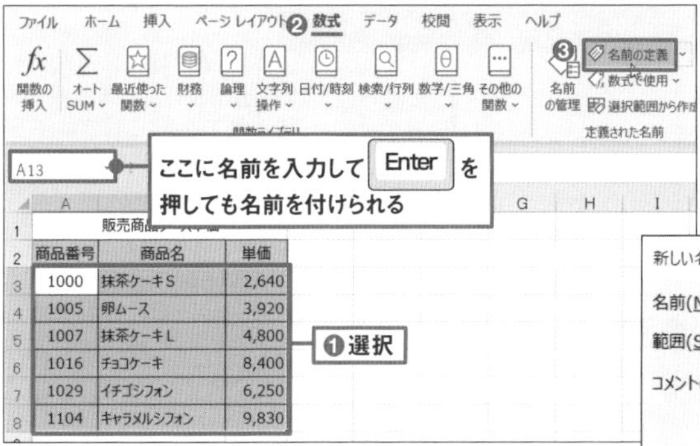

⊖⊕ 図6 検索対象のセル範囲を選択し、「数式」タブで「名前の定義」を選択（❶〜❸）。開く画面で「商品リスト」という名前を入力して「OK」を押す（❹❺）。「名前ボックス」をクリックして名前を入力し、「Enter」キーを押してもよい

続いて1枚目のワークシートに請求書の枠組みを作成しよう。商品名と単価はVLOOKUP関数で自動表示するので、それ以外の部分をすべて準備する。「金額」欄には「数量×単価」を求める数式を入力するが、どちらも未入力だと「0」と表示されるので、IF関数を使って「数量が空欄なら空欄にし、そうでなければ金額を計算する」という場合分けをしておこう（**図7**）。空欄は「""」（ダブルクォーテーション2つ）で表せる。

なお、作成する際は、関数の結果がわかりやすいように1行目（A12セル）などに仮の商品番号を入力しておくとよい。完成したらこれらは消してひな型にする。

VLOOKUP関数で商品名を自動表示

枠組みができたら、VLOOKUP関数の出番だ。「商品名」から自動表示の設定をしていく。商品名の列で最初のセルを選び、「検索/行列」関数から「VLOOKUP」を選択（**図8**）。開いた引数の設定画面で、「検索値」として商品番号のセル（A12）を指定する（**図9**）。

「範囲」には、商品一覧表を指定する。図6で「商品リスト」と名前を付けてあるので、それを入力すればよい。範囲名を付けていない場合は、一覧表のシートを表示させてドラッグで範囲を指定する。VLOOKUP関数は、「範囲」の左端の列で検索を行う。この例では、一覧表のA列に商品番号が入っているので問題ないが、無関係な列があるなら、検索対象の列が左端になるように範囲を指定しよう。

➡1枚目のシートに請求書を作成

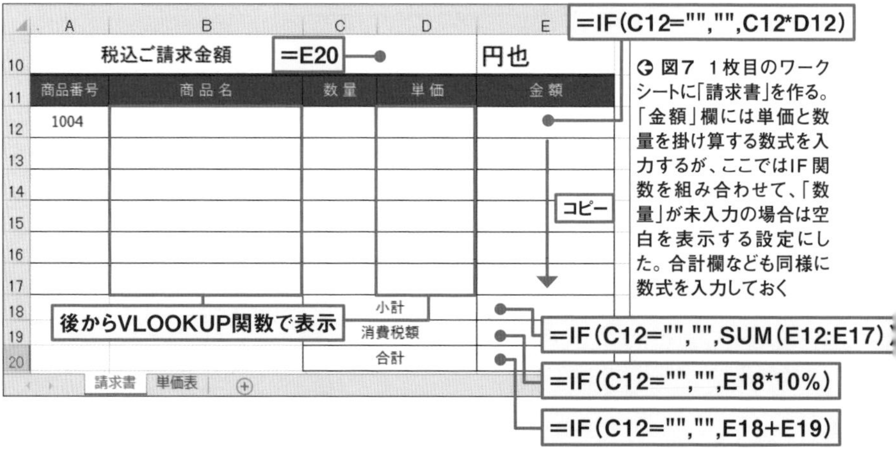

図7　1枚目のワークシートに「請求書」を作る。「金額」欄には単価と数量を掛け算する数式を入力するが、ここではIF関数を組み合わせて、「数量」が未入力の場合は空白を表示する設定にした。合計欄なども同様に数式を入力しておく

一覧表で商品名が入力されているのはB列(2番目の列)なので、「列番号」は「2」に指定する。検索値とピッタリ合う商品番号だけを検索するよう、「検索方法」は「FALSE」にする。「OK」をクリックして、商品番号に応じた商品名が表示されれば設定完了だ。「単価」の列にも同様にVLOOKUP関数を入力する。「列番号」を「3」にすれば、商品名ではなく単価を自動表示できる(**図10**)。

➡慣れるまでは関数分類ボタンからVLOOKUP関数を入力

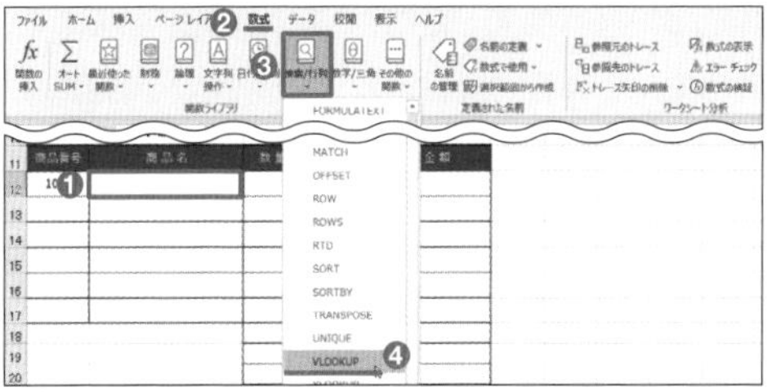

⊖ **図8** VLOOKUP関数を入力するセル(ここではB12セル)を選択する(❶)。「数式」タブの「検索/行列」から「VLOOKUP」を選択し(❷〜❹)、引数を指定するための画面を開く

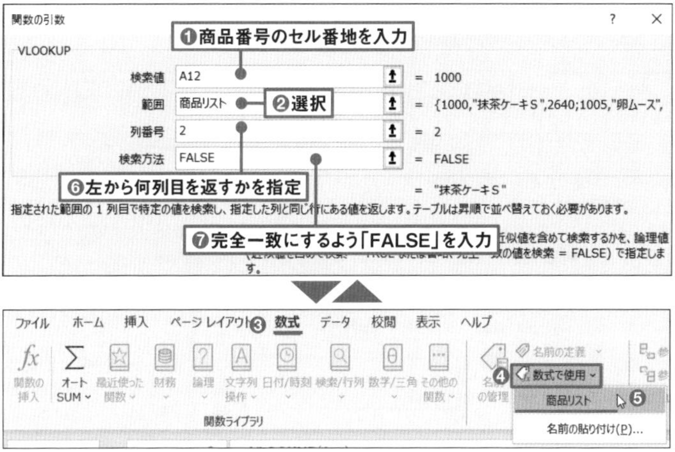

⊖ **図9** 「検索値」には請求書の商品番号のセル(A12セル)を指定(❶)。「範囲」には「商品リスト」という名前を指定するが、「数式」タブの「数式で使用」から選択すると確実だ(❷〜❺)。2番目の列から商品名を取り出すので「列番号」は「2」を指定し(❻)、最後に「FALSE」を入力する(❼)

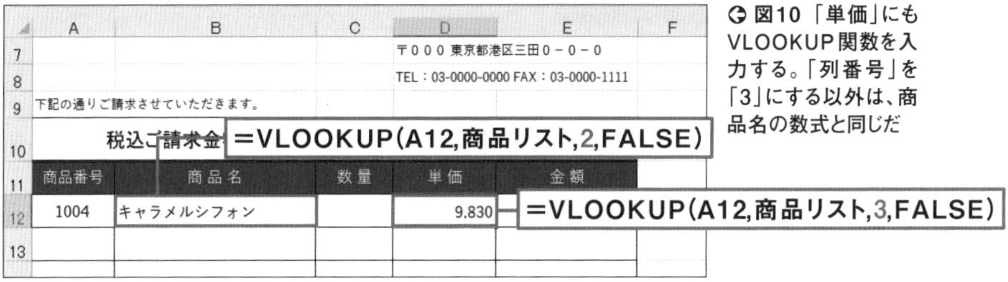

⊖ **図10** 「単価」にもVLOOKUP関数を入力する。「列番号」を「3」にする以外は、商品名の数式と同じだ

数式をコピーする前にエラー回避

請求書のひな型では、すべての明細行にVLOOKUP関数をコピーしておきたい。だが、数式を下の行にコピーする前に、2つの点を確認しておこう。

1つは、「範囲」が名前でなくセル番地の場合、下のセルにコピーすると参照先のセル番地がずれる点だ（**図11**）。コピーしても変化させないためには、「$A$3:$C$8」のような「絶対参照」に変更しておく必要がある（**図12**）。こうした面倒を避けるために、前ページ図9では「商品リスト」という名前で「範囲」を指定した。一方、「検索値」の商品番号は常に数式の左隣のセルを参照するようにしたいので、「A12」のような相対参照のままにする。

➡VLOOKUPの引数「範囲」がセル番地なら絶対参照に

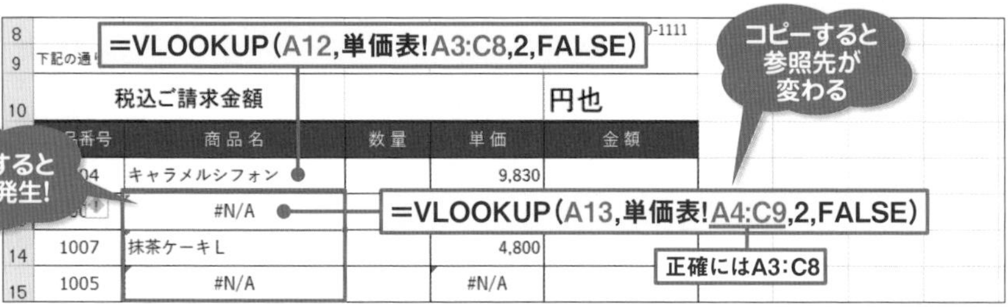

⬆図11 「単価表」シートに作成した単価表のA3～C8セルは、「単価表!A3:C8」と入力しても参照できる。「シート名!セル番地」という書き方で別シートのセルを参照できるからだ。しかし、この方法で引数「範囲」を指定したB12セルのVLOOKUP関数式を下にコピーするとエラーになる。引数「検索値」に指定した「A12」が「A13」に変化するのはよいが、「範囲」に指定した「A3:C8」の部分がずれるのは問題だ

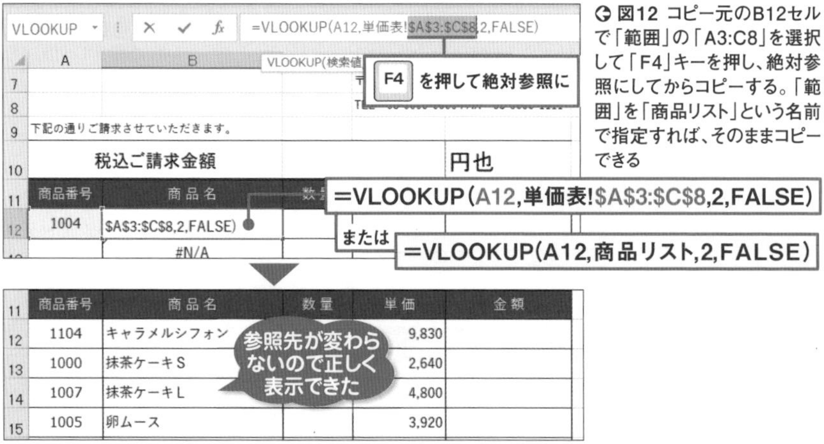

⬅図12 コピー元のB12セルで「範囲」の「A3:C8」を選択して「F4」キーを押し、絶対参照にしてからコピーする。「範囲」を「商品リスト」という名前で指定すれば、そのままコピーできる

もう1つは、商品番号が未入力だと表示される「#N/A」のエラーへの対処だ。「検索値」が未入力の行にVLOOKUP関数をコピーすると、「#N/A」が表示される（**図13**）。数式が間違っているのではなく、単に「検索値がありません」というエラーだ。A列の商品番号が入力されるまでの間、「#N/A」が表示されないようにするには、IF関数やIFERROR関数などを組み合わせる（**図14**）。「金額」欄に「0」を表示させない図7の方法と同じだ。

これでVLOOKUP関数の入力も済み、「商品番号と数量を入力すれば計算できる請求書」の完成だ。最初だけ手間はかかるが、日々の請求書作成の手間は格段に減る。納品書や見積書でも同様だ。テンプレートとして保存するのであれば、ワークシートを「保護」してから保存しよう（245ページ）。

➡未入力時のエラーを防ぐ

↑ 図13 B12セルに入力した数式を、B13～B17セルにコピーした。VLOOKUP関数の引数「検索値」となる商品番号が入力されていないため、「#N/A」エラーになる。単価の列も同様だ

← 図14 IF関数を組み合わせて、「検索値」が未入力の場合は空白（半角ダブルクォーテーション2つで指定）が表示されるようにしておく。B12セルを図のような数式に変更してコピーし直そう

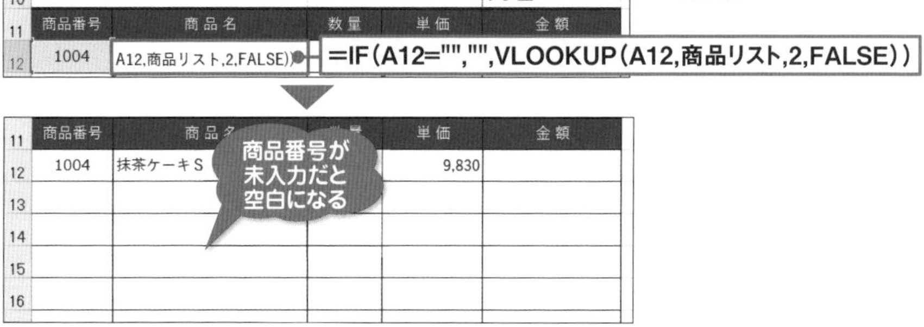

Section 02

10分 時短

購入金額に応じて送料を自動表示する

VLOOKUP　HLOOKUP　XLOOKUP

購入金額に応じて送料が変わることは、通販などでよくある。ここでは金額に応じた送料の一覧表を検索して、納品書に送料を自動表示する方法を考えてみよう（**図1**）。この場合も、使用するのは前項で登場したVLOOKUP関数だ。

VLOOKUP関数には、大きく2つの使い方がある（**図2**）。違いは引数「検索方法」によるもの。前項では図2左側の検索方法で、商品番号と正確に一致する値を別表で検索した。このように「検索値と完全一致するデータを探す」には、引数の最後で「検索方法」を「FALSE」に指定する。

これから紹介するのは、VLOOKUP関数のもう1つの使い方。図2右側の検索方法だ。「検索方法」を「TRUE」に指定すると、「～以上」のように数量の範囲を区切った表を検索して、該当する区分を特定できる。これを使えば、図1のような購入金額に応じた送料を自動表示する仕掛けも簡単に作れるのだ。

こんな納品書を作りたい

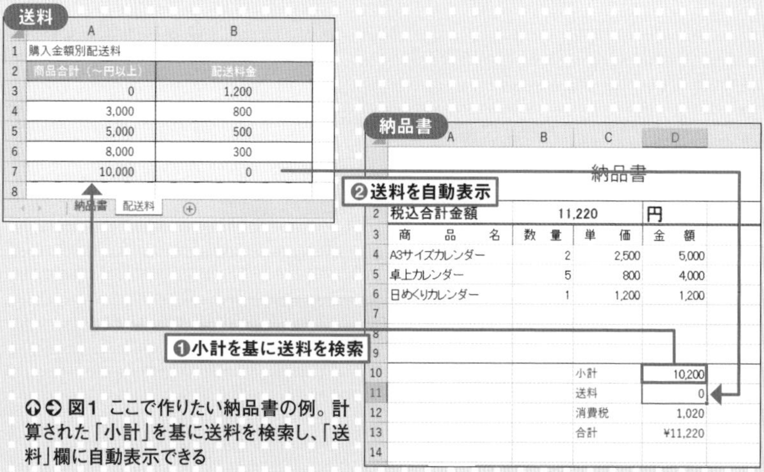

↑→ **図1** ここで作りたい納品書の例。計算された「小計」を基に送料を検索し、「送料」欄に自動表示できる

該当する区分を検索し、対応するデータを取り出す

この用法の例としては、距離や重さに対応した料金表示や、試験の点数に応じたランクを求めるケースなどがある（**図3**）。この方法を使う場合、検索対象となる「範囲」の左端列は、「～以上」を表す数値のみ（「300以上」なら「300」のみ）を、昇順（小→大の順）で並べておく。区分としては「～以上」の意味で検索するが、「以上」の文字まで入力すると検索できないので注意しよう。

「検索方法」以外の引数は、前項のVLOOKUP関数と同じだ。では、図1の納品書の作り方を見ていこう。

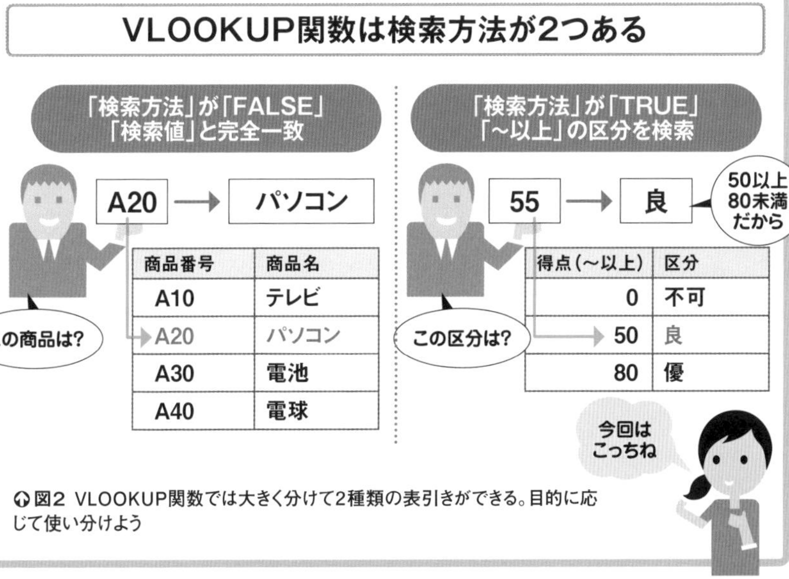

図2 VLOOKUP関数では大きく分けて2種類の表引きができる。目的に応じて使い分けよう

➡VLOOKUP関数でランク付けする

	A	B	C	D	E	F	G	H
1	氏名	得点	ランク		●ランク付け基準表			
2	今田健二	210	D		得点	ランク	摘要	
3	氏家清子	346	C		0	E	200未満	
4	小宮和重	591	A		200	D	200以上300未満	
5	近藤進	488	B		300	C	300以上400未満	
6	進藤由香	379	C		400	B	400以上500未満	
7	鈴木和子	198	E		500	A	500以上	
8	藤本亨	398	C					

「=VLOOKUP(B2,$E$3:$F$7,2,TRUE)」と入力して下へコピー

図3 「300点以上400点未満はランクC」といった得点によるランク付けもVLOOKUP関数でできる。別表の左端列に「～以上」を表す数値を昇順で並べ替えておき、引数「検索方法」を「TRUE」にするのがポイントだ

VLOOKUP関数で送料を検索

送料の一覧表は、納品書とは別のワークシートにあるほうが見栄えが良いので、ワークシートを追加して2枚目のシートに作成する（**図4**）。左端の列に、「0、3000、5000、…」と「～円以上」を区切る数値だけを入力。右側に料金を入力し、表全体に「送料」という名前を付ける。1枚目のワークシートには納品書を作成し、送料の欄に送料の一覧表を参照するVLOOKUP関数を入力する（**図5**）。

この納品書でも商品名や単価は前項のようにVLOOKUP関数を使って自動表示させるほうが時短になる。

➡配送料の一覧表を検索して送料を自動表示

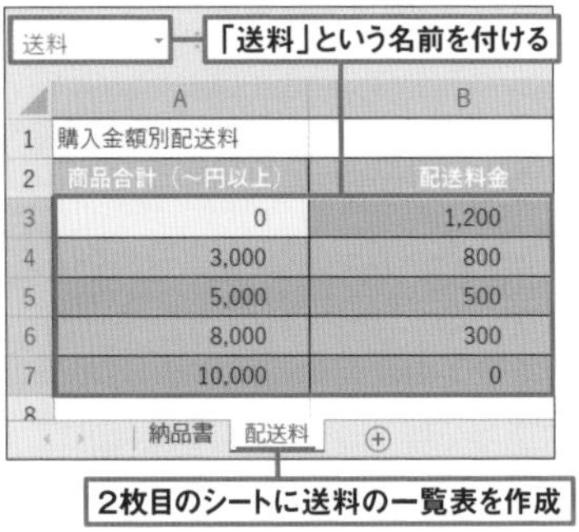

⇧ 図4　2枚目のワークシートに送料の一覧表を作る。送料の検索範囲となるA3～B7セルに「送料」という名前を付ける

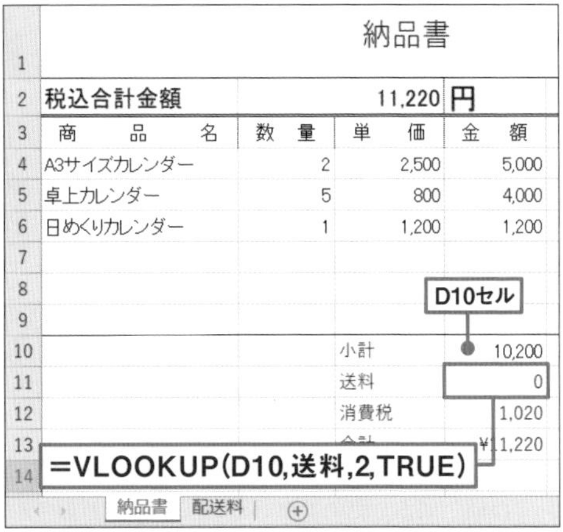

➲ 図5　1枚目のワークシートに納品書を作成する。「送料」の欄には、VLOOKUP関数を入力して送料を自動表示させる

横方向ならHLOOKUP、左端・上端以外も検索できるXLOOKUP

最後に、VLOOKUP関数の仲間たちも紹介しておこう。

HLOOKUP関数は表を横方向に検索したいときに使う。「範囲」の左端列ではなく上端行で「検索値」を検索し、見つかった列で、「行番号」で指定した行にあるセルの値を取り出す（**図6**）。VLOOKUP関数とは検索する方向が異なるだけだ。

2020年にはVLOOKUP関数とHLOOKUP関数の機能を兼ね備えたXLOOKUP関数がMicrosoft 365/Office365向けの新機能として登場した（**図7**）。引数が6つもあり一見難しそうだが、最初の3つだけ指定すればあとは省略可能。VLOOKUP

では左端、HLOOKUPでは上端と決まっている検索範囲が、XLOOKUP関数では「検索範囲」として自由に指定できる。左端から何列目、上端から何行目と数える必要はなく、「戻り範囲」として戻す値の範囲を指定すればよいなどわかりやすい。

➡表を横方向に検索するHLOOKUP

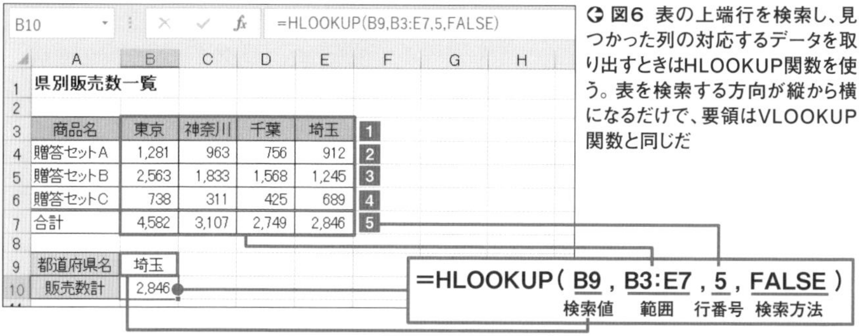

➡図6 表の上端行を検索し、見つかった列の対応するデータを取り出すときはHLOOKUP関数を使う。表を検索する方向が縦から横になるだけで、要領はVLOOKUP関数と同じだ

検索／行列関数

HLOOKUP《エイチルックアップ》 【指定した表からデータを探して抜き出す】

=HLOOKUP(検索値, 範囲, 行番号, 検索方法)

「範囲」の上端列で「検索値」を探し、見つかった列の上から「行番号」番目にあるセルの値を取り出す。「検索方法」は、「FALSE」を指定すると「検索値」と完全に一致する値だけを探し、「TRUE」を指定するか省略すると「～以上」を表す数値で区切った表で該当する区分を検索できる

➡「検索範囲」「戻り範囲」を自由に指定できるXLOOKUP

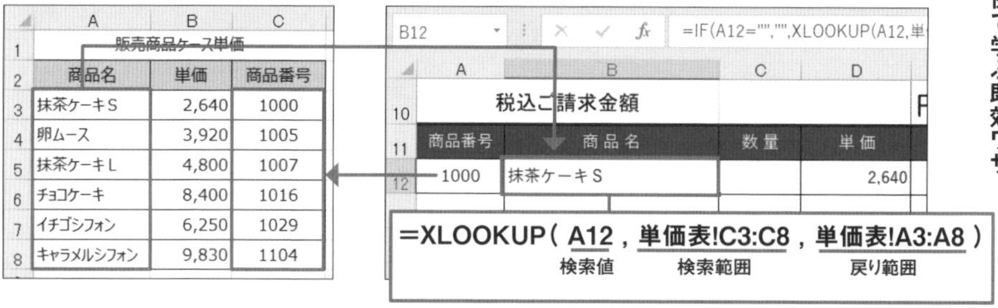

➡図7 XLOOKUP関数では「検索範囲」と「戻り範囲」を自由に指定できるので、図のように「商品番号」が右側にあっても検索できる。検索できる表のバリエーションが増えた

検索／行列関数

XLOOKUP《エックスルックアップ》 【指定した表からデータを探して抜き出す】

=XLOOKUP(検索値, 検索範囲, 戻り範囲, 見つからない場合, 一致モード, 検索モード)

「検索値」に指定した値を「検索範囲」で探し、「戻り範囲」の中で同じ位置にある値を取り出す。後半3つの引数を省略すると、「検索値」が見つからない場合はエラーになり、「検索値」と完全に一致するものだけが、先頭から末尾にかけて検索される。エラーの場合に返す値を「見つからない場合」に指定できる

Section 03

必要な発注個数をケース単位で切り上げ

CEILING

5分 時短

6本1ケースの商品、38本必要なら何ケース注文？

D3 =CEILING(B3,C3)

	A	B	C	D	E
1	炭酸飲料発注書				
2	品名	必要数	1ケースの本数	換算数	発注ケース数
3	タボヒン	38	6	42	7
4	ウメタボヒン	27	10	30	3
5	ウメソーダ	40	12	48	4

=D3 / C3
換算数　1ケースの本数

=CEILING(B3 , C3)
必要数　1ケースの本数

図1 ケース単位で発注する商品では、必要な個数をケース単位に換算する必要がある。それを自動化するのがCEILING関数だ

商品はバラ売りではなくケース単位で販売されていることも多い。必要な個数から「何ケース必要か」を自動的に表示したいなら、使うのはCEILING関数だ。

引数には、必要な数と、1ケース単位の数を入力する（**図1**）。必要数が「38」で1ケース当たりが「6」個なら、6の倍数のうち38以上で最も近い「42」個が答えとして表示される（**図2**）。CEILING関数で求めた数量を1ケース当たりの個数で割り算すれば、発注すべきケース数が表示されるという仕組みだ。

なお、切り上げるのではなく切り捨てて「残りはバラで」という場合、FLOOR関数でケース数を計算できる。引数や使い方はCEILING関数と同じだ。

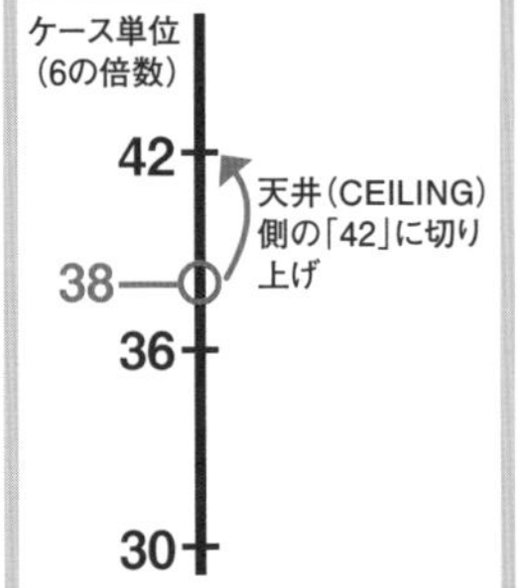

図2 CEILING関数は、「数値」以上の最も近い倍数を求める。ケースの単位が「6」なら、その倍数の中で天井側（上側）の最も近い値が表示される

CEILING《シーリング》
【指定した単位に切り上げ】

=CEILING(数値,基準値)
「数値」を「基準値」の倍数の中で最も近い値に切り上げる

互換性関数

Section 04

見積書などの有効期限「翌月末」を自動表示

5分時短

EOMONTH

見積書の有効期限として翌月末を表示

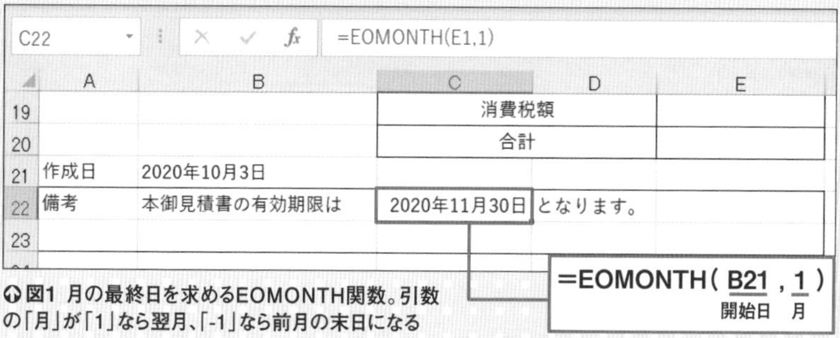

↑図1 月の最終日を求めるEOMONTH関数。引数の「月」が「1」なら翌月、「-1」なら前月の末日になる

見積書の有効期限は翌月末、請求書の締め日は当月末など、期限を記入する伝票は多い。毎回カレンダーで確認しているなら、EOMONTH関数を使おう。

引数の「開始日」には、基準となる日付を入力したセル番地を入力すると楽だ（**図1**）。「今日」を基準にするのであれば、「=EOMONTH(TODAY(),1)」のようにTODAY関数（次ページ）を使う手もある。

セルの書式が日付になっていない場合はシリアル値（54ページ）が表示されるので、日付形式に変更する（**図2**）。

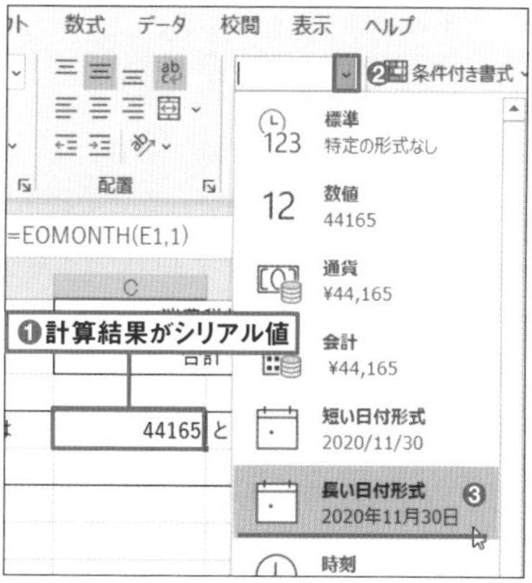

↑図2 EOMONTH関数の結果がシリアル値で表示されたら（❶）、「ホーム」タブの「数値の書式」で日付の書式を適用する（❷❸）

EOMONTH《エンドオブマンス》
【月末の日付を計算】

=EOMONTH(開始日,月) 日付/時刻関数

「開始日」で指定した日付から数えて、「月」で指定した月数だけ前または後の月末を表示。「月」が正の数の場合は後、負の数の場合は前の月になる

1分 時短

Section 05

今日の日付を簡単入力 関数とキー操作を使い分け

TODAY

TODAY関数で自動表示、「Ctrl」+「;」で簡単入力

↑図1 開くだけで今日の日付が表示されるブックにするなら、TODAY関数を入力する。TODAY関数は引数を書かずに、「=TODAY()」と入力すればよい

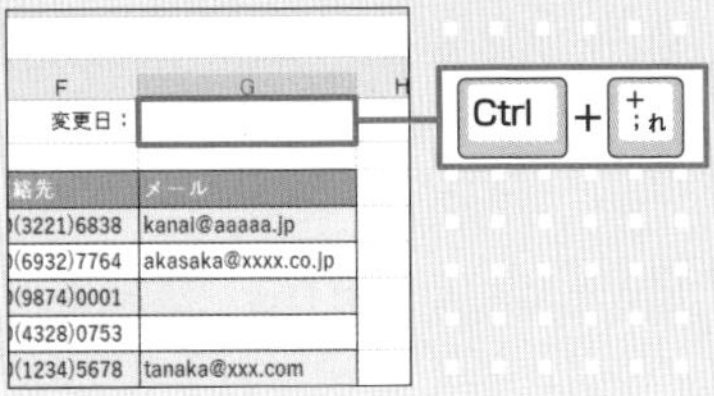

→図2 TODAY関数で開くたびに日付が変わると困るなら、「Ctrl」+「;」(セミコロン)キーを押せば、その日の日付データを入力できる

ビジネス文書を作成するたびに入力する「今日の日付」。「自動で入力してくれたらいいのに」と思うなら、TODAY関数の出番だ。日付の入力欄に「=TODAY()」と入力するだけで、現在の日付を表示してくれる(**図1**)。「=TODAY()+1」とすれば翌日の日付も求められる。

ただしこの関数、文字通り「今日の日付」を表示する機能なので、ブックを開くたびにその日の日付に更新される。印刷が目的ならよいが、ファイルとして保管する請求書など、発行日が重要な書類であれば、TODAY関数は使わないほうがよい。手入力が面倒なら、「Ctrl」+「;」(セミコロン)キーを押すことで、現在の日付を簡単に入力できる(**図2**)。覚えておくと便利なショートカットキーだ。

TODAY《トゥデイ》 【現在の日付を表示】	日付/時刻関数 =TODAY() 現在の日付を自動的に表示する。引数は不要でカッコのみ入力する

Section 06

生年月日から何歳かを調べる 今日時点の年齢も自動計算

3分 時短

DATEDIF

名簿の「年齢」を生年月日から自動計算

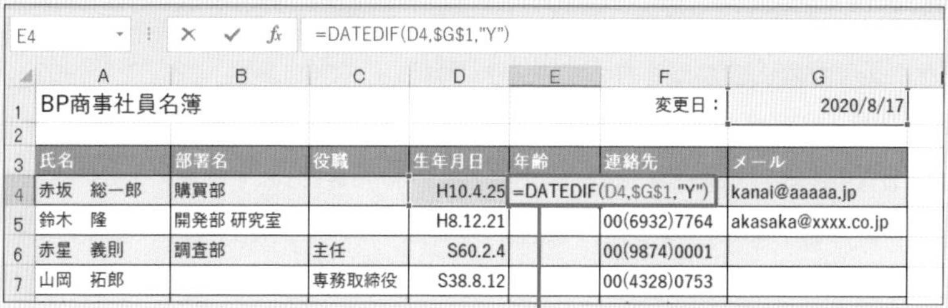

E4 =DATEDIF(D4,$G$1,"Y")

	A	B	C	D	E	F	G
1	BP商事社員名簿					変更日：	2020/8/17
2							
3	氏名	部署名	役職	生年月日	年齢	連絡先	メール
4	赤坂　総一郎	購買部		H10.4.25	=DATEDIF(D4,$G$1,"Y")		kanai@aaaaa.jp
5	鈴木　隆	開発部 研究室		H8.12.21		00(6932)7764	akasaka@xxxx.co.jp
6	赤星　義則	調査部	主任	S60.2.4		00(9874)0001	
7	山岡　拓郎		専務取締役	S38.8.12		00(4328)0753	

=DATEDIF(D4 , $G$1 , "Y")
開始日　終了日　単位

↑図1 DATEDIF関数の「開始日」に生年月日を、「終了日」に今日の日付を指定する。「単位」は「年」なので「"Y"」を指定する

社員が今年何歳になるのかは、人事部にとって重要。顧客の年齢も、顧客属性の分析に必須だ。簡単に、正しく計算したいなら、DATEDIF関数を使おう。

計算に必要なのは、今日の日付と生年月日。DATEDIF関数の引数として、「開始日」に生年月日のセル、「終了日」に今日の日付を指定する（**図1**）。引数の最後にある「単位」は、「年」を示す「"Y"」を入力する（**図2**）。

単位の書式	戻り値
"Y"	年数
"M"	月数
"D"	日数
"YM"	端数の月数

↑図2 年齢ではなく経過月数や日数を表示する場合、引数の「単位」を変更する

名簿などでDATEDIF関数をコピーして使うなら、今日の日付のセルだけは変わらないよう、絶対参照にしておこう。

左ページのTODAY関数で今日の日付を表示させ、名簿に記載した生年月日から年齢を自動計算させれば、名簿を開くたびに正しい年齢を表示できる。

DATEDIF《デイトディフ》
【経過した期間を調べる】

=DATEDIF(開始日,終了日,単位)　日付/時刻関数

「開始日」から「終了日」までの日数を調べ、引数「単位」に指定した単位で表示する

10分
時短

Section 07

「年」と「月」を入れるだけの月間スケジュール表を作成

DATE | WEEKDAY | 条件付き書式

縦1列に日付、曜日、予定の記入欄を並べた月間のスケジュール表をよく見かける。「1日、2日、…」と増える数字を入力するだけならオートフィルでもできそうだが、毎月作り直すのは面倒だ。そこで「年」と「月」さえ入力すれば日付と曜日を表示してくれるスケジュール表のひな型を作ってみよう（**図1**）。

スケジュール表の最初の「1日」は、「年、月、日」の値から該当する日付データを作成するDATE関数を使用して表示する（**図2**）。引数には、1行目に入力した「年」（A1セル）と「月」（C1セル）を使い、引数の「日」には「1」を指定する。「2日」以降は、1つ上のセルに「1」をプラスする数式を入力する（**図3**）。エクセルのシリアル値では「1日」が「1」なので、この数式で翌日の日付を表示できる。表示形式を変えれば曜日も表示できる（**図4**）。

土日の色を変えたければ、日付データから曜日を調べるWEEKDAY関数と「条件付き書式」を組み合わせれば自動化できる（**図5**）。

曜日がわかりやすいスケジュール表が欲しい

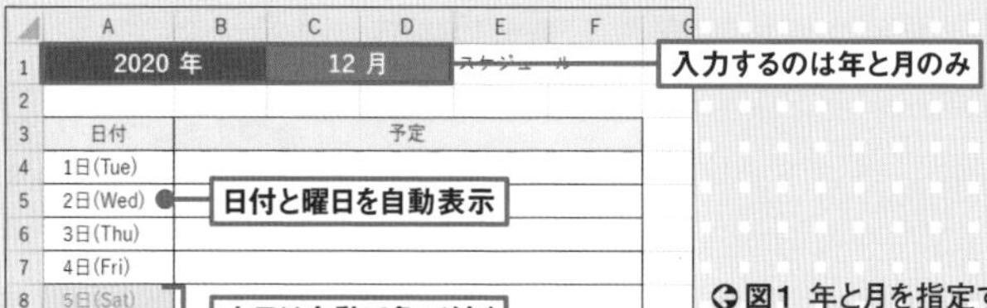

図1 年と月を指定すれば、日付が自動入力され、曜日がわかりやすく表示されるスケジュール表を作ろう

DATE《デイト》【日付のシリアル値を作成】
日付/時刻関数
=DATE(年,月,日)
引数に指定した「年」「月」「日」に対応する日付データ（シリアル値）を作成

WEEKDAY《ウィークデイ》【日付の「曜日」を調べる】
日付/時刻関数
=WEEKDAY(シリアル値,種類)
指定した日付のシリアル値に応じた「曜日」を調べ、「曜日番号」を示す。引数の「種類」によって、曜日番号が変わる

➡最初の「1日」はDATE関数で表示

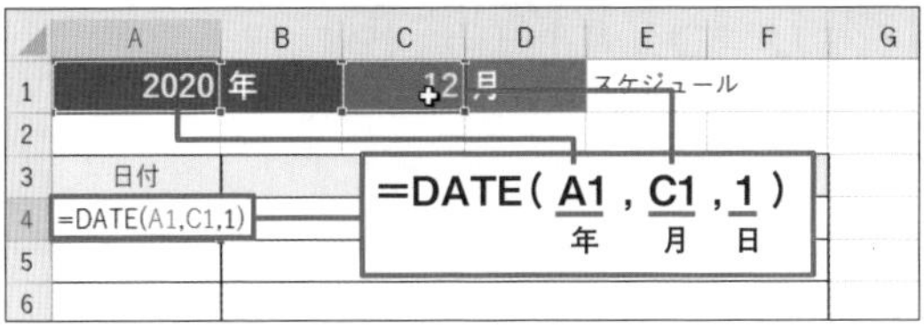

⊙ 図2 「1日」のセル（この例ではA4セル）はDATE関数を使って表示する。ここでは結果がわかりやすいように、A1セルに「年」、C1セルに「月」を入力してあるが、テンプレートとして作成するなら空欄でかまわない

➡「2日」以降の日付は「前日+1」で計算

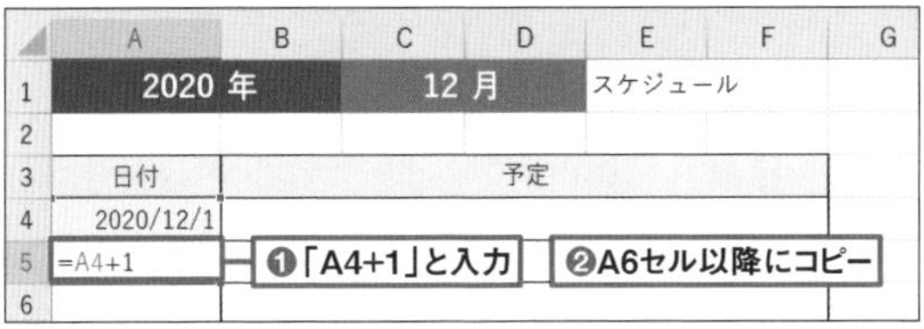

⊙ 図3 「2日」のセル（A5セル）には、「1日」のセルに「1」をプラスする数式を入力する（❶）。以降、31日までのセルにこの数式をコピーする（❷）。なお、31日までない月では、翌月の日付が表示される

➡曜日を表示する表示形式に

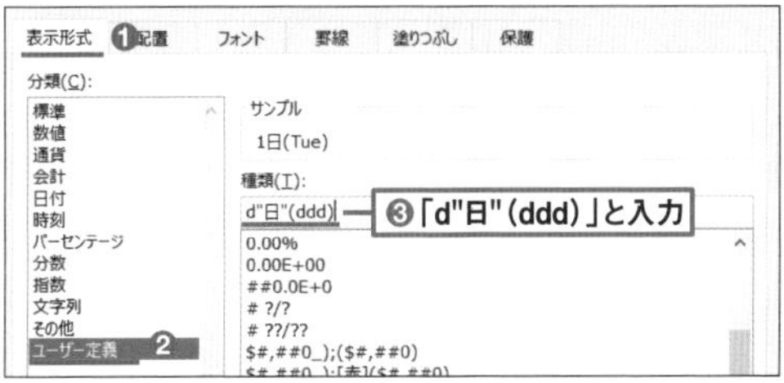

⊙ 図4 日付を入力したセルを選択し、「Ctrl」+「1」キーを押すなどして「セルの書式設定」画面を開く。「表示形式」タブの「分類」で「ユーザー定義」を選択し（❶❷）、「種類」で曜日付きの表示形式を指定する（❸）。「d"日"(ddd)」であれば、「1日(Tue)」のように表示される。「ddd」を「aaa」に変えれば「火」、「aaaa」なら「火曜日」となる

➡WEEKDAY関数と「条件付き書式」で土日を色付け

種類	月	火	水	木	金	土	日
1（省略時）	2	3	4	5	6	7	1
2	1	2	3	4	5	6	7
3	0	1	2	3	4	5	6

⊙⊙ 図5 日付のセルを範囲選択し、「ホーム」タブの「条件付き書式」から「新しいルール」を選ぶ。「数式を使用して…」を選択し、WEEKDAY関数で条件を指定する（❶❷）。引数「種類」を「2」にすれば、「>=6」という条件で土日を判定できる。「書式」をクリックして、休日の書式を設定しよう（❸）

Section 08

30分 時短

出退勤時刻から勤務時間、さらには時給で給与を計算

SUM IF CEILING FLOOR

出退勤などの時間の計算は、面倒なものだ。しかし、関数を使えば、時間の計算も自動化できる。最初は手間がかかるが、一度作成しておけば繰り返し使えるので、必ず時短に役立つ（**図1**）。

「今日何時間働いたか」は、退社時刻から出社時刻を引き算すれば計算できるが、出退勤の時刻は15分単位とし、「8:48出社は9:00と同じ」とカウントする会社もある。その場合、時給計算上の「出社」を切り上げのCEILING関数を使って計算する（**図2**）。CEILING関数は、「基準値」の倍数で最も近い数値に切り上げる関数だ。「15分」単位に切り上げるには、「基準値」を「"0:15"」のように指定する。

同様に退社時刻を15分単位で切り捨てる場合は、CEILING関数をFLOOR関数に置き換えればよい（**図3**）。これで「退社−出社−休憩」という数式で勤務時間を計算できるはずだ（**図4**）。

ただし、退社時刻が深夜0時を回ると、これだけでは正しい計算ができない（**図5**）。時刻が逆転してしまうからだ。これに対処するには最初に1日分（24時間）を足して計算するよう、IF関数で条件分岐するとよい。

出退勤管理表の勤務時間で給与を計算

図1 出社時刻と退社時刻を入力するだけで、勤務時間と給与を計算できる出退勤管理表。時給を掛けて給与を計算する際は、エクセルならではの注意が必要だ

➡15分単位で切り上げ、切り捨て

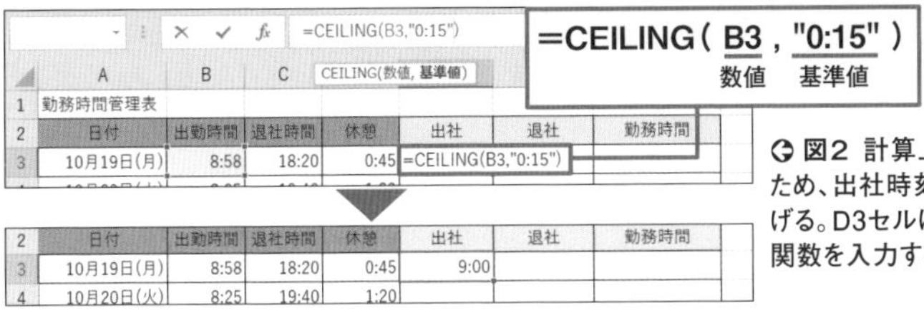

	A	B	C	D	E	F	G
1	勤務時間管理表						
2	日付	出勤時間	退社時間	休憩	出社	退社	勤務時間
3	10月19日(月)	8:58	18:20	0:45	=CEILING(B3,"0:15")		

2	日付	出勤時間	退社時間	休憩	出社	退社	勤務時間
3	10月19日(月)	8:58	18:20	0:45	9:00		
4	10月20日(火)	8:25	19:40	1:20			

図2 計算上の出社時刻を求めるため、出社時刻は15分単位で切り上げる。D3セルに切り上げのCEILING関数を入力する

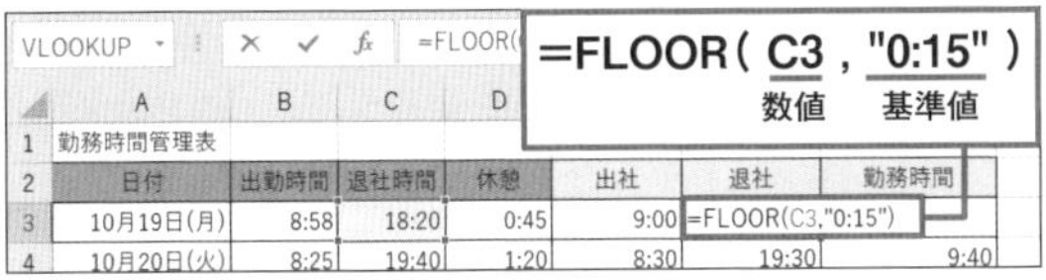

	A	B	C	D	E	F	G
1	勤務時間管理表						
2	日付	出勤時間	退社時間	休憩	出社	退社	勤務時間
3	10月19日(月)	8:58	18:20	0:45	9:00	=FLOOR(C3,"0:15")	
4	10月20日(火)	8:25	19:40	1:20	8:30	19:30	9:40

図3 退社時刻は15分単位で切り捨てるので、D4セルにはFLOOR関数を入力する

➡退社が0時を回ったら要注意

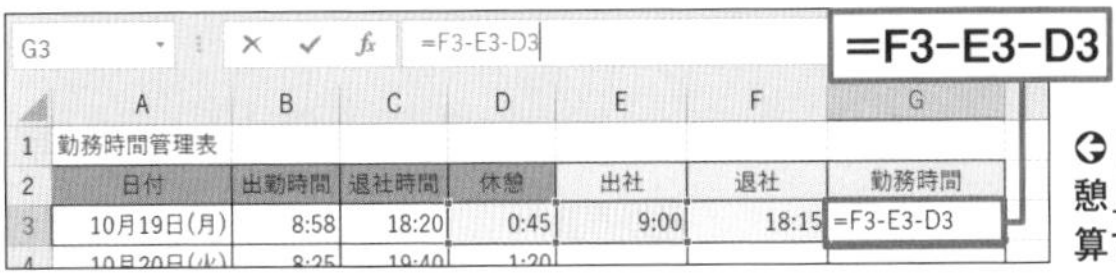

	A	B	C	D	E	F	G
1	勤務時間管理表						
2	日付	出勤時間	退社時間	休憩	出社	退社	勤務時間
3	10月19日(月)	8:58	18:20	0:45	9:00	18:15	=F3-E3-D3

図4 G3セルに「退社−出社−休憩」の数式を入力して勤務時間を計算する

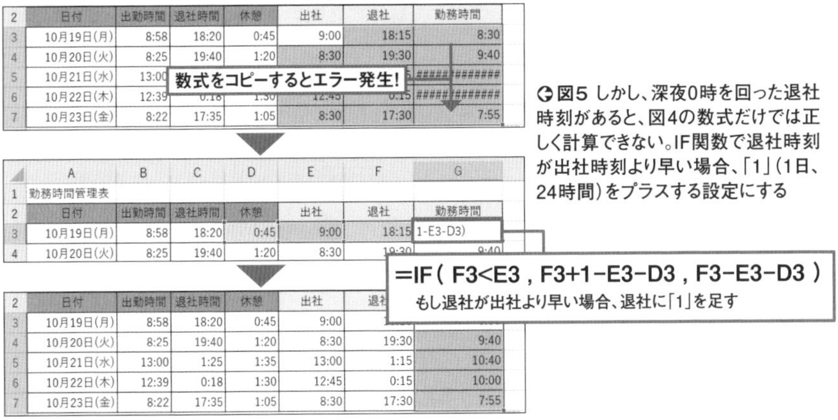

2	日付	出勤時間	退社時間	休憩	出社	退社	勤務時間
3	10月19日(月)	8:58	18:20	0:45	9:00	18:15	8:30
4	10月20日(火)	8:25	19:40	1:20	8:30	19:30	9:40
5	10月21日(水)	13:00					############
6	10月22日(木)	12:39				0:15	############
7	10月23日(金)	8:22	17:35	1:05	8:30	17:30	7:55

	A	B	C	D	E	F	G
1	勤務時間管理表						
2	日付	出勤時間	退社時間	休憩	出社	退社	勤務時間
3	10月19日(月)	8:58	18:20	0:45	9:00	18:15	1-E3-D3)
4	10月20日(火)	8:25	19:40	1:20	8:30		

2	日付	出勤時間	退社時間	休憩	出社	退社	勤務時間
3	10月19日(月)	8:58	18:20	0:45	9:00		
4	10月20日(火)	8:25	19:40	1:20	8:30	19:30	9:40
5	10月21日(水)	13:00	1:25	1:35	13:00	1:15	10:40
6	10月22日(木)	12:39	0:18	1:30	12:45	0:15	10:00
7	10月23日(金)	8:22	17:35	1:05	8:30	17:30	7:55

図5 しかし、深夜0時を回った退社時刻があると、図4の数式だけでは正しく計算できない。IF関数で退社時刻が出社時刻より早い場合、「1」(1日、24時間)をプラスする設定にする

CEILING《シーリング》
【指定した単位に切り上げ】
互換性関数
=CEILING(数値,基準値)
「数値」を「基準値」の倍数の中で最も近い値に切り上げる

FLOOR《フロア》
【指定した単位に切り捨て】
互換性関数
=FLOOR(数値,基準値)
「数値」を「基準値」の倍数の中で最も近い値に切り捨てる

時給計算には「24」を掛ける

これで勤務時間を合計して、「時間×時給」で計算完了、といきたいところだが、まだ関門が2つある。

ひとまず勤務時間を合計してみよう（**図6**）。すると、おかしな結果になる。エクセルでは24時間を超える時間は表示形式を変更しないと表示することができない。「Ctrl」+「1」キーなどで「セルの書式設定」画面を表示させ、24時間以上も表示できる表示形式に変更する（**図7**）。「時」を表す「h」を「[h]」に変更するのがポイントだ。

時間と時給を掛けて給与を計算したいが、実はこのまま計算すると、約2時間分の給与にしかならない（**図8**）。エクセルは、日付や時刻のデータを「1日」を「1」に換算した「シリアル値」で管理している。そのため、「46:45」は数値の「2」に近いシリアル値として計算されてしまうのだ（**図9**）。これを通常の時間数に変換するには、「24」を掛ければよい（**図10**）。これで給与を正しく計算できる（**図11**）。

➡24時間以上の「時間」を表示

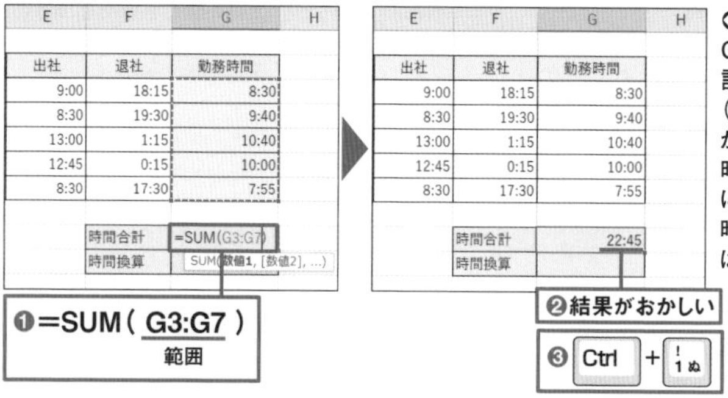

図6 「時間合計」のセルにG3～G7セルの勤務時間を合計するSUM関数を入力すると（❶）、「22:45」と少ない数値が表示された（❷）。これは24時で0時に戻る「時刻」の表示になっていることが原因だ。24時間以上の時間を表示するには「Ctrl」+「1」キーを押す（❸）

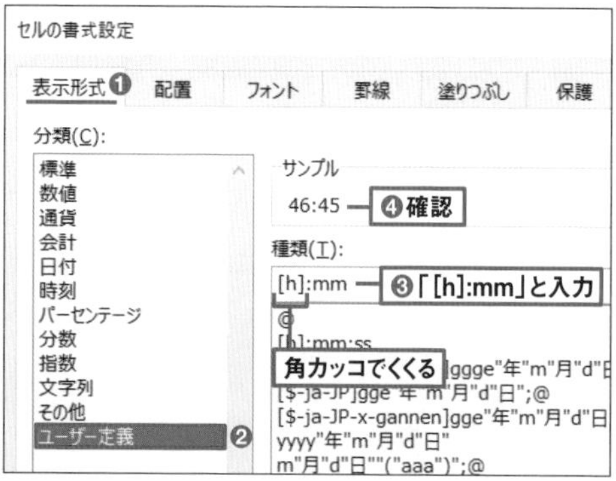

図7 表示された「セルの書式設定」画面で「表示形式」タブを選択（❶）。「ユーザー定義」を選び、「種類」欄に図の書式記号を入力する（❷❸）。時間を表す「h」を「[ ]」（角カッコ）でくくれば、24時間以上を表示できる。「サンプル」欄で結果を確認し（❹）、右下の「OK」ボタンを押す

➡「46:45」は「1.9479…」?

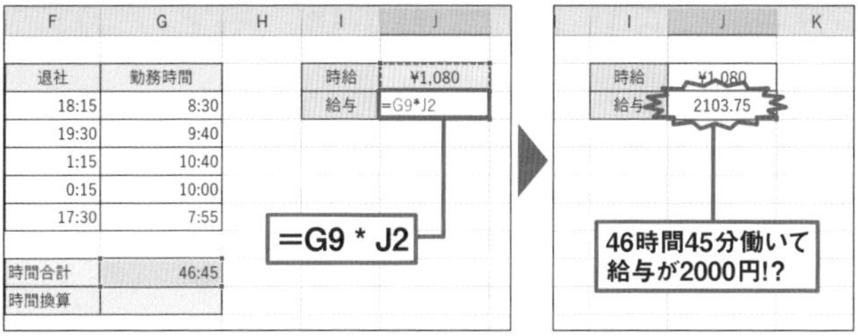

図8 「時間合計」(G9セル)と「時給」(J2セル)を単純に掛けると、約2000円にしかならない。なぜだろうか

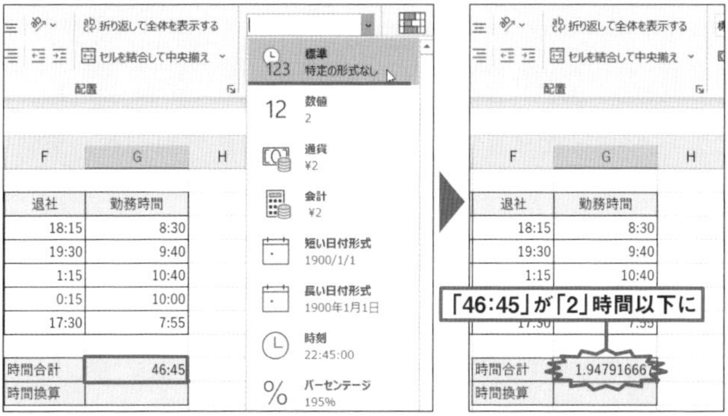

図9 試しに「時間合計」(G9セル)を「標準」の表示形式に変えてみると(左)、「1.947916667」になってしまう(右)。これは時間がシリアル値として保存されているのが原因。シリアル値は1日が「1」なので1時間は24分の1(0.04166…)の大きさしかないのだ

➡シリアル値を24倍して給与を計算

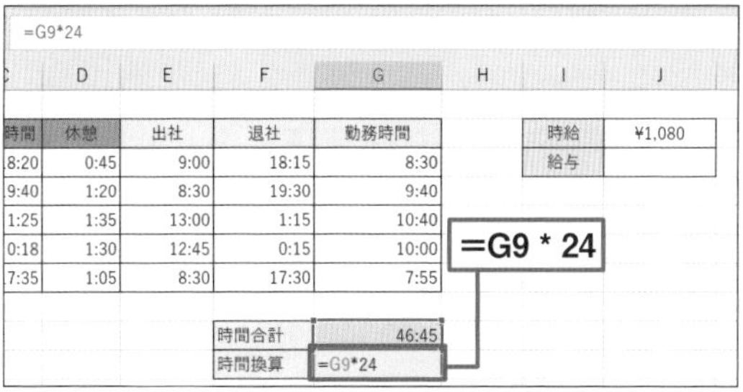

図10 「時間合計」に「24」を掛けて、通常の時間数に換算する

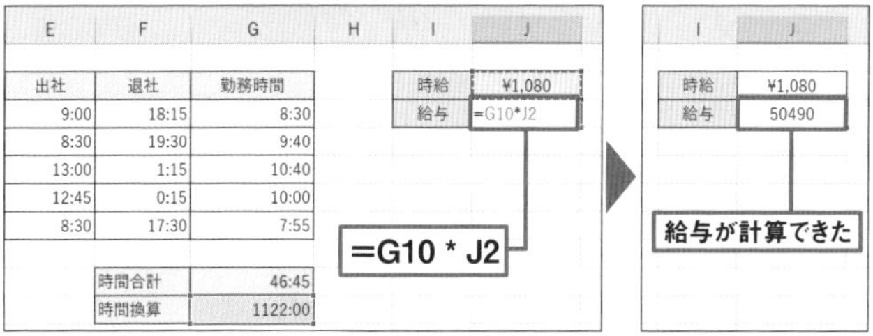

図11 図10で計算した「時間換算」と「時給」を掛けると、正しい「給与」が計算できる

Section 09

5分時短

「B」チームの「男性」は何人？複数条件に合う個数を算出

COUNTIFS　DCOUNTA

ズラッと並んだデータの中から、条件に合うデータの個数を数えるといった作業は、エクセルに任せたほうが速くて確実だ（**図1**）。条件に合うデータの個数を数えるCOUNTIF関数については140ページで説明したが、ここでは一歩進んで「複数の条件に合うデータを数える」方法を紹介しよう。

「B」チームの「男性」の人数のように、指定したすべての条件に合うデータの個数を数えるならCOUNTIFS関数を使う。引数には、条件を検索する範囲と条件をペアにして、順に入力していく（**図2**）。ここでは2つの条件だが、さらに条件を追加することもできる。

DCOUNTA関数でも複数の条件でデータ数を調べることができる。ただしDCOUNTA関数では条件をあらかじめ表形式で入力する必要がある（**図3**）。条件を入力する表の形式によって、「AかつB」か「AまたはB」かを指定できるのが特徴。条件を変えると自動的にデータ数が集計されるので、いろいろシミュレーションしたいときなどにはCOUNTIFS関数より便利なこともある。

複数の条件に合うデータを数える

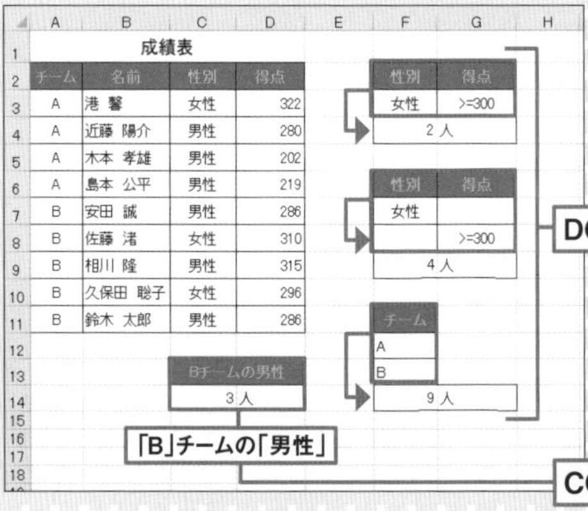
成績表

チーム	名前	性別	得点
A	港 馨	女性	322
A	近藤 陽介	男性	280
A	木本 孝雄	男性	202
A	島本 公平	男性	219
B	安田 誠	男性	286
B	佐藤 渚	女性	310
B	相川 隆	男性	315
B	久保田 聡子	女性	296
B	鈴木 太郎	男性	286

図1 成績表のデータ数を数えたい。「Bチームの男性」の数は、COUNTIFS関数で求める。右側の別表に記載した条件に合うデータ数は、DCOUNTA関数で求める

➡COUNTIFS関数で「B」チームの「男性」を数える

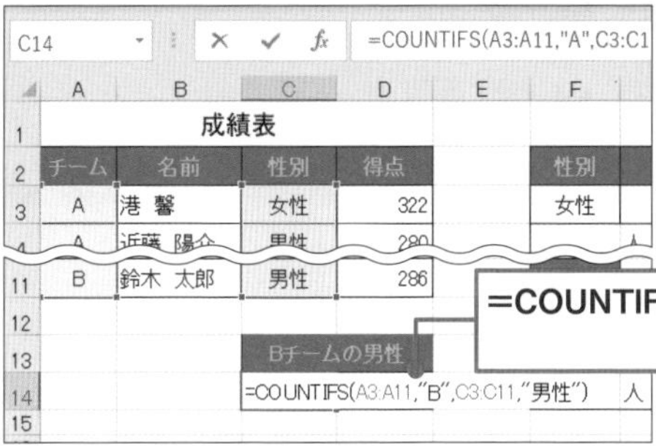

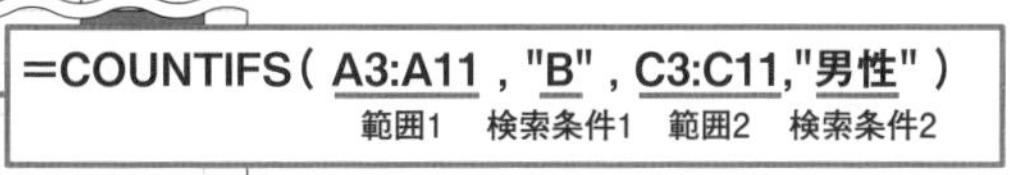

⊙ 図2 複数の条件をすべて満たすデータの個数を求めるならCOUNTIFS関数を利用する。ここでは、「チーム」列で「B」のセルを、「性別」列で「男性」のセルを検索し、その両方の条件を満たす行の数を求る

➡DCOUNTA関数で「女性」で「300点以上」を数える

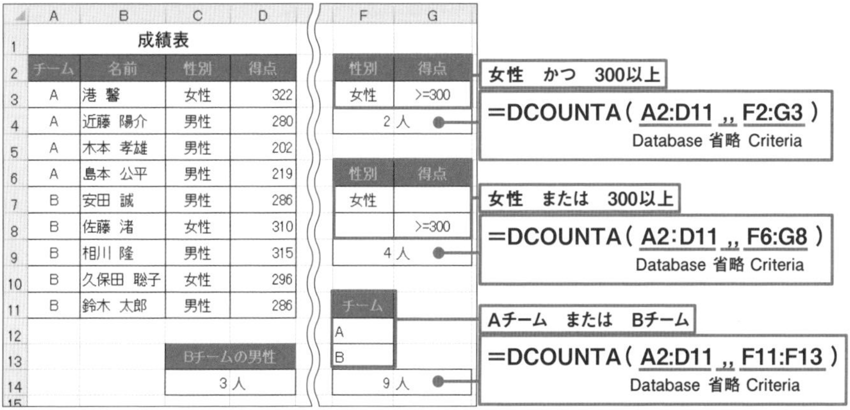

⊙ 図3 DCOUNTA関数では、最後の引数「Criteria」に指定した別表で条件を決める。条件を同じ行に並べると「かつ」、違う行であれば「または」になる

COUNTIFS《カウントイフエス》 【すべての条件に合うセルの数を調べる】

統計関数

=COUNTIFS(範囲1,検索条件1,範囲2,検索条件2,…)

「範囲」内で「検索条件」に合うデータの数を数える。「範囲」と「検索条件」はペアで指定し、複数の条件を指定した場合はすべての条件に合うデータのみを数える。「検索条件」に、条件を表す式や探す文字列を入力する場合は、「"」(ダブルクォーテーション)で囲んで指定する。式や文字列を入力したセル番地でもよい

DCOUNTA《ディーカウントエー》 【複数の条件に合うセルの数を調べる】

統計関数

=DCOUNTA(Database,フィールド,Criteria)

「Database」として指定した表の中で、指定した項目(列)内に条件に合うデータがいくつあるかを数える。「フィールド」には数える列(項目名)を指定するのだが省略してもかまわない。検索条件はシート上に条件記述用の別表を作り、「Criteria」に指定する

Section 10

データ分析の基本 順位を調べる必携関数

RANK.EQ

5分 時短

大きい順でも小さい順でも一発で判定

	A	B	C	D	E	F	G
1	成績表						
3	名前	国語	算数	理科	社会	合計	順位
4	港 馨	89	57	86	90	322	1
5	近藤 陽介	53	75	87	65	280	
6	木本 孝雄	28	38	98	38	202	
7	島本 公平	39	50	58	72	219	
8	安田 誠	25	84	94	83	286	
9	佐藤 渚	68	90	88	64	310	

	名前	国語	算数	理科	社会	合計	順位
4	港 馨	89	57	86	90	322	1
5	近藤 陽介	53	75	87	65	280	7
6	木本 孝雄	28	38	98	38	202	9
7	島本 公平	39	50	58	72	219	8
8	安田 誠	[illegible]	[illegible]	[illegible]	[illegible]	286	5
9	佐藤 渚	68	90	88	64	310	3
10	相川 隆	63	82	95	75	315	2
11	久保田 聡子	75	67	89	65	296	4
12	鈴木 太郎	59	81	57	89	286	5

図1 順位を表示する最初のセルにRANK.EQ関数を入力する。合計点の列の中で、その行の合計が何位になるのかが表示できる。下の行にコピーする場合は「範囲」の部分がずれないように絶対参照にすること

個々の点数や金額を調べて、それが全体の何位かを表示してくれるのがRANK.EQ関数だ。最初の引数「数値」には、順位を調べる数値のセル、つまり順位を知りたい点数や金額が入力されたセルを指定する（**図1**）。次の「範囲」には、順位を調べる対象全体のセル範囲を指定する。

図1の例では、点数が高い順（降順）で順位を付けるので、最後の引数「順序」は省略している。低い順（昇順）で順位を付ける場合は、最後の引数に「1」を指定すればよい。

ほかのセルにも数式をコピーして使うなら、「範囲」のセル番地を絶対参照にしてからコピーしよう。

RANK.EQ《ランク・イコール》
【順位を求める】

=RANK.EQ(数値,範囲,順序)　統計関数

「数値」が「範囲」の中で何番目の大きさかを調べる。「順序」を省略するか「0」を指定すると大きい順（降順）、「1」を指定すると小さい順（昇順）

Section 11

5分時短

「上位30%は合格」を判定 相対評価で絞り込み

PERCENTRANK.INC　IF

得点の上位者30%に「合格」と表示する

G4　=IF(PERCENTRANK.INC($F$4:$F$12,F4)

	A	B	C	D	E	F	G	H
1	成績表							
3	名前	国語	算数	理科	社会	合計	合否	
4	港 馨	89	57	86	90	322	合格	
5	近藤 陽介	53	75	87	65	280		
6	木本 孝雄	28	38	98	38	202		
7	島本 公平	39	50	58	72	219		

=IF(PERCENTRANK.INC($F$4:$F$12 , F4)>= 0.7 , "合格", "")

（$F$4:$F$12＝全体、F4＝対象、括弧内全体＝IF関数の引数）

図1 PERCENTRANK.INC関数の引数の「全体」には合計の点数が並ぶ列全体（ここではF4～F12セル）、「対象」には調べる個々の値（ここではF4セル）を指定する。この結果を「0.7以上は合格」というIF関数に組み合わせる

「80点以上は合格」といった基準ではなく、「上位30%は合格」といった相対的な評価で合格者を絞り込むケースもある。受験者の点数が上位何%に入っているのかを知りたいなら、PERCENTRANK.INC関数が適している。

PERCENTRANK.INC関数は、全体の中での順位を調べたうえで、それが「上から何%の位置に相当するか」を示してくれる。最上位を「1」、最下位を「0」として表示するので、「上位30%」の位置は「0.7」に相当する。つまり「上位30%以上」なら「0.7以上」が合格ラインだ。

PERCENTRANK.INC関数の結果が「0.7以上なら合格、それ以外は空白」という振り分けはIF関数を組み合わせて行えばよい（**図1**）。

なお、引数の最後にある「有効桁数」は、「何%」という計算結果の有効桁数のこと。省略すると小数点以下第3位まで計算する。

PERCENTRANK.INC《パーセントランク・インクルーシブ》
【相対的な順位を計算】

=PERCENTRANK.INC(全体,対象,有効桁数)　統計関数

「全体」の中で、「対象」のデータの相対的な位置を計算する。「相対的な位置」とは、最上位を1、最下位を0とした数値

Section 12

10分 時短

「姓」と「名」を連結して「氏名」欄を自動作成

フラッシュフィル　&演算子

別の列に入力された「姓」と「名」をつなげて「氏名」欄を作るのはとても簡単だ。使うのは、エクセル2013から搭載された「フラッシュフィル」という機能。「姓」と「名」に入力済みのデータを使って「氏名」欄を入力していくとフラッシュフィルが起動し、候補を表示してくれる（**図1**）。候補が表示されない場合でも「データ」タブで「フラッシュフィル」を選ぶと自動入力できる可能性が高い（**図2**）。

フラッシュフィルは、データの結合や分割を自動化してくれる便利な機能だ。ほかの列に入力済みのデータを使って最初の数行を入力すると、エクセルが「ユーザーがやろうとしていること」の規則性を見抜いて予測される入力候補を表示する。

単に結合するだけではない。「姓」と「名」の間にスペースを入れたり、最後に「様」を付けたり、あるいは3列以上のデータをつなげることもできる（**図3**）。

便利なフラッシュフィルだが、データによっては規則性が読み取れず、エラーになったり、入力されたデータが正しくないこともある。その場合は最初に入力するサンプルを1件でなく2、3件に増やしてみるとうまくいくこともある。

フラッシュフィルが使えない場合は、「&」演算子を使った数式を入れれば、複数のセルのデータや文字列を結合できる（**図4**）。この場合、元データを削除すると数式がエラーになるので、削除前に「値」に置き換えよう（70ページ）。

規則性を見抜いて自動的にセルを連結

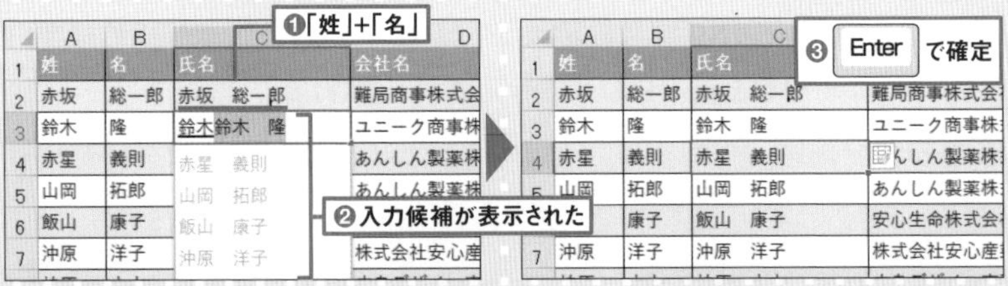

↑図1 「姓」（A列）と「名」（B列）から「氏名」を作りたい。C2セルに最初の氏名を入力し（❶）、C3セルに「鈴木」と入力した時点でエクセルが残りの候補を表示するので確定すれば完了だ（❷❸）

➡フラッシュフィルで規則性のある編集作業を自動化

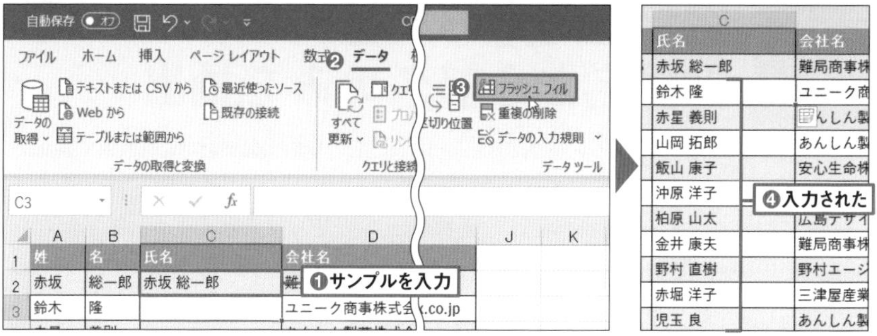

図2 先頭のデータをサンプルとして入力し（❶）、「データ」タブの「フラッシュフィル」をクリック（❷❸）。エクセルが規則性を認識できれば、残りのセルは自動入力される（❹）

➡フラッシュフィルで「姓」「半角スペース」「名」「様」を結合

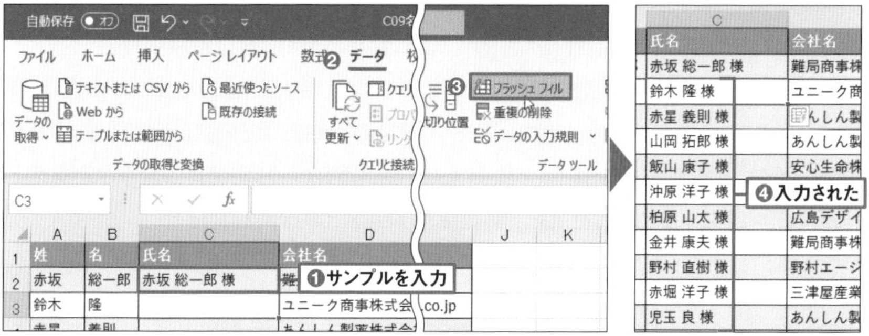

図3 セルに入力された文字列の結合だけでなく、文字列を追加する作業にもフラッシュフィルを使える（❶〜❹）

➡「&」の数式で文字列を連結

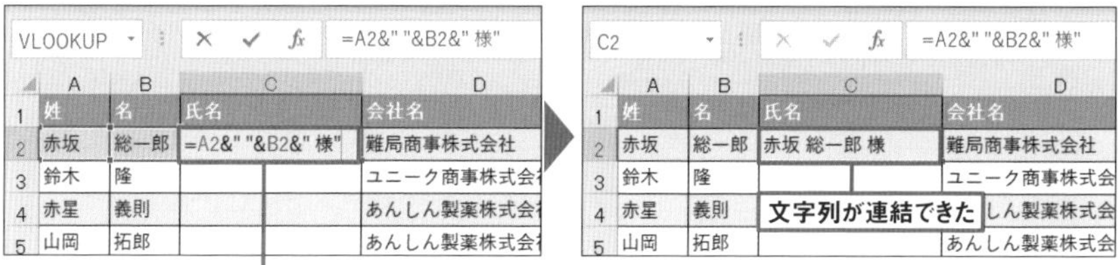

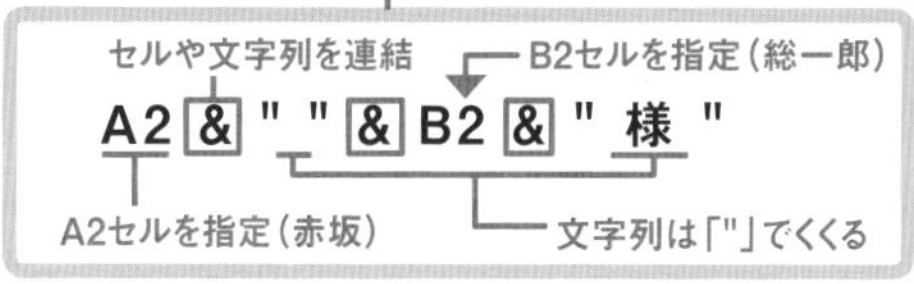

図4 別々のセルに入っている文字列は半角の「&」で連結できる。セルや文字列同士をつなぐ演算子だ。スペースや任意の文字列を連結するときは「"様"」などと半角のダブルクォーテーションでくくる

Section 13

10分 時短

電話番号から局番のみ、部課名から部名のみを抽出

フラッシュフィル FIND LEFT RIGHT

前項ではフラッシュフィルを使って複数のセルのデータを結合したが、フラッシュフィルはデータを抜き出すためにも使える（**図1**）。入力済みの「03(1234)0000」といった形式の電話番号を、カッコの前後で3つの列に分割してみよう。「0」で始まる番号の「0」が消えないように、各列の表示形式を「文字列」に変更したら、それぞれの列に分割例を入力するだけで自動入力できる（**図2**）。

ただし、フラッシュフィルではうまくいかないこともある。図1の部課名が入力されたセルから部名だけを取り出す作業は、フラッシュフィルでは正確にできなかった（**図3**）。「部」の文字の位置に規則性がないからだ。こんなときは関数を使おう。

左端から指定した文字数分の文字を取り出すにはLEFT関数を使う。ただし、部によって部名の長さが異なるので、LEFT関数の引数としてFIND関数を組み合わせる（**図4**）。FIND関数を使うと「部」の文字が先頭から何文字目にあるかを探すことができる。その位置までをLEFT関数で切り出すというテクニックだ。

文字列の分割や抽出も一括処理

	A	B	C	D	E	F	G	H
1	氏名	部署名	部	役職	連絡先	電話1	電話2	電話3
2	赤坂　総一郎	営業部第二課	営業部		99(3221)0038	99	3221	0038
3	鈴木　隆	営業部国際課	営[illegible]部		99(09[illegible]2)7764	[illegible]	0[illegible]2	7[illegible]4
4	赤星　義則	調査部	調査部	主任	99(9874)9901	99	9874	9901
5	山岡　拓郎	[illegible]	[illegible]	[illegible]	990(4[illegible]	[illegible]	[illegible]	[illegible]
6	飯山　康子	[illegible]	[illegible]	[illegible]	01(12[illegible]	[illegible]	[illegible]	[illegible]
7	沖原　洋子	海外事業部	海外事業部	係長	99(9877)3523	99	9877	3523
8	柏原　山太	デザイン部	デザイン部	デザイナー	990(6563)3325	990	6563	3325
9	金井　康夫	資材部資材課	資材部		99(3221)0838	99	3221	0838
10	野村　直樹	管理部	管理部	松戸工場所長	99(9986)3852	99	9986	3852
11	児玉　良	調査部	調査部	主任	99(9874)9999	99	9874	9999
12	坂本　明子	人事部	人事部		099(970)8323	099	970	8323
13	曾根田　真樹	管理部	管理部	砧事業所所長	99(3985)9649	99	3985	9649

部署名から「部」までを取り出したい
➡LEFT関数、FIND関数

電話番号を()の前後で分けたい
➡フラッシュフィル

図1　「部名と課名を分けておけばよかった!」「局番は別のセルにしておくべきだった」といった場合、手作業では1日仕事だが、エクセルなら5分で可能。1つは前項で説明したフラッシュフィル、もう1つは関数を使う方法だ

➡フラッシュフィルで電話番号を分割

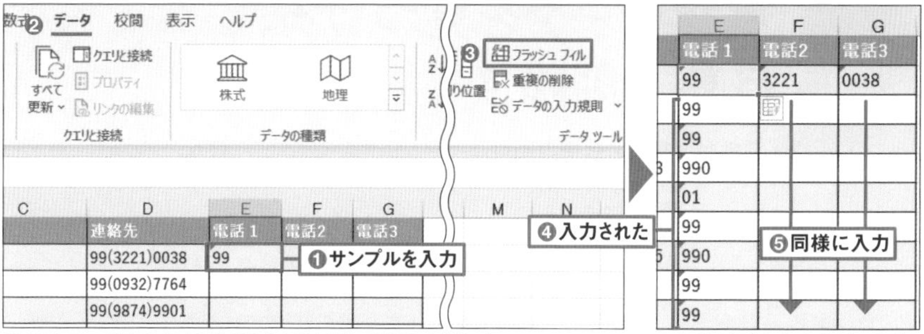

⬆図2 E～G列の表示形式を「文字列」に変更したうえで、E2セルにD1セルの市外局番を入力（❶）。「データ」タブの「フラッシュフィル」をクリックすると（❷❸）、市外局番が取り出せる（❹）。F列の市内局番、G列の加入者番号も同様に取り出せる（❺）

➡部名の切り出しはLEFT関数とFIND関数で

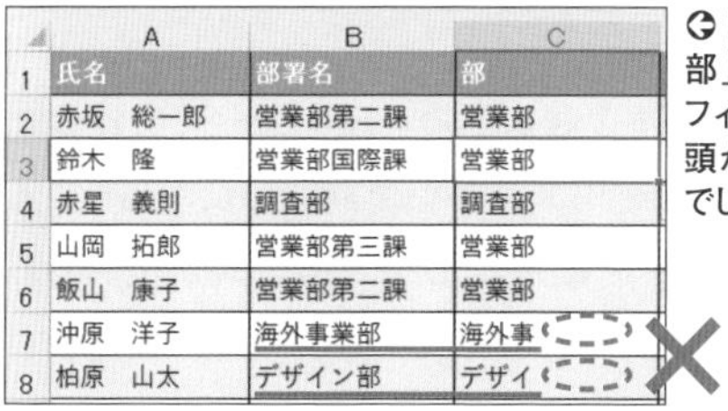

⬅図3 C2セルに「営業部」と入力してフラッシュフィルを実行したが、「先頭から3文字」という規則でしか取り出せなかった

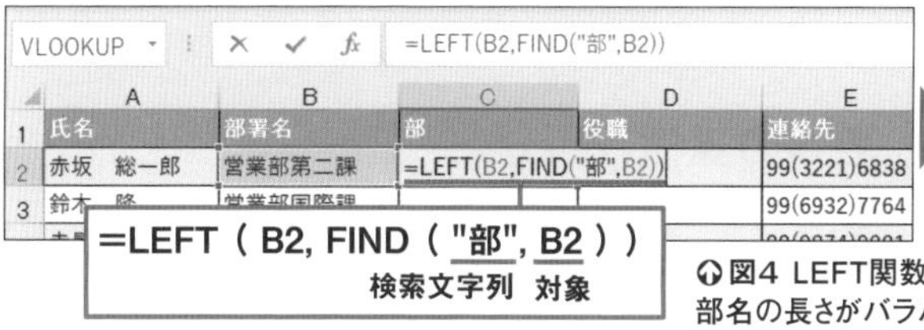

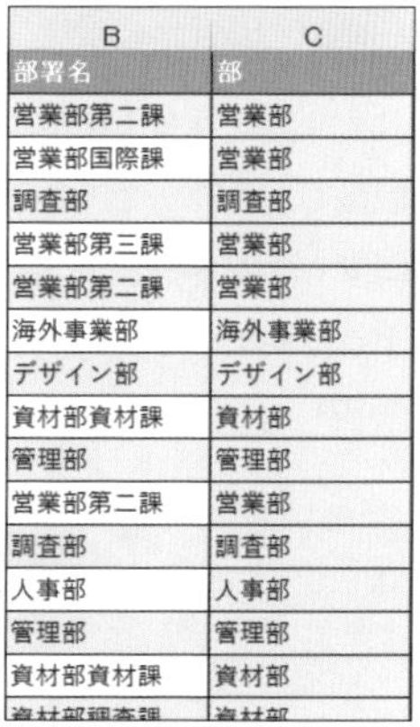

⬆図4 LEFT関数とFIND関数を組み合わせると、部名の長さがバラバラでも取り出せた

FIND《ファインド》
【何文字目にあるか調べる】

=FIND(検索文字列,対象,開始位置)　文字列操作関数

「対象」として指定したセルの中で、指定した「検索文字列」が先頭から何文字目にあるかを調べる。調べる「開始位置」は省略できる

LEFT《レフト》
【「左から○文字」を切り出す】

=LEFT(文字列,文字数)　文字列操作関数

「文字列」の左端から、「文字数」分の文字列を取り出す

RIGHT《ライト》
【「右から○文字」を切り出す】

=RIGHT(文字列,文字数)　文字列操作関数

「文字列」の右端から、「文字数」分の文字列を取り出す

Section 14 重複データを見つける、自動で削除する

5分 時短

条件付き書式　重複の削除

顧客名簿などに、同じ人のデータを重複して入力してしまうことはよくある。そのままにしておくと、顧客数を間違ってカウントしてしまったり、同じ人に2通DMを送ってしまったりする恐れもある。だが、目視で重複データを探し出すのは至難の業だ。速く、確実に見つける方法をマスターしたい。

重複データを見つけ出す

入力済みのデータの中に重複するデータがあるかないかを探したいなら「条件付き書式」を使うのが手っ取り早い（**図1**）。

まず、重複しているデータを探したいセル範囲を選択する。このとき、列全体を選択しておくのがポイントだ。選択するのは書式を適用するセル範囲なのだが、列全体にルールを適用しておくことで、今後重複データを入力したときにも書式が変わってすぐ見分けられるようになる。「ホーム」タブの「条件付き書式」から「重複する値」を選択して、目立たせる書式を選択しよう（**図2**）。

名簿の重複は厄介だ

	A	B	C	D	E
1	氏名	会社名	部署名	役職	年齢
2	赤坂 総一郎	難局商事株式会社	購買部		
3	鈴木 隆	ユニーク商事株式会社	開発部 研究室		
4	赤星 義則	あんしん製薬株式会社	調査部	主任	
5	山岡 拓郎	あんしん製薬株式会社		専務取締役	
6	飯山 康子	安心生命株式会社	営業二課	課長	
7	沖原 洋子	株式会社安心産業	海外事業部	係長	
8	柏原 山太	広島デ	デザイン課	デザイナー	
9	金井 康夫	難局商事株式会社	購買部		
10	野村 直樹	野村エージェンシー		所長	
11	赤堀 洋子	三津屋産業株式会社	代表取締役		
12	赤星 義則	あんしん製薬株式会社	人事部	係長	
13	坂本 明子	株式会社日本エージャン	人事部		

重複するデータに
色を付けて表示

図1　名簿の重複はトラブルのもと。目立つ表示にして適宜修正しておきたい

確認
しないと…

重複データを自動で削除

さらに、「重複の削除」機能を使うと、表の中で初出のデータ以外の重複している行を自動で削除できる（**図3**）。ただし、名簿の場合は同姓同名の人を誤って削除するのを防ぐために、「氏名」だけでなく「住所」や「電話番号」など、複数の項目をチェック対象にすること。「条件付き書式」で確認してから削除するのもよいだろう。

➡重複データの書式を変えて目立たせる

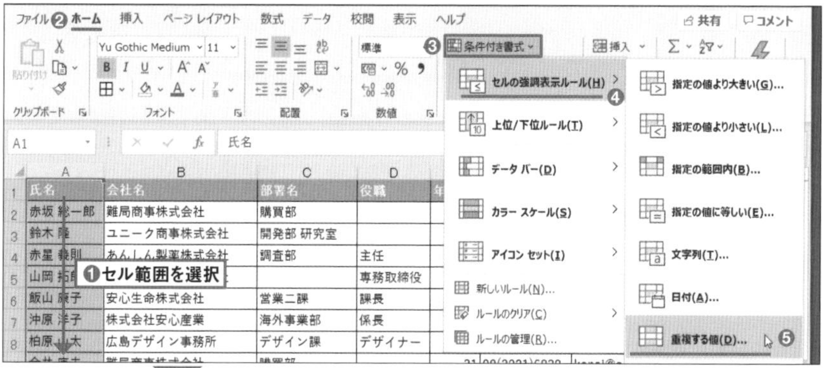

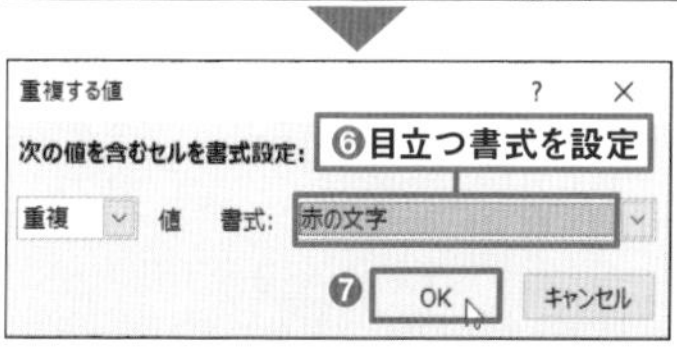

⬆⬅ **図2** 重複をチェックするセル範囲を選択し（❶）、「ホーム」タブの「条件付き書式」から「セルの強調表示ルール」→「重複する値」を選択する（❷〜❺）。目立ちやすい書式を設定して「OK」を押す（❻❼）

➡重複データを一発で削除

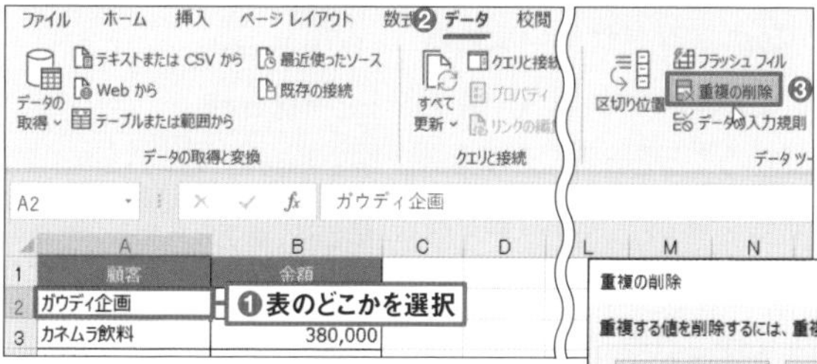

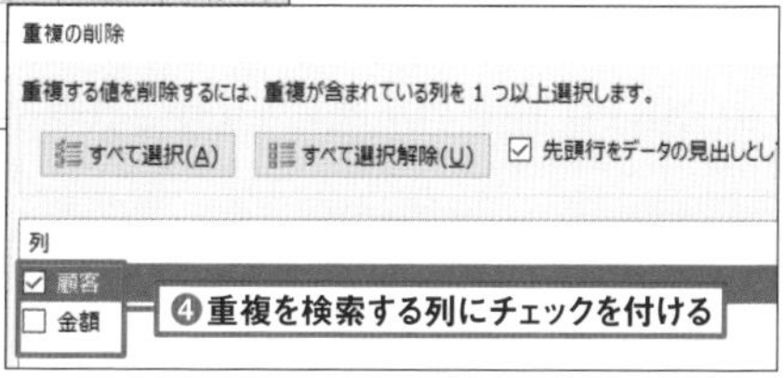

⬆➡ **図3** 重複するセルのある行を一括して削除するには、表を選択して「データ」タブの「重複の削除」を選ぶ（❶〜❸）。重複する値を探す列を選択して、「OK」を押そう（❹）。複数の列にチェックすれば、すべての列が同一のものを重複と見なす

Section 15

ふりがな欄は手入力不要！関数で自動表示させる

PHONETIC

10分時短

氏名のふりがなを別の列に表示

図1 「フリガナ」欄を選択し、PHONETIC関数を入力。引数「範囲」にはふりがなを付けたい漢字を入力したセルを選ぶ

エクセルはセルに入力した漢字のふりがなを保存している(144ページ)。そのふりがなを取り出して表示するのがPHONETIC関数だ。漢字を入力したセルを指定するだけで使える(**図1**)。式のコピーで名簿にまとめてふりがなの列を作ることが可能だ。申請書などのひな型では、ふりがな欄にあらかじめ入れておくとよい。

なお、ウェブなどからコピーしたり、関数などで自動表示したりしたセルには、ふりがなが保存されていないので、PHONETIC関数の結果も空欄になる。また、漢字が正しくてもふりがなが違っていることもある。そんなときは、漢字にふりがなを表示させて確認する(**図2**)。ふりがな部分をダブルクリックして追加・修正すれば、PHONETIC関数の結果にも反映される。

図2 ふりがなが間違っている場合は、漢字を入力したセルを選んで「ホーム」タブの「ふりがなの表示／非表示」を押して確認し、修正する

PHONETIC《フォネティック》
【ふりがなを表示】

=PHONETIC(範囲)　情報関数

「範囲」として指定したセル内の漢字のふりがなを表示する。標準ではカタカナになり、英数字はそのまま表示する

Excel

第9章

印刷の時間と紙の無駄を削減

表やグラフを作った後、印刷して配布したり提出したりする機会はまだ多い。ここでミスをすれば、せっかくの時短もガッカリな結果になってしまう。人に渡す資料なら、「2ページ目に表の見出しがない」「ページ数がわからない」など、不親切な表になっていないかといった注意も必要だ。

▶大きめの表を用紙1枚にピッタリ収める
▶区切りの良いところで改ページ
▶全ページにページ番号やタイトルを印刷
▶PDFファイルに出力する ほか

Section 01

3分時短

「ちょっとだけはみ出した」を解決する3つの方法

1ページに印刷

印刷結果を見て最もガッカリするのは、1ページのはずが2ページ目に少しだけはみ出してしまったときではないだろうか（**図1**）。印刷し直すしかないこんなミスを防ぐには、印刷画面でページ数を確認することだ（**図2**）。

少しはみ出しているようなら、解決する方法は3つある。全体を縮小して1ページに収めるには、「シートを1ページに印刷」を選ぶ（**図3**）。縦長の表で、「縦は複数ページでいいけど横にはみ出すのはダメ」という場合は、「すべての列を1ページに印刷」を選択すれば、横幅だけ収まるように縮小できる。あふれがほんの少しの場合は、余白を狭めて1ページにするのも手だ（**図4**）。

そもそも印刷で少しはみ出してしまうのは、「標準」の画面表示でページ区切りがわからないことに原因がある。そこで、表示を「ページレイアウト」に切り替えてページごとに表示させれば、列幅などを調整して1ページに入るように表を作ることができる（**図5**）。「どれくらいの列幅なら1ページに入るかわからない」という人は、ページレイアウト表示で作業するようにするとよいだろう。

「しまった!」と思う印刷の失敗例

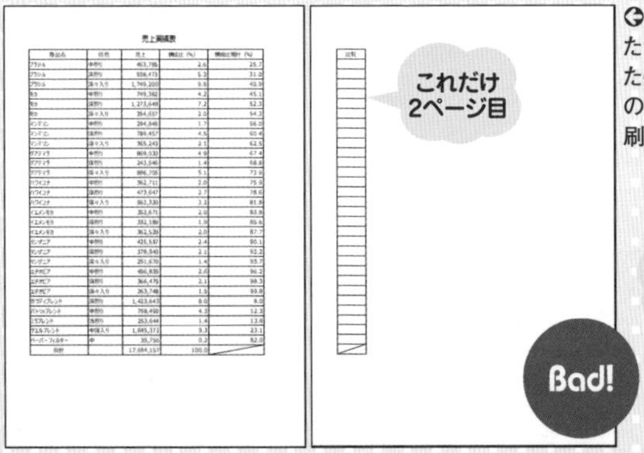

◀ **図1** そんなに大きな表を作ったつもりはないのに、印刷してみたら2ページ目にはみ出してしまうのはよくあることだ。こうなると、印刷をやり直すしかない

➡印刷時にページ数をチェック

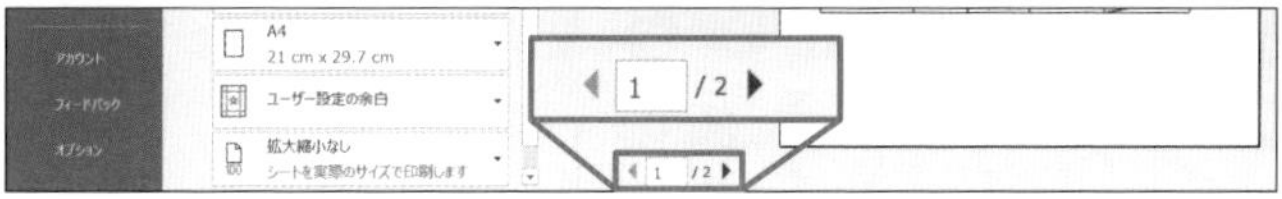

図2「印刷」ボタンを押す前に、ページ数が2ページになっていないか確認するのが大事だ

➡ちょっとはみ出していたら1ページに収めて印刷

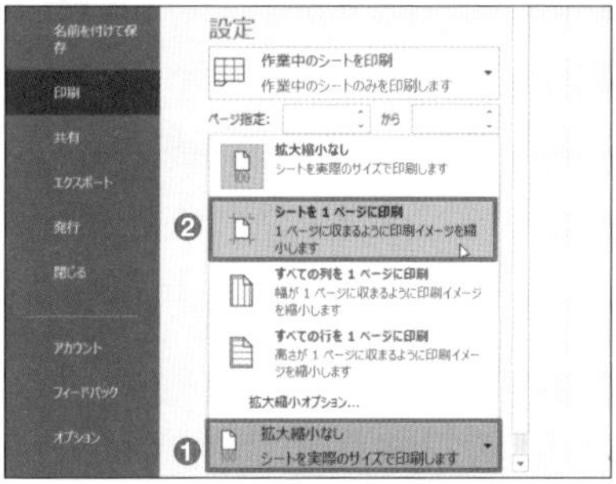

図3 印刷画面で「拡大縮小なし」をクリックし、「シートを1ページに印刷」を選択する（❶❷）

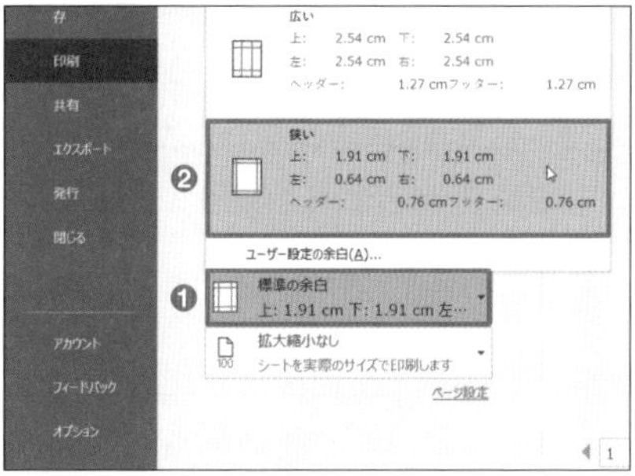

図4 印刷画面で「標準の余白」をクリックし、「狭い」を選択して収める方法もある（❶❷）

➡そもそも1ページに収まるように作る

図5「標準」の表示では、どこでページが区切られるかわからない。「表示」タブの「ページレイアウト」を選択すると（❶❷）、1ページ分ずつ表示できるので（❸）、列幅などを調整して1ページに収めよう。表示の切り替えは、画面右下のボタンでも可能だ（下）

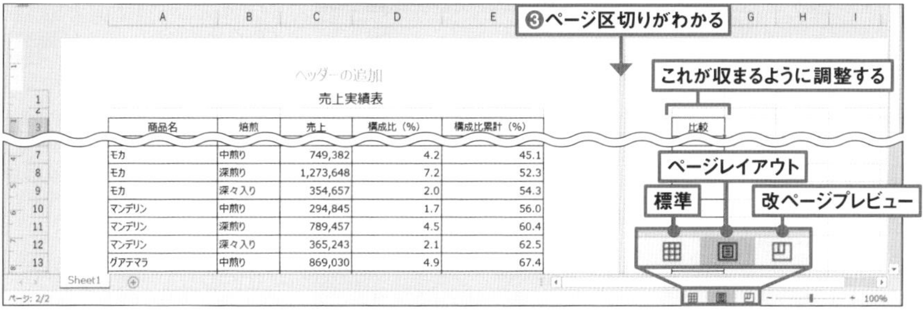

Section 02

区切りの良いところでページを分割する

3分 時短

改ページプレビュー

複数ページに印刷する表であれば、内容的に区切りの良い位置でページを切り替えたいものだ（**図1**）。ページ区切りは「ページレイアウト」タブの「改ページ」でも指定できるが、直感的に操作したいなら「改ページプレビュー」に切り替えよう（**図2**）。区切り位置を示す青い線をドラッグするだけでページ区切りの位置を変更することができる。

1ページに収まらないなら区切りを考える

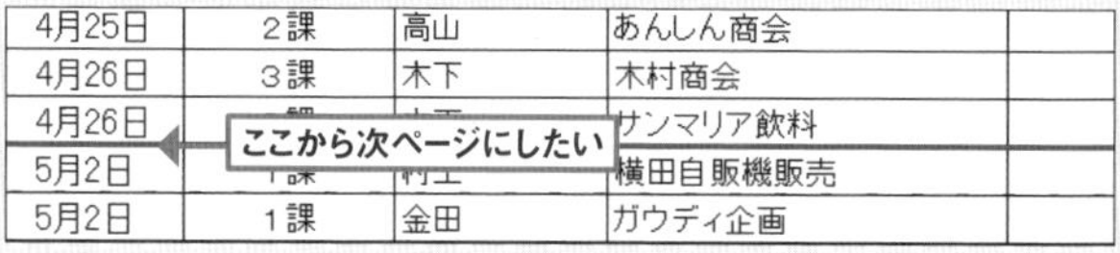

図1 表の内容によっては、区切る位置を指定したいこともある。「改ページプレビュー」で区切り位置を指定しよう

➡改ページプレビューで表示

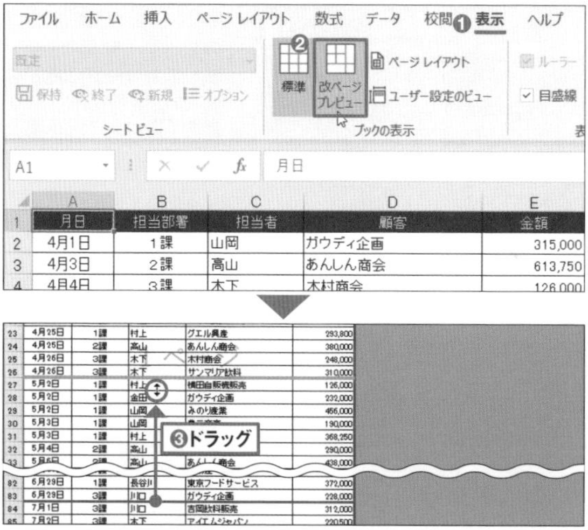

図2 ワークシートは通常、「標準」表示になっている。「表示」タブで「改ページプレビュー」を選択すると、画面が縮小表示になり、印刷範囲と改ページ位置が示される（❶❷）。ページ区切りを示す青い線をドラッグするだけで、区切り位置を変更できる（❸）。この例では縦方向のみだが、横方向にもページが分かれている場合、同様に区切り位置を指定できる

COLUMN 列幅は「自動」で文字切れナシ

以前のエクセルでは、「画面と印刷結果が違う」ことが問題になっていた。画面上ではセル内に収まっている文字が、印刷してみると罫線にかかったり、セルに入りきらずに次の行にあふれたりといったことがよくあった（**図1**）。

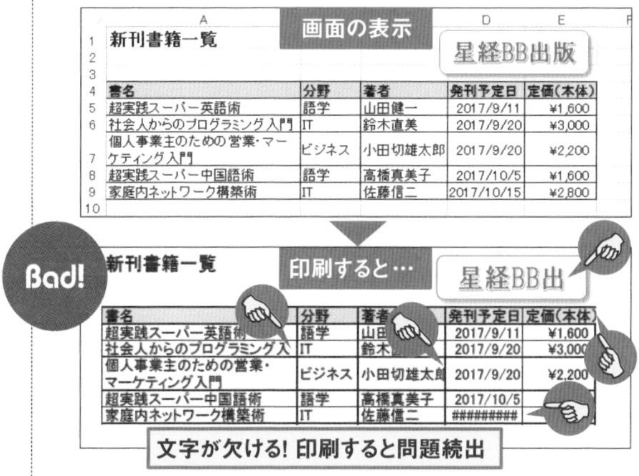

図1 標準フォントが「MS Pゴシック」のエクセル2013で作成した表の例。画面上の見た目に合わせて各列の幅を調整した。行の高さは手動では変更していない。右上には図形を描いて出版社名を入力した。この表を、B5判用紙に印刷してみると、画面表示と大きくずれた。セルの幅ぎりぎりに収まっていたはずの文字列は右端が切れ、一部の日付はセル内に表示しきれないことを表す「###」という表示になった。図形内の文字列も末尾が切れている

その傾向はエクセル2013まで標準フォントだった「MS Pゴシック」で顕著であり、その後標準フォントとなった「メイリオ」や「游ゴシック」を使うことで問題が改善されるようになっていた。最新版のエクセルでは、「MS Pゴシック」を使った場合でも、画面と印刷結果のズレはかなり小さくなっている（**図2**）。そのため、フォントに関しては、どちらでも好みのものを選べばよい。

ただし、文字ギリギリまで列幅を狭めるのは、フォントが何であれ、罫線と重なる危険性がある。列幅を狭めるときには、自動調整（184ページ）よりも狭くならないようにすることで、文字切れのトラブルを回避できる。

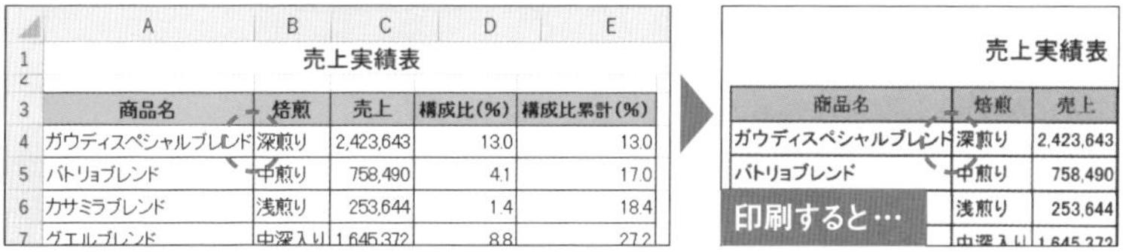

図2 最新版のエクセルでは、大きくずれることはなくなったが、それでも多少のずれはある

Section 03

1分時短

小さい表は用紙の中央に大きく印刷して見やすく

ページ設定

エクセルの標準画面では、印刷時にどれくらいの大きさになるかわかりづらい。印刷してみたら、「小さすぎて端に寄ってる!」というのもよくある話だ（**図1**）。自分で見る分には問題ないが、ほかの人に渡すのであれば、少し見た目を整えたい。

小さい表をきれいに印刷するコツは、用紙の中央に大きめに印刷することだ。印刷画面でも、拡大／縮小や余白の設定はできるが、全体的なバランスを整えるなら「ページ設定」画面を開いたほうが速い（**図2**）。

ここで例にした表は横長なので、「ページ」タブを開いたら用紙を横向きに設定して、「拡大/縮小」で拡大率を指定する（**図3**）。「余白」タブでは、上下左右の余白の大きさを指定できるが、活用したいのは「ページ中央」のチェックボックス。「水平」「垂直」の両方にチェックを付けることで、用紙の真ん中に表を印刷できる。

印刷画面に戻ったら、プレビューを確認し、必要があれば再度拡大率などを調整してから印刷する。

小さい表を見栄え良く印刷したい

図1 小さい表をそのまま印刷すると、用紙の隅っこに寄ってしまう（左）。人に渡す表であれば、見やすく印刷したい（下）

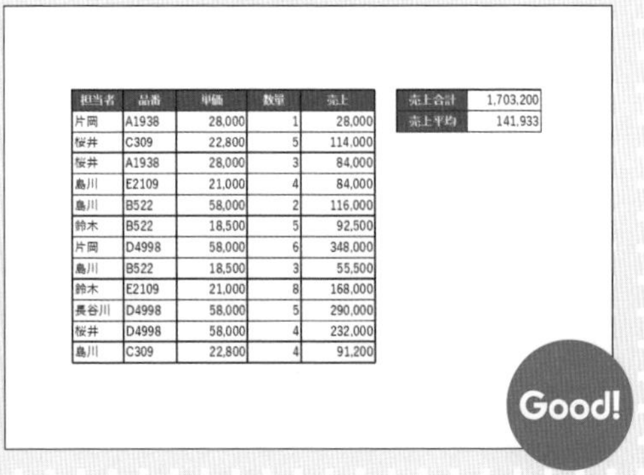

担当者	品番	単価	数量	売上
片岡	A1938	28,000	1	28,000
桜井	C309	22,800	5	114,000
桜井	A1938	28,000	3	84,000
島川	E2109	21,000	4	84,000
島川	B522	58,000	2	116,000
鈴木	B522	18,500	5	92,500
片岡	D4998	58,000	6	348,000
島川	B522	18,500	3	55,500
鈴木	E2109	21,000	8	168,000
長谷川	D4998	58,000	5	290,000
桜井	D4998	58,000	4	232,000
島川	C309	22,800	4	91,200

売上合計	1,703,200
売上平均	141,933

➡用紙の中央に大きく印刷

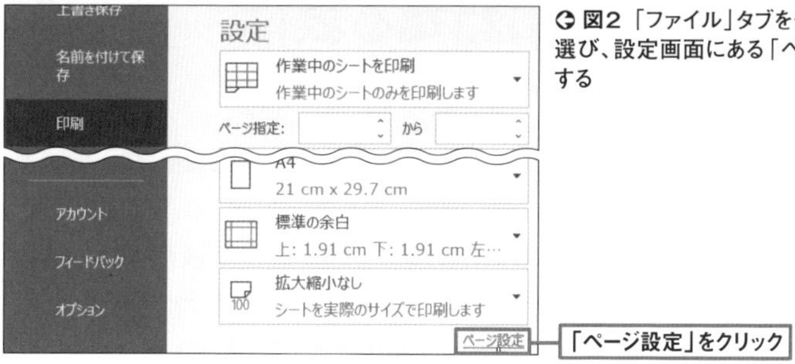

◀ 図2 「ファイル」タブをクリックして「印刷」を選び、設定画面にある「ページ設定」をクリックする

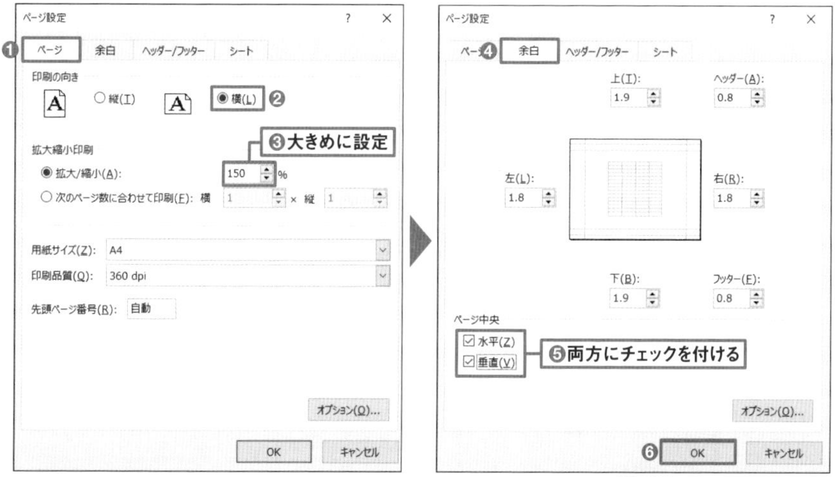

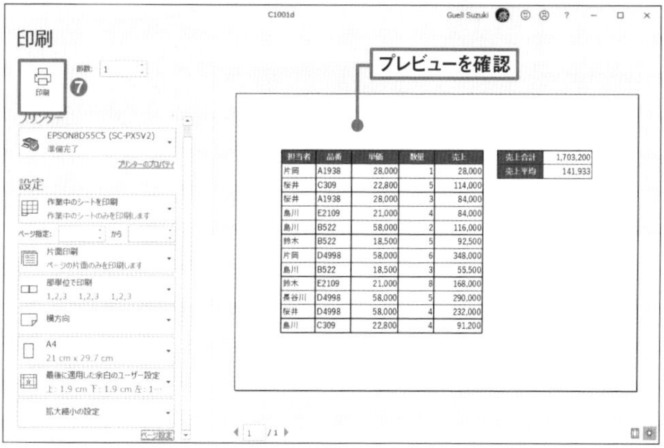

▲▶ 図3 今回の表は横長なので、「ページ」タブの「印刷の向き」を「横」に設定(❶❷)。「拡大/縮小」で少し大きめに設定したら(❸)、「余白」タブをクリック(❹)。「ページ中央」の「水平」「垂直」にチェックを付けると、用紙の中央に印刷できる(❺❻)。プレビューを確認してから印刷する(❼)

Section 04

3分時短

複数ページにわたる表は見出しやページ数を印刷

ヘッダー／フッター　印刷タイトル

複数ページに印刷するなら、ページ番号が入っていると親切（**図1**）。また、1ページ目だけでなく、2ページ目以降にも、表の項目名が表示されるとよりわかりやすい。

ページ番号などは用紙の余白領域に印刷するのが定石。上側の余白を「ヘッダー」、下側の余白を「フッター」と呼ぶ。エクセルではそれらにさまざまな情報を印刷できる。設定方法はいくつかあるが、「ページレイアウト」表示を使うのが簡単。ヘッダーなどの領域をクリックすると表示される「ヘッダーとフッター」タブで要素を選んだり、直接手入力したりできる（**図2、図3**）。

ひと工夫すれば“気が利く文書”に早変わり

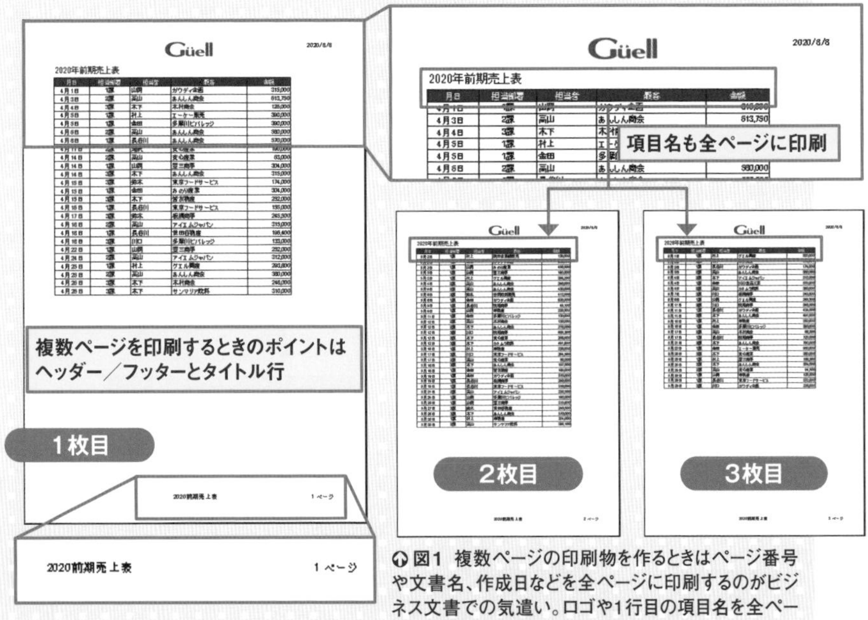

↑図1　複数ページの印刷物を作るときはページ番号や文書名、作成日などを全ページに印刷するのがビジネス文書での気遣い。ロゴや1行目の項目名を全ページに印刷する方法などもマスターしよう

➡ヘッダーに今日の日付を印刷

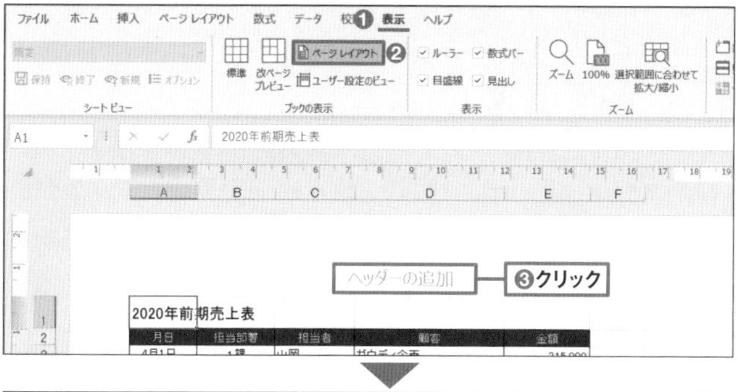

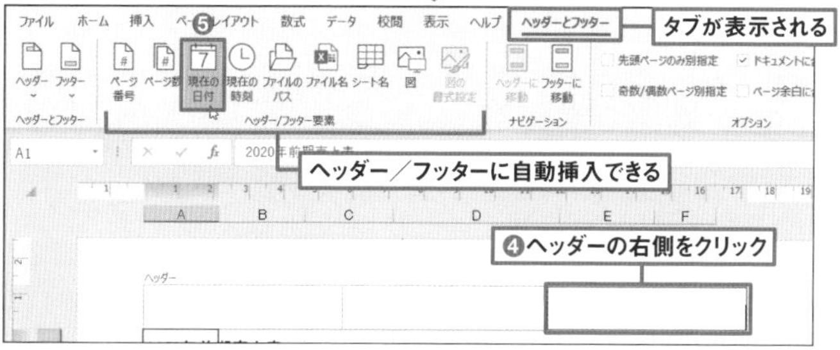

➲ 図2 「表示」タブで「ページレイアウト」を選択する（❶❷）。ページの上部に表示される「ヘッダーの追加」をクリックすると、ヘッダーの入力欄と「ヘッダーとフッター」タブが表示される（❸）。この例では上部右側に日付を入れたいので、右側のヘッダー領域を選んで「現在の日付」ボタンを押す（❹❺）

➡フッターにファイル名とページ番号を印刷

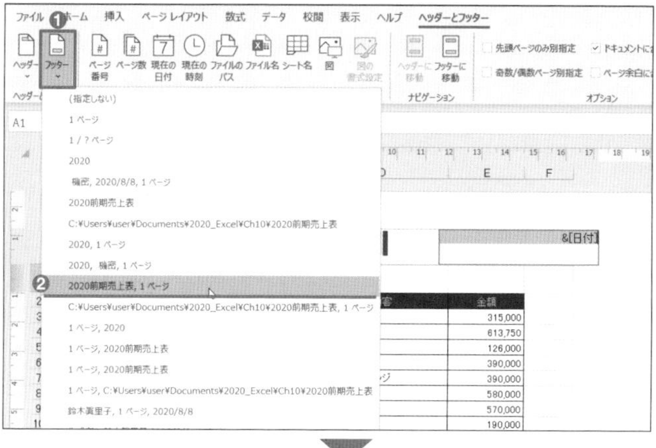

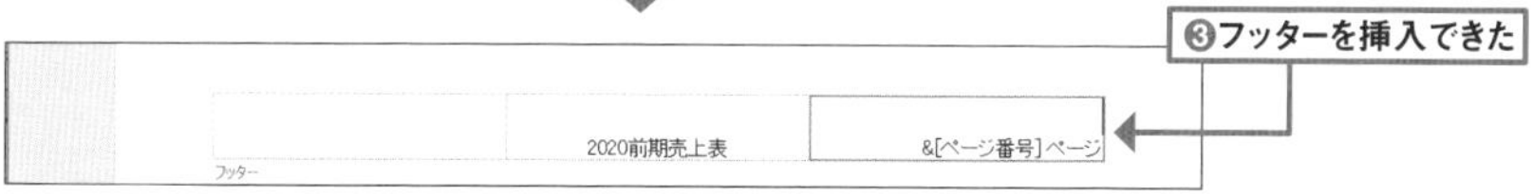

➲ 図3 「フッター」ボタンをクリックすると、ファイル名や日付、ページ番号など、あらかじめ用意されたフッター要素の組み合わせがメニュー表示されるので、これを利用する手もある（❶❷）。ここではファイル名とページ数の組み合わせを選択した。ファイル名はフッターの中央、ページ数はフッターの右側に表示される（❸）

ヘッダーやフッターにロゴなどの画像を入れることもできる。ヘッダーを表示させ、ロゴを入れる位置をクリックして、「図」ボタンをクリック（**図4**）。ロゴ画像を選ぶと挿入できる。画像が大きすぎる場合には、画像を小さく調節するか、ルーラーで余白の境界をドラッグして余白を大きくする（**図5、図6**）。

表の項目名を全ページに印刷するときは「印刷タイトル」という機能を使う。「ページレイアウト」タブの「印刷タイトル」をクリック（**図7**）。設定画面が開いたら、「タイトル行」欄にカーソルを置いた状態で、項目名の行を選択する。自動的にセル参照が入るので、「OK」を押す。

➡ヘッダーにロゴを印刷

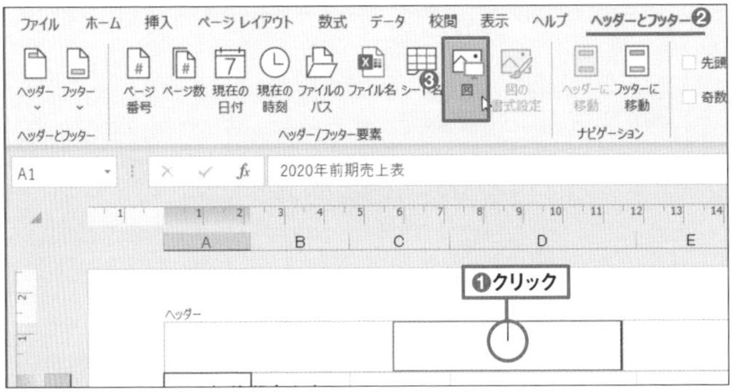

図4 続いてヘッダーの中央をクリック（❶）。「ヘッダーとフッター」タブの「図」ボタンを押す（❷❸）

図5 あらかじめ用意しておいたロゴの画像ファイルを選択する（❶～❸）

➡ロゴの大きさを調整

🡸図6 ヘッダーにロゴ画像が挿入される。サイズが合わないときは、挿入された図を意味する「&[図]」という文字列を選択して、「図の書式設定」ボタンをクリック（❶❷）。開く画面で画像サイズを調整する（❸❹）ルーラー（定規）の余白境界をドラッグして余白を調整することもできる。なお、「&[図]」という文字列を削除すると、画像も削除できる

➡全ページに項目名を印刷

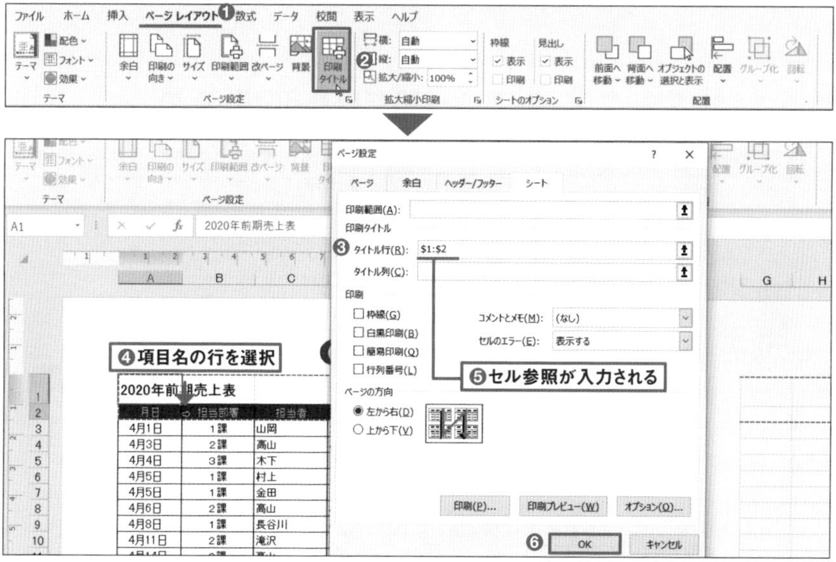

🡹図7 表の項目名をすべてのページに印刷したいときは、「ページレイアウト」タブの「印刷タイトル」をクリック（❶❷）。「タイトル行」欄を選択し（❸）、見出しや項目名（ここでは1～2行目）をドラッグして指定する（❹）。「$1:$2」（1～2行目の意味）などとセル参照が入力されたら（❺）、画面下部の「OK」を押す（❻）

Section 05

1分時短

表の一部やグラフだけを効率良く印刷

選択した部分を印刷　選択したグラフを印刷

大きい表の一部だけを印刷したい、あるいは表と同じワークシート上に作ったグラフだけを印刷したいこともある（**図1**）。印刷したい部分だけをコピーするといった手間をかける必要はない。ワークシートはそのままで、印刷する対象を指定できる。ポイントは、印刷画面を開く前に、印刷したい部分だけを選択しておくことだ。

グラフの場合は、グラフを選択した状態で印刷画面を開くだけ。すると自動的に印刷範囲としてグラフが選択される（**図2**）。選択している用紙サイズに応じてグラフサイズが調整されるので、きれいに印刷できる。

表の場合は、印刷したいセル範囲を選択した後、印刷画面を開くまでは同じだが、印刷範囲として「選択した部分を印刷」を選択する必要がある（**図3**）。

逆にワークシート全体を印刷したいのに、グラフを選択したまま印刷してしまうと、「グラフしかない!」ということになるので気を付けよう。

ワークシート上の一部だけを印刷したい

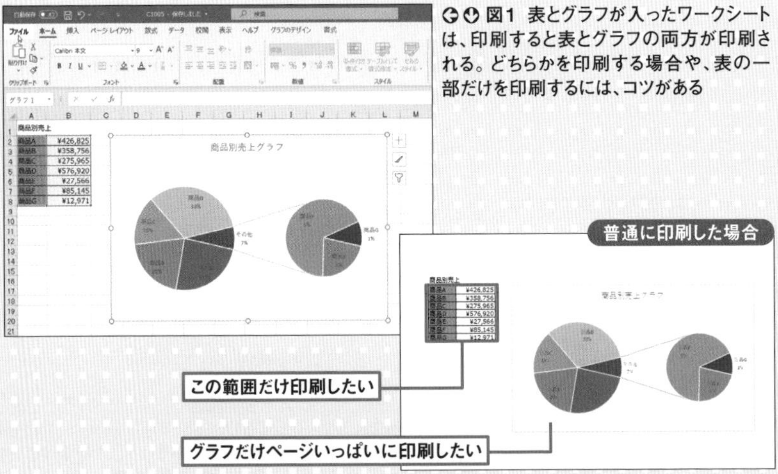

←↓ **図1** 表とグラフが入ったワークシートは、印刷すると表とグラフの両方が印刷される。どちらかを印刷する場合や、表の一部だけを印刷するには、コツがある

➡グラフだけを印刷

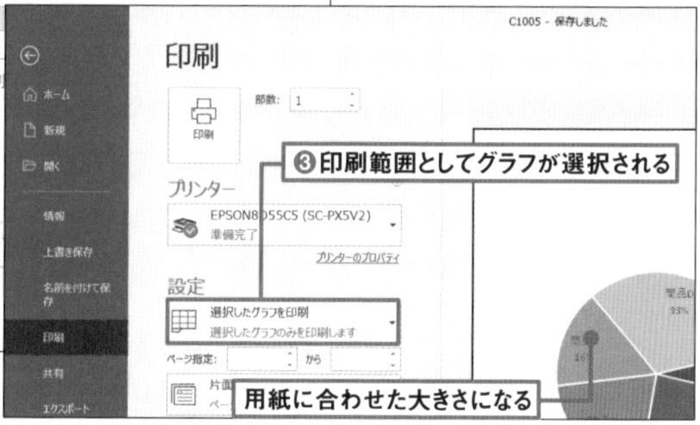

⬅⬇ 図2 グラフのみ印刷するには、グラフを選択した状態で印刷画面を開く（❶❷）。これでグラフだけが印刷対象として選択される（❸）

➡表の一部だけを印刷

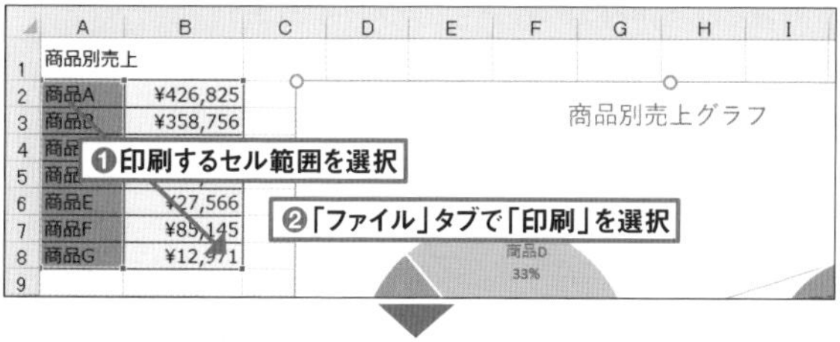

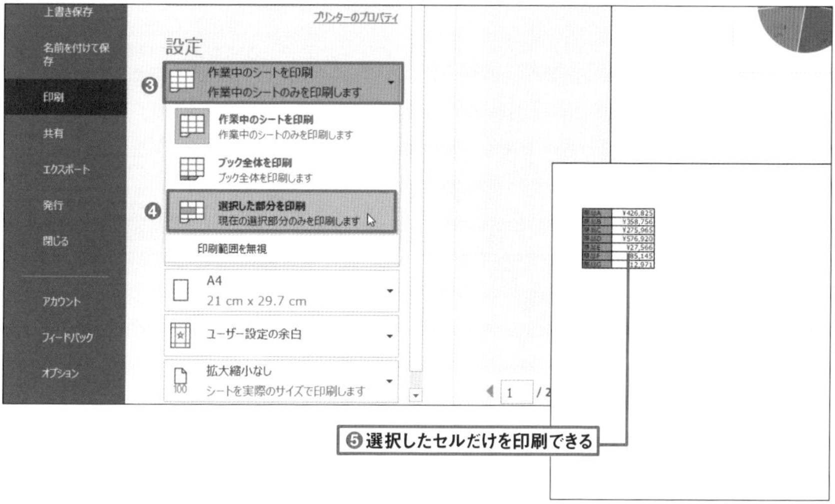

⬅⬇ 図3 表の一部を印刷するには、印刷するセル範囲を選択して印刷画面を開く（❶❷）。「作業中のシートを印刷」となっている項目をクリックし、「選択した部分を印刷」に切り替えてから印刷を実行する（❸～❺）

Section 06

3分時短

PDFの作成も簡単 設定は印刷と同様

PDF／XPSドキュメントの作成

ファイルの受け渡しをする際、「PDFファイルでください」と言われる機会が増えている。PDFとは、紙に印刷するイメージをそのまま保存することができるファイル形式のこと（**図1**）。エクセルだけでなく、多くのアプリケーションで保存可能な形式であり、ウェブブラウザーなどでも表示可能なため、配布文書や保管用ファイルの保存形式として広く利用されている。機器を問わず表示できるので、出張などでは念のためPDFファイルも作成して持っていると安心だ。

特殊なソフトを使わなくても、エクセルから直接PDFファイルとして保存すれば手間はかからない。方法は3つ。エクスポート機能を使う方法、「名前を付けて保存」でファイルの種類をPDFにする方法、印刷時にPDFとして出力する方法だ。

誰にでも渡せるPDFファイルにしたい

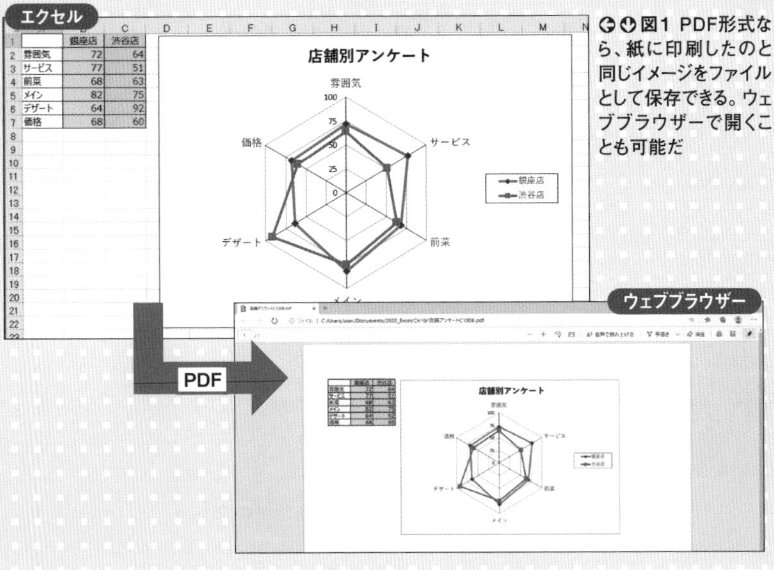

↩↓図1 PDF形式なら、紙に印刷したのと同じイメージをファイルとして保存できる。ウェブブラウザーで開くことも可能だ

気を付けたいのは、PDFは印刷イメージを保存するので、印刷と同様の設定が必要なこと。つまり、用紙からはみ出していれば、複数ページのPDFファイルになってしまう。PDFに保存する前に、「用紙にきれいに収まっているか」などを確認するのが先決だ。

ページレイアウト画面でレイアウトを確認してみよう（**図2**）。この例では用紙の向きを横置きにすることで、1ページに収めることができた（**図3**）。必要に応じて用紙サイズを調整したり、複数ページにわたる表ならページの区切り位置を確認するなど、印刷と同様に対処しよう。

➡PDFに保存する前にレイアウトを確認

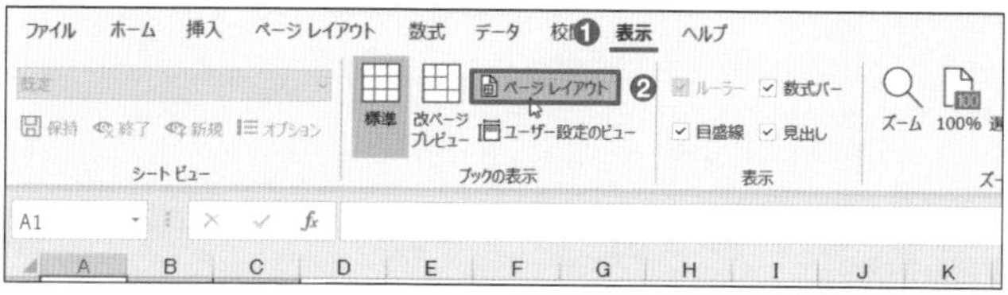

図2 「表示」タブで「ページレイアウト」を選ぶ（❶❷）

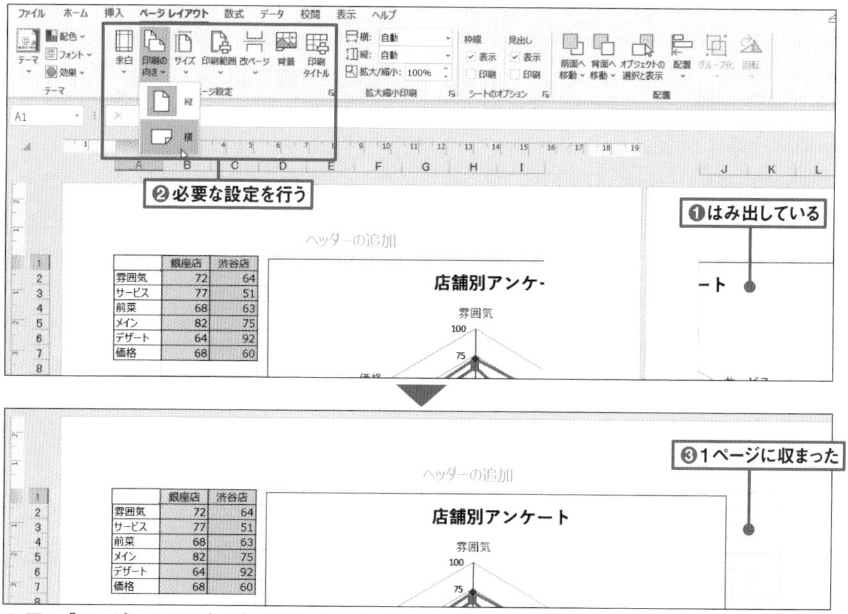

図3 「ページレイアウト」タブで必要な設定を行う。この例では右側にはみ出していたので（❶）、「印刷の向き」を「横」にしたことで1ページに収まった（❷❸）。用紙サイズを変えたり、印刷タイトルを指定したりして、印刷する場合と同様に見やすい設定にしよう

印刷同様の設定が済んだら、「ファイル」タブで「エクスポート」を選び、「PDF/XPSの作成」を選択する（**図4**）。ファイルの保存画面が表示されるが、PDFの場合はいくつかのオプション設定がある（**図5**）。「最適化」では通常「標準」を選択する

➡PDFファイルに「エクスポート」

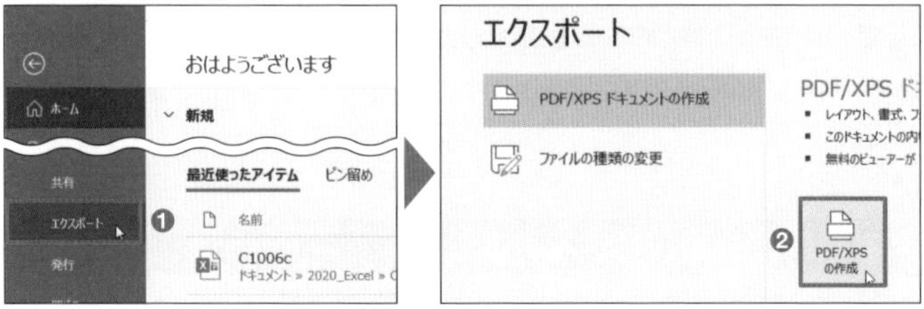

➲ **図4** 「ファイル」タブをクリックして「エクスポート」を選択（❶）。「PDF/XPSの作成」ボタンを押す（❷）

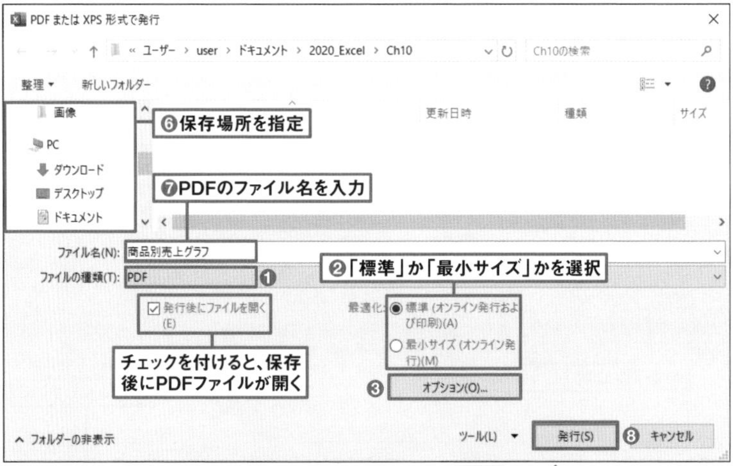

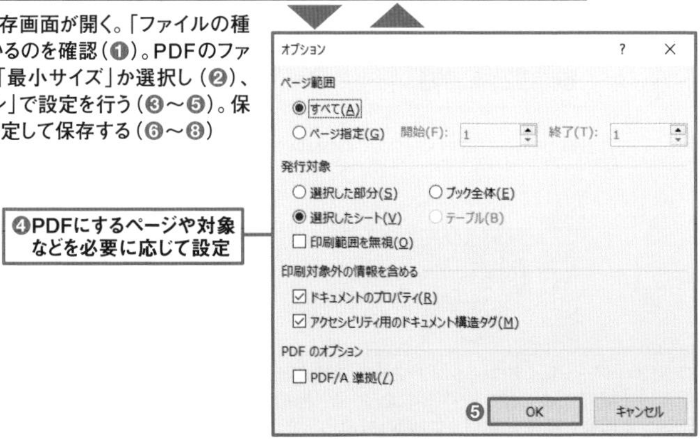

⬆➲ **図5** ファイルの保存画面が開く。「ファイルの種類」が「PDF」になっているのを確認（❶）。PDFのファイルサイズは「標準」か「最小サイズ」か選択し（❷）、必要に応じて「オプション」で設定を行う（❸～❺）。保存場所とファイル名を指定して保存する（❻～❽）

が、ウェブサイトで配布するなら「最小サイズ」のほうがダウンロード時間がかからない。「オプション」を選択すると、PDFにするページなどを選択することも可能だ。

ファイルを保存するときに使う「名前を付けて保存」からもPDFに保存できる（**図6**）。また、印刷時にプリンターではなくPDF出力用のドライバーである「Microsoft Print to PDF」を選択しても、PDFに出力できる（**図7**）。

➡「名前を付けて保存」からPDF保存

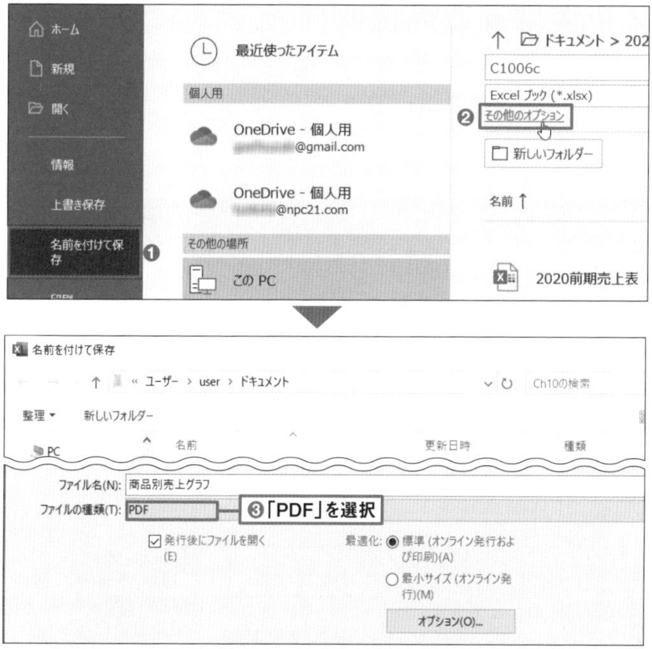

⊖ 図6 「ファイル」タブで「名前を付けて保存」を選択（❶）。「その他のオプション」をクリックする（❷）。「名前を付けて保存」画面が開いたら、「ファイルの種類」欄で「PDF」を選択すると、図5と同様にオプションなどを設定してPDFに保存できる（❸）

➡プリンターの代わりにPDF出力用のドライバーを選択

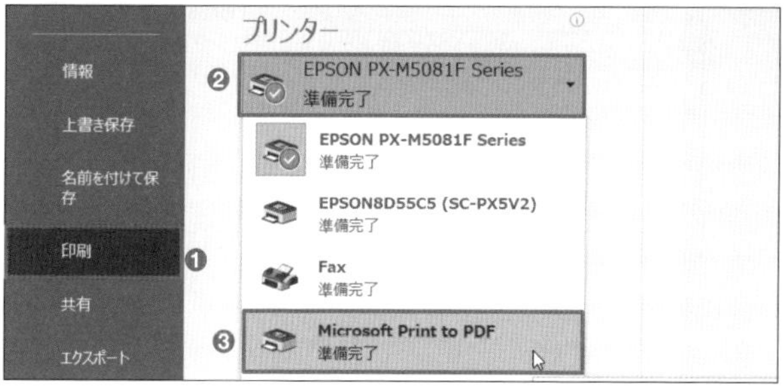

⊖ 図7 「ファイル」タブで「印刷」を選択（❶）。「プリンター」の一覧で「Microsoft Print to PDF」を選択する（❷❸）。あとは普通の印刷と同様に設定を行い、印刷を実行すると、PDFに保存できる

Section
07

複数のワークシートをまとめて印刷

1分
時短

1つのブックにまとまった複数のワークシートの中から、必要なシートだけをまとめて印刷することもできる。印刷したいワークシートをすべて選んで印刷を実行するだけだ(**図1、図2**)。拡大率や用紙設定が同じ表であれば、まとめて印刷したほうが速い。

なお、図2の画面からプリンターの設定(カラー/白黒など)を変えても、変わるのはプレビューしているシートだけなので注意しよう。

➡複数シートを選択してから印刷

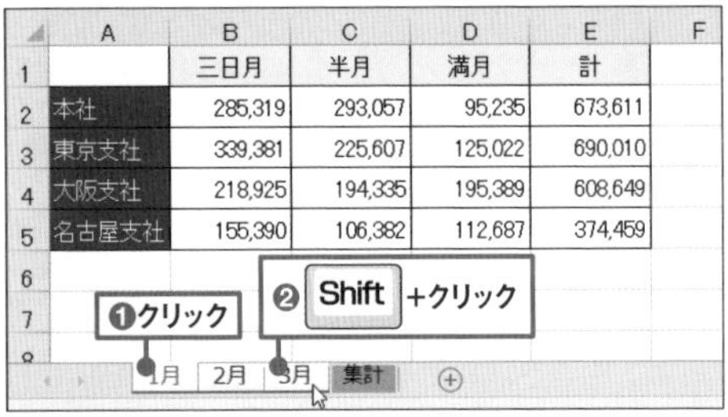

図1 印刷したい最初のワークシートのシート見出しをクリックし(❶)、最後のワークシートの見出しを「Shift」キーを押しながらクリックすると、その間のシートをまとめて選択できる(❷)。離れたシートを選択したければ、「Ctrl」キーを押しながらクリックする

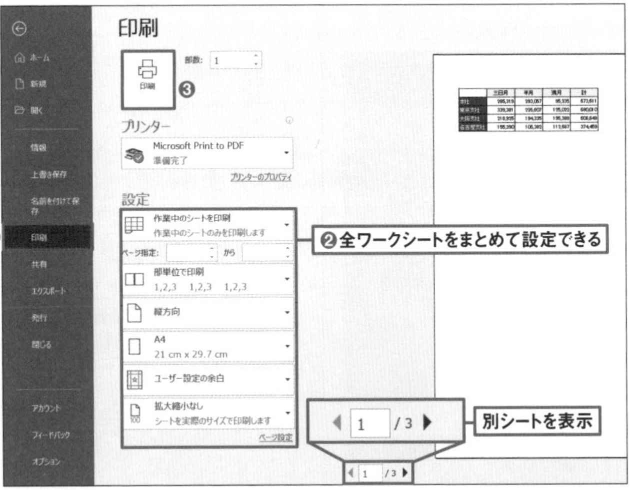

図2 「ファイル」タブで「印刷」を選ぶと、図1で選択したワークシートが印刷対象になる(❶)。すべてのワークシートがうまく印刷できるように用紙設定などを変更してから印刷を実行しよう(❷❸)。なお、ここで「プリンターのプロパティ」をクリックして設定を変えても、その設定はプレビューしているシートにしか反映されない。プレビューするページを切り替えて、シートごとに設定する必要がある

時短によく効く 厳選ショートカットキー

エクセル仕事の時短に役立つショートカットキーをまとめた。普段よく使う機能だけでも覚えておくと、効率がグンと上がるので試してみよう。

なお、以下は標準的なキーボードでのキー操作なので、ノートパソコンのキーボードなどでは、「Fn」キーを加える必要があるものもある。

➡コピー・貼り付け

Ctrl + C	コピー
Ctrl + X	切り取り
Ctrl + V	貼り付け
Ctrl + D / Ctrl + R	選択範囲内で下方向／右方向のセルにコピー
Alt + Ctrl + V	「形式を選択して貼り付け」ダイアログを表示
セルの枠線を Ctrl +ドラッグ	セルのコピー
セルの枠線を Shift +ドラッグ	セルの入れ替え

➡セルの入力

Alt + ↓	同じ列に入力済みのデータをリストから選択
F2	セルを編集状態にする
Ctrl + ; / Ctrl + :	今日の日付／現在の時刻を入力
Alt + Shift + ↑	ふりがなの編集
F4	相対参照／絶対参照／複合参照を切り替え
Alt + Shift + −	SUM関数を入力
Shift + F3	「関数の挿入」画面を表示

➡セル範囲の選択

Shift + ← ↓ ↑ →	選択範囲を広げる・狭める
Shift + スペース / Ctrl + スペース	行全体／列全体を選択
Ctrl + Shift + ← ↓ ↑ →	表内で選択セルから矢印方向の端まで選択
Ctrl + * / Ctrl + Shift + *:け	表全体を選択
Ctrl + A ち	ワークシート全体または表全体を選択

➡選択セルの移動

Tab	1つ右のセルへ移動
Enter	1つ下のセルへ移動
Tab → Tab → Tab … Enter	右方向へ移動し、右端から次行の先頭へ移動
Shift + Tab / Shift + Enter	1つ左／上のセルへ移動
Ctrl + Enter	セルを移動せずに入力を確定
Ctrl + Home	A1セルへ移動
Ctrl + End	最後（右下隅）のセルへ移動
Ctrl + ↑ ↓	表内で選択セルと同じ列の上端／下端へ移動
Ctrl + ← →	表内で選択セルと同じ行の左端／右端へ移動
Ctrl + Back Space	選択セルが画面外にある場合、そこに移動する
Home	選択セルと同じ行でA列へ移動
F5	「ジャンプ」画面を表示

➡削除

Delete	セル内のデータを削除
Back Space	セル内のデータを削除後、編集状態にする
Ctrl + − / Ctrl + =-ほ	セルを削除して詰める

➡セルの編集

Ctrl + Shift + L	「フィルター」を適用
Ctrl + F / Ctrl + H	「検索」画面／「置換」画面を表示
Alt + Enter	セル内で改行
Ctrl + Shift + ^	標準の表示形式に戻す
Ctrl + 1	「セルの書式設定」画面を開く

➡グラフ

F11 / Alt + F1	選択範囲のデータでグラフを作成

➡取り消し・再実行

Ctrl + Z	1つ前の操作を元に戻す
Ctrl + Y	1つ前の操作をやり直す

➡ワークシート／ブックの切り替え

Ctrl + Page Up / Ctrl + Page Down	左のワークシート／右のワークシートへ移動
Ctrl + Tab / Ctrl + Shift + Tab	次のブック／前のブックへ移動

➡ブック（ファイル）の操作

Ctrl + N	新規ブックを開く
Ctrl + O	「開く」画面を表示
Ctrl + S	ブックを上書き保存
F12 / Alt + F2	「名前を付けて保存」画面を表示
Shift + F11 / Shift + Alt + F1	新規ワークシートの挿入
Alt + F4	エクセルの終了／設定画面を閉じる
Ctrl + P / Ctrl + F2	印刷設定画面を表示
Ctrl + W	ブックを閉じる

索引

機能と目的

記号

数字

アルファベット

あ

か

索引

関数

日経PC21

1996年3月創刊の月刊誌。仕事にパソコンを活用するための実用情報を、わかりやすい言葉と豊富な図解・イラストで紹介。エクセル、ワードなどのアプリケーションソフトやクラウドサービスの使い方から、プリンター、デジタルカメラなどの周辺機器、スマートフォンの活用法まで、最新の情報を丁寧に解説している。

鈴木眞里子(グエル)

情報デザイナーとして執筆からレイアウトまでを行う。日経PC21、日経パソコンなど、パソコン雑誌への寄稿をはじめ、製品添付のマニュアルや教材なども手がけ、執筆・翻訳した書籍は100冊を超える。近著に『Outlook最速時短術』『Word最速時短術』(ともに日経BP)がある。編集プロダクション、株式会社グエル取締役。

Excel最速時短術

2020年9月23日　第1版第1刷発行
2023年2月24日　第1版第3刷発行

著者	鈴木眞里子(グエル)
編集	田村規雄(日経PC21)
発行者	中野 淳
発行	日経BP
発売	日経BPマーケティング 〒105-8308　東京都港区虎ノ門4-3-12
装丁	小口翔平+加瀬 梓(tobufune)
本文デザイン	桑原 徹+櫻井克也(Kuwa Design)
制作	鈴木眞里子(グエル)
印刷・製本	図書印刷株式会社

ISBN 978-4-296-10755-1

本書籍に関するお問い合わせ、ご連絡は下記にて承ります。
https://nkbp.jp/booksQA